过程组：
实践指南

[美] Project Management Institute 著

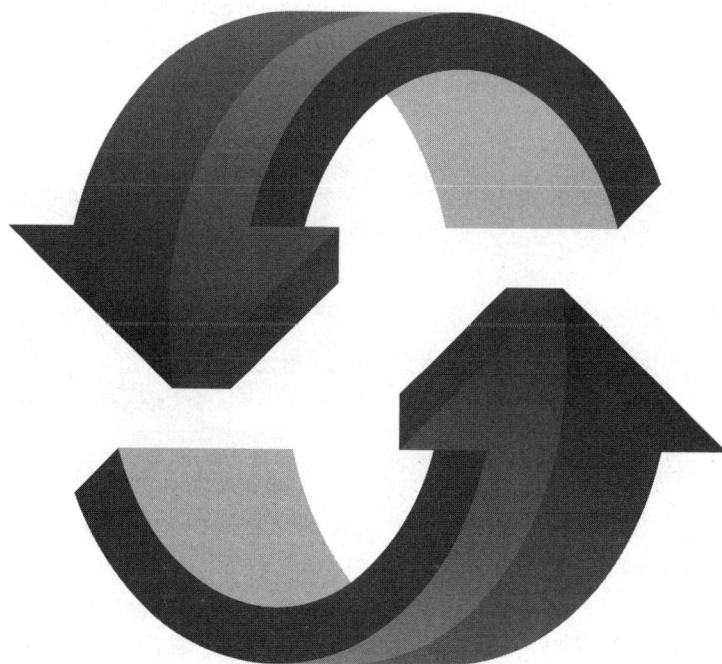

电子工業出版社·

Publishing House of Electronics Industry

北京·BEIJING

图书在版编目（CIP）数据

过程组：实践指南 / 美国项目管理协会（Project Management Institute）著 . —北京：电子工业出版社，2024.3
书名原文：Process Groups: A Practice Guide
ISBN 978-7-121-46828-5

Ⅰ . ①过… Ⅱ . ①美… Ⅲ . ①项目管理 – 资格考试 – 教材 Ⅳ . ① F224.5

中国国家版本馆 CIP 数据核字（2023）第 233713 号

责任编辑：刘淑敏
印　　刷：三河市鑫金马印装有限公司
装　　订：三河市鑫金马印装有限公司
出版发行：电子工业出版社
　　　　　北京市海淀区万寿路 173 信箱　　邮编 100036
开　　本：880×1230　1/16　印张：25.5　字数：725 千字
版　　次：2024 年 3 月第 1 版
印　　次：2024 年 3 月第 1 次印刷
定　　价：188.00 元

凡所购买电子工业出版社图书有缺损问题，请向购买书店调换。若书店售缺，请与本社发行部联系，联系及邮购电话：(010) 88254888，88258888。

质量投诉请发邮件至 zlts@phei.com.cn，盗版侵权举报请发邮件至 dbqq@phei.com.cn。
本书咨询联系方式：(010) 88254199，sjb@phei.com.cn。

声明

作为项目管理协会（PMI）的标准和指南，本指南是通过相关人员的自愿参与和共同协商而开发的。其开发过程会集了一批志愿者，并广泛收集了对本指南内容感兴趣的人士的观点。PMI管理该开发过程并制定规则以促进协商的公平性，但并没有直接参与写作，也没有独立测试、评估或核实本指南所含任何信息的准确性、完整性或本指南所含任何判断的有效性。

因本指南或对本指南的应用或依赖而直接或间接造成的任何人身伤害、财产或其他损失，PMI不承担任何责任，无论特殊、间接、因果还是补偿性的责任。PMI不明示或暗示地保证或担保本指南所含信息的准确性与完整性，也不保证本指南所含信息能满足你的特殊目的或需要。PMI不为任何使用本标准或本指南的制造商或供应商的产品或服务提供担保。

PMI出版和发行本指南，既不代表向任何个人或团体提供专业或其他服务，也不为任何个人或团体履行对他人的任何义务。在处理任何具体情况时，本指南的使用者都应依据自身的独立判断，或在必要时向资深专业人士寻求建议。与本指南议题相关的信息或标准亦可从其他途径获得。读者可以从这些途径获取本指南未包含的观点或信息。

PMI无权也不会监督或强迫他人遵循本指南的内容，不会为安全或健康原因对产品、设计或安装进行认证、测试或检查。本指南中关于符合健康或安全要求的任何证明或声明，都不是PMI做出的，而应由认证者或声明者承担全部责任。

序言

本实践指南为基于原则的《项目管理知识体系指南》（《PMBOK®指南》）第7版[1][1]提供了补充信息。使用方法取决于单个项目专业人员、组织、所选择的模式以及如何裁剪以最佳地满足项目的预期成果。

在本实践指南中，项目管理过程被组织为过程组，以及为满足组织、干系人和项目的需要而裁剪的输入、工具与技术和输出。过程组与项目生命周期的每个阶段相互作用。迭代的数量和过程之间的交互根据项目的需要而变化。

对于希望采用基于过程的方法的组织和项目管理从业人员，本实践指南将解释基于以下五个项目管理过程组的基本框架。

- ▶ **启动。**定义一个新项目或现有项目的一个新阶段，授权开始该项目或阶段的一组过程。

- ▶ **规划。**明确项目范围，优化目标，为实现目标制定行动方案的一组过程。

- ▶ **执行。**完成项目管理计划中确定的工作，以满足项目要求的一组过程。

- ▶ **监控。**跟踪、审查和调整项目进展与绩效，识别必要的对计划的变更并启动相应变更的一组过程。

- ▶ **收尾。**正式完成或结束项目、阶段或合同所执行的过程（组）。

---

[1] 方括号内的数字与本实践指南后面的参考文献序号相对应。

目录

过程组：实践指南

图表目录

过程组：实践指南

过程组：实践指南

引论

本实践指南描述了一种基于过程的项目管理方法。这一方法的框架是基于五个项目管理过程组：

- ▶ **启动**。定义一个新项目或有项目的一个新阶段，授权开始该项目或阶段的一组过程。

- ▶ **规划**。明确项目范围，优化目标，为实现目标制定行动方案的一组过程。

- ▶ **执行**。完成项目管理计划中确定的工作，以满足项目要求的一组过程。

- ▶ **监控**。跟踪、审查和调整项目进展与绩效，识别必要的对计划的变更并启动相应变更的一组过程。

- ▶ **收尾**。正式完成或结束项目、阶段或合同所执行的过程。

过程组与开发方法（即预测型、适应型或混合型）、应用领域（如营销、信息服务、会计等）和行业（如建筑、航空航天、电信、制药等）是相互独立的，但针对的主要是遵循预测型方法的从业人员。《**过程组：实践指南**》在序言中概述了项目和开发的生命周期，重点是预测型生命周期，并描述了这五个过程组中的49 个过程，以及与这些过程相关的输入、工具与技术，以及输出。

本实践指南确定了在大多时候都被大多数项目视作良好实践的过程。应该对项目管理进行裁剪，以适合项目需求。**不要求执行任何特定过程或实践。**应该为特定的项目和/或组织裁剪这些过程。本实践指南不讨论具体的方法论。

1.1 项目管理

项目管理就是将知识、技能、工具与技术应用于项目活动，以满足项目的要求。项目管理通过合理运用与整合特定项目所需的项目管理过程得以实现。

管理一个项目通常包括（但不限于）以下活动：

▶ 识别项目需求；

▶ 处理干系人的各种需要、关注和期望；

▶ 与干系人建立并维护积极的沟通；

▶ 执行交付项目成果所需的工作；

▶ 管理资源；

▶ 平衡相互竞争的项目约束，包括（但不限于）范围、进度、成本、质量、资源和风险。

项目所处的环境将影响每个项目管理过程的实施方式以及项目制约因素的优先顺序。

1.1.1 项目管理的重要性

项目管理使组织能够有效率且有效果地开展项目。**有效的项目管理**能够帮助个人、群体以及公共和私人组织：

▶ 达成业务目标；

▶ 满足干系人的期望；

▶ 提高可预测性；

▶ 提高成功的概率；

▶ 在正确的时间交付正确的产品；

- ▶ 解决问题和争议；
- ▶ 及时应对风险；
- ▶ 优化组织资源的使用；
- ▶ 识别、挽救或终止失败项目；
- ▶ 管理制约因素（例如，范围、质量、进度、成本、资源）；
- ▶ 平衡制约因素对项目的影响（例如，范围扩大可能会增加成本或延长进度）；
- ▶ 对快速发展的市场做出反应；
- ▶ 使用受控的过程管理变更。

项目管理不善或缺乏项目管理可能会导致：

- ▶ 未达成要求；
- ▶ 超过时限；
- ▶ 成本超支；
- ▶ 质量低劣；
- ▶ 返工；
- ▶ 浪费；
- ▶ 项目范围扩大失控；
- ▶ 组织声誉受损；
- ▶ 干系人不满意；
- ▶ 正在实施的项目无法达成目标。

1.1.2 基本要素

从事项目管理和了解项目管理学科所需的基本要素是：

▶ **项目**。为创造独特的产品、服务或结果而进行的临时性工作。（更多信息，请参见 1.2 节。）

▶ **项目集**。相互关联且被协调管理的项目、子项目集和项目集活动，以便获得分别管理所无法获得的收益。（更多信息，请参见 1.3 节。）

▶ **项目集管理**。在项目集中应用知识、技能与原则来实现项目集的目标，获得分别管理项目集组成部分所无法实现的收益和控制。（更多信息，请参见 1.3 节。）

▶ **项目组合**。为实现战略目标而组合在一起管理的项目、项目集、子项目组合和运营工作。（更多信息，请参见 1.4 节。）

▶ **项目组合管理**。为了实现战略目标而对一个或多个项目组合进行的集中管理。（更多信息，请参见 1.4 节。）

▶ **项目、项目集、项目组合**以及运营管理之间的关系。项目可以采用三种不同的模式进行管理：作为一个独立项目（不包括在项目集或项目组合中），在项目集内，或在项目组合内。（更多信息，请参见 1.5 节。）

▶ **运营管理**。商品的持续生产和/或服务的持续运作。它使用最优资源满足客户要求，来保证业务运作的持续高效。它重点管理那些把各种输入（如材料、零件、能源和劳动力）转变为输出（如产品、商品和/或服务）的过程。

运营管理是另外一个领域，超出了本实践指南所描述的正式的项目管理范围。

▶ **运营与项目管理**。持续运营不属于项目的范畴，但是它们之间存在交叉。（更多信息，请参见 1.6 节。）

▶ **组织级项目管理 (OPM)**。为实现战略目标将项目组合、项目集和项目管理与组织驱动因素整合的框架。（更多信息，请参见 1.6 节。）

1.2 项目

项目是为创造独特的产品、服务或结果而进行的临时性工作。开展项目是通过可交付物实现目标，达到期望的结果。**目标**指的是工作所指向的成果，要达到的战略地位，要达到的目的，要取得的结果，要生产的产品，或者准备提供的服务。**可交付物**指的是在某一过程、阶段或项目完成时，必须产出的任何独特并可核实的产品、结果或服务能力。可交付物可能是有形的，也可能是无形的。

项目的"临时性"是指项目有明确的起点和终点。"临时性"并不一定意味着项目的持续时间短。在以下一种或多种情况下，项目即宣告结束：

▶ 达成项目目标；

▶ 不会或不能达到目标；

▶ 资金耗尽或不再分配给项目资金；

▶ 项目需求不复存在（例如，客户不再要求完成项目，战略或优先级的变更致使项目终止，组织管理层下达终止项目的指示）；

▶ 无法获得所需人力或物力资源；

▶ 出于法律或有利于一方（convenience）的原因而终止项目。

1.2.1 项目驱动变革

项目驱动组织进行变革。从商业角度来看，项目旨在推动组织从一个状态转到另一个状态，从而达成特定目标（见图 1-1）。在项目开始之前，通常将此时的组织描述为"当前状态"。项目驱动变革是为了获得期望的结果，即"将来状态"。

通过成功完成项目，组织可以实现将来状态并达成特定目标。

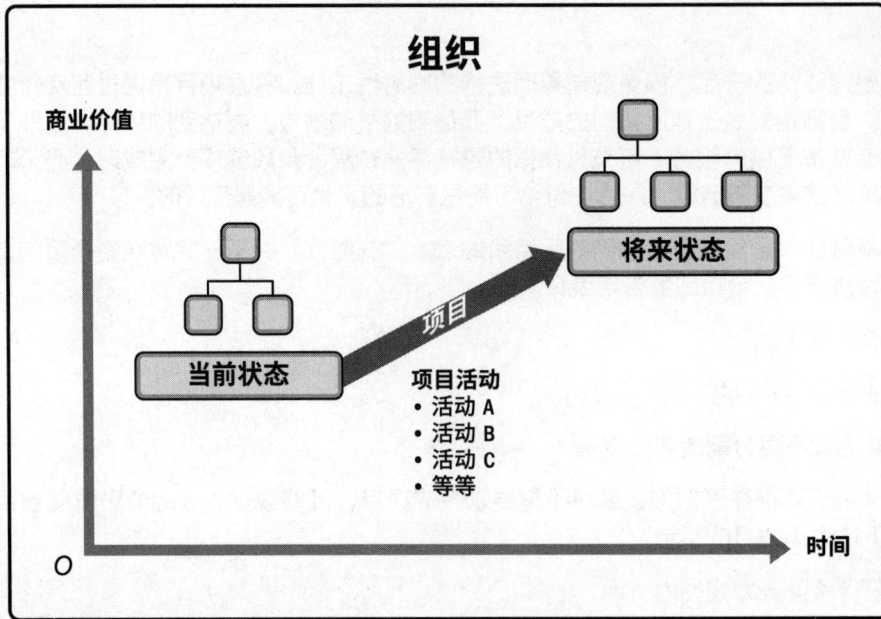

图 1-1 组织通过项目进行状态转换

1.2.2 项目创造商业价值

PMI 将商业价值定义为从商业运作中获得的可量化净收益。可以是有形的、无形的或两者兼有之。在商业分析中，商业价值被视为回报，即以某种投入换取时间、资金、货物或无形的回报。项目的商业价值指特定项目的结果能够为干系人带来的收益。项目带来的收益可以是有形的、无形的或两者兼有之。

社会与环境影响

在最初的规划中，除财务影响外，考虑社会与环境影响（有时被称为三重底线）也变得越来越普遍。这可采取产品生命周期评估的形式，评估产品、过程或系统的潜在环境影响。产品生命周期考虑了材料和过程在可持续性、有毒性和环境方面的影响。

1.2.3 项目启动背景

组织领导者启动项目是为了应对影响该组织的因素。项目为组织提供了一个有效的途径，使其能够成功做出应对这些因素所需的变革。这些基本因素说明了项目背景，大致分为四类：

- ▶ 符合法规、法律或社会要求；
- ▶ 满足干系人的要求或需求；
- ▶ 创造、改进或修复产品、过程或服务；
- ▶ 执行、变更业务或技术战略。

这些类别应与组织的战略目标直接相关，项目将实现这些目标，并最终提供商业价值。表 1-1 中列举了促成项目创建的因素示例。

表 1-1 促成项目创建的因素

特定因素	特定因素示例	符合法规、法律或社会要求	满足干系人的要求或需求	创造、改进或修复产品、过程或服务	执行、变更业务或技术战略
新技术	某电子公司批准一个新项目,在计算机内存和电子技术发展基础上,开发一种高速、廉价的小型笔记本电脑			X	X
竞争力	为保持竞争力,产品价格要低于竞争对手产品价格,需要降低生产成本				X
材料问题	某市政桥梁的一些支承构件出现裂缝,因此需要实施一个项目来解决问题	X		X	
政治变革	在某新当选官员促动下,当前某项目经费发生变更				X
市场需求	为应对汽油紧缺,某汽车公司批准一个低油耗车型的研发项目		X	X	X
经济变革	经济滑坡导致某当前项目优先级发生变更				X
客户要求	为了给新工业园区供电,某电力公司批准一个新变电站建设项目		X	X	
干系人需求	某干系人要求组织进行新的输出		X		
法律要求	某化工制造商批准一个项目,为妥善处理一种新的有毒材料制定指南	X			
业务过程改进	某组织实施一个运用精益六西格玛价值流图的项目			X	
战略机会或业务需求	为增加收入,某培训公司批准一个项目,开发一门新课程			X	X
社会需要	为应对传染病频发,某发展中国家的非政府组织批准一个项目,为社区建设饮用水系统和公共厕所,并开展卫生教育		X		
环境考虑	为减少污染,某上市公司批准一个项目,开创电动汽车共享服务			X	X

过程组：实践指南

1.3 项目集和项目集管理

项目集是相互关联且被协调管理的项目、子项目集和项目集活动，以便获得分别管理所无法获得的收益。项目集包括所属单个项目范围之外的相关工作。项目集管理指在项目集中应用知识、技能与原则来实现项目集的目标，获得分别管理相关项目集组成部分所无法实现的收益和控制。项目集也可能包含运营性质的工作。

项目集管理通过授权、变更或终止项目以及管理项目间的依赖关系来支持组织战略。

1.4 项目组合和项目组合管理

项目组合是指为实现战略目标而以协调的方式管理的项目、项目集、子项目组合和运营工作。项目组合管理是指为了实现战略目标而对一个或多个项目组合进行的集中管理。项目组合管理的重点是确保项目组合与组织的目标保持一致，并且通过评估项目组合组件来优化资源分配。项目组合可能会包含运营性质的工作。

1.5 项目组合、项目集和项目之间的关系

一个项目可以采用三种不同的模式进行管理：作为完全独立的项目（不隶属于任何项目组合或项目集）、作为项目集的组成部分或作为项目组合的组成部分。如果一个项目是项目组合或项目集的组成部分，那么项目管理就需要与项目组合和项目集管理进行互动。图 1-2 展示了项目组合和项目集之间、项目组合和项目之间以及项目集和单个项目之间的关系。这些关系并不总是存在等级层次。

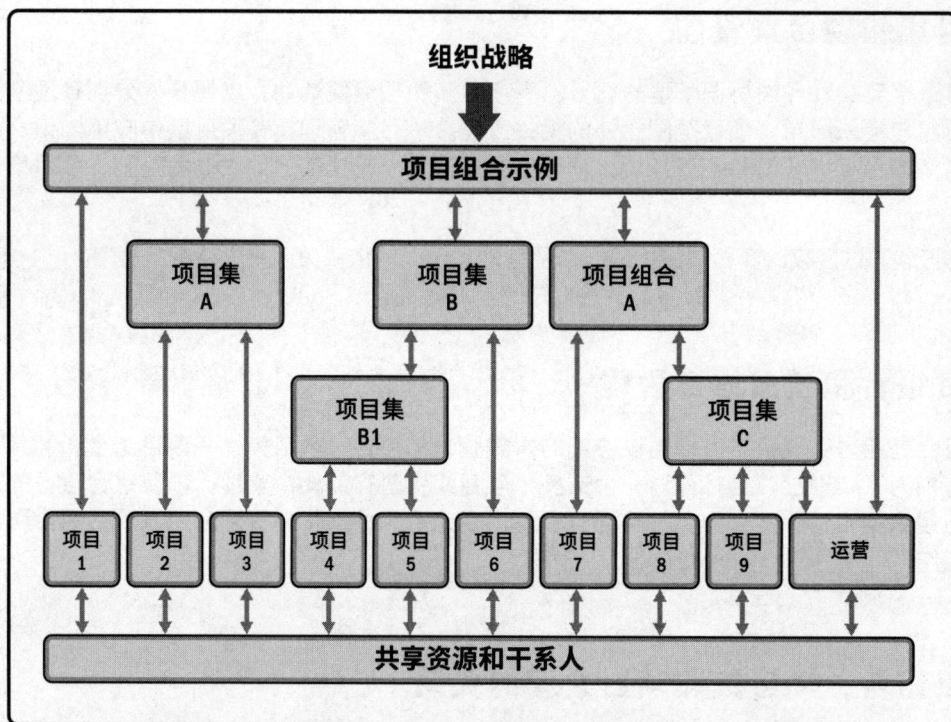

图 1-2 项目组合、项目集与项目管理间的关系示例

表 1-2 概述了项目组合、项目集与项目组合管理的比较。

表 1-2 项目组合、项目集与项目的比较

组织项目管理			
	项目	**项目集**	**项目组合**
定义	项目是为创造独特的产品、服务或结果而进行的临时性工作	项目集是一组相互关联且被协调管理的项目、子项目集和项目集活动,以便获得分别管理所无法获得的收益	项目组合是为实现战略目标而组合在一起管理的项目、项目集、子项目组合和运营工作的集合
范围	项目具有明确的目标。范围在整个项目生命周期中是渐进明细的	项目集的范围包括其项目集组件的范围。项目集通过确保各项目集组件的输出和成果协调互补,为组织带来收益	项目组合的组织范围随着组织战略目标的变化而变化
变更	项目经理对变更和实施过程做出预期,实现对变更的管理和控制	项目集的管理方法是,随着项目集各组件成果和/或输出的交付,在必要时接受和适应变更,优化收益实现	项目组合经理持续监督更广泛内外部环境的变更
规划	在整个项目生命周期中,项目经理渐进明细高层级信息,将其转化为详细的计划	项目集的管理利用高层级计划,跟踪项目集组件的依赖关系和进展。项目集计划也用于在组件层级指导规划	项目组合经理建立并维护与总体项目组合有关的必要过程和沟通
管理	项目经理为实现项目目标而管理项目团队	项目集由项目集经理管理,其通过协调项目集组件的活动,确保项目集收益按预期实现	项目组合经理可管理或协调项目组合管理人员或对总体项目组合负有报告职责的项目集和项目人员
监督	项目经理监控项目开展中生产产品、提供服务或结果的工作	项目集经理监督项目集组件的进展,确保整体目标、进度计划、预算和项目集收益的实现	项目组合经理监督战略变更以及总体资源分配、绩效结果和项目组合风险
成功	成功通过产品和项目的质量、时间表、预算的依从性以及客户满意度水平进行衡量	项目集的成功通过项目集向组织交付预期收益的能力以及项目集交付所述收益的效率和效果进行衡量	成功通过项目组合的总体投资效果和实现的收益进行衡量

1.6 组织级项目管理 (OPM)

组织级项目管理 (OPM) 是开展项目组合管理、项目集管理和项目管理的战略执行框架。该框架使组织不断地以可预见的方式取得更好的绩效、更好的结果及可持续的竞争优势，从而实现组织战略。

图 1-3 展示了战略、项目组合、项目集、项目和运营相互作用的组织环境。

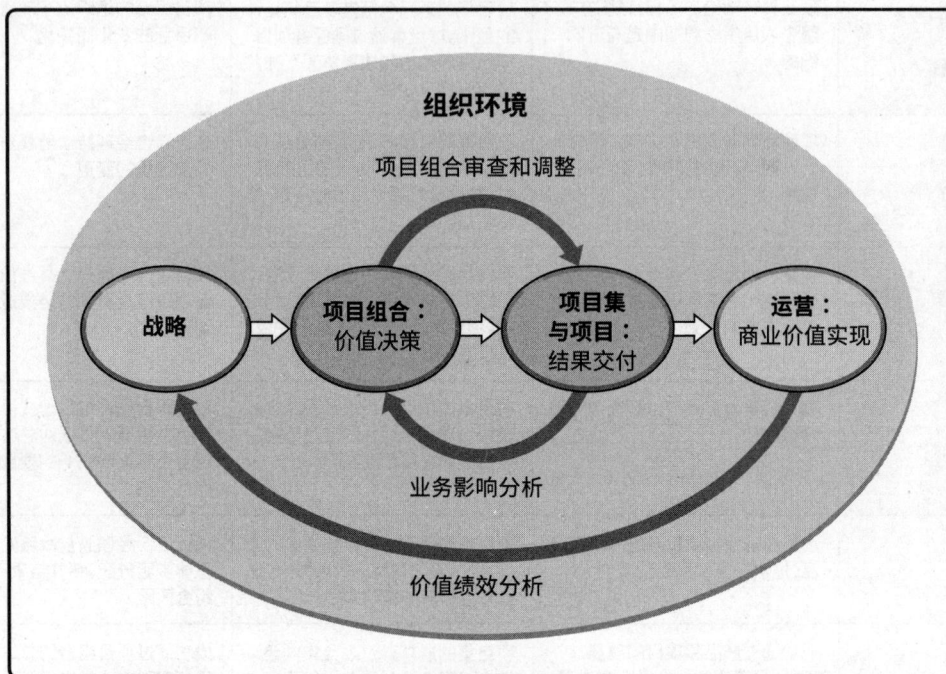

图 1-3 组织级项目管理

关于 OPM 的更多信息，请参见 *The Standard for Organizational Project Management*（组织级项目管理标准）[2]。

1.7 项目组成部分和考虑的因素

项目包含几个关键组成部分，有效管理这些组成部分，项目才能成功完成。实践指南的这一节识别并阐述了这些组成部分。各个组成部分在项目管理期间相互关联。

表 1-3 简单描述了关键组成部分。这些组成部分在 1.7.1 节至 1.7.5 节中有更充分的解释。

表 1-3 关键组成部分的说明

《PMBOK®指南》关键组成部分	简介
项目生命周期(见 1.7.1 节)	项目从开始到结束所经历的一系列阶段
项目阶段(见 1.7.2 节)	一组具有逻辑关系的项目活动的集合,通常以一个或多个可交付物的完成为结束
阶段关口(见 1.7.3 节)	为做出进入下个阶段、进行整改或结束项目集或项目的决定,而开展的阶段末审查
项目管理过程(见 1.7.4 节)	旨在创造最终结果的系统化的系列活动,以便对一个或多个输入进行加工,生成一个或多个输出
项目管理过程组(见 1.7.5 节)	项目管理输入、工具与技术以及输出的逻辑组合。项目管理过程组包括启动、规划、执行、监控和收尾。项目管理过程组不同于项目阶段

1.7.1 项目和开发生命周期

项目生命周期指项目从开始到完成所经历的一系列阶段。它为项目管理提供了一个基本框架。不论项目涉及的具体工作是什么，这个基本框架都适用。这些阶段之间的关系可以顺序、迭代或交叠进行。所有项目都呈现图 1-4 所示的通用的生命周期。

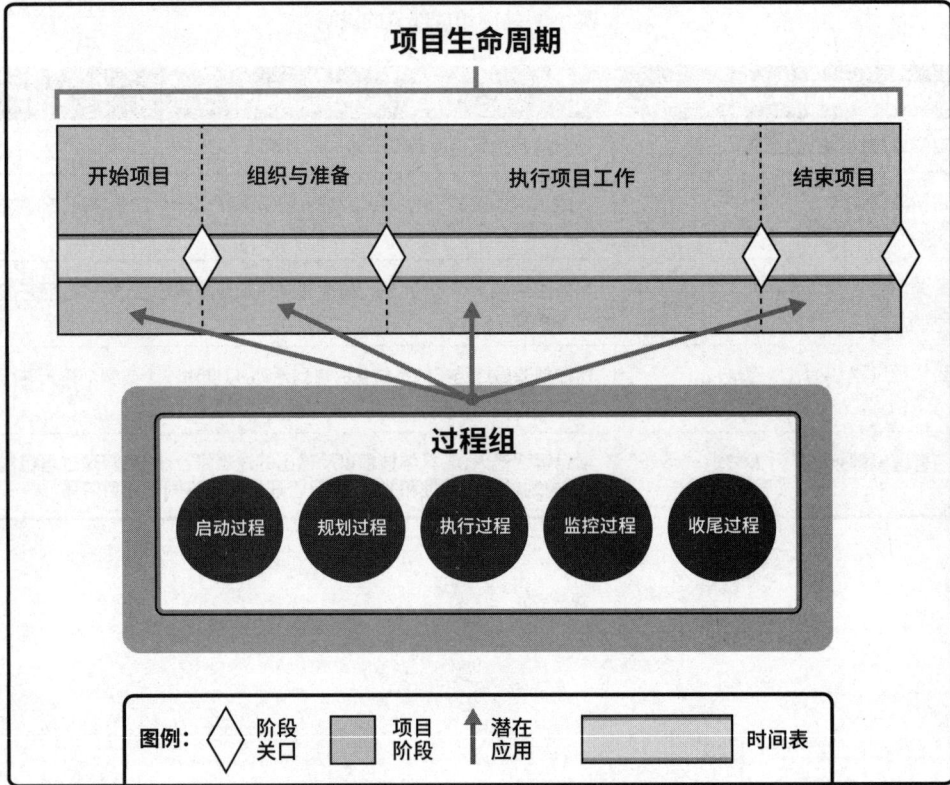

图 1-4 关键组成部分在项目中的相互关系

项目生命周期可以是预测型或适应型。项目生命周期内通常有一个或多个阶段与产品、服务或结果的开发相关。这些被称为开发生命周期，可以是预测型、适应型、迭代型、增量型或混合型的模式：

- ▶ **预测型生命周期**，在生命周期的早期阶段确定项目范围、时间和成本。对任何范围的变更都要进行仔细管理。预测型生命周期也可称为瀑布型生命周期。

- ▶ **适应型生命周期**包括迭代型或增量型。范围在迭代开始之前就得到了概述和商定。适应型生命周期也称为敏捷或变更驱动型生命周期。

  - ▷ **迭代型生命周期**，项目范围通常于项目生命周期的早期确定，但时间及成本估算将随着项目团队对产品理解的不断深入而定期修改。迭代方法是通过一系列重复的循环活动来开发产品，而增量方法是渐进地增加产品的功能。

  - ▷ **增量型生命周期**是通过在预定的时间区间内渐进增加产品功能的一系列迭代来产出可交付物。只有在最后一次迭代之后，可交付物具有了必要和足够的能力，才能被视为完整的。

- ▶ **混合型生命周期**是预测型生命周期和适应型生命周期的组合。充分了解或有确定需求的项目要素遵循预测型开发生命周期，而仍在发展中的要素遵循适应型开发生命周期。

由项目管理团队根据各个项目的固有特征，确定项目最适合的生命周期。

项目生命周期需要足够灵活，能够应对项目包含的各种因素。

项目生命周期与产品生命周期相互独立，后者可能由项目产生。产品生命周期指一个产品从概念、交付、成长、成熟到衰退的整个演变过程的一系列阶段。

应始终进行规划

对于生命周期，需要记住的一个关键是，每个生命周期都有规划这一要素。生命周期之间的区别不在于是否做规划，而在于做了多少规划，何时做，由谁做。敏捷方法让团队更多地参与规划，而预测型方法则由项目经理推动。

对于**预测型方法**，规划是工作的动力。与适应型方法相比，会预先进行更多规划，需求也被确定得更详细。团队估计他们何时能交付干系人可交付物，并进行全面采购活动。

在**迭代型方法中**，也须规划原型和证明，但输出是为了修改开始时制订的计划。同时，**增量型举措**规划交付整个项目的连续子集。团队可以提前计划连续的数次交付，也可以每次只进行一次交付。这些交付为未来的项目工作提供信息。

敏捷项目也有规划。关键的区别在于，团队要进行规划和再规划，因为更多的信息是从对频繁交付的审查中获得的。无论项目生命周期如何，项目都需要规划。

1.7.2 项目阶段

项目阶段是一组具有逻辑关系的项目活动的集合，通常以一个或多个可交付物的完成为结束。生命周期的各个阶段可以通过各种不同的属性来描述。对于特定阶段，属性是可测量且独特的。属性可能包括(但不限于)：

▶ 名称（例如，阶段 A、阶段 B、阶段 1、阶段 2、提建议阶段）；

▶ 数量（例如，项目的三个阶段、项目的五个阶段）；

▶ 持续时间（例如，一个星期、一个月、一个季度）；

过程组：实践指南

- ▶ 资源需求（例如，人力、建筑、设备）；

- ▶ 项目进入某一阶段的准入标准（例如，已获得特定批准文件、已完成特定文件）；

- ▶ 项目完成某一阶段的退出标准（例如，已获得批准文件、已完成文件、已达成可交付物）。

项目可以分解为不同的阶段或子组件，这些阶段或子组件的名称通常说明了该阶段完成的工作类型。阶段名称的例子包括（但不限于）：

- ▶ 概念开发；

- ▶ 可行性研究；

- ▶ 客户要求；

- ▶ 解决方案开发；

- ▶ 设计；

- ▶ 原型；

- ▶ 建造；

- ▶ 测试；

- ▶ 移交；

- ▶ 试运行；

- ▶ 里程碑审查；

- ▶ 经验教训。

建立项目阶段

项目阶段可基于各种因素而建立，其中包括（但不限于）：

▶ 管理需求；

▶ 项目性质；

▶ 组织、行业或技术的独特性；

▶ 项目的组成要素，包括（但不限于）技术、工程、业务、过程或法律；

▶ 决策点（例如，资金、继续/终止项目、里程碑审查）。

分为多个阶段的方式有助于更好地掌控项目管理，同时还提供了评估项目绩效并在后续阶段采取必要的纠正或预防措施的机会。项目阶段的其中一个关键组成部分是阶段关口或审查（见第 1.7.3 节）。

1.7.3 阶段关口

阶段关口（或审查）在项目阶段结束时进行。将项目的绩效和进度与项目和业务文件比较，这些文件包括（但不限于）：

▶ 项目商业论证；

▶ 项目章程；

▶ 项目管理计划；

▶ 收益管理计划。

根据比较结果做出决定（例如，继续/终止的决定），以便：

▶ 进入下个阶段；

▶ 整改后进入下个阶段；

▶ 结束项目；

▶ 停留在当前阶段；

▶ 重复阶段或某个要素。

在不同的组织、行业或工作类型中，阶段关口可能被称为阶段审查、阶段门、关键决策点和阶段入口或阶段出口。组织可以通过这些审查来检查本指南范围之外的其他相关项，例如，产品相关文件或模型。

1.7.4 项目管理过程

项目生命周期是通过一系列项目管理活动进行的，即项目管理过程。总共有 49 个过程；然而，任何给定项目所使用的过程的选择取决于组织和项目，更有可能的是，所有过程都不会被使用。输出可以是可交付物或成果。成果是过程的最终结果。项目管理过程适用于全球各个行业。

各项目管理过程通过它们所产生的输出建立逻辑联系。过程可能包含了在整个项目期间相互重叠的活动。一个过程的输出通常成为以下二者之一：

▶ 另一个过程的输入；

▶ 项目或项目阶段的可交付物。

图 1-5 的示例说明了一个过程的输入、工具与技术和输出的关系以及与其他过程的关系。

输入	工具与技术	输出
1. 输入 H 2. 输入 J	1. 技术 A 2. 工具 C	1. 项目输出 A 2. 项目输出 B

图 1-5 过程示例：输入、工具与技术和输出

过程迭代的次数和过程间的相互作用因具体项目的需求而不同。过程通常分为三类：

▶ **仅开展一次或仅在项目预定义点开展的过程。** 例如，**制定项目章程**以及**结束项目或阶段**等过程。

▶ **根据需要定期开展的过程。** 在需要资源时执行获取资源。在需要采购之前执行实施采购。

▶ **需要在整个项目期间持续开展的过程。** 在整个项目生命周期中可能执行的过程定义活动，特别是当项目使用滚动式规划或适应型开发方法时。从项目开始到项目结束需要持续开展许多监控过程。

项目管理通过合理运用与整合按逻辑分组的项目管理过程而得以实现。过程分类方法有很多种，PMI把过程归纳为五大类，即五大过程组（参见第 1.7.5 节）。

1.7.5 项目管理过程组

项目管理过程组指对项目管理过程进行逻辑分组，以达成项目的特定目标。过程组不同于项目阶段。项目管理过程可分为以下五个项目管理过程组：

- ▶ **启动过程组** 定义一个新项目或现有项目的一个新阶段，授权开始该项目或阶段的一组过程。

- ▶ **规划过程组** 明确项目范围，优化目标，为实现目标制定行动方案的一组过程。

- ▶ **执行过程组** 完成项目管理计划中确定的工作，以满足项目要求的一组过程。

- ▶ **监控过程组** 跟踪、审查和调整项目进展与绩效，识别必要的对计划的变更并启动相应变更的一组过程。

- ▶ **收尾过程组** 正式完成或结束项目、阶段或合同所执行的过程。

本实践指南采用流程图。项目管理过程通过具体的输入和输出相互联系，即一个过程的结果或成果可能成为另一个过程（不一定在同一过程组）的输入。请注意，过程组与项目阶段不同。

表 1-4 提供 49 个过程的列表，这些过程被映射到它们各自的过程组。这些数字是指本实践指南中的章节编号。

表 1-4 过程组和项目管理过程

项目管理过程组				
启动过程组	**规划过程组**	**执行过程组**	**监控过程组**	**收尾过程组**
4.1 制定项目章程 4.2 识别干系人	5.1 制订项目管理计划 5.2 规划范围管理 5.3 收集需求 5.4 定义范围 5.5 创建 WBS 5.6 规划进度管理 5.7 定义活动 5.8 排列活动顺序 5.9 估算活动持续时间 5.10 制订进度计划 5.11 规划成本管理 5.12 估算成本 5.13 制定预算 5.14 规划质量管理 5.15 规划资源管理 5.16 估算活动资源 5.17 规划沟通管理 5.18 规划风险管理 5.19 识别风险 5.20 实施定性风险分析 5.21 实施定量风险分析 5.22规划风险应对 5.23 规划采购管理 5.24 规划干系人参与	6.1 指导与管理项目工作 6.2 管理项目知识 6.3 管理质量 6.4 获取资源 6.5 建设团队 6.6 管理团队 6.7 管理沟通 6.8 实施风险应对 6.9 实施采购 6.10 管理干系人参与	7.1 监控项目工作 7.2 实施整体变更控制 7.3 确认范围 7.4 控制范围 7.5 控制进度 7.6 控制成本 7.7 控制质量 7.8 控制资源 7.9 监督沟通 7.10 监督风险 7.11 控制采购 7.12 监督干系人参与	8.1 结束项目或阶段

1.8 项目管理数据和信息

整个项目生命周期需要收集、分析和转化大量的数据。从各个过程收集项目数据，并在项目团队内共享。在各个过程中所收集的数据经过结合相关背景的分析、汇总，并加工成项目信息。信息通过口头形式进行传达，或以各种格式的报告存储和分发。

关于项目数据和信息的主要术语

在整个项目生命周期中需要定期收集和分析项目数据。关于项目数据和信息的主要术语定义如下：

▶ **工作绩效数据**。在执行项目工作的过程中，从每个正在执行的活动中收集到的原始观察结果和测量值。示例包括工作完成百分比、质量和技术绩效测量结果、进度计划活动的开始和结束日期、变更请求的数量、缺陷的数量、实际成本和实际持续时间等。项目数据通常记录在项目管理信息系统 (PMIS) 和项目文件中。

▶ **工作绩效信息**。从各控制过程收集，并结合相关背景和跨领域关系进行整合分析而得到的绩效数据。绩效信息的例子包括可交付物的状态、变更请求的落实情况及预测的完工尚需估算。

▶ **工作绩效报告**。为制定决策、提出问题、采取行动或引起关注，而汇编工作绩效信息所形成的实物或电子项目文件。示例包括状况报告、备忘录、论证报告、信息札记、电子仪表盘、推荐意见和情况更新。

图 1-6 展示了项目管理各个过程中的项目信息流。

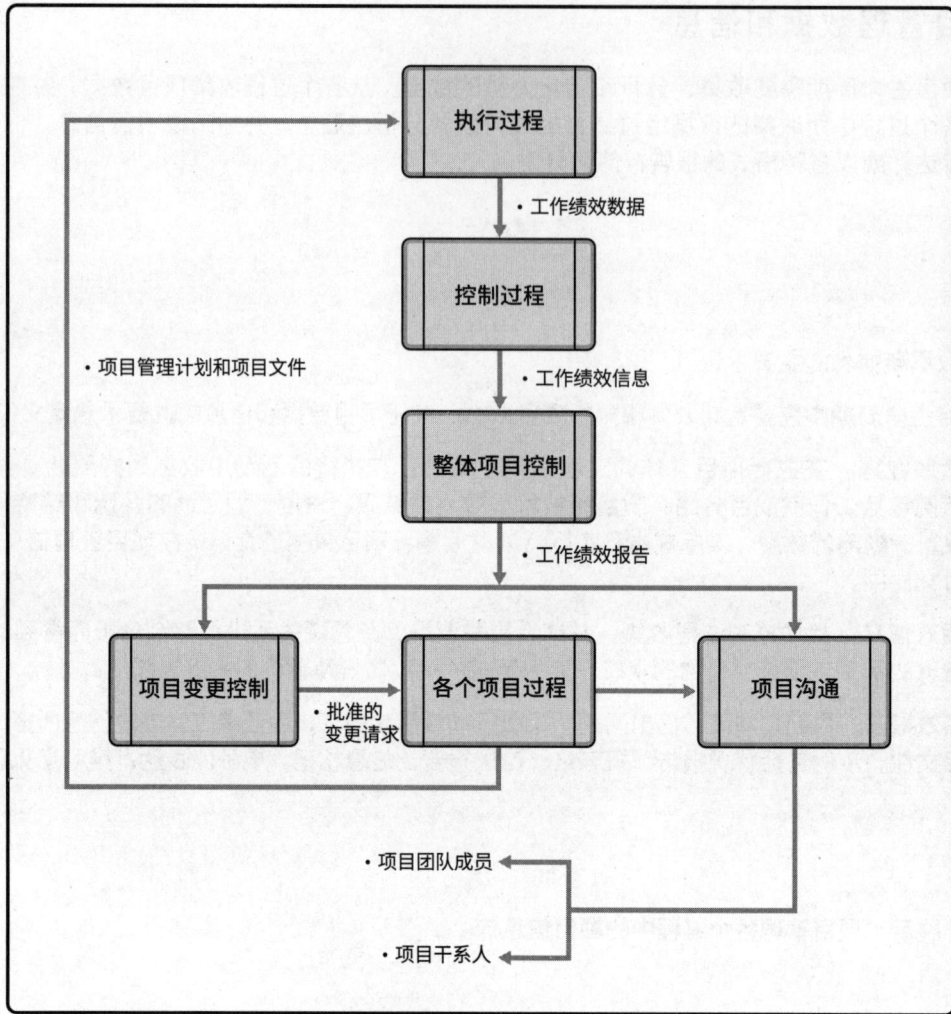

图 1-6 项目数据、信息和报告流向图

1.9 裁剪

项目经理通常将项目管理方法论应用于工作。方法论是由专门的从业人员所采用的实践、技术、程序和规则所组成的体系。**本实践指南不讨论具体的方法论。**

项目管理方法论可能：

▶ 由组织内的专家开发；

▶ 从供应商采购而来；

▶ 从专业协会获取；

▶ 从政府机构获取。

裁剪是对方法、治理和过程深思熟虑后做出调整，使其更适合特定的环境和手头的任务。

在项目环境中，裁剪包括考虑方法、过程、临时的可交付物和选择参与的人员。裁剪过程是由影响裁剪决策的思维模式和一套价值观所驱动的。项目经理与项目团队、发起人或组织管理层合作进行裁剪。在某些情况下，组织可能要求采用特定的项目管理方法论。

由于每个项目都是独特的，所以有必要进行裁剪。并非每个项目都需要本实践指南所确定的每个过程、工具、技术、输入或输出。裁剪应处理关于范围、进度、成本、资源、质量和风险的相互竞争的制约因素。各个制约因素对不同项目的**重要性**不一样，项目经理应根据项目环境、组织文化、干系人需求和其他变量裁剪管理这些制约因素的方法。

合理的项目管理方法论需要考虑项目的独特性，允许项目经理做出一定程度的裁剪。

裁剪对组织产生直接和间接的收益。这些包括（但不限于）：

▶ 来自帮助裁剪方法的项目团队成员的更多承诺。

▶ 以客户为中心，因为客户的需求是其发展的一个重要影响因素。

▶ 更有效地利用项目资源。

在裁剪项目管理时，项目经理还应考虑运行项目所需的各个治理层级，并考虑组织文化（请见第 2.3 节）。此外，还需要考虑来自组织内部或者外部的项目客户也可能会影响项目管理的裁剪决定。

《PMBOK®指南》第 7 版概述了一个四步裁剪过程：

▶ **第 1 步：选择初始开发方法**　这一步决定了项目将使用的开发方法。项目团队运用他们对产品的知识、交付节奏和对可用选项的认识，选择最适合情况的开发方法。

▶ **第 2 步：根据组织进行裁剪**　虽然项目团队拥有并改进他们的流程，但往往需要组织一定程度的批准和监督。许多组织都有一个项目方法论、通用管理方法或通用开发方法，它们作为其项目管理的起点。已建立过程治理的组织需要确保裁剪符合其政策。为了证明项目团队的裁剪决策不会威胁到组织更大的战略或管家精神目标，项目团队可能需要证明使用某种裁剪的方法的合理性。

▶ **第 3 步：根据项目进行裁剪**　许多属性都影响着项目的裁剪。这些属性包括（但不限于），产品/可交付物、项目团队和文化。项目团队应针对每一个属性提出问题，以帮助指导他们的裁剪过程。对这些问题的回答可用于帮助确定是否需要对过程、交付方法、生命周期、工具、方法和工件进行裁剪。

▶ **第 4 步：实施持续改进**　裁剪的过程并不是一个单一的、一次性的工作。在渐进明细过程，项目团队如何工作的问题，产品或可交付物如何发展的问题，以及其他学到的知识的问题，都将表明那些进一步的裁剪可以带来改进。审查点、阶段关口和回顾会议都提供了必要的检查调整过程、开发方法和交付频率的机会。

1.10 收益管理和商业文件

　　启动项目旨在抓住与组织的战略目标相符的机会。在启动项目之前，通常需要编制商业论证，以概述项目目标、所需投资，以及用于测量项目成功的财务标准和其他量化标准。商业论证为在整个项目生命周期中衡量项目成功和进展奠定了基础，以便把实际结果与预定的目标和成功标准进行比较。在项目启动之前通过商业论证，可能会做出继续/终止项目的决策。

　　需求评估通常是在商业论证之前进行，包括了解商业目的和目标、问题及机会，并提出处理建议。需求评估结果可能会在商业论证文件中进行总结。

　　项目的启动通常出于以下一项或多项战略考虑：

- ▶ 市场需求；

- ▶ 战略机会/业务需求；

- ▶ 社会需要；

- ▶ 环境考虑；

- ▶ 客户要求；

- ▶ 技术进步；

- ▶ 法律或法规要求；

- ▶ 现有问题或已预见到的问题。

收益管理计划描述项目收益的实现方法和时间及其衡量方式。收益管理计划可能包括以下内容：

▸ 目标收益。使用产品、服务或结果而获得期望的有形和无形商业价值。

▸ 战略一致性。项目收益如何支持组织的商业战略并与之保持一致。

▸ 实现收益的时限。收益按阶段划分，包括：短期收益、长期收益和持续性收益。

▸ 收益责任人。在收益实现计划规定的整个时限内，监督、记录和报告收益实现情况的责任个人或小组。

▸ 测量指标。用于考核收益实现情况的直接和间接方法。

▸ 风险。与实现目标收益有关的风险。

根据项目目标和成功标准考核项目的成功程度。在许多情况下，产品、服务或结果的成功只有在项目完成后一段时间方能知晓。例如，在项目产品、服务或结果交付运营时，市场份额增加、运营成本降低或新产品成功可能都是未知的。在这些情况下，项目管理办公室 (PMO)、项目组合指导委员会或组织内的其他职能部门，应该在稍晚时间才对项目成功进行评估，以确定成果是否符合商业目标。

项目收益管理计划的制订和维护是一项迭代活动。它是商业论证、项目章程和项目管理计划的补充性文件。项目经理与发起人共同确保项目章程、项目管理计划和收益管理计划在整个项目生命周期内始终保持一致。请参阅 *Business Analysis for Practitioners: A Practice Guide*（《商业分析：实践指南》）[3]、《项目集管理标准》[4] 和 *The Standard for Portfolio Management*（《项目组合管理标准》）[5]。

项目经理需要确保项目管理方法紧扣商业文件的意图。表 1-5 列出了这些文件的定义。在整个项目生命周期中，这两种文件相互依赖并得到反复制定和维护。

项目发起人通常负责项目商业论证文件的制定和维护。项目经理负责提供建议和见解，使项目商业论证、项目管理计划、项目章程和项目收益管理计划中的成功标准相一致，并与组织的目的和目标保持一致。

商业论证和收益管理计划都是在项目启动之前编制的，并且要成为项目完成之后评估项目成功的依据。因此，它们被视为商业文件，而非项目文件，或者项目管理计划的组成部分。这些商业文件可能成为某些项目管理过程的输入，例如，制定项目章程。

表 1-5 项目商业文件

项目商业文件	定义
项目商业论证	文档化的经济可行性研究报告，用来对尚缺乏充分定义的所选方案的收益进行有效性论证，是启动后续项目管理活动的依据
项目收益管理计划	对创造、提高和保持项目收益的过程进行定义的书面文件

项目经理为项目裁剪上述项目管理文件。某些组织会维护项目集层面的商业论证和收益管理计划。项目经理随后与相应的项目集经理合作，确保项目管理文件与项目集文件保持一致。图 1-7 说明了这些关键项目管理商业文件与需求评估之间的相互关系。图 1-7 展示了项目生命周期内各种文件大概的生命周期。

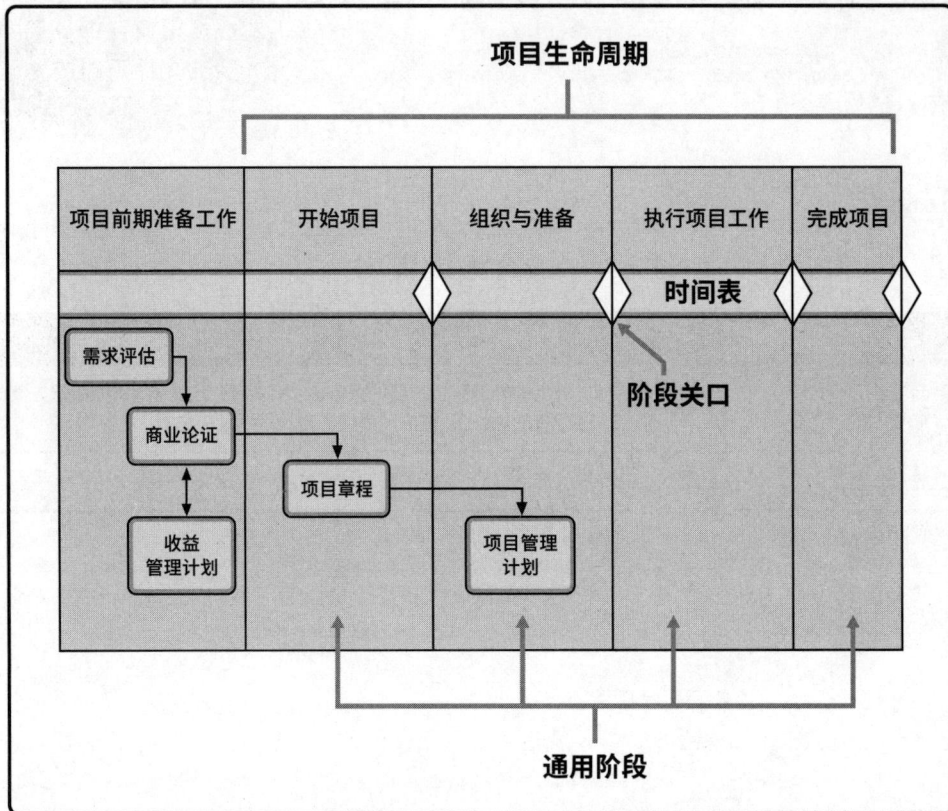

图 1-7 需求评估与关键业务/项目文件的相互关系

过程组：实践指南

1.11 项目章程、项目管理计划和项目文件

项目章程是由项目发起人发布的，正式批准项目成立，并授权项目经理动用组织资源开展项目活动的文件。

项目管理计划是描述如何执行、监督和控制项目的一份文件。它整合并综合了所有子管理计划和基准，以及管理项目所必需的其他信息。项目的各个方面决定了究竟需要哪些项目管理计划组件。

项目管理计划组件包括（但不限于）：

▶ **子管理计划：**

　▷ **范围管理计划。**确定如何定义、制定、监督、控制和确认项目范围。

　▷ **需求管理计划。**确定如何分析、记录和管理需求。

　▷ **进度管理计划。**为编制、监督和控制项目进度建立准则并确定活动。

　▷ **成本管理计划。**确定如何规划、安排和控制成本。

　▷ **质量管理计划。**确定在项目中如何实施组织的质量政策、方法和标准。

　▷ **资源管理计划。**指导如何对项目资源进行分类、分配、管理和释放。

　▷ **沟通管理计划。**确定项目信息将如何、何时、由谁来进行管理和传播。

　▷ **风险管理计划。**确定如何安排与实施风险管理活动。

　▷ **采购管理计划。**确定项目团队将如何从执行组织外部获取货物和服务。

　▷ **干系人参与计划。**确定如何根据干系人的需求、利益和影响让他们参与项目决策和执行。

▶ **基准:**

    ▷ **范围基准。**经过批准的范围说明书、工作分解结构（WBS）和相应的 WBS 词典，能够通过正式的变更控制程序进行变更，并被用作比较的依据。

    ▷ **进度基准。**经过批准的进度模型，能够通过正式的变更控制程序进行变更，并被用作与实际结果进行比较的依据。

    ▷ **成本基准。**经过批准的、按时间段分配的项目预算，不包括任何管理储备，能够通过正式的变更控制程序进行变更，用作与实际结果进行比较的依据。

▶ **其他组件。**大多数项目管理计划组件都来自其他过程，虽然有些组件是在本过程生成的。虽然在本过程生成的组件会因项目而异；但是通常包括（但不限于）：

    ▷ **变更管理计划。**描述在整个项目期间如何正式审批和采纳变更请求。

    ▷ **配置管理计划。**描述如何记录和更新项目的特定信息，以及该记录和更新哪些信息，以保持产品、服务或结果的一致性和（或）有效性。

    ▷ **绩效测量基准。**经过整合的项目范围、进度和成本计划，用作项目执行的比较依据，以测量和管理项目绩效。

    ▷ **项目生命周期。**描述项目从开始到结束所经历的一系列阶段。

    ▷ **开发方法。**描述产品、服务或结果的开发方法，例如，预测、迭代或混合型模式。

    ▷ **管理审查。**确定项目经理和有关干系人审查项目进展的时间点，以考核绩效是否符合预期，或者确定是否有必要采取预防或纠正措施。

项目管理计划是用于管理项目的主要文件之一。管理项目时还会使用其他项目文件。这些其他文件不属于项目管理计划，但它们也是实现高效管理所必需的文件。表 1-6 列出了主要的项目管理计划组件和项目文件。

表 1-6 项目管理计划和项目文件

项目管理计划	项目文件	
1. 范围管理计划	1. 活动属性	19. 质量控制测量结果
2. 需求管理计划	2. 活动清单	20. 质量测量指标
3. 进度管理计划	3. 假设日志	21. 质量报告
4. 成本管理计划	4. 估算依据	22. 需求文件
5. 质量管理计划	5. 变更日志	23. 需求跟踪矩阵
6. 资源管理计划	6. 成本估算	24. 资源分解结构
7. 沟通管理计划	7. 成本预测	25. 资源日历
8. 风险管理计划	8. 持续时间估算	26. 资源需求
9. 采购管理计划	9. 问题日志	27. 风险登记册
10. 干系人参与计划	10. 经验教训登记册	28. 风险报告
11. 变更管理计划	11. 里程碑清单	29. 进度数据
12. 配置管理计划	12. 实物资源分配单	30. 进度预测
13. 范围基准	13. 项目日历	31. 干系人登记册
14. 进度基准	14. 项目沟通记录	32. 团队章程
15. 成本基准	15. 项目进度计划	33. 测试与评估文件
16. 绩效测量基准	16. 项目进度网络图	
17. 项目生命周期描述	17. 项目范围说明书	
18. 开发方法	18. 项目团队派工单	

1.12 项目成功标准

确定项目是否成功是项目管理中最常见的挑战之一。

时间、成本、范围和质量等项目管理测量指标历来被视为确定项目是否成功的最重要的因素。最近，从业者和学者提出，确定项目是否成功还应考虑项目目标的实现情况。

关于项目成功的定义和最重要的因素，项目干系人可能有不同的看法。明确记录项目目标并选择可测量的目标是项目成功的关键。主要干系人和项目经理应思考以下三个问题：

- ▶ 怎样才是项目成功？

- ▶ 如何评估项目成功？

- ▶ 哪些因素会影响项目成功？

主要干系人和项目经理应就这些问题达成共识并予以记录。

项目成功可能涉及与组织战略和业务结果交付有关的其他标准。这些项目目标可能包括（但不限于）：

- ▶ 完成项目收益管理计划；

- ▶ 达到商业论证中记录的已商定的财务测量指标。这些财务测量指标可能包括（但不限于）：

  - ▷ 净现值 (NPV)；

  - ▷ 投资回报率 (ROI)；

  - ▷ 内部报酬率 (IRR)；

  - ▷ 回收期 (PBP)；

  - ▷ 效益成本比率 (BCR)。

- ▶ 达到商业论证的非财务目标；
- ▶ 完成组织从"当前状态"转到"将来状态"；
- ▶ 履行合同条款和条件；
- ▶ 达到组织战略、目的和目标；
- ▶ 使干系人满意；
- ▶ 可接受的客户/最终用户的采纳度；
- ▶ 将可交付物整合到组织的运营环境中；
- ▶ 满足商定的交付质量；
- ▶ 遵循治理规则；
- ▶ 满足商定的其他成功标准或准则（例如过程吞吐量）。

为了取得项目成功，项目团队必须能够正确评估项目状况，平衡项目要求，并与干系人保持积极主动的沟通。

但在业务环境中，如果项目能够与组织的战略方向持续保持一致，那么项目成功的概率就会显著提高。

有可能一个项目从范围/进度/预算来看是成功的，但从商业角度来看并不成功。这是因为业务需要和市场环境在项目完成之前发生了变化。

2

项目环境

　　项目所处的环境可能对项目的开展产生有利或不利的影响。这些影响的两大主要来源为事业环境因素 (EEFs) 和组织过程资产 (OPAs)。

　　事业环境因素源于项目外部（往往是企业外部）的环境。事业环境因素可能对整个企业、项目组合、项目集或项目产生影响。

　　组织过程资产源于企业内部，可能来自企业自身、项目组合、项目集、其他项目或这些的组合。图 2-1 分解了事业环境因素和组织过程资产所涵盖的项目影响。

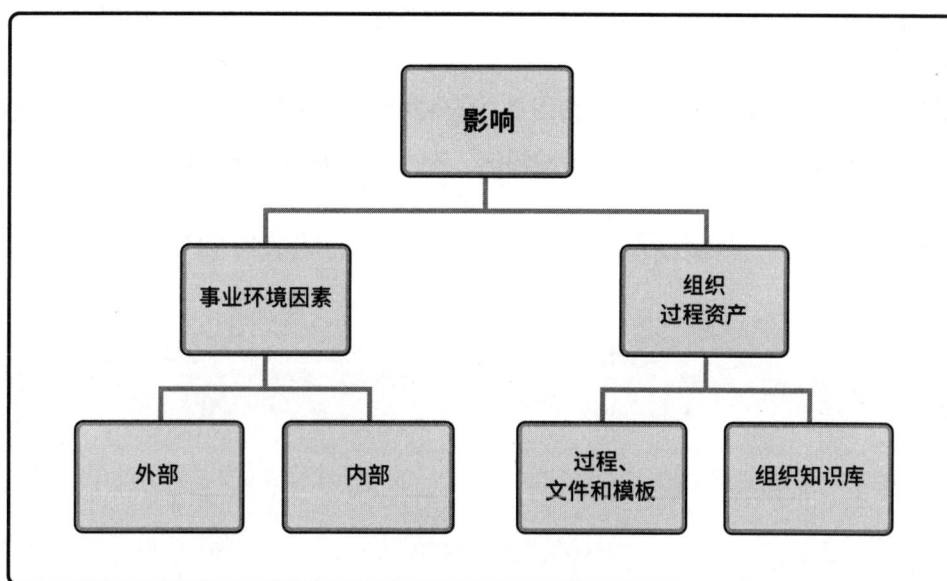

图 2-1　项目影响

除了事业环境因素和组织过程资产，治理对项目生命周期也起着重要的作用（请参阅第 2.3 节）。

2.1 事业环境因素

事业环境因素 (EEFs) 是指项目团队不能控制的，将对项目产生影响、限制或指令作用的各种条件。这些条件可能来自组织的内部和/或外部。事业环境因素是很多项目管理过程，尤其是大多数规划过程的输入。这些因素可能会提高或限制项目管理的灵活性，并可能对项目成果产生积极或消极的影响。

从性质或类型上讲，事业环境因素是多种多样的。有效开展项目，就需要考虑这些因素。事业环境因素包括（但不限于）第 2.1.1 节和第 2.1.2 节所描述的因素。

2.1.1 组织内部的事业环境因素

以下是组织内部的事业环境因素的示例：

▶ **组织文化、结构和治理**。示例包括愿景、使命、价值观、信念、文化规范、领导风格、等级制度和职权关系、组织风格、道德、行为规范、政策和程序。

▶ **设施和资源的地理分布**。示例包括厂房位置和虚拟团队。

▶ **基础设施**。示例包括现有设施、设备、组织渠道、电信渠道、信息技术硬件，以及它们的可用性和能力。

▶ **信息技术软件**。示例包括进度计划软件工具、配置管理系统、进入其他在线自动化系统的网络界面和工作授权系统。

▶ **资源可用性**。示例包括合同和采购制约因素、获得批准的供应商和分包商以及合作协议。

▶ **员工能力**。示例包括现有人力资源的专业知识、技能、能力和特定知识。

2.1.2 组织外部的事业环境因素

以下是组织外部的事业环境因素的示例：

▶ **市场条件。** 示例包括竞争对手、市场份额、品牌认知度和商标。

▶ **社会和文化影响与问题。** 示例包括政治氛围、行为规范、道德和观念。

▶ **法律限制。** 示例包括与安全、数据保护、商业行为、雇用和采购有关的国家或地方法律法规。

▶ **商业数据库。** 示例包括标杆对照结果、标准化的成本估算数据、行业风险研究资料和风险数据库。

▶ **学术研究。** 示例包括行业研究、出版物和标杆对照结果。

▶ **政府或行业标准。** 示例包括与产品、生产、环境、质量和工艺有关的监管机构条例和标准。

▶ **财务考虑因素。** 示例包括货币汇率、利率、通货膨胀率、关税和地理位置。

▶ **物理环境要素。** 示例包括工作环境、天气和制约因素。

2.2 组织过程资产

组织过程资产 (OPAs) 是执行组织所特有并使用的计划、过程、文件、模板和知识库，这些资产会影响对项目的管理。

组织过程资产包括来自任何（或所有）项目执行组织的，可用于执行或治理项目的任何工件、实践或知识，还包括来自组织以往项目的经验教训和历史信息。组织过程资产可能还包括完成的进度计划、风险数据和挣值数据。组织过程资产是许多项目管理过程的输入。由于组织过程资产存在于组织内部，在整个项目期间，项目团队成员可对组织过程资产进行必要的更新和增补。组织过程资产可分成以下两大类：

▶ **计划、过程和文件。**一般来说，这些资产不会作为项目工作的一部分进行更新，而是通常由项目管理办公室（PMO）或项目以外的其他职能部门完成。这些资产的更新工作仅须遵循适用的组织政策。有些组织鼓励团队裁剪项目的模板、生命周期和核对单。在这种情况下，项目团队应根据项目需求裁剪这些资产。

▶ **组织知识库。**这些资产是在整个项目期间结合项目信息而更新的。例如，整个项目期间会持续更新与财务绩效、经验教训、绩效指标和问题以及缺陷相关的信息。

2.2.1 计划、过程和文件

组织用于执行项目工作的计划、过程和文件，包括（但不限于）：

▶ **启动和规划：**

▷ 指南和标准，用于裁剪组织标准流程和程序以满足项目的特定要求；

▷ 产品和项目生命周期，以及方法和程序（如项目管理方法、评估指标、过程审计、改进目标、核对单、组织内使用的标准化的过程定义）；

▷ 模板（如项目管理计划、项目文件、项目登记册、报告格式、合同模板、风险分类、风险描述模板、概率与影响的定义、概率和影响矩阵，以及干系人登记册模板）；

▷ 预先批准的供应商清单和各种合同协议类型［如总价合同、成本补偿合同和工料 (T&M) 合同］。

▶ **执行、监控:**

▷ 变更控制程序，包括修改组织标准、计划或任何项目文件所须遵循的步骤，以及如何批准和确认变更；

▷ 跟踪矩阵；

▷ 问题与缺陷管理过程（如定义问题和缺陷控制、识别与解决问题和缺陷，以及跟踪行动方案）；

▷ 资源的可用性控制和分配管理；

▷ 组织对沟通的要求（如可用的沟通技术、许可的沟通媒介、记录保存政策、视频会议、协同工具和安全要求）；

▷ 确定工作优先顺序、批准工作与签发工作授权的过程；

▷ 模板（如风险登记册、问题日志和变更日志）；

▷ 标准化的指南、工作指示、建议书评价准则和绩效测量准则；

▷ 产品、服务或结果的核实和确认过程。

▶ **收尾**。项目收尾指南或要求（如项目终期审计、项目评价、可交付物验收、合同收尾、资源分配、向生产和/或运营转移知识，以及经验教训）。

项目环境

2.2.2 组织知识库

组织用来存取信息的知识库，包括（但不限于）：

▶ 配置管理知识库，包括软件和硬件组件版本以及所有执行组织的标准、政策、程序和任何项目文件的基准；

▶ 财务数据库，包括人工时、实际成本、预算和成本超支等方面的信息；

▶ 历史信息与经验教训知识库（如项目记录与文件、完整的项目收尾信息与文件、关于以往项目选择决策的结果及以往项目绩效的信息，以及从风险活动中获取的信息）；

▶ 问题与缺陷管理数据库，包括问题与缺陷的状态、控制信息、解决方案以及相关行动的结果；

▶ 测量指标数据库，用来收集与提供过程和产品的测量数据；

▶ 以往项目的项目档案（如范围、成本、进度与绩效测量基准，项目日历，项目进度网络图，风险登记册，风险报告以及干系人登记册）。

2.3 治理

运行项目时需要应对组织结构和治理框架带来的制约因素。治理类型多种多样，包括组织治理、组织级项目管理 (OPM) 治理，以及项目组合、项目集和项目治理。

2.3.1 组织治理

组织治理通过制定政策和程序，用结构化方式指明工作方向并进行控制，以便实现战略和运营目标。组织治理通常由董事会执行，以确保对干系人的最终责任得以落实，并保持公平和透明。组织治理原则、决策和程序可能通过以下方式影响项目组合、项目集和项目的治理：

- ▶ 执行法律、法规、标准和合规性要求；

- ▶ 明确伦理、社会和环境职责；

- ▶ 制定运营、法律和风险政策。

2.3.2 项目治理

项目治理是指用于指导项目管理活动的框架、功能和程序，从而创造独特的产品、服务或结果以满足组织、战略和运营目标。项目层面的治理包括：

- ▶ 指导和监督对项目工作的管理；

- ▶ 确保遵守政策、标准和指南；

- ▶ 确立治理角色、职责和职权；

- ▶ 关于风险上报、变更和资源（例如，团队、财力、物力、设施）的决策；

- ▶ 确保相应干系人的参与；

- ▶ 监督绩效。

项目治理框架为项目干系人提供管理项目的结构、程序、角色、职责、担责和决策模型。项目治理框架的内容包括（但不限于）以下原则或程序：

- ▶ 阶段关口或阶段审查；

- ▶ 识别、上报和解决风险及问题；

- ▶ 明确角色、职责和职权；

- ▶ 开展项目知识管理并吸取项目经验教训的过程；

- ▶ 超出项目经理职权的决策制定、问题解决和需上报议题；

- ▶ 审查和批准超出项目经理职权的项目变更及产品变更。

2.4 管理要素

管理要素指组织内部关键职能部门或一般管理原则的组成部分。组织根据其选择的治理框架和组织结构类型分配一般管理要素。

关键职能部门或一般管理原则包括（但不限于）：

- ▶ 基于专业技能和可用性开展工作的部门；

- ▶ 组织授予的工作职权；

- ▶ 工作职责，开展组织根据技能和经验等属性合理分派的工作任务；

- ▶ 具有纪律性的行为（例如，尊重职权、人员和规定）；

- ▶ 统一指挥原则（例如，一位员工仅接受一个上级对任何行动或活动给出的指示）；

- ▶ 统一领导原则（例如，针对一组活动只能有一个计划或一个领导人，以及相同的目标）；

- ▶ 组织的总体目标优先于个人目标；

- ▶ 支付合理的薪酬;

- ▶ 资源的优化使用;

- ▶ 畅通的沟通渠道;

- ▶ 在正确的时间让正确的人使用正确的材料做正确的事情;

- ▶ 公正、平等地对待所有员工;

- ▶ 明确的工作职位保障;

- ▶ 员工在工作场所的安全;

- ▶ 允许任何员工参与计划和实施;

- ▶ 保持员工士气。

组织将这些管理要素的绩效分派到选定的员工身上。这些员工可能在不同的组织层级上执行上述职能。例如,组织的层级结构有平级和上下级的关系。从基层到高层,这些管理层级关系多种多样。分配到各个层级的职责、担责和职权表明了各个层级的员工在组织结构内执行上述职能的方式。

2.5 组织结构

组织需要权衡两个关键变量之后才可确定合适的组织结构类型。这两个变量指可以采用的组织结构类型以及针对特定组织如何优化组织结构类型的方式。不存在一种结构类型适用于任何特定组织。因要考虑各种可变因素,特定组织的最终结构是独特的。

2.5.1 组织结构类型

组织结构的形式或类型是多种多样的。表 2-1 比较了几种组织类型及其对项目的影响。

表 2-1 组织结构对项目的影响

组织结构类型	项目特征					
	工作组安排方式	项目经理的职权	项目经理的角色	资源可用性	项目预算管理者是谁?	项目管理人员
有机型或简约型	灵活;人员并肩工作	极少或无	兼职;工作角色(如协调员)指定与否不限	极少或无	负责人或操作员	极少或无
职能(集中式)	所需开展的工作(如工程、制造)	极少或无	兼职;工作角色(如协调员)指定与否不限	极少或无	职能经理	兼职
多部门(各部门的职能可交叉,仅有很低程度的集中管控)	其中之一:产品、生产过程、项目组合、项目集、地理区域、客户类型	极少或无	兼职;工作角色(如协调员)指定与否不限	极少或无	职能经理	兼职
矩阵——强	按工作职能,项目经理作为一个职能	中到高	全职;指定工作角色	中到高	项目经理	全职
矩阵——弱	工作职能	低	兼职;作为另一项工作的组成部分,并非指定工作角色,如协调员	低	职能经理	兼职
矩阵——均衡	工作职能	低到中	兼职;作为一种技能嵌入相关职能,也许不是指定的工作角色,如协调员	低到中	混合	兼职
项目导向(复合、混合)	项目	高到几乎全权	全职;指定的工作角色	高到几乎全部	项目经理	全职
虚拟	网络架构,带有与他人联系的节点	低到中	全职或兼职	低到中	混合	可为全职或兼职
混合型	其他类型的混合	混合	混合	混合	混合	混合
PMO*	其他类型的混合	高到几乎全权	全职;指定的工作角色	高到几乎全部	项目经理	全职

*PMO 是指项目组合、项目集或者项目管理办公室或组织。

过程组:实践指南

2.5.2 组织结构选择的考虑因素

在确立组织结构时，每个组织都需要考虑大量的因素。在最终分析中，每个因素的重要性也各不相同。综合考虑因素及其价值和相对重要性为组织决策者提供了正确的信息，以便进行分析。

选择组织结构时应考虑的因素包括（但不限于）：

▶ 与组织目标的一致性；

▶ 实施效率；

▶ 专业能力；

▶ 控制的幅度、效率与效果；

▶ 明确的决策升级渠道；

▶ 明确的职权界线和范围；

▶ 授权方面的能力；

▶ 担付责任的分配；

▶ 职责分配；

▶ 设计的灵活性；

▶ 简单的设计；

▶ 成本考虑；

▶ 物理位置（例如，集中办公、区域办公和虚拟远程办公）；

▶ 清晰的沟通（例如，政策、工作状态和组织愿景）。

2.6 项目管理办公室

　　项目管理办公室（PMO）是对与项目相关的治理过程进行标准化，并促进资源、方法论、工具和技术共享的一个组织结构。PMO 的职责范围可大可小，从提供项目管理支持服务，到直接管理一个或多个项目。

PMO 的类型

PMO 有几种不同类型，它们对项目的控制和影响程度各不相同，例如：

▶ **支持型**。支持型 PMO 担当顾问的角色，向项目提供模板、最佳实践、培训，以及来自其他项目的信息和经验教训。这种类型的 PMO 其实就是一个项目资源库，PMO 对项目的控制程度很低。

▶ **控制型**。通过各种手段，控制型 PMO 提供支持并遵守合规要求。PMO 对项目的控制程度适中。合规要求可能包括：

　　▷ 采用项目管理框架或方法；

　　▷ 使用特定的模板、表格和工具；

　　▷ 遵守治理框架。

▶ **指令型**。指令型 PMO 通过直接管理项目来控制项目。项目经理由 PMO 指派并向其报告。PMO 对项目的控制程度很高。

项目管理办公室可能会承担整个组织范围的职责，在支持战略调整和创造组织价值方面发挥重要的作用。PMO 从组织战略项目中获取数据和信息，进行综合分析，评估如何实现更高级别的战略目标。PMO 在组织的项目组合、项目集、项目与组织考评体系（如平衡计分卡）之间建立联系。

除被集中管理以外，PMO 所支持和管理的项目不一定彼此关联。PMO 的具体形式、职能和结构取决于所在组织的需要。

PMO 可能有权在每个项目的整个生命周期中作为完整的干系人和关键的决策者，以使其与业务目标保持一致。PMO 可以：

- ▶ 提出建议；

- ▶ 领导知识转移；

- ▶ 终止项目；

- ▶ 根据需要采取其他行动。

PMO 的主要职能是以各种方式支持项目经理，其中可能包括（但不限于）：

- ▶ 管理由 PMO所管辖项目的共享资源；

- ▶ 确定和发展项目管理方法、最佳实践和标准；

- ▶ 教练、辅导、培训和监管；

- ▶ 通过项目审计，监督项目管理标准、政策、程序和模板的合规性；

- ▶ 制定和管理项目政策、程序、模板和其他共享文件（组织过程资产）；

- ▶ 协调各项目之间的沟通。

3

项目经理的角色

　　项目经理在领导项目团队达成项目目标方面发挥至关重要的作用。在整个项目期间，这个角色的作用非常明显。很多项目经理从项目启动时参与项目，直到项目结束。不过，在某些组织内，项目经理可能会在项目启动之前就参与评估和分析活动。这些活动可能包括咨询管理层和业务单元领导者的想法，以推进战略目标的实现、提高组织绩效，或满足客户需求。某些组织设置中，可能还要求项目经理管理或协助项目的商业分析、商业论证的制定以及项目组合管理事宜。项目经理还可能参与后续跟进活动，以实现项目的商业收益。不同组织对项目经理的角色可能有不同的定义，但本质上它们的裁剪方式都一样——项目管理角色需要符合组织需求，如同项目管理过程需要符合项目需求。

项目领导角色

项目经理　　由执行组织委派，领导团队实现项目目标的个人。

职能经理　　职能经理专注于对某个职能领域或业务单元的管理监督。

运营经理　　运营经理负责保证业务运营的高效性。

▶ **项目团队和角色。**大型项目包含了很多成员，每个成员都扮演着不同的角色。一个大型项目可能包括由一位项目经理领导的上百位项目成员。这些团队成员需要承担各种不同的角色，例如，设计、制造和设施管理。他们可能代表一个组织内的多个业务单元或团体。项目成员都会形成对应的团队。

▶ **在团队中的职责。**项目经理对团队产出负责，即**项目成果**。为了规划、协调和完成团队产品，项目经理需要采用整体视角。这应通过审查组织的愿景、使命和目标来实现，确保与产品保持一致。然后，项目经理建立对成功完成其产品所涉及的愿景、使命和目标的解释，并利用这种解释来沟通和激励团队成功完成其目标。

▶ **知识和技能。**项目经理无须承担项目中的每个角色，但应具备项目管理知识、技术知识、理解能力和经验。项目经理通过沟通为项目团队提供领导力、规划和协调。项目经理采用书面沟通（文档计划和进度），还通过会议和口头提示或非语言提示与团队进行实时沟通。

3.1 项目经理的影响力范围

项目经理在其影响力范围内担任多种角色。这些角色反映了项目经理的能力，体现了项目经理这一职业的价值和作用。本章将重点讲述项目经理在图 3-1 所示的各种影响力范围内的角色。

过程组：实践指南

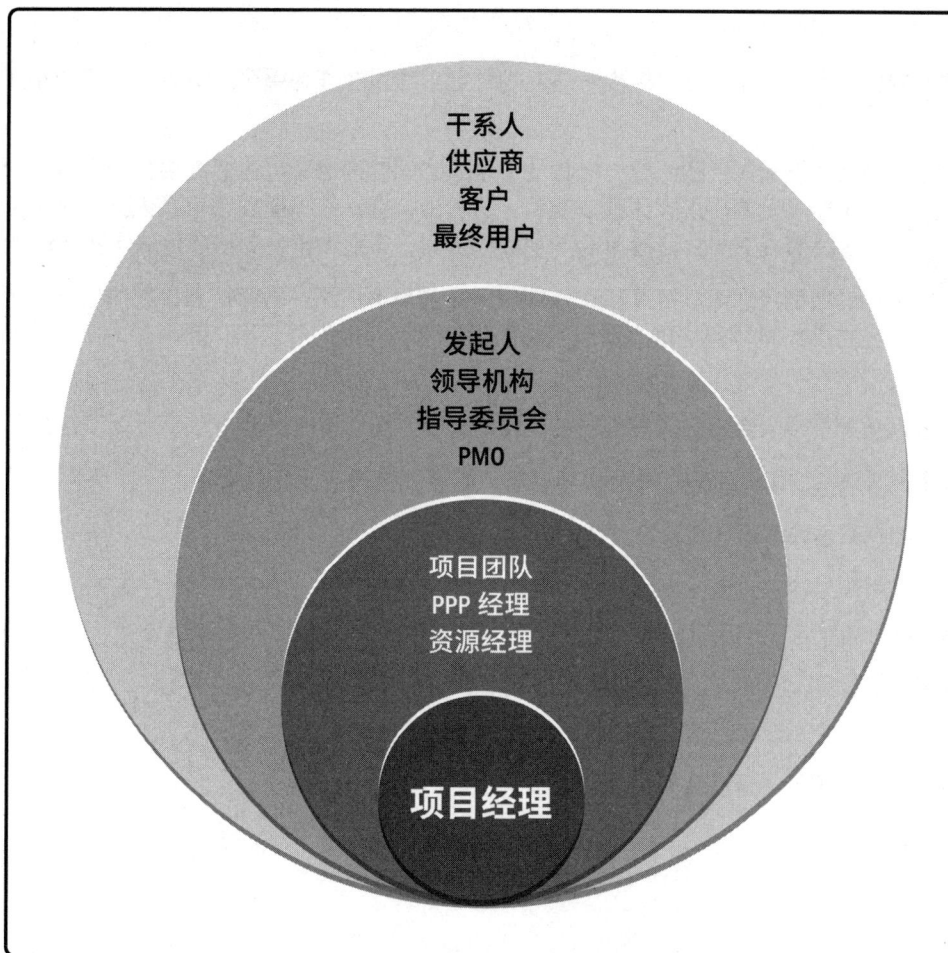

图 3-1 项目经理的影响力范围示例

3.1.1 项目

项目经理领导项目团队实现项目目标和干系人的期望。项目经理利用可用资源，以平衡相互竞争的制约因素。

项目经理还充当项目发起人、团队成员与其他干系人之间的沟通者，包括提供指导和展示项目成功的愿景。项目经理使用软技能（例如，人际关系技能和人员管理技能）来平衡项目干系人之间相互冲突和竞争的目标，以达成共识。这种情况下的共识指即便不 100% 赞同，干系人也会支持项目决定和行动。

研究表明，成功的项目经理可以持续和有效地使用某些基本技能。研究指出，在由上级和团队成员指定的项目经理中，排名前 2% 的项目经理之所以脱颖而出，是因为他们展现出了超凡的人际关系和沟通技能以及积极的态度。

与团队和发起人等干系人沟通的能力适用于项目的各个方面，包括（但不限于）以下各方面：

- ▸ 通过多种方法（例如，口头、书面和非语言）培养完善的技能；

- ▸ 创建、维护和遵循沟通计划和进度计划；

- ▸ 不断地以可预见的方式进行沟通；

- ▸ 寻求了解项目干系人的沟通需求（沟通可能是某些干系人在最终产品或服务实现之前获取信息的唯一渠道）；

- ▸ 以简练、清晰、完整、简单、相关和经过裁剪的方式进行沟通；

- ▸ 包含重要的正面和负面消息；

- ▸ 合并反馈渠道；

过程组：实践指南

▶ 人际关系技能，即通过项目经理的影响力范围拓展广泛的人际网络。这些人际网络包括正式的人际网络，例如，组织架构图；但项目经理发展、维护和培养的非正式人际网络更加重要。非正式人际网络包括与主题专家和具有影响力的领导者建立的个人人际关系。通过这些正式和非正式的人际网络，项目经理可以让很多人参与解决问题并探询项目中遇到的官僚主义障碍。

3.1.2 组织

项目经理需要积极地与其他项目经理互动。其他独立项目或同一项目集的其他项目可能会对项目造成影响，原因包括（但不限于）：

▶ 对相同资源的需求；

▶ 资金分配的优先顺序；

▶ 可交付物的接受或发布；

▶ 项目与组织的目的和目标的一致性。

与其他项目经理互动有助于产生积极的影响，以满足项目的各种需要。这些需要可能是团队为完成项目而要求的人力、技术或财力资源和可交付物。项目经理需要寻求各种方法来培养人际关系，从而帮助团队实现项目目的和目标。

此外，项目经理在组织内扮演强有力的倡导者的角色。在整个项目过程中，项目经理积极地与组织中的各位经理互动。此外，项目经理应与项目发起人合作处理内部的政治和战略问题，这些问题可能会影响团队或项目的可行性或质量。

项目经理可以致力于提高自己在组织内的总体项目管理能力和技能，并参与隐性和显性知识的转移或整合举措。项目经理还应致力于：

▶ 展现项目管理的价值；

▶ 提高组织对项目管理的接受度；

▶ 提高组织内现有 PMO 的效率。

基于组织结构，项目经理可能向职能经理报告。而在其他情况下，项目经理可能与其他项目经理一起，向 PMO、项目组合或项目集经理报告。PMO、项目组合或项目集经理对整个组织范围内的一个或多个项目承担最终责任。为了实现项目目标，项目经理需要与所有相关经理紧密合作，确保项目管理计划符合所在项目组合或项目集的计划。项目经理还需与其他角色紧密协作，如组织的经理、主题专家以及商业分析人员。在某些情况下，项目经理可以是临时管理角色的外部顾问。

3.1.3 行业

项目经理应时刻关注行业的最新发展趋势，获得并思考这一信息对当前项目是否有影响或可用。这些趋势包括（但不限于）：

▶ 产品和技术开发；

▶ 新兴且正在变化的市场空间；

▶ 标准（例如，项目管理标准、质量管理标准、信息安全管理标准）；

▶ 技术支持工具；

▶ 影响当前项目的经济力量；

▶ 影响项目管理学科的各种力量；

▶ 过程改进和可持续发展战略。

3.1.4 项目干系人

干系人是指可能影响项目决策、活动或成果的个人、群体或组织，以及会受或自认为会受项目决策、活动或成果影响的个人、群体或组织。项目干系人可能来自项目内部或外部，可能主动或被动参与项目，甚至完全不了解项目。项目干系人可能对项目施加积极或消极影响，他们也可能受项目的积极或消极影响。干系人包括（但不限于）：

- ▶ **内部干系人：**

  - ▷ 发起人；

  - ▷ 资源经理；

  - ▷ 项目管理办公室（PMO）；

  - ▷ 项目组合指导委员会；

  - ▷ 项目集经理；

  - ▷ 其他项目的项目经理；

  - ▷ 团队成员。

- ▶ **外部干系人：**

  - ▷ 客户；

  - ▷ 最终用户；

  - ▷ 供应商；

  - ▷ 股东；

  - ▷ 监管机构；

  - ▷ 竞争者。

有些干系人只是偶尔参与项目调查或焦点小组活动，有些则为项目提供全方位资助，包括资金、政治或其他类型的支持。在整个项目生命周期内，他们参与项目的方式和程度可能差别很大，因此，在整个项目生命周期中，有效识别和分析干系人，引导他们合理参与，并有效管理他们对项目的期望和参与，对项目成功至关重要。

3.2 项目经理的能力

近期的 PMI 研究通过 PMI 人才三角®（见图 3-2）指出了项目经理根据《**项目经理能力发展 (PMCD) 框架**》[6] 需要具备的技能。人才三角重点关注三个关键技能组合：工作方式、商业敏锐度和影响力技能。

图 3-2 PMI 人才三角®

3.2.1 工作方式

对项目经理来说，掌握完成工作的多样化和创造性方法是很重要的。项目经理应了解并采用多种工作方式，包括预测、敏捷、设计思维或其他有待开发的新实践。这将使个人能够在新的挑战出现时迅速转变他们的工作方式。这样，当在正确的时间点上应用正确的解决方案时，就能取得成功。

3.2.2 商业敏锐度

商业敏锐度是指在理解整个组织或行业的许多影响因素的同时，做出良好判断和快速决策的能力。每个层级的专业人员都应积极培养商业敏锐度，无论是通过经验、培训、课程、认证，还是自我指导学习，以达到最高的成功水平。这样可以更深入地了解任何项目如何与更广泛的组织战略和全球趋势保持一致，从而实现高效和有效的决策。

3.2.3 影响力技能

除传统的自上而下的领导技能外，影响力技能（以前被称为"软技能"）是各级专业人员的关键人际关系技能，使他们能够应用影响力、激发改变并建立关系。影响力技能包括协作领导力技能、沟通技能、具有创新思维、具有目的导向，以及应用同理心。掌握了这些影响力技能，专业人员就能成为强大的、有影响力的干系人，可以推动变革，使想法成为现实。

项目经理的角色

3.3 领导者的品质和技能

研究显示，领导者的品质和技能包括（但不限于）：

▶ 有远见（例如，帮助描述项目的产品、目的和目标；能够有梦想并向他人诠释愿景）；

▶ 积极乐观；

▶ 乐于合作；

▶ 通过以下方式管理关系和冲突：

    ▷ 建立信任；

    ▷ 解决顾虑；

    ▷ 寻求共识；

    ▷ 平衡相互竞争和对立的目标；

    ▷ 运用说服、协商、妥协和解决冲突的技能；

    ▷ 发展和培养个人及专业网络；

    ▷ 以长远的视角来看，人际关系与项目同样重要；

    ▷ 持续发展和运用政治敏锐性。

▶ 通过以下方式进行沟通：

    ▷ 花大量的时间沟通（研究显示，顶尖的项目经理有 90% 左右的时间是花在沟通上）；

    ▷ 管理期望；

    ▷ 诚恳地接受反馈；

    ▷ 提出建设性的反馈；

    ▷ 询问和倾听。

▶ 尊重他人（帮助他人保持独立自主）、谦恭有礼、友善待人、诚实可信、忠诚可靠、遵守职业道德；

▶ 展现出诚信正直和文化敏感性，勇敢，能够解决问题，果断；

▶ 适时称赞他人；

▶ 终身学习，以结果和行动为导向；

▶ 关注重要的事情，包括：

　　▷ 通过必要的审查和调整，持续优化工作；

　　▷ 寻求并采用适用于团队和项目的优先级排序方法；

　　▷ 区分高层级战略优先级，尤其是与项目成功的关键因素相关的事项；

　　▷ 对项目的主要制约因素保持警惕；

　　▷ 在战术优先级上保持灵活；

　　▷ 能够从大量信息中筛选出最重要的信息。

▶ 以整体和系统的角度来看待项目，同等对待内部和外部因素；

▶ 能够运用批判性思维（例如，运用分析方法来制定决策）并将自己视为变革推动者；

▶ 能够创建高效的团队、以服务为导向、展现出幽默的一面，与团队成员有效地分享乐趣。

3.3.1 领导力风格

项目经理领导团队的方式可以分为很多种。项目经理可能会出于个人偏好或在综合考虑了与项目有关的多个因素之后选择领导力风格。根据作用因素的不同，项目经理可能会随时改变风格。要考虑的主要因素包括（但不限于）：

项目经理的角色

- ▶ 领导者的特点（例如，态度、心情、需要、价值观、道德观）；

- ▶ 团队成员的特点（例如，态度、心情、需要、价值观、道德观）；

- ▶ 组织的特点（例如，目的、结构、工作类型）；

- ▶ 环境特点（例如，社会形势、经济状况和政治因素）。

研究显示项目经理可以采用的多种领导力风格。在这些风格中，最常见的包括（但不限于）：

- ▶ **放任型领导**（例如，允许团队自主决策和设定目标，又被称为"甩手型"）；

- ▶ **交易型领导**（例如，关注目标、反馈和成就以确定奖励，例外管理）；

- ▶ **服务型领导**（例如，做出服务承诺，处处先为他人着想；关注他人的成长、学习、发展、自主性和福祉；关注人际关系、社区与合作；服务优先于领导）；

- ▶ **变革型领导**（例如，通过理想化特质和行为、鼓舞性激励、促进创新和创造，以及个人关怀提高追随者的能力）；

- ▶ **魅力型领导**（例如，能够激励他人；精神饱满、热情洋溢、充满自信；说服力强）；

- ▶ **交互型领导**（例如，结合了交易型、变革型和魅力型领导的特点）。

3.3.2 领导力与管理的比较

领导力和**管理**这两个词经常被互换使用。但它们并不是同义词。**管理**更接近于运用一系列已知的预期行为指示另一个人从一个位置到另一个位置。相反，"领导力"指通过讨论或辩论与他人合作，带领他们从一个位置到另一个位置。

项目经理所选择的方法体现了他们在行为、自我认知和项目角色方面的显著差异。表 3-1 从几个重要的层面对管理和领导力进行了比较。

为获得成功，项目经理必须同时采用领导力和管理这两种方式。技巧在于如何针对各种情况找到恰当的平衡点。项目经理的领导风格通常体现了他们所采用的管理和领导力方式。

表 3-1 团队管理与团队领导力的比较

管理	领导力
直接利用职位权力	利用关系权力来指导、影响和合作
维护	发展
管理	创新
关注系统和架构	关注人际关系
依赖控制	激发信任
关注近期目标	关注长期愿景
了解方式和时间	了解情况和原因
关注盈利	关注前景
接受现状	挑战现状
正确地做事	做正确的事情
关注操作层面的问题及其解决	关注愿景、一致性、动力和激励

3.3.3 政治、权力和办好事情

领导力和管理的最终目的是办好事情。这些技能和品质有助于项目经理实现项目目的和目标。很多技能和品质归根究底就是处理政治的能力。政治涉及影响、谈判、自主和权力。

项目经理应观察并收集有关项目和组织概况的数据，然后从项目、相关人员、组织以及整个环境出发来审查这些数据，从而得出计划和执行大多数行动所需的信息和知识。这些行动是项目经理运用适当的权力影响他人和进行协商之后的结果。有了权力就有了职责，项目经理应体察并尊重他人。项目经理的有效行动保持相关人员的独立自主。项目经理的行动结果就是让合适的人执行必要的活动来实现项目目标。

权力可能体现个人或组织的特征。人们对领导者的认知通常是因为权力；因此，项目经理应意识到自己与他人的关系是非常重要的。借助人际关系可以让项目相关事项得到落实。行使权力的方式有很多，项目经理可自行决定。由于权力的性质以及影响项目的各种因素，权力及其运用变得非常复杂。行使权力的方式包括（但不限于）：

- ▶ 职位（有时称为正式的、权威的、合法的，例如，组织或团队授予的正式职位）；

- ▶ 信息（例如，收集或分发的控制）；

- ▶ 参考（例如，因为他人的尊重和赞赏，获得的信任）；

- ▶ 情境（例如，因为独特的情况，如特定的危机而获得）；

- ▶ 个人或魅力（例如，魅力、吸引力）；

- ▶ 关系（例如，参与人脉网络、联系和联盟）；

- ▶ 专家（例如，拥有的技能、信息、经验、培训、教育、认证）；

- ▶ 奖励（例如，能够给予表扬、金钱奖励或其他想要的物品）；

- ▶ 惩罚或胁迫（例如，援引纪律或消极后果的能力）；

- ▶ 迎合（例如，运用奉承或其他共同点来赢得青睐或合作）；

- ▶ 施压（例如，限制选择或行动的自由，以获得对所需行动的服从）；

过程组：实践指南

▶ 愧疚（例如，强加义务或责任感）；

▶ 说服力（例如，提供论据的能力，促使人们选择理想的行动方案）；

▶ 回避（例如，拒绝参与）。

当涉及权力时，顶级的项目经理积极主动且目的明确。这些项目经理会努力在组织政策、方案和程序的范围内获得他们需要的权力和职权，而不是坐等组织授权。

3.3.4 个性

个性是指个人在思维、感觉和行为的特征模式上的差异。个性特点或特征包括（但不限于）：

▶ 真诚（例如，接受他人的本来面目和身份，表现出公开的关心）；

▶ 谦恭（例如，能够运用适宜的行为和礼仪）；

▶ 创造力（例如，抽象思考的能力，以不同的方式看待事物，进行创新）；

▶ 文化（例如，衡量对其他文化的敏感性，包括价值观、规范和信仰）；

▶ 情绪（例如，感知情绪及其呈现的信息并管理它们的能力；衡量人际关系技能）；

▶ 智力（例如，衡量人类智力的多种能力）；

▶ 管理（例如，对管理实践和潜力的衡量）；

▶ 政治（例如，对政治智慧和落实工作的能力的衡量）；

▶ 服务导向（例如，展现出为他人服务的态度）；

▶ 社交（例如，理解和管理他人的能力）；

▶ 系统性（例如，理解和建立系统的驱动力）。

高效的项目经理要想获得成功，就必须具备上述每个特征的某种程度的能力。每个项目、组织和情况都要求项目经理强调个性的不同方面。

3.4 执行整合

在执行项目整合时，项目经理承担双重角色：

▶ 项目经理在与项目发起人合作中扮演了重要的角色，以了解战略目标，并确保项目目标和结果与项目组合、项目集和业务领域相一致。通过这种方式，项目经理为战略的整合和执行做出贡献。

▶ 项目经理负责指导团队合作，并关注项目层面真正重要的事情上。这是通过过程、知识和人员的整合来实现的。

整合是项目经理的一项重要技能，它发生在三个不同的层面：过程、认知和背景层面。

3.4.1 在过程层面执行整合

项目管理可以被看作为实现项目目标而进行的一系列过程和活动。其中一些过程可能只发生一次（例如，项目章程的最初制定），但其他许多过程在整个项目中会重叠并多次发生。这种过程重叠和多次出现的过程，比如需求变更，会影响范围、进度或预算，并且需要提出变更请求。控制范围过程和实施整体变更控制过程等若干项目管理过程可包括变更请求。在整个项目期间实施整体变更控制过程是为了整合变更请求。

虽然对项目过程的整合方式没有明确定义，但很明显，如果项目经理无法整合相互作用的项目过程，那么实现项目目标的机会将会很小。

3.4.2 在认知层面的整合

有许多不同的方法来管理一个项目。所选择的方法通常取决于项目的具体特点，包括其规模、项目或组织可能的复杂程度，以及执行组织的文化。很明显，项目经理的个人技能和能力与管理项目的方式密切相关。

项目经理将经验、洞察力、工作方式和影响力技能以及商业敏锐度应用于项目。正是通过项目经理整合适用的项目管理过程的能力，才有可能实现预期的项目结果。

3.4.3 在背景层面的整合

与几十年前相比，今天的企业和项目所处的环境已经发生了许多变化。新技术不断涌现。社交网络、多元文化、虚拟团队和新的价值观是项目面对的新现实的一部分。一个示例是，在一个涉及多个组织的大型跨职能项目实施的背景下，知识和人员的整合。项目经理在沟通计划和知识管理中须考虑这种背景的影响，以指导项目团队。

项目经理在管理整合的时候需要认识到项目背景和这些新的方面。然后，项目经理可以决定如何在自己的项目中最好地利用这些新的环境要素来获得成功。

3.4.4 整合与复杂性

有些项目可能被称为复杂项目，难以管理。简单地说，复杂和繁复是经常用来描述被认为是错综复杂事物的概念。

复杂性的三个维度

项目中的复杂性是组织的系统行为、人的行为以及组织或其环境中的不确定性作用的结果。在《驾驭复杂性：实践指南》[7] 中，这复杂性的三个维度被定义为：

▶ **系统行为**。组件和系统的相互依存。

▶ **人的行为**。不同个体和群体之间的相互作用。

▶ **模糊性**。出现问题、缺乏理解或困惑引发的不确定性。

　　复杂性本身是一个人基于个人经验、观察和技能的感知。与其说是复杂，不如说一个项目更准确地描述为含有复杂性。项目组合、项目集和项目可能包含复杂性的元素。

　　在处理一个项目的整合问题时，项目经理应考虑项目内部和外部的要素。项目经理应检查项目的特点或属性。复杂性作为一个项目的特点或属性，通常被定义为：

▶ 包含多个部分；

▶ 各部分之间有许多联系；

▶ 在各部分之间表现出动态的相互作用；

▶ 表现出由于这些相互作用而产生的行为，且不能解释为各部分的简单相加（例如，突发行为）。

　　检查这些使项目变得复杂的各种事项，应有助于项目经理在计划、管理和控制项目时确定关键领域，以确保整合。

4

启动过程组

启动过程组中的过程如表 4-1 所示。

表 4-1 启动过程组的过程

启动过程	
4.1 制定项目章程	4.2 识别干系人

　　定义一个新项目或现有项目的一个新阶段，授权开始该项目或阶段的这些过程。该过程组的目的是：协调干系人期望与项目目的，告知干系人项目范围和目标，并商讨他们对项目及相关阶段的参与，这些活动将如何有助于实现其期望。定义初步项目范围和落实初步财务资源。识别那些将相互作用并影响项目总体成果的干系人，如果尚未指定项目经理，则任命项目经理。这些信息应反映在项目章程和干系人登记册中。一旦项目章程获得批准，项目也就正式立项，同时，项目经理就有权将组织资源用于项目活动。

　　本过程组的主要作用是，确保只有符合组织战略目标的项目才能立项，以及在项目开始时就认真考虑商业论证、项目收益和干系人。在一些组织中，项目经理会参与制定商业论证和制定项目收益，会帮助编写项目章程。在另一些组织中，项目的前期准备工作则由项目发起人、项目管理办公室 (PMO)、项目组合指导委员会或其他干系人群体完成。本实践指南假设项目已获得发起人或其他治理机构的批准，并且他们在授权项目之前已经审核了商业文件。在大多数情况下，商业文件是在项目之外创建的，但是要用作项目的输入。

虽然商业文件通常是在项目之外创建的，但是要用作项目的输入。商业文件包括商业论证和收益管理计划。图 4-1 显示了项目发起人及商业文件与启动过程的关系。

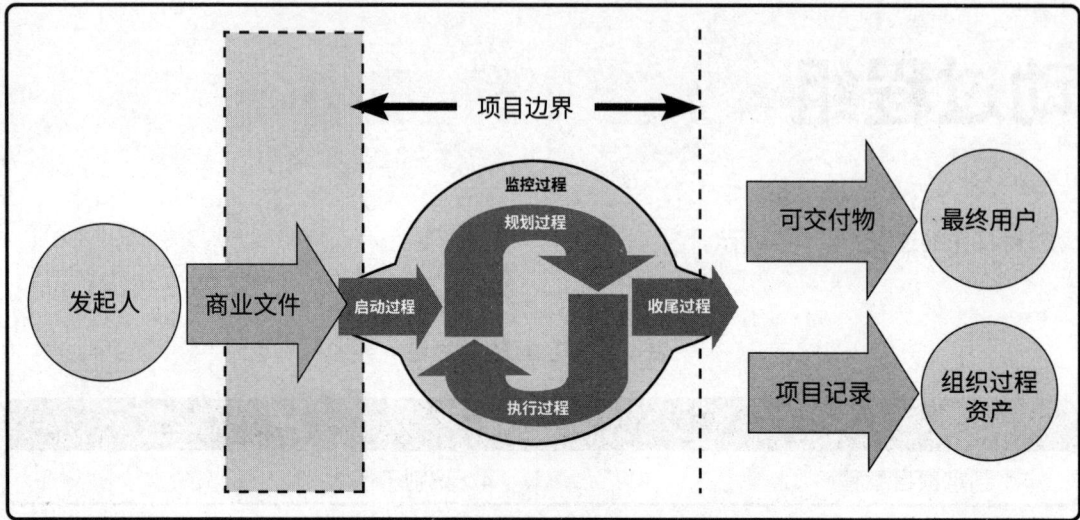

图 4-1 项目边界

项目通常被划分成几个阶段。一旦划分了阶段，就需要在后续阶段复审从启动过程得到的信息，以确认是否仍然有效。在每个阶段开始时重新开展启动过程，有助于保持项目符合其预定的商业需求，有助于核实项目章程、商业文件和成功标准，有助于复审项目干系人的影响、动机、期望和目标。

过程组：实践指南

干系人参与

发起人、客户和其他干系人参与项目启动，有助于促进他们对项目成功标准达成一致，也有助于提升项目完成时可交付物通过验收的可能性，以及在整个项目期间干系人的满意程度。

4.1 制定项目章程

制定项目章程是编写一份正式批准项目并授权项目经理在项目活动中使用组织资源的文件的过程。这一过程的关键收益是：

▶ 在项目和组织的战略目标之间提供一个直接联系；

▶ 建立项目的正式记录；

▶ 表明组织对项目的承诺。

本过程仅开展一次或仅在项目的预定义点开展。图 4-2 展示的是输入、工具与技术和输出。图 4-3 展示的是本过程的数据流向图。

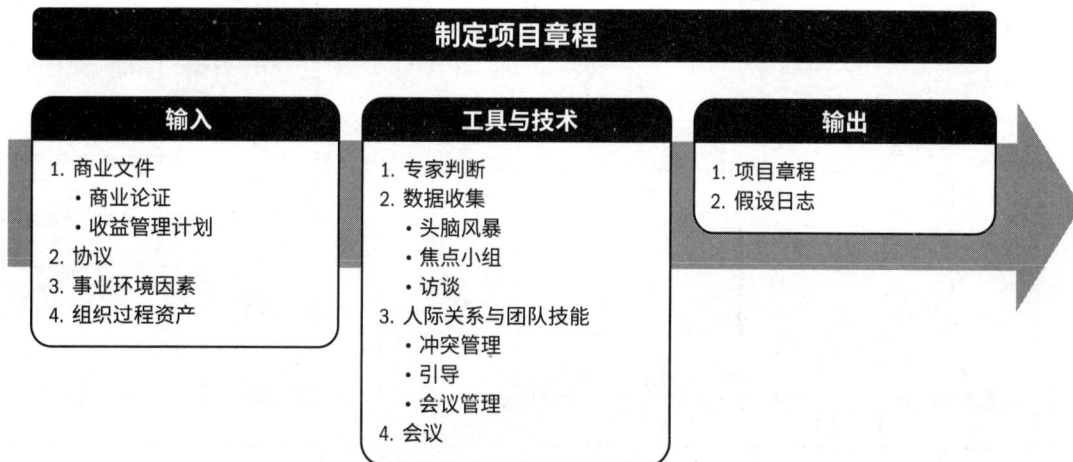

备注：本图提供了可能用于此过程的输入、工具与技术以及输出。输入和输出的说明见第 9 章。工具与技术的说明见第 10 章。

图 4-2 制定项目章程：输入、工具与技术和输出

启动过程组

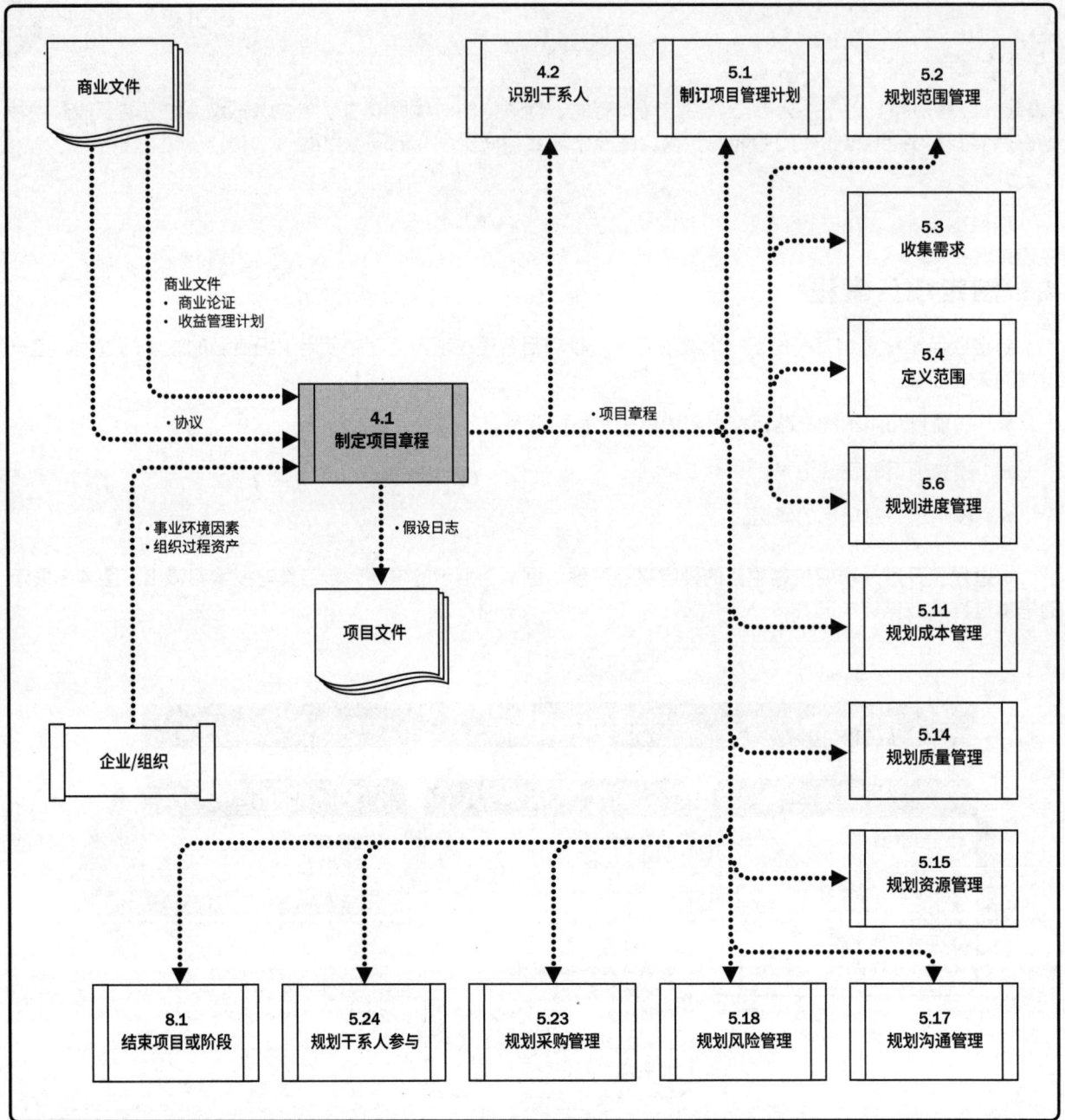

备注：本图提供了可能用于此过程的输入和输出。输入和输出的说明见第 9 章。

图 4-3 制定项目章程：数据流向图

过程组：实践指南

项目章程在项目执行组织与需求组织之间建立起伙伴关系。在执行外部项目时，通常需要用正式的合同来达成合作协议。这种情况下，可能仍要用项目章程来建立组织内部的合作关系，以确保正确交付合同内容。项目章程一旦被批准，就标志着项目的正式启动。在项目中，应尽早确认并任命项目经理，最好在制定项目章程时就任命，且应该总是在规划开始之前任命。项目章程可由发起人编制，或者由项目经理与发起机构合作编制。通过这种合作，项目经理可以更好地了解项目目的、目标和预期收益，以便更有效地向项目活动分配资源。项目章程授权项目经理规划、执行和控制项目。

项目由项目以外的机构来启动，如发起人、项目集或项目管理办公室（PMO）、项目组合治理委员会主席或其授权代表。项目启动者或发起人应该具有一定的职权，能为项目获取资金并提供资源。项目可能因内部经营需要或外部影响而启动，故通常需要编制需求分析、可行性研究、商业论证或有待项目说明情况的描述。通过编制项目章程，来确认项目符合组织战略和日常运营的需要。不要把项目章程看作合同，因为其中未承诺报酬或金钱或用于交换的条件。

4.2 识别干系人

识别干系人是定期识别项目干系人，分析和记录他们的利益、参与度、相互依赖性、影响力和对项目成功的潜在影响的过程。本过程的主要作用是，使项目团队能够建立对每个干系人或干系人群体的适度关注。

本过程应根据需要在整个项目期间定期开展。图 4-4 展示的是输入、工具与技术和输出。图 4-5 展示的是本过程的数据流向图。

识别干系人		
输入	**工具与技术**	**输出**

1. 项目章程
2. 商业文件
  • 商业论证
  • 收益管理计划
3. 项目管理计划
  • 沟通管理计划
  • 干系人参与计划
4. 项目文件
  • 变更日志
  • 问题日志
  • 需求文件
5. 协议
6. 事业环境因素
7. 组织过程资产
	1. 专家判断
	2. 数据收集
	  • 问卷调查
	  • 头脑风暴
	3. 数据分析
	  • 干系人分析
	  • 文件分析
	4. 数据表现
	  • 干系人映射分析/表现
	5. 会议
		1. 干系人登记册
		2. 变更请求
		3. 项目管理计划更新
		  • 需求管理计划
		  • 沟通管理计划
		  • 风险管理计划
		  • 干系人参与计划
		4. 项目文件更新
		  • 假设日志
		  • 问题日志
		  • 风险登记册

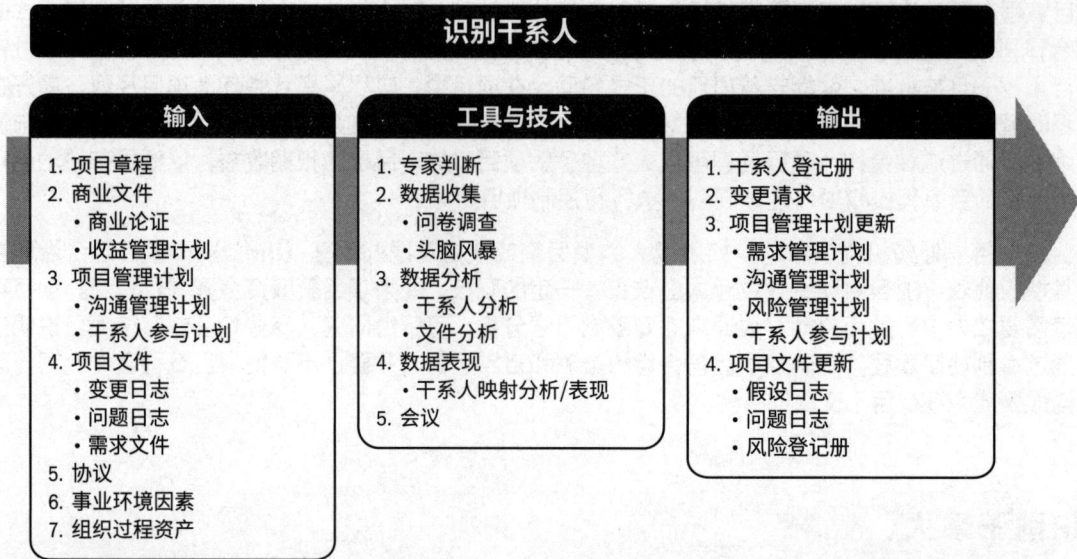

备注：本图提供了可能用于此过程的输入、工具与技术以及输出。输入和输出的说明见第 9 章。工具与技术的说明见第 10 章。

图 4-4 识别干系人：输入、工具与技术和输出

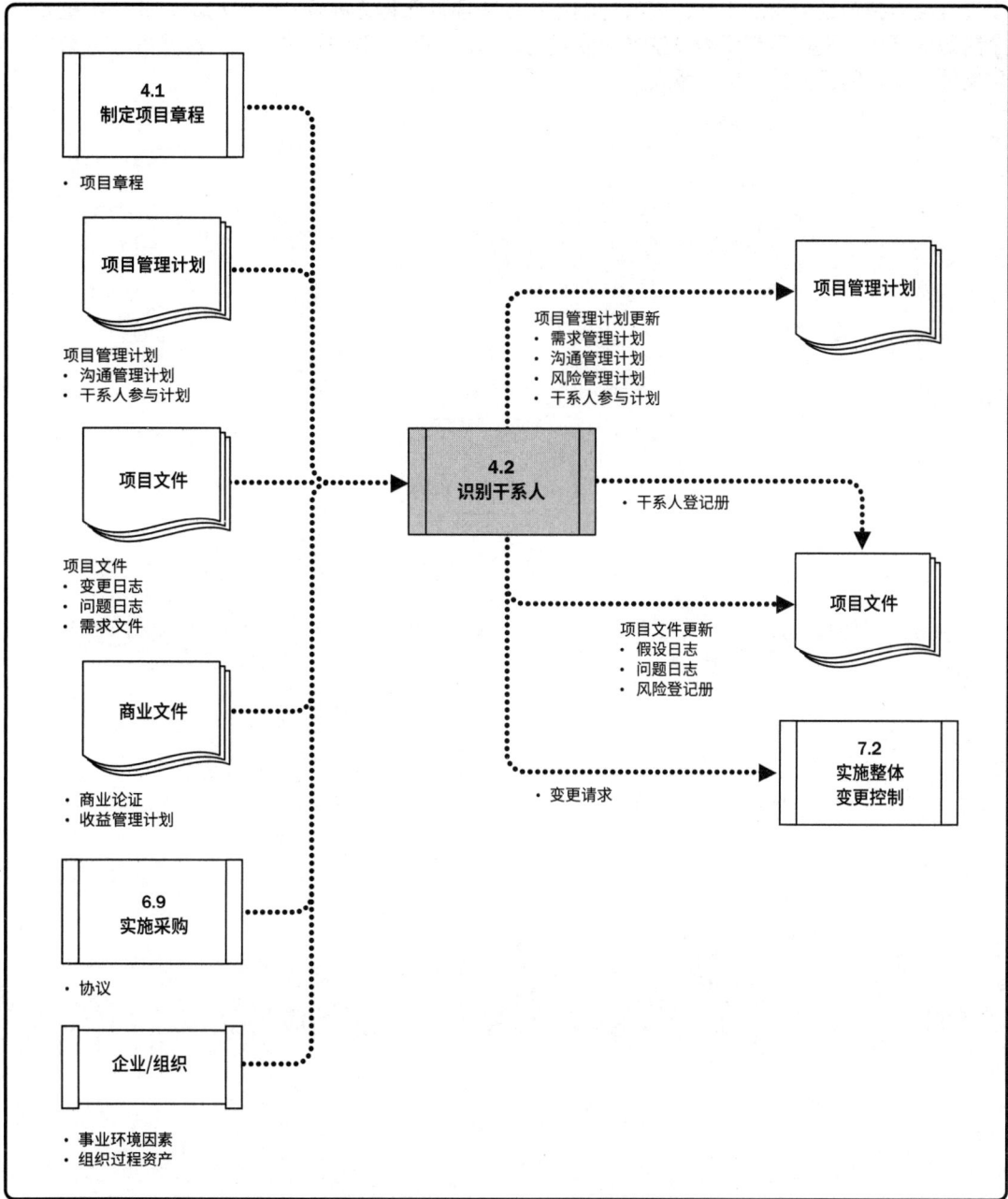

备注：本图提供了可能用于此过程的输入和输出。输入和输出的说明见第 9 章。

图 4-5 识别干系人：数据流向图

这个过程经常在项目中首次出现，或者在制定和批准项目章程之前或同时出现。必要时可重复进行，但应在每个阶段的开始以及项目或组织发生重大变更时进行。每次重复识别过程时，应参考项目管理计划的组件和项目文件，以识别相关的项目干系人。

规划过程组

规划过程组中的过程如表 5-1 所示。

表 5-1 规划过程组的过程

规划过程	
5.1 制订项目管理计划	5.13 制定预算
5.2 规划范围管理	5.14 规划质量管理
5.3 收集需求	5.15 规划资源管理
5.4 定义范围	5.16 估算活动资源
5.5 创建 WBS	5.17 规划沟通管理
5.6 规划进度管理	5.18 规划风险管理
5.7 定义活动	5.19 识别风险
5.8 排列活动顺序	5.20 实施定性风险分析
5.9 估算活动持续时间	5.21 实施定量风险分析
5.10 制订进度计划	5.22 规划风险应对
5.11 规划成本管理	5.23 规划采购管理
5.12 估算成本	5.24 规划干系人参与

规划过程组包括明确项目全部范围、定义和优化目标，并为实现目标制定行动方案的一组过程。规划过程组中的过程包含制订项目管理计划的组件，以及用于执行项目的项目文件。取决于项目本身的性质，可能需要通过多轮反馈来做进一步分析。随着收集和掌握更多的项目信息或特性，项目很可能需要进一步规划。项目生命周期中发生的重大变更，可能引发重新开展一个或多个规划过程，甚至一个或全部启动过程。这种对项目管理计划的持续细化叫作"渐进明细"，表明项目规划和文件编制是迭代或持续开展的活动。本过程组的主要作用是，确定成功完成项目或阶段的行动方案。

在规划项目，制订项目管理计划和项目文件时，项目管理团队应当征求适当干系人的意见，并鼓励干系人参与。初始规划工作完成时，经批准的项目管理计划就被视为基准。在整个项目期间，监控过程将把项目绩效与基准进行比较。

规划过程组的项目管理过程在第 5.1 至第 5.24 节中有所描述。

5.1 制订项目管理计划

制订项目管理计划是定义、准备和协调项目计划的所有组件，并把它们整合为一份综合项目管理计划的过程。本过程的主要作用是，生成一份综合文件，用于确定所有项目工作的基础及其执行方式。

它仅开展一次或仅在项目的预定义点开展。图 5-1 展示的是输入、工具与技术和输出。图 5-2 展示的是本过程的数据流向图。

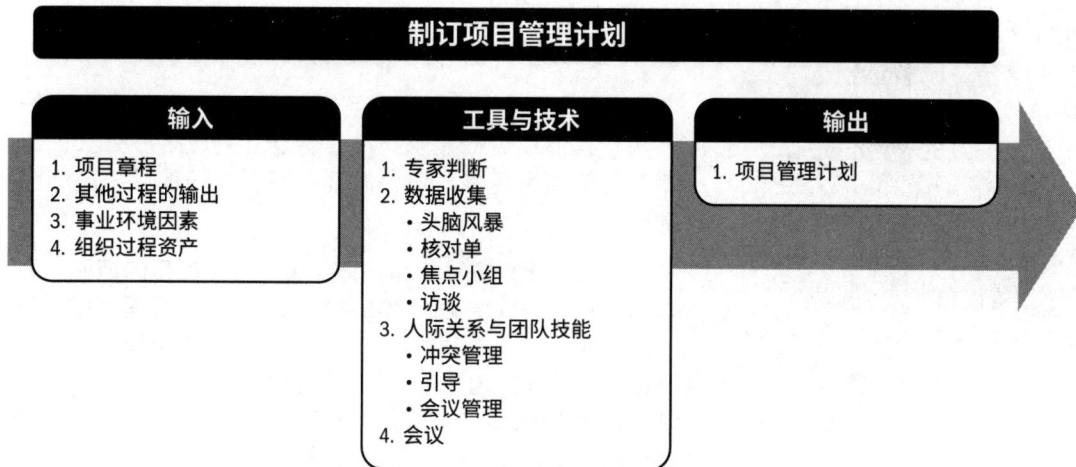

制订项目管理计划

输入	工具与技术	输出

1. 项目章程
2. 其他过程的输出
3. 事业环境因素
4. 组织过程资产
	1. 专家判断
	2. 数据收集
	  • 头脑风暴
	  • 核对单
	  • 焦点小组
	  • 访谈
	3. 人际关系与团队技能
	  • 冲突管理
	  • 引导
	  • 会议管理
	4. 会议
		1. 项目管理计划

备注：本图提供了可能用于此过程的输入、工具与技术以及输出。输入和输出的说明见第 9 章。工具与技术的说明见第 10 章。

图 5-1 制订项目管理计划：输入、工具与技术和输出

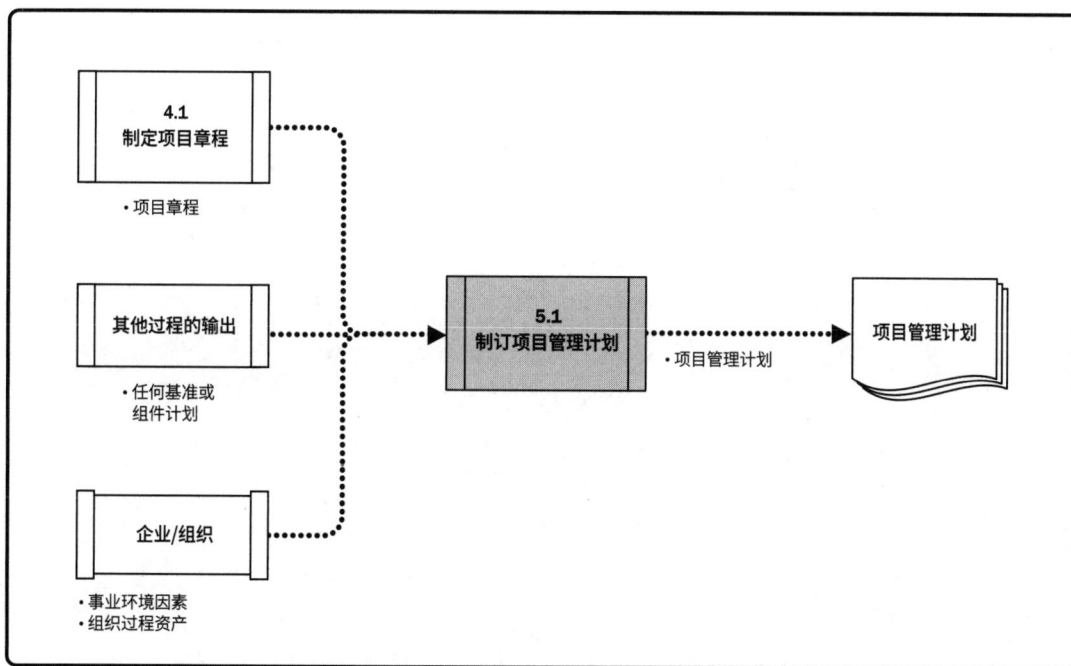

备注：本图提供了可能用于此过程的输入和输出。输入和输出的说明见第 9 章。

图 5-2 制订项目管理计划：数据流向图

规划过程组

对隶属于项目集或项目组合的项目，则应该制订与项目集或项目组合管理计划相一致的项目管理计划。例如，项目集管理计划中要求超过某一特定成本的所有变更都需要上报变更控制委员会（CCB）审查，在项目管理计划中就应该对审查流程和成本临界值做出相应规定。

项目管理计划确定项目的执行、监控和收尾方式，其内容会因项目所在的应用领域和复杂程度而异。

项目管理计划可以是概括的或详细的，而每个组件的详细程度取决于具体项目的要求。项目管理计划应足够强大，可以应对不断变化的项目环境。这种敏捷性有利于随项目进展产出更准确的信息。

项目管理计划应基准化，即至少应规定项目的范围、时间和成本方面的基准，以便据此考核项目执行情况和管理项目绩效。在确定基准之前，可能要对项目管理计划进行多次更新，且这些更新无须遵循正式流程。但是一旦确定了基准，就只能通过实施整体变更控制过程进行更新。在这种情况下，如果需要进行变更，应提出变更请求以待决定。这一过程将形成一份项目管理计划。在项目收尾之前，该计划需要通过不断更新来渐进明细，并且这些更新需要得到控制和批准。

过程组：实践指南

5.2 规划范围管理

规划范围管理是为记录如何定义、确认和控制项目范围及产品范围，而创建范围管理计划的过程。本过程的主要作用是，在整个项目期间对如何管理范围提供指南和方向。

本过程仅开展一次或仅在项目的预定义点开展。 图 5-3 展示的是输入、工具与技术和输出。图 5-4 展示的是本过程的数据流向图。

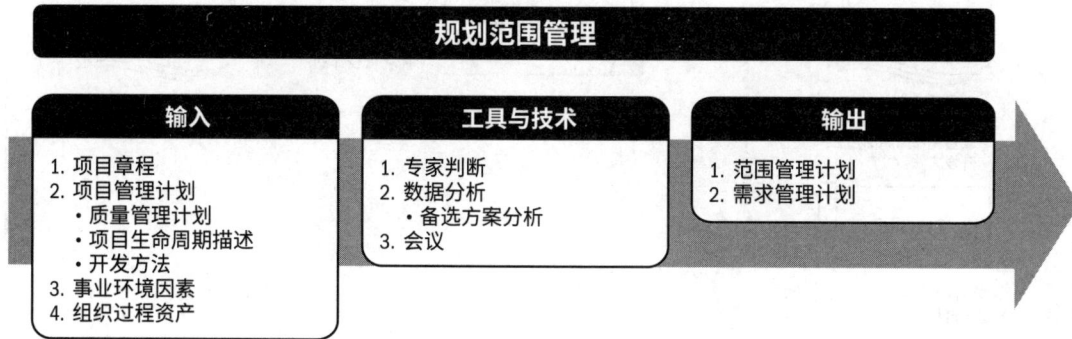

备注：本图提供了可能用于此过程的输入、工具与技术以及输出。输入和输出的说明见第 9 章。工具与技术的说明见第 10 章。

图 5-3 规划范围管理：输入、工具与技术和输出

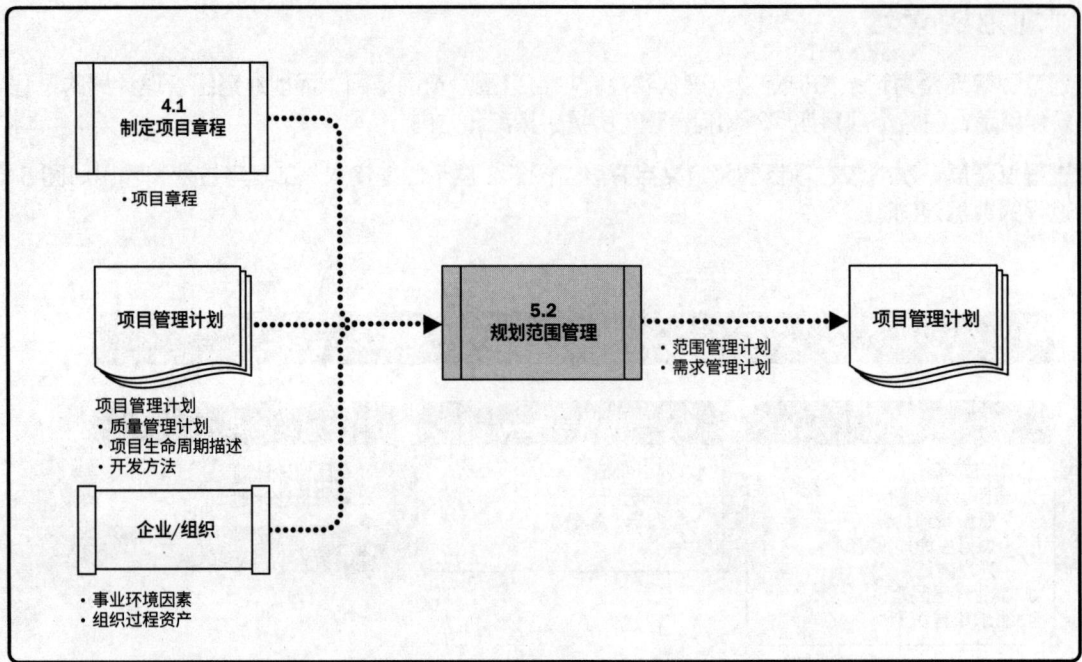

備注：本图提供了可能用于此过程的输入和输出。输入和输出的说明见第 9 章。

图 5-4 规划范围管理：数据流向图

范围管理计划是项目或项目集管理计划的组件，描述将如何定义、制定、监督、控制和确认项目范围。制订范围管理计划和细化项目范围始于对下列信息的分析：项目章程中的信息、项目管理计划中已批准的子计划、组织过程资产中的历史信息和相关的事业环境因素。

过程组：实践指南

5.3 收集需求

收集需求是为实现目标而确定、记录并管理干系人的需要和需求的过程。本过程的主要作用是，为定义产品范围和项目范围奠定基础。

本过程仅开展一次或仅在项目的预定义点开展。图 5-5 展示的是输入、工具与技术和输出。图 5-6 展示的是本过程的数据流向图。

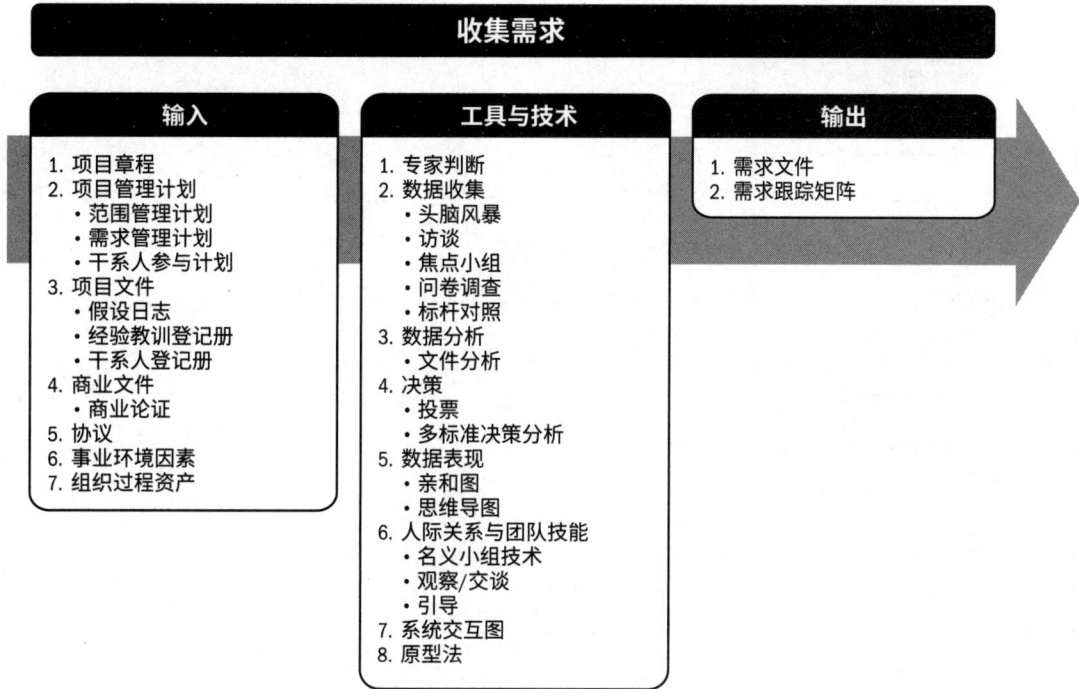

收集需求

输入	工具与技术	输出

1. 项目章程
2. 项目管理计划
  • 范围管理计划
  • 需求管理计划
  • 干系人参与计划
3. 项目文件
  • 假设日志
  • 经验教训登记册
  • 干系人登记册
4. 商业文件
  • 商业论证
5. 协议
6. 事业环境因素
7. 组织过程资产
	1. 专家判断
	2. 数据收集
	  • 头脑风暴
	  • 访谈
	  • 焦点小组
	  • 问卷调查
	  • 标杆对照
	3. 数据分析
	  • 文件分析
	4. 决策
	  • 投票
	  • 多标准决策分析
	5. 数据表现
	  • 亲和图
	  • 思维导图
	6. 人际关系与团队技能
	  • 名义小组技术
	  • 观察/交谈
	  • 引导
	7. 系统交互图
	8. 原型法
		1. 需求文件
		2. 需求跟踪矩阵

备注：本图提供了可能用于此过程的输入、工具与技术以及输出。输入和输出的说明见第 9 章。工具与技术的说明见第 10 章。

图 5-5 收集需求：输入、工具与技术和输出

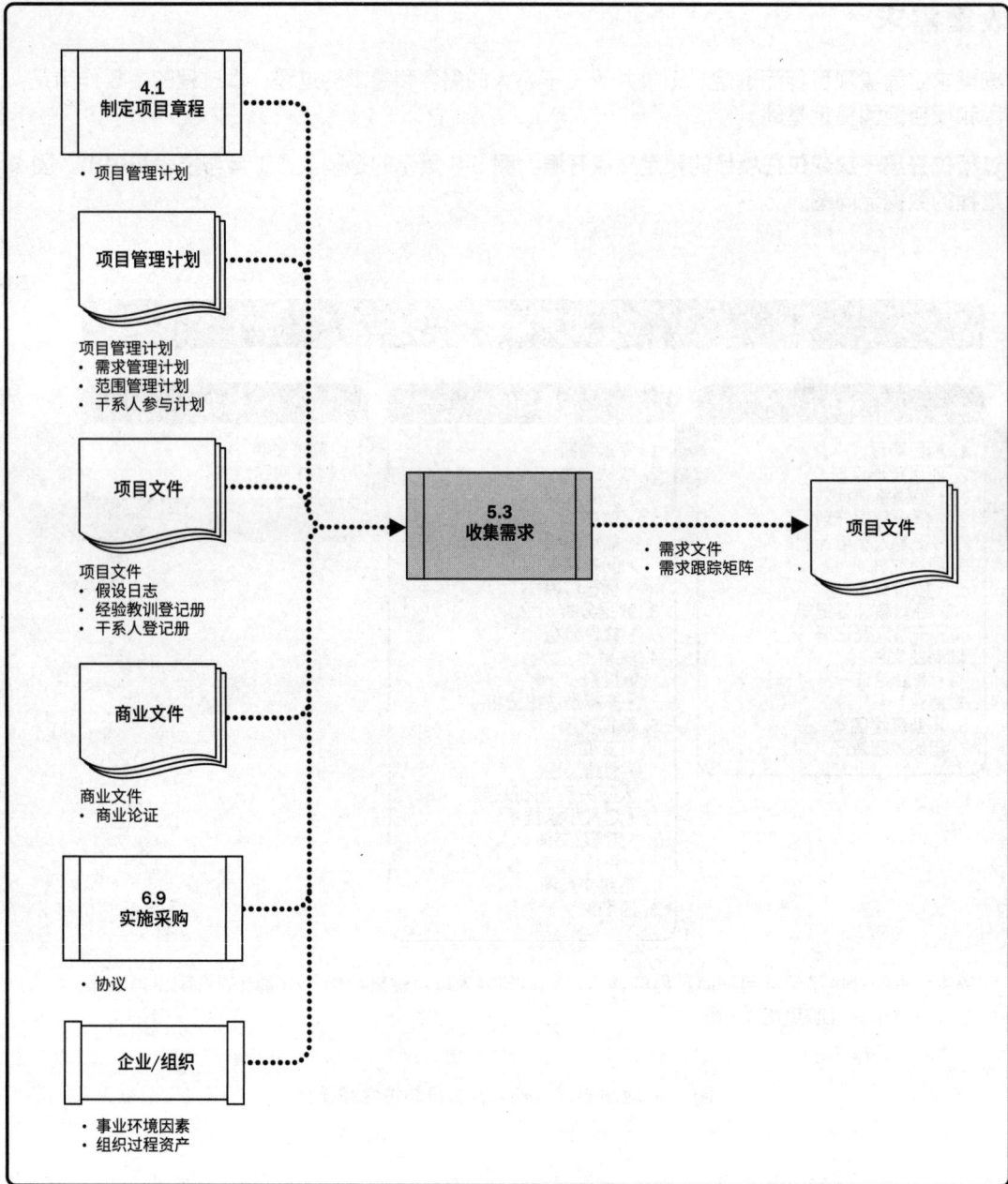

备注：本图提供了可能用于此过程的输入和输出。输入和输出的说明见第 9 章。

图 5-6 收集需求：数据流向图

本实践指南并没有专门讨论产品需求，因为产品需求因行业而异。注意，*Business Analysis for Practitioners: A Practice Guide*（《商业分析：实践指南》）[3] 提供了有关产品需求的更深入信息。让干系人积极参与需求的探索和分解工作（分解成项目和产品需求），并仔细确定、记录和管理对产品、服务或结果的需求，能直接促进项目成功。需求是指根据特定协议或其他强制性规范，产品、服务或结果必须具备的条件或能力。它包括发起人、客户和其他干系人的已量化且书面记录的需要和期望。应该足够详细地探明、分析和记录这些需求，将其包含在范围基准中，并在项目执行开始后对其进行测量。需求将成为工作分解结构 (WBS) 的基础，也将成为成本、进度、质量和采购规划的基础。

5.4 定义范围

定义范围是制定项目和产品详细描述的过程。本过程的主要作用是，描述产品、服务或结果的边界和验收标准。

本过程仅开展一次或仅在项目的预定义点开展。图 5-7 展示的是输入、工具与技术和输出。图 5-8 展示的是本过程的数据流向图。

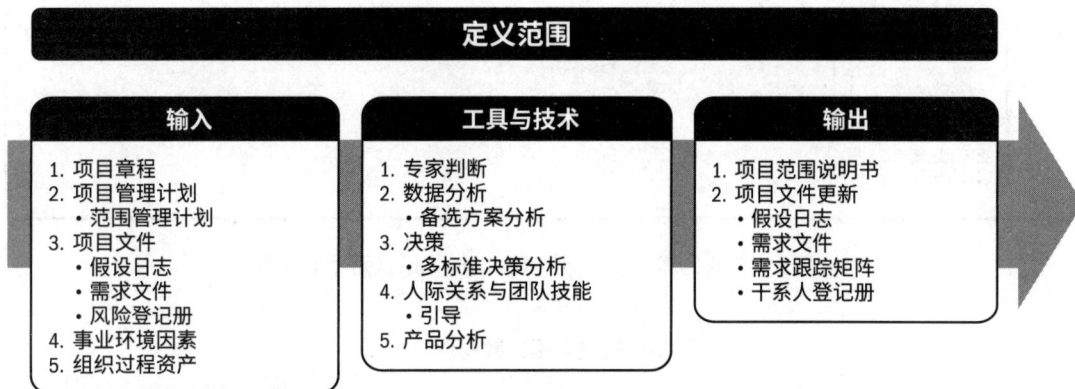

定义范围

输入	工具与技术	输出
1. 项目章程 2. 项目管理计划 　• 范围管理计划 3. 项目文件 　• 假设日志 　• 需求文件 　• 风险登记册 4. 事业环境因素 5. 组织过程资产	1. 专家判断 2. 数据分析 　• 备选方案分析 3. 决策 　• 多标准决策分析 4. 人际关系与团队技能 　• 引导 5. 产品分析	1. 项目范围说明书 2. 项目文件更新 　• 假设日志 　• 需求文件 　• 需求跟踪矩阵 　• 干系人登记册

备注：本图提供了可能用于此过程的输入、工具与技术以及输出。输入和输出的说明见第 9 章。工具与技术的说明见第 10 章。

图 5-7 定义范围：输入、工具与技术和输出

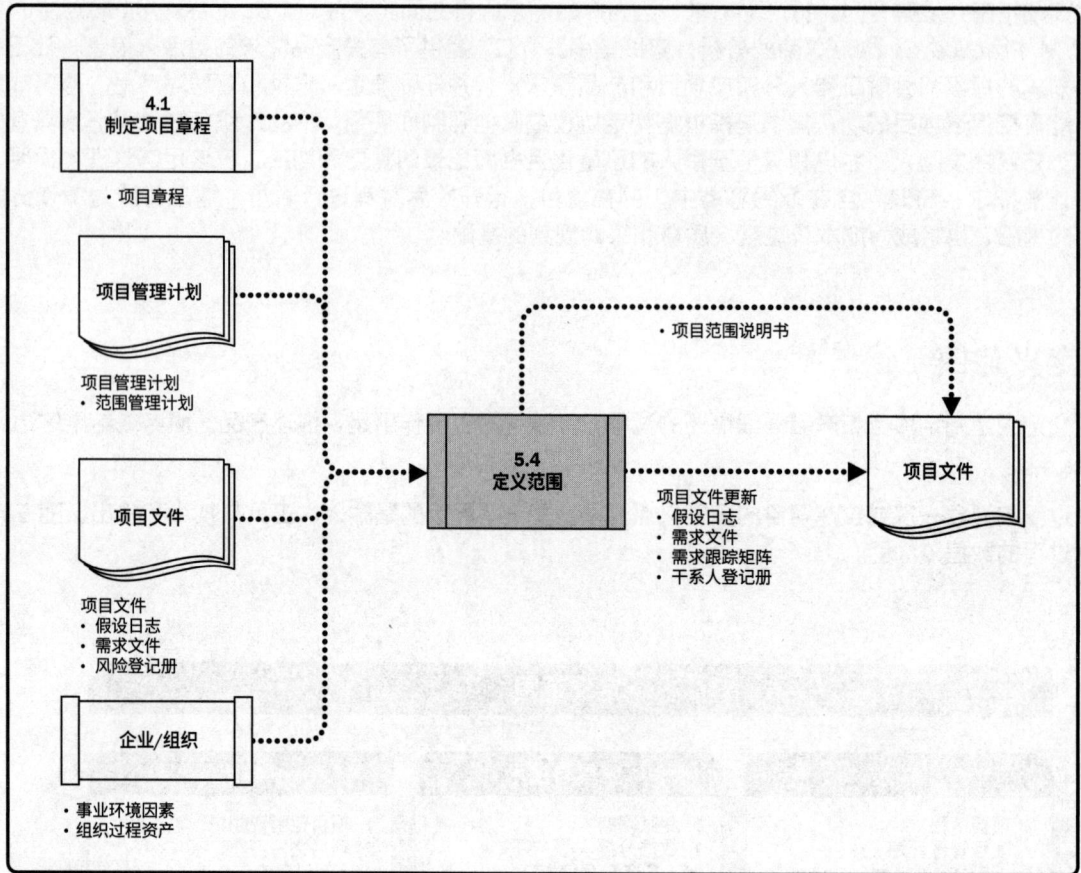

备注：本图提供了可能用于此过程的输入和输出。输入和输出的说明见第 9 章。

图 5-8 定义范围：数据流向图

由于在收集需求过程中识别出的所有需求未必都包含在项目中，所以定义范围过程就要从需求文件（收集需求过程的输出）中选取最终的项目需求，然后制定出关于项目及其产品、服务或结果的详细描述。准备好详细的项目范围说明书，对项目成功至关重要。

过程组：实践指南

应根据项目启动过程中记载的高层级项目说明来编制详细的项目范围说明书。在项目规划过程中，随着对项目信息有了更多的了解，应该更加详细、具体地定义和描述项目范围。此外，还需要分析现有风险、假设条件和制约因素的完整性，并做必要的增补或更新。需要多次反复开展定义范围过程：在迭代型生命周期的项目中，先为整个项目确定一个高层级的愿景，再一次针对一个迭代明确详细范围。通常，随着当前迭代的项目范围和可交付物的进展，而详细规划下一个迭代的工作。

5.5 创建 WBS

创建工作分解结构（WBS）是把项目可交付物和项目工作分解成较小、更易于管理的组件的过程。本过程的主要作用是为所要交付的内容提供架构。

本过程仅开展一次或仅在项目的预定义点开展。图 5-9 展示的是输入、工具与技术和输出。图 5-10 展示的是本过程的数据流向图。

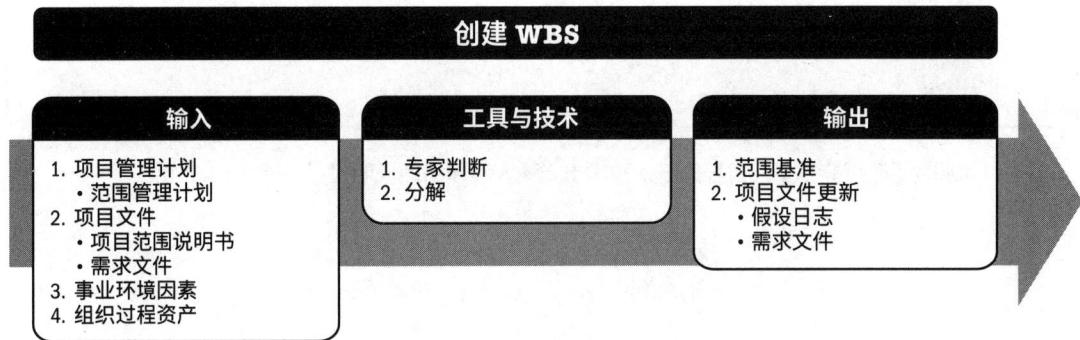

```
                          创建 WBS

    输入                      工具与技术                  输出

1. 项目管理计划            1. 专家判断              1. 范围基准
   • 范围管理计划          2. 分解                  2. 项目文件更新
2. 项目文件                                          • 假设日志
   • 项目范围说明书                                  • 需求文件
   • 需求文件
3. 事业环境因素
4. 组织过程资产
```

备注：本图提供了可能用于此过程的输入、工具与技术以及输出。输入和输出的说明见第 9 章。
工具与技术的说明见第 10 章。

图 5-9 创建 WBS：输入、工具与技术和输出

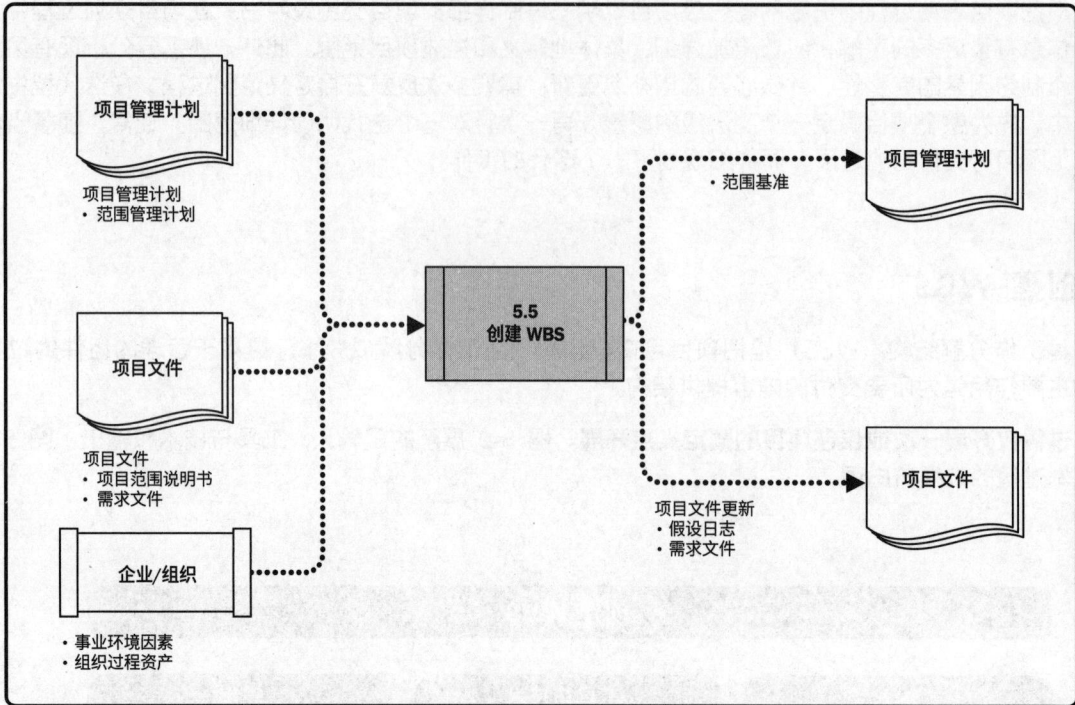

备注：本图提供了可能用于此过程的输入和输出。输入和输出的说明见第 9 章。

图 5-10 创建 WBS：数据流向图

WBS 是对项目团队为实现项目目标和创建所需可交付物而需要实施的全部工作范围的层级分解。WBS 组织并定义了项目的总范围，代表了经批准的当前项目范围说明书中所规定的工作。

WBS 最低层的组件称为工作包，其中包括计划的工作。工作包对相关活动进行归类，以便对工作安排进度、进行估算、开展监督与控制。在"工作分解结构"这个词语中，"工作"是指作为活动结果的工作产品或可交付物，而不是活动本身。

5.6 规划进度管理

规划进度管理是为规划、编制、管理、执行和控制项目进度而制定政策、程序和文档的过程。本过程的主要作用是，为如何在整个项目期间管理项目进度提供指南和方向。

本过程仅开展一次或仅在项目的预定义点开展。图 5-11 展示的是输入、工具与技术和输出。图 5-12 展示的是本过程的数据流向图。

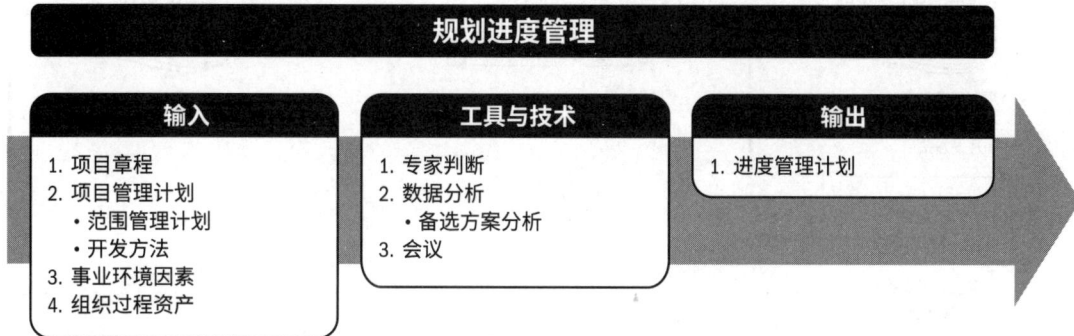

备注：本图提供了可能用于此过程的输入、工具与技术以及输出。输入和输出的说明见第 9 章。工具与技术的说明见第 10 章。

图 5-11 规划进度管理：输入、工具与技术和输出

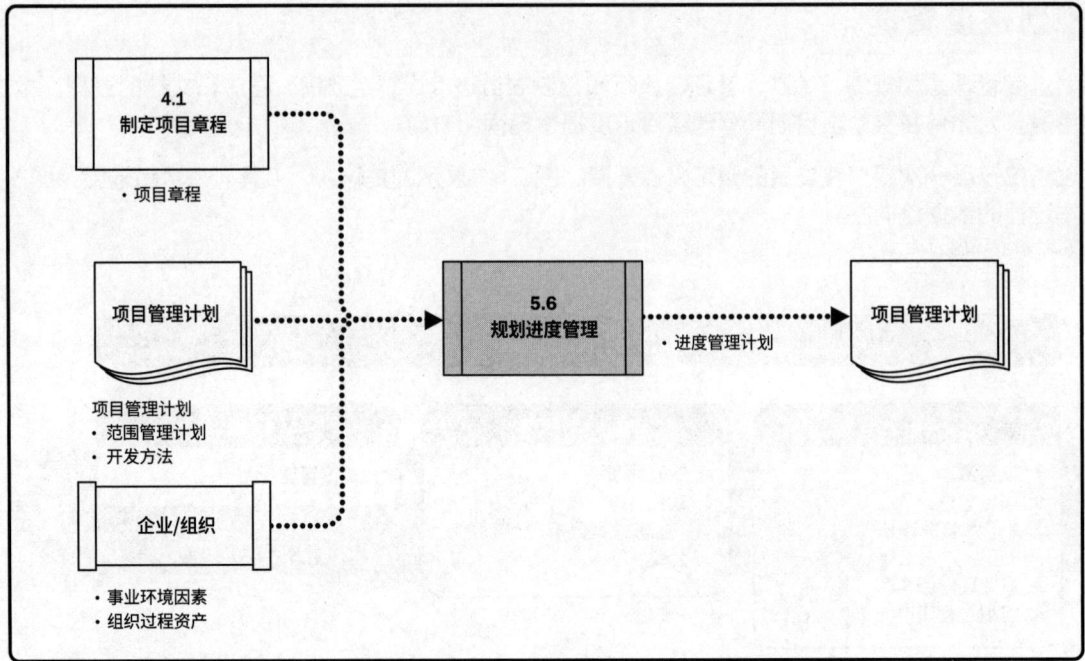

备注：本图提供了可能用于此过程的输入和输出。输入和输出的说明见第 9 章。

图 5-12 规划进度管理：数据流向图

5.7 定义活动

定义活动是识别和记录为完成项目可交付物而须采取的具体行动的过程。本过程的主要作用是将工作包分解为进度活动，作为对项目工作进行进度估算、规划、执行、监督和控制的基础。

本过程需要在整个项目期间开展。图 5-13 展示的是输入、工具与技术和输出。图 5-14 展示的是本过程的数据流向图。

过程组：实践指南

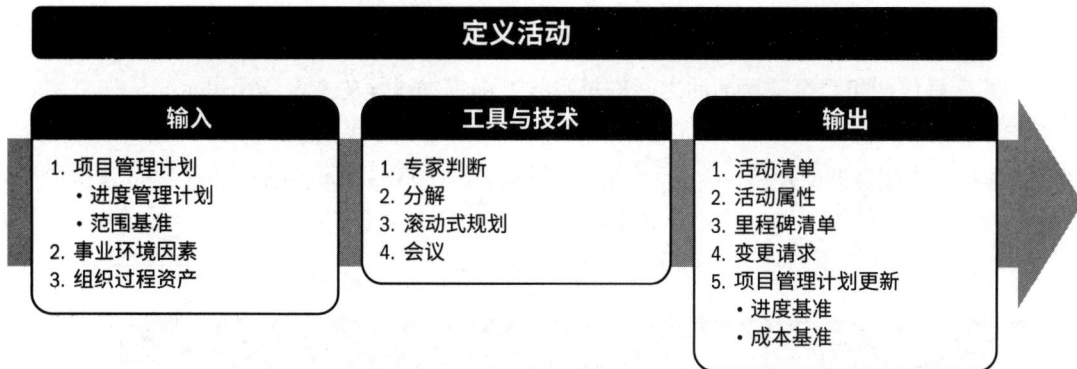

备注：本图提供了可能用于此过程的输入、工具与技术以及输出。输入和输出的说明见第 9 章。工具与技术的说明见第 10 章。

图 5-13 定义活动：输入、工具与技术和输出

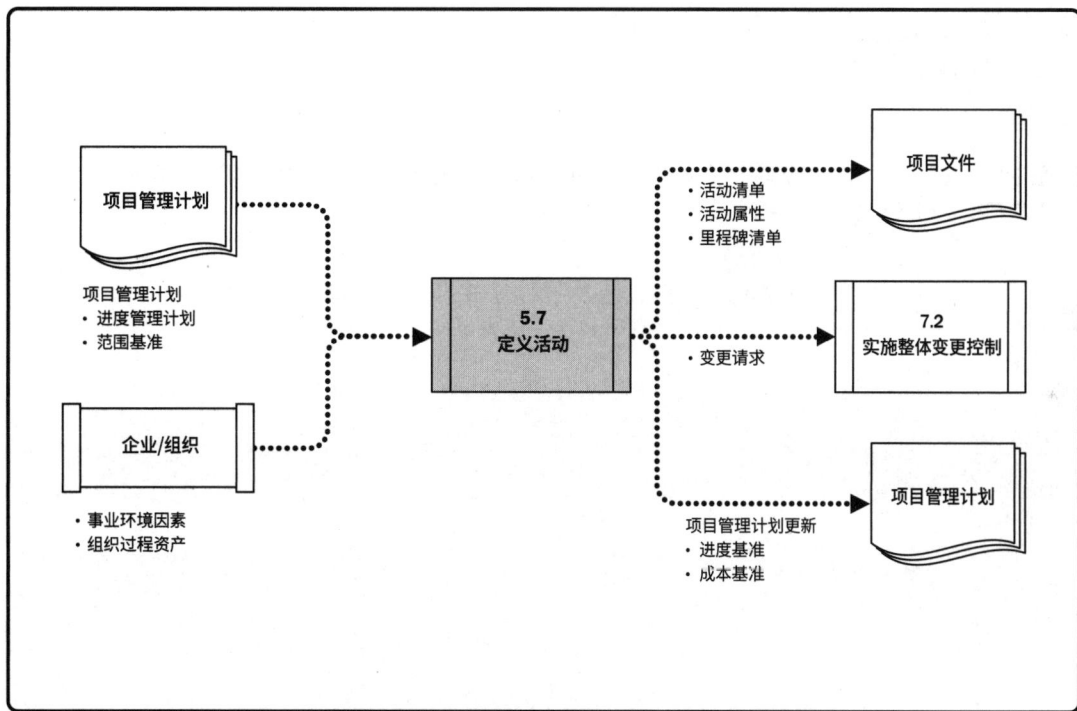

备注：本图提供了可能用于此过程的输入和输出。输入和输出的说明见第 9 章。

图 5-14 定义活动：数据流向图

规划过程组

5.8 排列活动顺序

排列活动顺序是识别和记录项目活动之间的关系的过程。本过程的主要作用是定义工作之间的逻辑顺序，以便在既定的所有项目制约因素下获得最高的效率。

本过程需要在整个项目期间开展。 图 5-15 展示的是输入、工具与技术和输出。图 5-16 展示的是本过程的数据流向图。

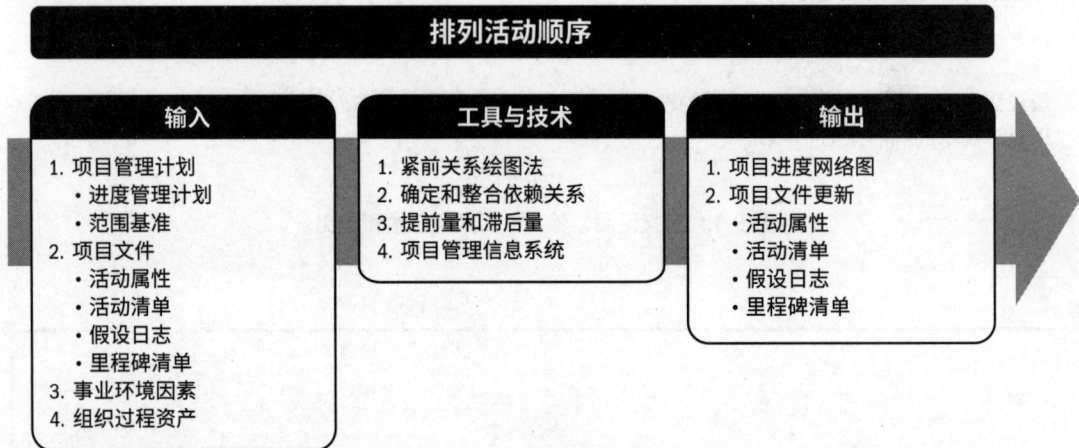

排列活动顺序

输入	工具与技术	输出
1. 项目管理计划 　• 进度管理计划 　• 范围基准 2. 项目文件 　• 活动属性 　• 活动清单 　• 假设日志 　• 里程碑清单 3. 事业环境因素 4. 组织过程资产	1. 紧前关系绘图法 2. 确定和整合依赖关系 3. 提前量和滞后量 4. 项目管理信息系统	1. 项目进度网络图 2. 项目文件更新 　• 活动属性 　• 活动清单 　• 假设日志 　• 里程碑清单

备注：本图提供了可能用于此过程的输入、工具与技术以及输出。输入和输出的说明见第 9 章。工具与技术的说明见第 10 章。

图 5-15 排列活动顺序：输入、工具与技术和输出

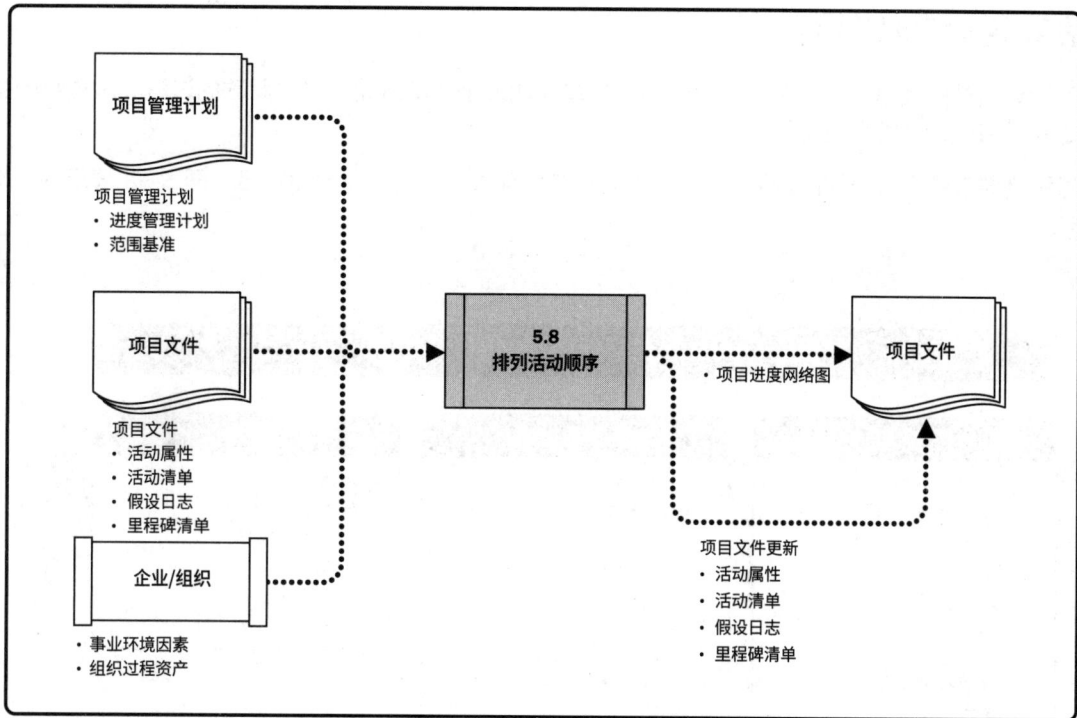

备注：本图提供了可能用于此过程的输入和输出。输入和输出的说明见第 9 章。

图 5-16　排列活动顺序：数据流向图

　　除了首尾两项，每项活动都至少有一项紧前活动和一项紧后活动，并且有适当的逻辑关系。通过设计逻辑关系来创建一个切实的项目进度计划，可能有必要在活动之间使用提前量或滞后量，使项目进度计划更为切实可行（请参阅第 10 章的"提前量与滞后量"）。可以使用项目管理软件、手动技术或自动技术来排列活动顺序。排列活动顺序过程旨在将项目活动列表转化为图表，作为发布进度基准的第一步。

5.9 估算活动持续时间

估算活动持续时间是根据资源估算的结果，估算完成单个活动所需工作时段数的过程。本过程的主要作用是确定完成每个活动所需花费的时间量。

本过程需要在整个项目期间开展。图 5-17 展示的是输入、工具与技术和输出。图 5-18 展示的是本过程的数据流向图。

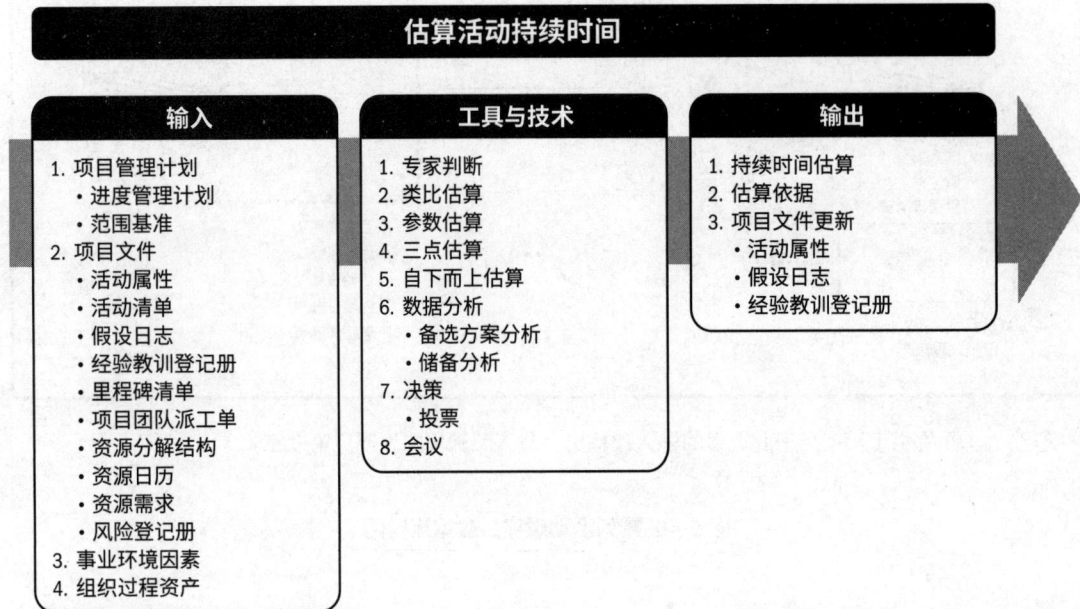

估算活动持续时间

输入	工具与技术	输出
1. 项目管理计划 　• 进度管理计划 　• 范围基准 2. 项目文件 　• 活动属性 　• 活动清单 　• 假设日志 　• 经验教训登记册 　• 里程碑清单 　• 项目团队派工单 　• 资源分解结构 　• 资源日历 　• 资源需求 　• 风险登记册 3. 事业环境因素 4. 组织过程资产	1. 专家判断 2. 类比估算 3. 参数估算 4. 三点估算 5. 自下而上估算 6. 数据分析 　• 备选方案分析 　• 储备分析 7. 决策 　• 投票 8. 会议	1. 持续时间估算 2. 估算依据 3. 项目文件更新 　• 活动属性 　• 假设日志 　• 经验教训登记册

备注：本图提供了可能用于此过程的输入、工具与技术以及输出。输入和输出的说明见第 9 章。
工具与技术的说明见第 10 章。

图 5-17 估算活动持续时间：输入、工具与技术和输出

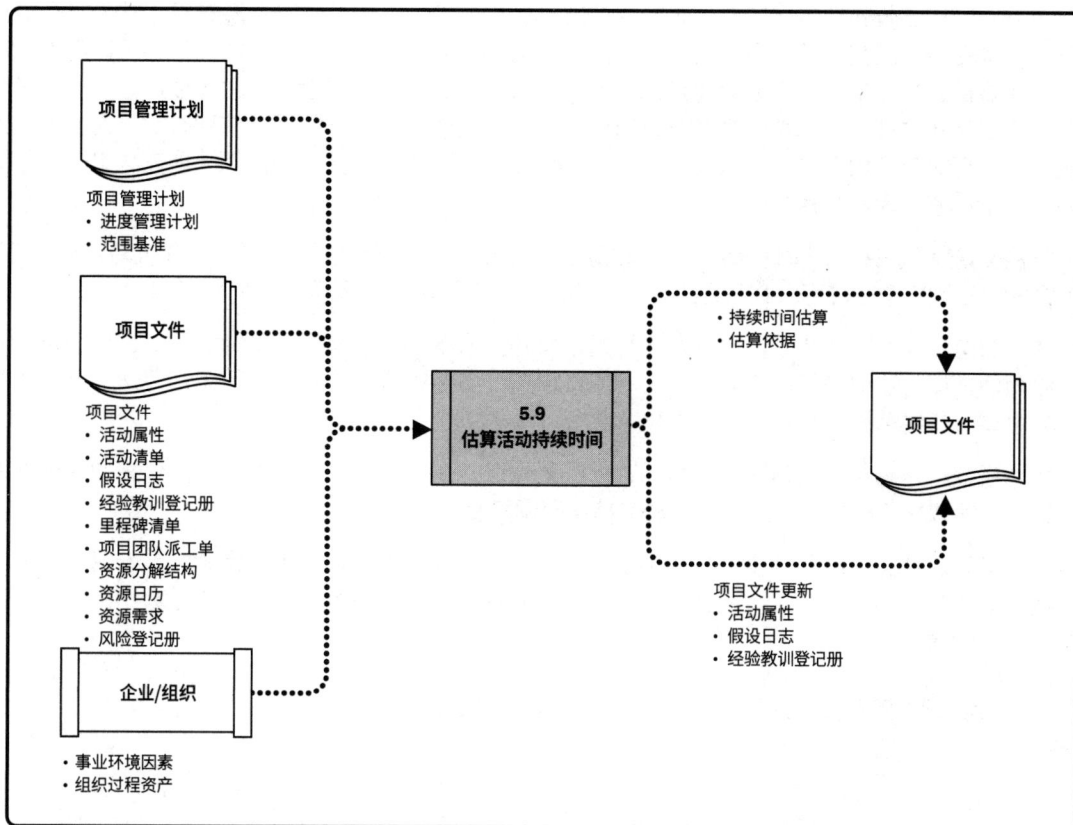

备注：本图提供了可能用于此过程的输入和输出。输入和输出的说明见第9章。

图 5-18 估算活动持续时间：数据流向图

　　估算活动持续时间依据的信息包括：工作范围、所需资源类型与技能水平、估算的资源数量和资源日历。而可能影响持续时间估算的其他因素包括：持续时间受到的约束、人力投入、资源类型（如固定持续时间、固定人力投入或工作、固定资源数量）以及所采用的进度网络分析技术。应该由项目团队中最熟悉具体活动的个人或小组提供持续时间估算所需的各种输入。对持续时间的估算也应该渐进明细，取决于输入数据的数量和质量。例如，在工程与设计项目中，随着数据越来越详细，越来越准确，持续时间估算的准确性和质量也会越来越高。

规划过程组

95

在本过程中，应该首先估算出完成活动所需的工作量和计划投入该活动的资源数量。然后结合项目日历和资源日历，据此估算出完成活动所需的工作时段数（活动持续时间）。在许多情况下，预计可用的资源数量以及这些资源的技能熟练程度可能会决定活动的持续时间。更改分配到活动的主导性资源通常会影响持续时间，但这不是简单的"直线"或线性关系。有时候，因为工作的特性（即受到持续时间、人力投入或资源数量的约束），无论资源如何分配（如 24 小时应力测试），都需要花预定的时间才能完成工作。估算持续时间时需要考虑的其他因素包括：

▶ **收益递减规律。**在保持其他因素不变的情况下，增加一个用于确定单位产出所需投入的因素（如资源）会最终达到一个临界点，在该点之后的产出或输出会随着这个因素的增加而递减。

▶ **资源数量。**增加资源数量，使其达到初始数量的两倍不一定能缩短一半的时间，这样做可能会因风险而使持续时间增加；在某些情况下，如果增加太多活动资源，可能会因知识传递、学习曲线、额外协调等其他相关因素而造成持续时间增加。

▶ **技术进步。**在确定持续时间估算时，这个因素也可能发挥重要作用。例如，通过采购最新技术，制造工厂可以提高产量，而这可能会影响持续时间和资源需求。

▶ **员工激励。**项目经理还需要了解"学生综合征"（即拖延症）和帕金森定律，前者指出，人们只有在最后一刻，即快到期限时才会全力以赴；后者指出，只要还有时间，工作就会不断扩展，直到用完所有的时间。

应该把活动持续时间估算所依据的全部数据与假设都记录在案。

5.10 制订进度计划

制订进度计划是为了项目执行和监控，分析活动顺序、持续时间、资源需求和进度制约因素，而创建项目进度模型的过程。本过程的主要作用是为完成项目活动而创建具有计划日期的进度模型。

本过程需要在整个项目期间开展。图 5-19 展示的是输入、工具与技术和输出。图 5-20 展示的是本过程的数据流向图。

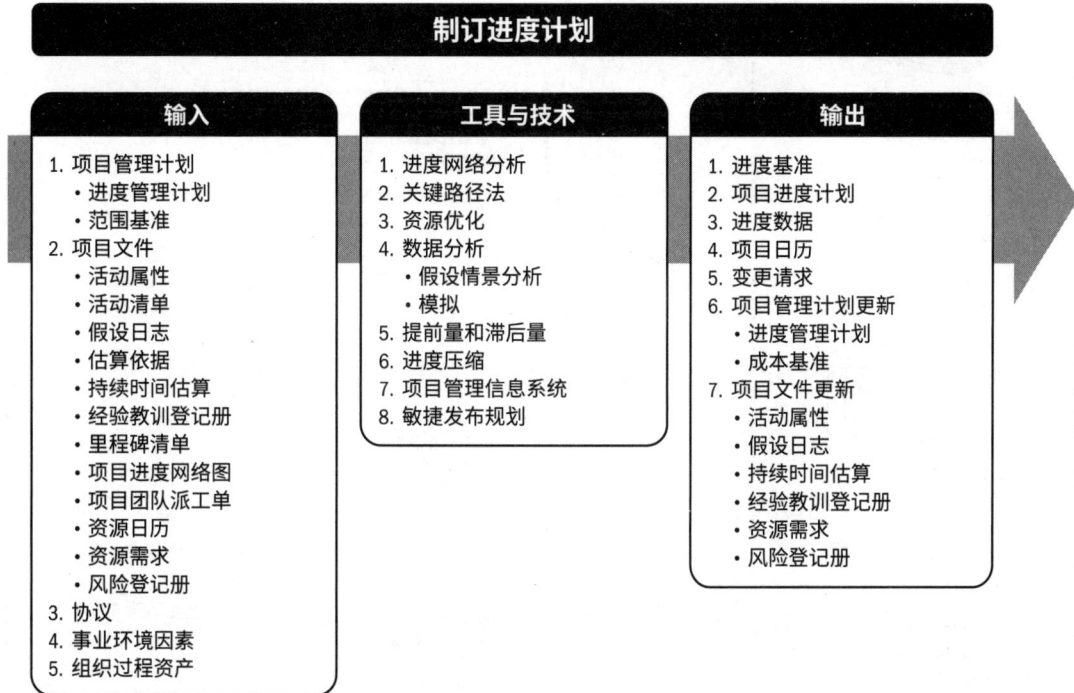

制订进度计划

输入	工具与技术	输出
1. 项目管理计划 　• 进度管理计划 　• 范围基准 2. 项目文件 　• 活动属性 　• 活动清单 　• 假设日志 　• 估算依据 　• 持续时间估算 　• 经验教训登记册 　• 里程碑清单 　• 项目进度网络图 　• 项目团队派工单 　• 资源日历 　• 资源需求 　• 风险登记册 3. 协议 4. 事业环境因素 5. 组织过程资产	1. 进度网络分析 2. 关键路径法 3. 资源优化 4. 数据分析 　• 假设情景分析 　• 模拟 5. 提前量和滞后量 6. 进度压缩 7. 项目管理信息系统 8. 敏捷发布规划	1. 进度基准 2. 项目进度计划 3. 进度数据 4. 项目日历 5. 变更请求 6. 项目管理计划更新 　• 进度管理计划 　• 成本基准 7. 项目文件更新 　• 活动属性 　• 假设日志 　• 持续时间估算 　• 经验教训登记册 　• 资源需求 　• 风险登记册

备注：本图提供了可能用于此过程的输入、工具与技术以及输出。输入和输出的说明见第 9 章。工具与技术的说明见第 10 章。

图 5-19　制订进度计划：输入、工具与技术和输出

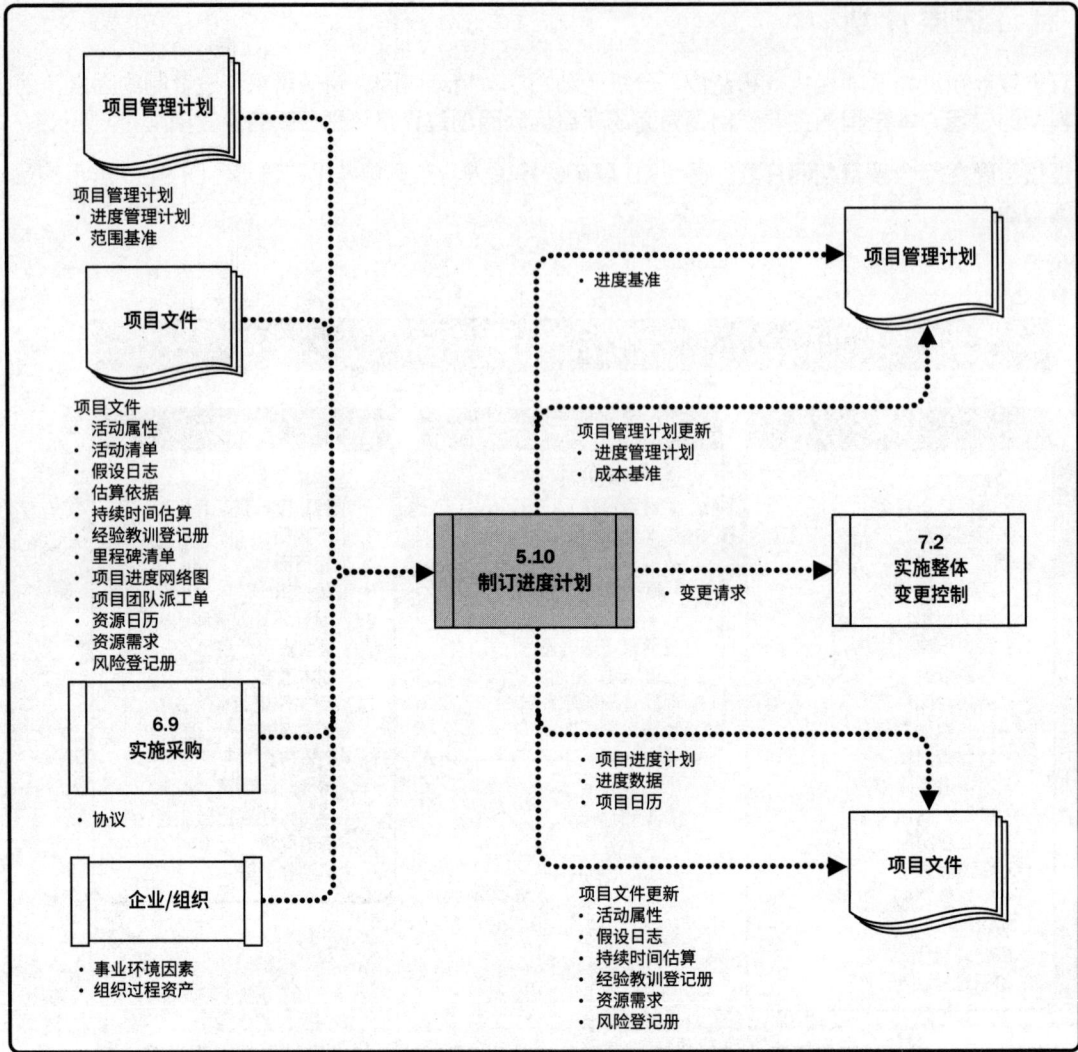

备注：本图提供了可能用于此过程的输入和输出。输入和输出的说明见第 9 章。

图 5-20 制订进度计划：数据流向图

制订可行的项目进度计划是一个反复进行的过程。基于获取的最佳信息，使用进度模型来确定各项目活动和里程碑的计划开始日期和计划完成日期。编制进度计划时，需要审查和修正持续时间估算、资源估算和进度储备，以制订项目进度计划，并在批准后作为基准用于跟踪项目进度。关键步骤包括定义项目里程碑、识别活动并排列活动顺序，以及估算持续时间。一旦活动的开始和完成日期都得到确定，通常就需要由分配至各个活动的项目人员审查其被分配的活动。之后，项目人员确认开始和完成日期与资源日历没有冲突，也与其他项目或任务没有冲突，从而确认计划日期的有效性。最后分析进度计划，确定是否存在逻辑关系冲突，以及在批准进度计划并将其作为基准之前是否需要资源平衡。同时，需要修订和维护项目进度模型，确保进度计划在整个项目期间一直切实可行。

有关进度计划的更多信息，参阅 *Practice Standard for Scheduling*（《进度计划实践标准》）[8]。

5.11 规划成本管理

规划成本管理是确定如何估算、预算、管理、监督和控制项目成本的过程。本过程的主要作用是在整个项目期间为如何管理项目成本提供指南和方向。

本过程仅开展一次或仅在项目的预定义点开展。图 5-21 展示的是输入、工具与技术和输出。图 5-22 展示的是本过程的数据流向图。

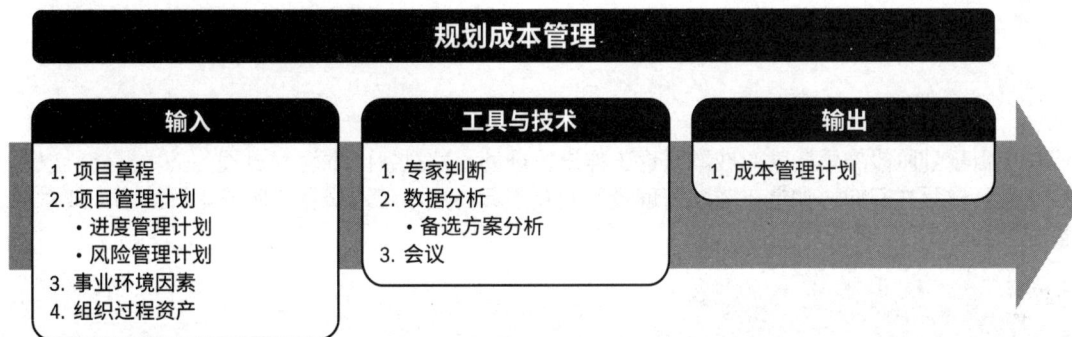

规划成本管理		
输入	**工具与技术**	**输出**
1. 项目章程 2. 项目管理计划 　• 进度管理计划 　• 风险管理计划 3. 事业环境因素 4. 组织过程资产	1. 专家判断 2. 数据分析 　• 备选方案分析 3. 会议	1. 成本管理计划

备注：本图提供了可能用于此过程的输入、工具与技术以及输出。输入和输出的说明见第 9 章。工具与技术的说明见第 10 章。

图 5-21 规划成本管理：输入、工具与技术和输出

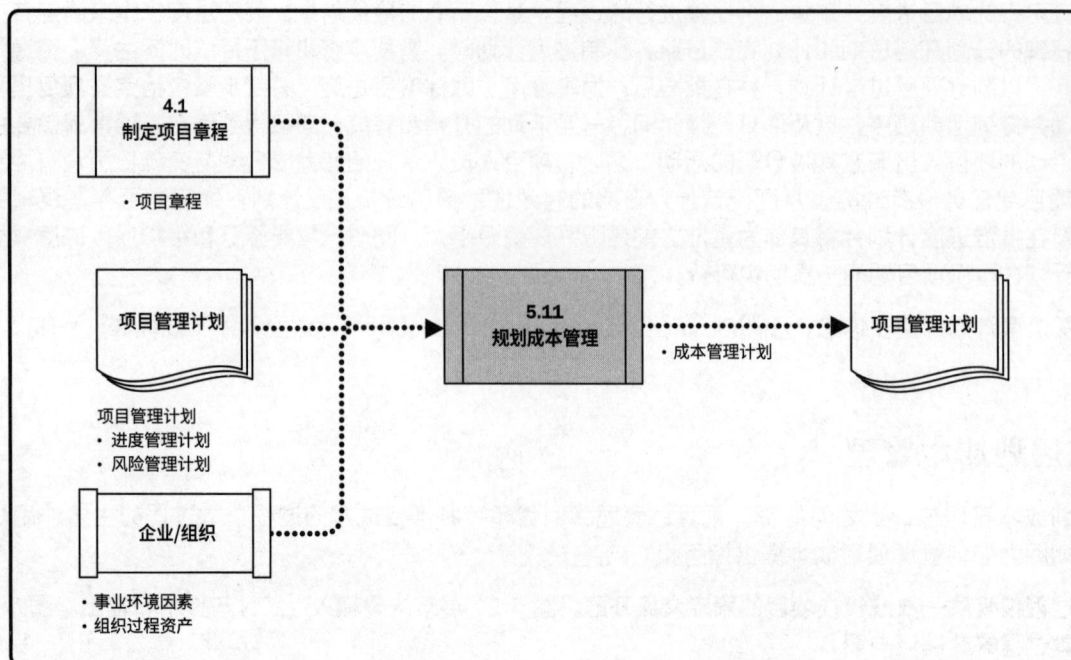

备注：本图提供了可能用于此过程的输入和输出。输入和输出的说明见第 9 章。

图 5-22 规划成本管理：数据流向图

应该在项目规划阶段的早期就对成本管理工作进行规划，建立各成本管理过程的基本框架，以确保各过程的有效性及各过程之间的协调性。成本管理过程及其工具与技术应记录在成本管理计划中。成本管理计划是项目管理计划的组件。

5.12 估算成本

估算成本是对完成项目工作所需资源成本进行近似估算的过程。本过程的主要作用是确定项目所需的资金。

本过程应根据需要在整个项目期间定期开展。图 5-23 展示的是输入、工具与技术和输出。图 5-24 展示的是本过程的数据流向图。

估算成本

输入	工具与技术	输出
1. 项目管理计划 　• 成本管理计划 　• 质量管理计划 　• 范围基准 2. 项目文件 　• 经验教训登记册 　• 项目进度计划 　• 资源需求 　• 风险登记册 3. 事业环境因素 4. 组织过程资产	1. 专家判断 2. 类比估算 3. 参数估算 4. 自下而上估算 5. 三点估算 6. 数据分析 　• 备选方案分析 　• 储备分析 　• 质量成本 7. 项目管理信息系统 8. 决策 　• 投票	1. 成本估算 2. 估算依据 3. 项目文件更新 　• 假设日志 　• 经验教训登记册 　• 风险登记册

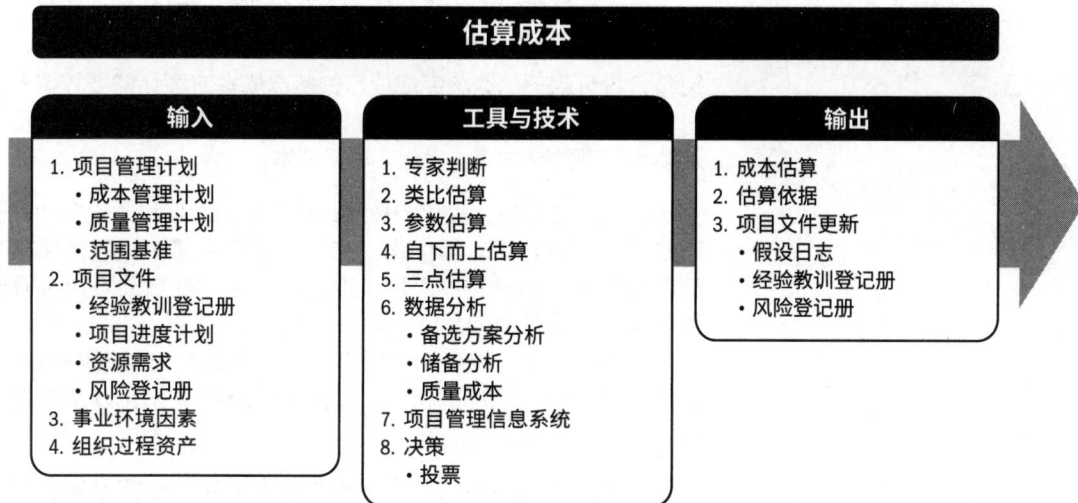

备注：本图提供了可能用于此过程的输入、工具与技术以及输出。输入和输出的说明见第 9 章。工具与技术的说明见第 10 章。

图 5-23 估算成本：输入、工具与技术和输出

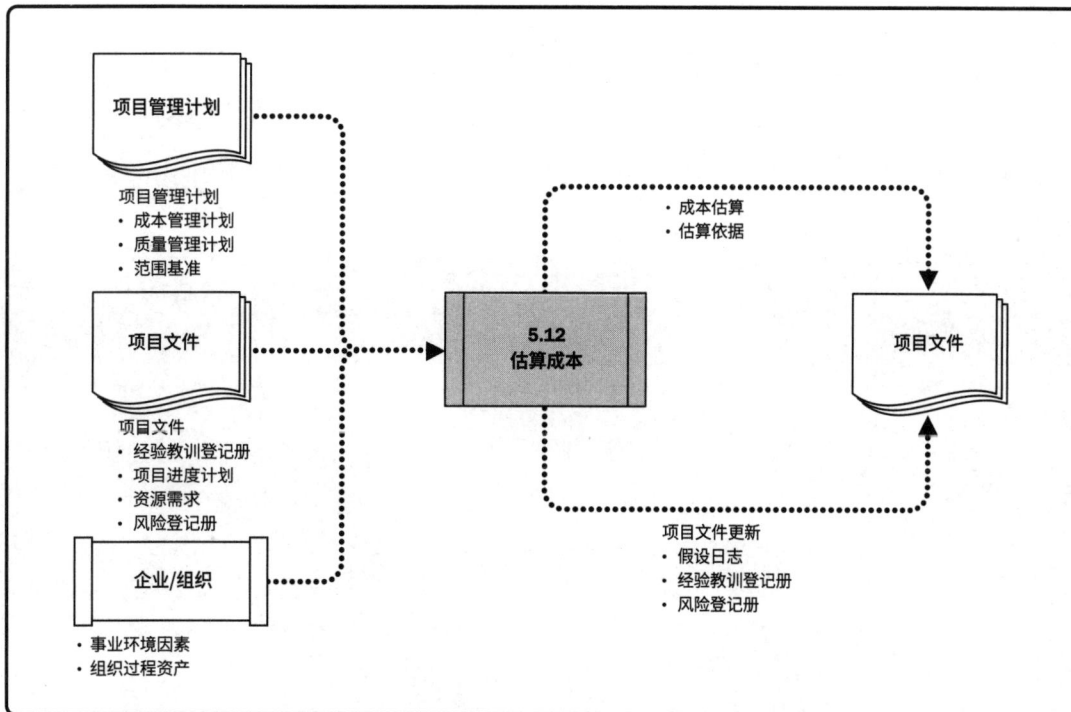

备注：本图提供了可能用于此过程的输入和输出。输入和输出的说明见第 9 章。

图 5-24 估算成本：数据流向图

规划过程组

通常用某种货币单位（如美元、欧元、日元等）进行成本估算，但有时也可采用其他计量单位，如人时或人天，以消除通货膨胀的影响，便于成本比较。

成本估算是对完成活动所需资源的可能成本的量化评估，是在某特定时点，根据已知信息所做出的成本预测。在估算成本时，需要识别和分析可用于启动与完成项目的备选成本方案；需要权衡备选成本方案并考虑风险，如比较自制成本与外购成本、购买成本与租赁成本及多种资源共享方案，以优化项目成本。

在项目过程中，应该随着更详细信息的呈现和假设条件的验证，对成本估算进行审查和优化。在项目生命周期中，项目估算的准确度亦将随着项目的进展而逐步提高。例如，在启动阶段可得出项目的粗略量级估算 (ROM)，其区间约为 −25% 到 +75%；之后，随着信息越来越详细，确定性估算的区间可缩小至 −5% 到 +10%。某些组织已经制定出相应的指南，规定何时进行优化，以及每次优化所要达到的置信度或准确度。

在进行成本估算时，应该考虑将向项目收费的全部资源，包括（但不限于）人工、材料、设备、服务、设施，以及一些特殊的成本种类，如通货膨胀补贴、融资成本或应急成本。成本估算可在活动层级呈现，也可以汇总形式呈现。

过程组：实践指南

5.13 制定预算

制定预算是汇总所有单个活动或工作包的估算成本，建立一个经批准的成本基准的过程。本过程的主要作用是确定可据以监督和控制项目绩效的成本基准。

本过程仅开展一次或仅在项目的预定义点开展。图 5-25 展示的是输入、工具与技术和输出。图 5-26 展示的是本过程的数据流向图。

项目预算包括经批准用于执行项目的全部资金，而成本基准是经过批准且按时间段分配的项目预算，包括应急储备，但不包括管理储备。

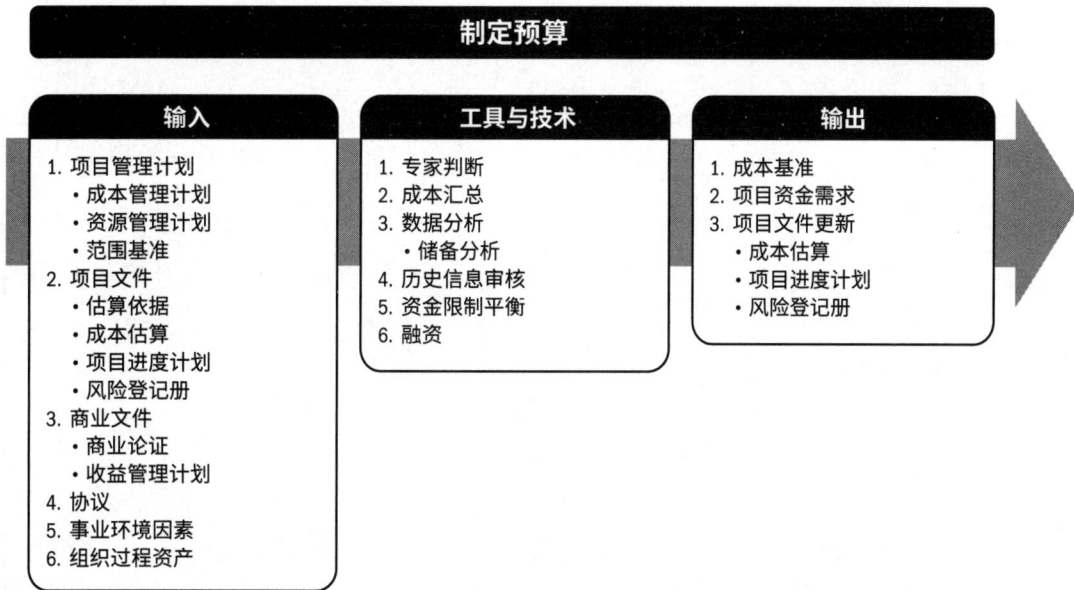

制定预算

输入	工具与技术	输出
1. 项目管理计划 　·成本管理计划 　·资源管理计划 　·范围基准 2. 项目文件 　·估算依据 　·成本估算 　·项目进度计划 　·风险登记册 3. 商业文件 　·商业论证 　·收益管理计划 4. 协议 5. 事业环境因素 6. 组织过程资产	1. 专家判断 2. 成本汇总 3. 数据分析 　·储备分析 4. 历史信息审核 5. 资金限制平衡 6. 融资	1. 成本基准 2. 项目资金需求 3. 项目文件更新 　·成本估算 　·项目进度计划 　·风险登记册

备注：本图提供了可能用于此过程的输入、工具与技术以及输出。输入和输出的说明见第 9 章。工具与技术的说明见第 10 章。

图 5-25 制定预算：输入、工具与技术和输出

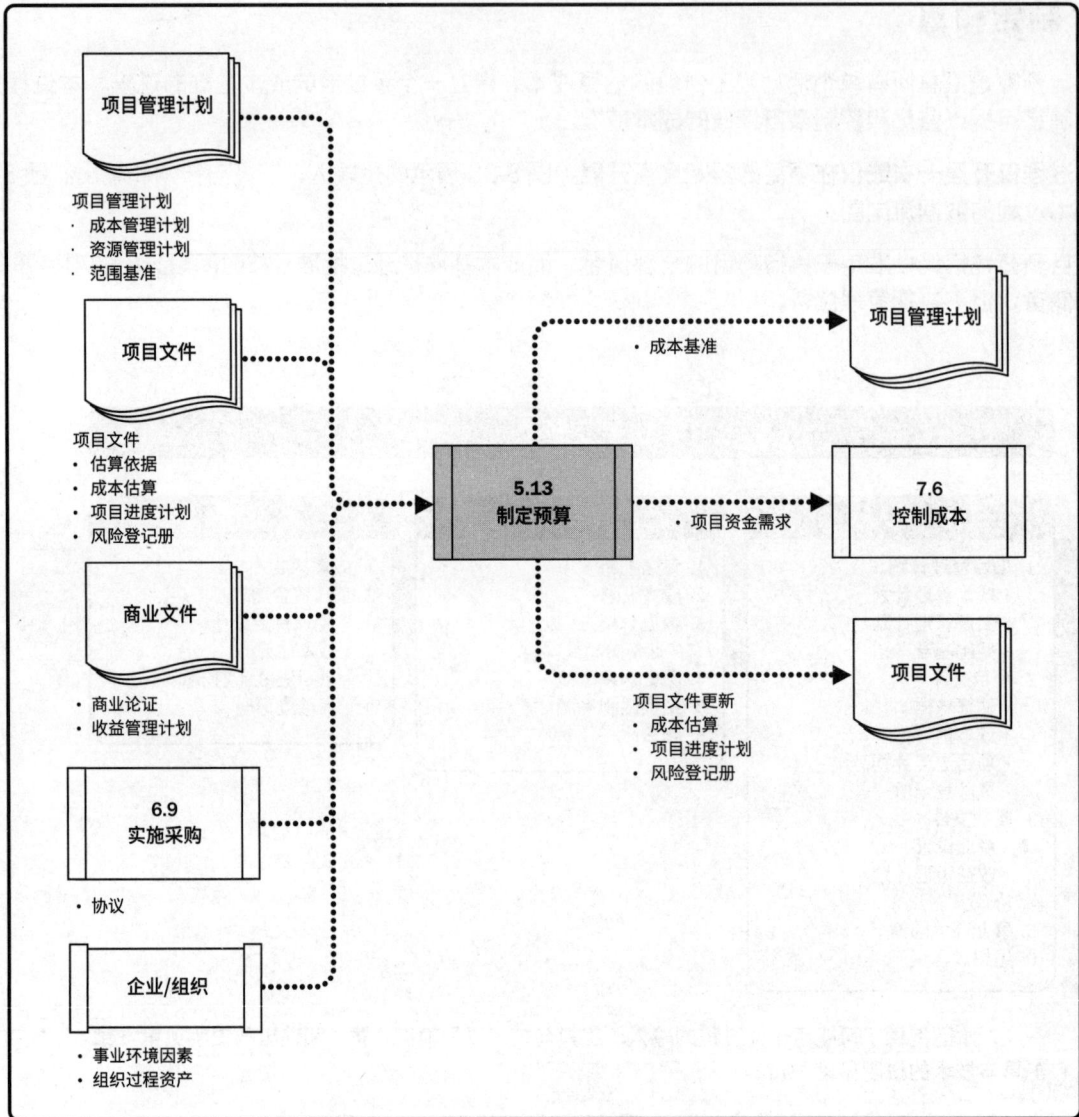

备注：本图提供了可能用于此过程的输入和输出。输入和输出的说明见第 9 章。

图 5-26 制定预算：数据流向图

5.14 规划质量管理

规划质量管理是确定项目及其可交付物的质量要求和/或标准的过程。本过程记录了项目将如何证明符合质量要求和/或标准。本过程的主要作用是为在整个项目期间如何管理和核实质量提供指南和方向。

本过程仅开展一次或仅在项目的预定义点开展。图 5-27 展示的是输入、工具与技术和输出。图 5-28 展示的是本过程的数据流向图。

规划质量管理

输入	工具与技术	输出
1. 项目章程	1. 专家判断	1. 质量管理计划
2. 项目管理计划	2. 数据收集	2. 质量测量指标
·需求管理计划	·标杆对照	3. 项目管理计划更新
·风险管理计划	·头脑风暴	·风险管理计划
·干系人参与计划	·访谈	·范围基准
·范围基准	3. 数据分析	4. 项目文件更新
3. 项目文件	·成本收益分析	·经验教训登记册
·假设日志	·质量成本	·需求跟踪矩阵
·需求文件	4. 决策	·风险登记册
·需求跟踪矩阵	·多标准决策分析	·干系人登记册
·风险登记册	5. 数据表现	
·干系人登记册	·流程图	
4. 事业环境因素	·逻辑数据模型	
5. 组织过程资产	·矩阵图	
	·思维导图	
	6. 测试与检查规划	
	7. 会议	

备注：本图提供了可能用于此过程的输入、工具与技术以及输出。输入和输出的说明见第 9 章。工具与技术的说明见第 10 章。

图 5-27 规划质量管理：输入、工具与技术和输出

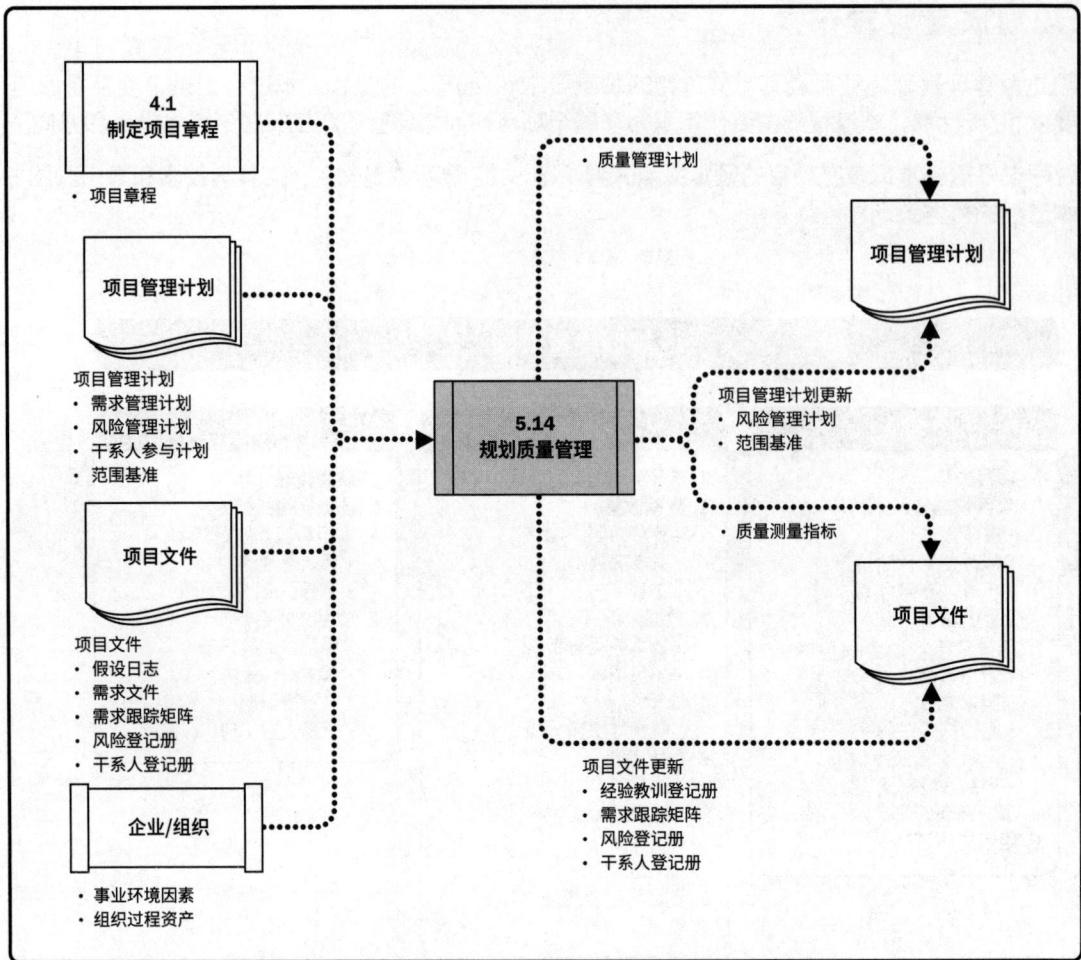

备注：本图提供了可能用于此过程的输入和输出。输入和输出的说明见第 9 章。

图 5-28 规划质量管理：数据流向图

质量规划应与其他规划过程并行开展。例如，为满足既定的质量标准而对可交付物提出变更，可能需要调整成本或进度计划，并就该变更对相关计划的影响进行详细风险分析。

本节讨论项目中最常用的质量规划技术，但在特定项目或应用领域中，还可采用许多其他质量规划技术。

5.15 规划资源管理

规划资源管理是定义如何估算、获取、管理和利用团队以及实体资源的过程。本过程的主要作用是根据项目类型和复杂程度确定适用于项目资源的管理方法和管理程度。

本过程仅开展一次或仅在项目的预定义点开展。图 5-29 展示的是输入、工具与技术和输出。图 5-30 展示的是本过程的数据流向图。

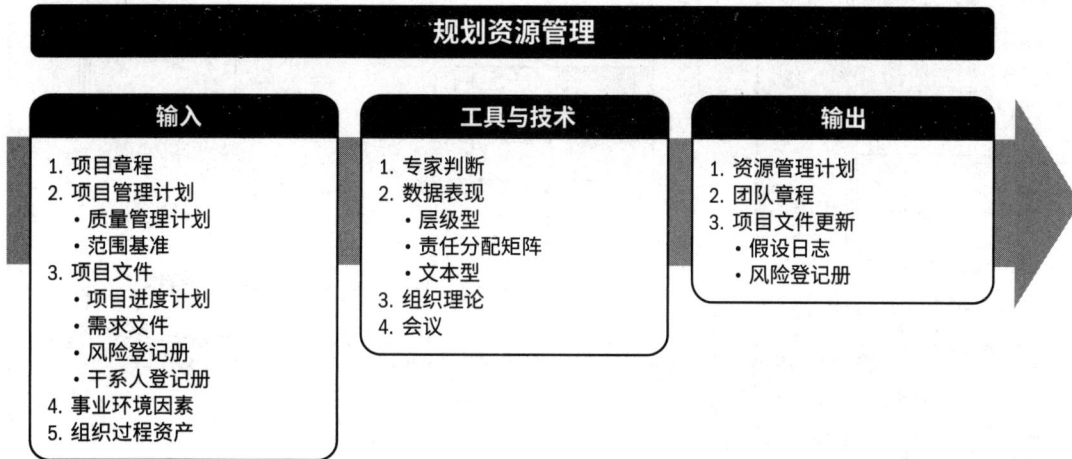

备注：本图提供了可能用于此过程的输入、工具与技术以及输出。输入和输出的说明见第 9 章。工具与技术的说明见第 10 章。

图 5-29 规划资源管理：输入、工具与技术和输出

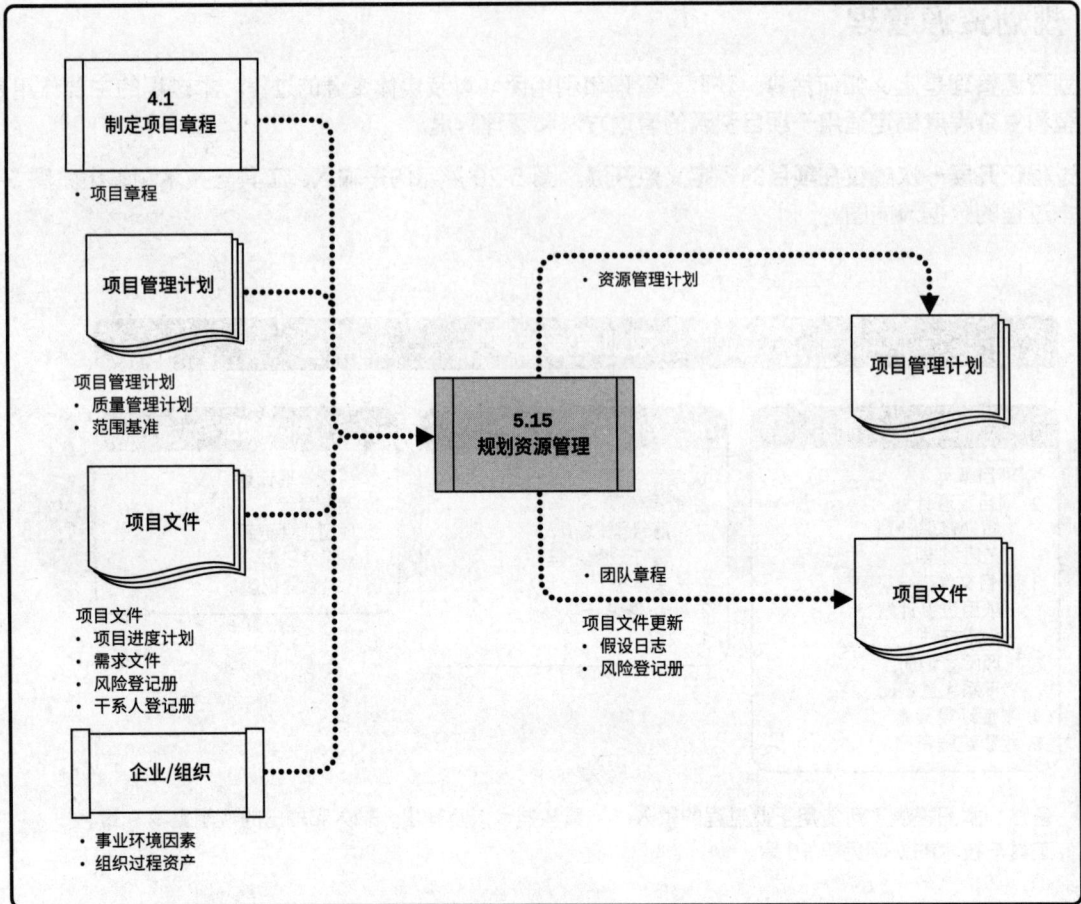

备注：本图提供了可能用于此过程的输入和输出。输入和输出的说明见第 9 章。

图 5-30 规划资源管理：数据流向图

资源规划用于确定和识别一种方法，以确保项目的成功完成有足够的可用资源。项目资源可能包括团队成员、用品、材料、设备、服务和设施。有效的资源规划需要考虑稀缺资源的可用性和竞争，并编制相应的计划。

项目资源可以从组织内部资产获得，或者通过采购过程从组织外部获取。其他项目可能在同一时间和地点竞争项目所需的相同资源，从而对项目成本、进度、风险、质量和其他项目领域造成显著影响。

5.16 估算活动资源

估算活动资源是估算执行项目所需的团队资源，以及材料、设备和用品的类型和数量的过程。本过程的主要作用是明确完成项目所需的资源种类、数量和特性。

本过程应根据需要在整个项目期间定期开展。图 5-31 展示的是输入、工具与技术和输出。图 5-32 展示的是本过程的数据流向图。

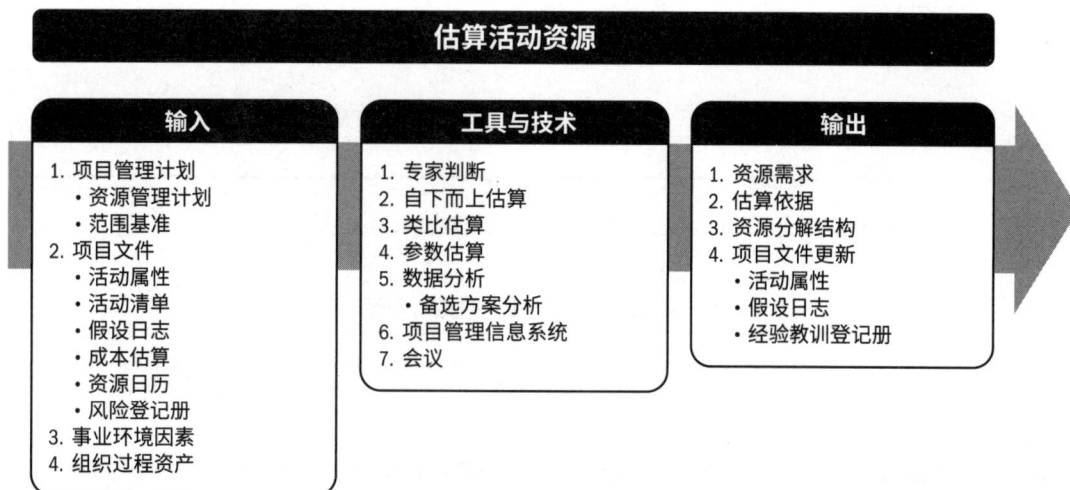

估算活动资源

输入	工具与技术	输出
1. 项目管理计划 　• 资源管理计划 　• 范围基准 2. 项目文件 　• 活动属性 　• 活动清单 　• 假设日志 　• 成本估算 　• 资源日历 　• 风险登记册 3. 事业环境因素 4. 组织过程资产	1. 专家判断 2. 自下而上估算 3. 类比估算 4. 参数估算 5. 数据分析 　• 备选方案分析 6. 项目管理信息系统 7. 会议	1. 资源需求 2. 估算依据 3. 资源分解结构 4. 项目文件更新 　• 活动属性 　• 假设日志 　• 经验教训登记册

备注：本图提供了可能用于此过程的输入、工具与技术以及输出。输入和输出的说明见第 9 章。工具与技术的说明见第 10 章。

图 5-31 估算活动资源：输入、工具与技术和输出

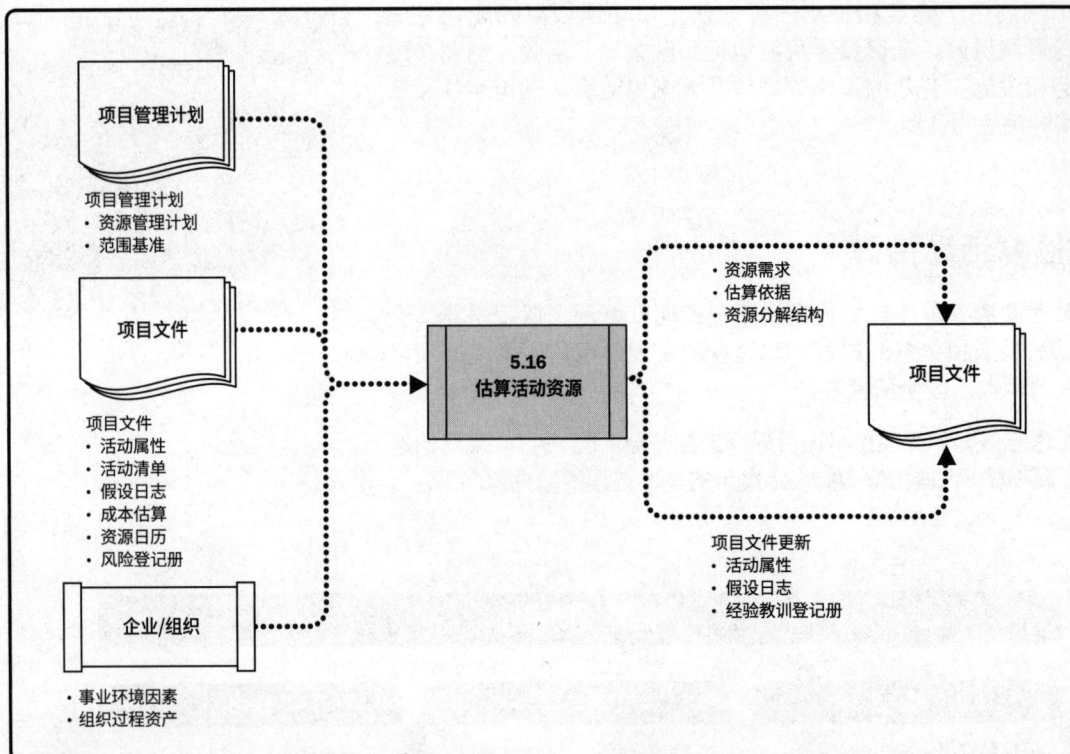

备注：本图提供了可能用于此过程的输入和输出。输入和输出的说明见第 9 章。

图 5-32 估算活动资源：数据流向图

估算活动资源过程与其他过程紧密相关，例如，估算成本过程。例如：

▶ 建筑项目团队需要熟悉当地建筑法规。这类知识常可从当地卖方获取，但是，如果内部劳动力资源对不常用或专门的建筑技术缺乏经验，那么支付额外费用聘请咨询专家，可能就是了解当地建筑法规的最有效的方法。

▶ 汽车设计团队需要熟悉最新的自动装配技术。这些必要的知识可以通过聘请顾问、派设计人员参加机器人技术研讨会，或者邀请制造人员加入项目团队等方式来获取。

过程组：实践指南

5.17 规划沟通管理

规划沟通管理是基于每个干系人或干系人群体的信息需求、可用的组织资产，以及具体项目的需求，为项目沟通活动制定恰当的方法和计划的过程。本过程的主要作用是，为及时向干系人提供相关信息，引导干系人有效参与项目，而编制书面沟通计划。

本过程应根据需要在整个项目期间定期开展。 图 5-33 展示的是输入、工具与技术和输出。图 5-34 展示的是本过程的数据流向图。

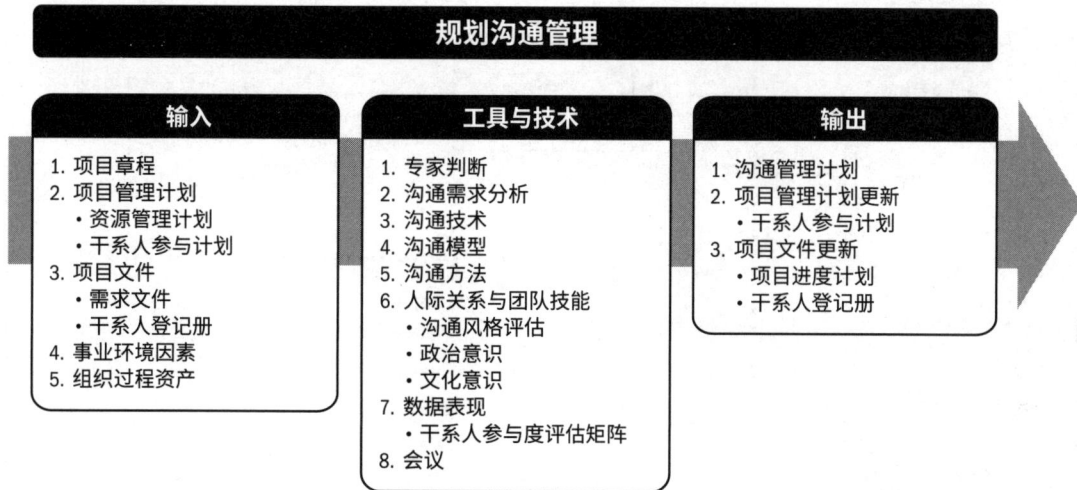

```
                        规划沟通管理

   输入                   工具与技术                输出
1. 项目章程            1. 专家判断             1. 沟通管理计划
2. 项目管理计划        2. 沟通需求分析         2. 项目管理计划更新
   · 资源管理计划      3. 沟通技术                · 干系人参与计划
   · 干系人参与计划    4. 沟通模型             3. 项目文件更新
3. 项目文件            5. 沟通方法                · 项目进度计划
   · 需求文件          6. 人际关系与团队技能      · 干系人登记册
   · 干系人登记册         · 沟通风格评估
4. 事业环境因素           · 政治意识
5. 组织过程资产           · 文化意识
                       7. 数据表现
                          · 干系人参与度评估矩阵
                       8. 会议
```

备注：本图提供了可能用于此过程的输入、工具与技术以及输出。输入和输出的说明见第 9 章。工具与技术的说明见第 10 章。

图 5-33 规划沟通管理：输入、工具与技术和输出

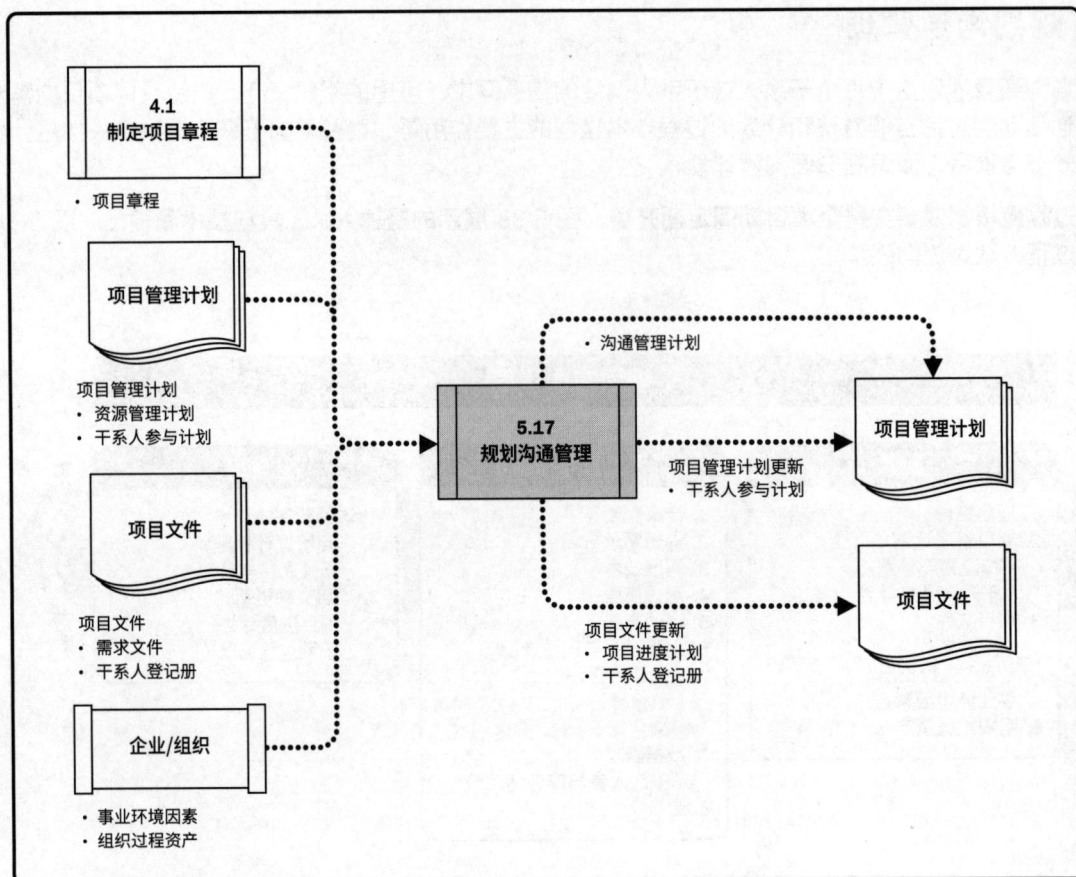

備註：本图提供了可能用于此过程的输入和输出。输入和输出的说明见第 9 章。

图 5-34 规划沟通管理：数据流向图

需在项目生命周期的早期，针对项目干系人多样性的信息需求，制订有效的沟通管理计划。应该定期审核沟通管理计划，并进行必要的修改，例如，在干系人社区发生变化或每个新项目阶段开始时。

在大多数项目中，都需要很早就开展沟通规划工作，例如，在识别干系人及制订项目管理计划期间。

虽然所有项目都需要进行信息沟通，但是各项目的信息需求和信息发布方式可能差别很大。此外，在本过程中，需要考虑并合理记录用来存储、检索和最终处置项目信息的方法。应该在整个项目期间，定期审查规划沟通管理过程的结果并做必要修改，以确保其持续适用。

5.18 规划风险管理

规划风险管理是定义如何实施项目风险管理活动的过程。本过程的主要作用是确保风险管理的水平、方法和可见度与项目风险程度，以及项目对组织和其他干系人的重要程度相匹配。

本过程仅开展一次或仅在项目的预定义点开展。 图 5-35 展示的是输入、工具与技术和输出。图 5-36 展示的是本过程的数据流向图。

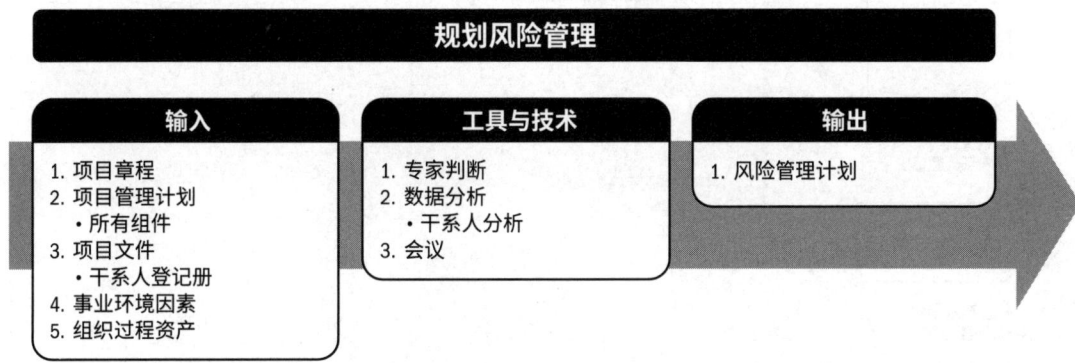

备注：本图提供了可能用于此过程的输入、工具与技术以及输出。输入和输出的说明见第 9 章。
工具与技术的说明见第 10 章。

图 5-35 规划风险管理：输入、工具与技术和输出

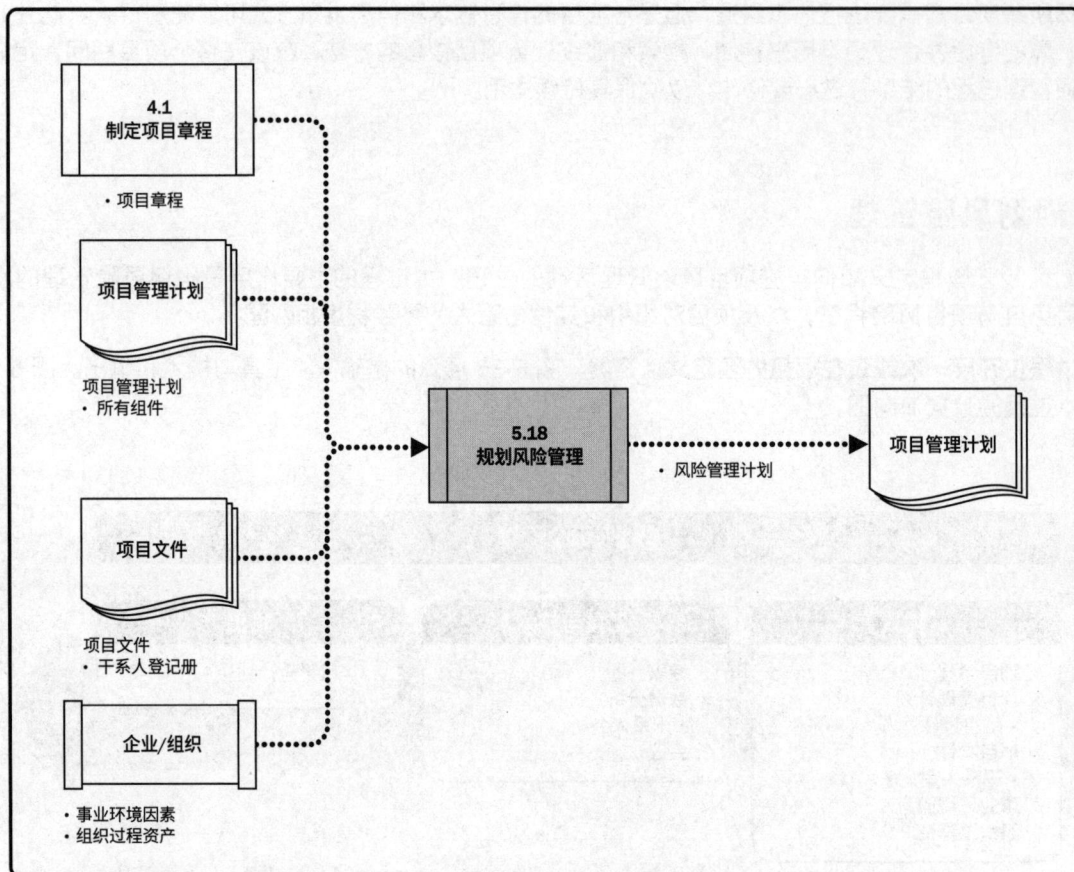

备注：本图提供了可能用于此过程的输入和输出。输入和输出的说明见第9章。

图 5-36 规划风险管理：数据流向图

规划风险管理过程在项目构思阶段就应开始，并在项目早期完成。在项目生命周期的后期，可能有必要重新开展本过程，例如，在发生重大阶段变更时，在项目范围显著变化时，或者后续对风险管理有效性进行审查且确定需要调整规划风险管理过程时。

5.19 识别风险

识别风险是识别单个项目风险，以及整体项目风险的来源，并记录风险特征的过程。本过程的主要作用是记录现有的单个项目风险，以及整体项目风险的来源；同时，汇集相关信息，以便项目团队能够恰当应对已识别的风险。

本过程需要在整个项目期间开展。图 5-37 展示的是输入、工具与技术和输出。图 5-38 展示的是本过程的数据流向图。

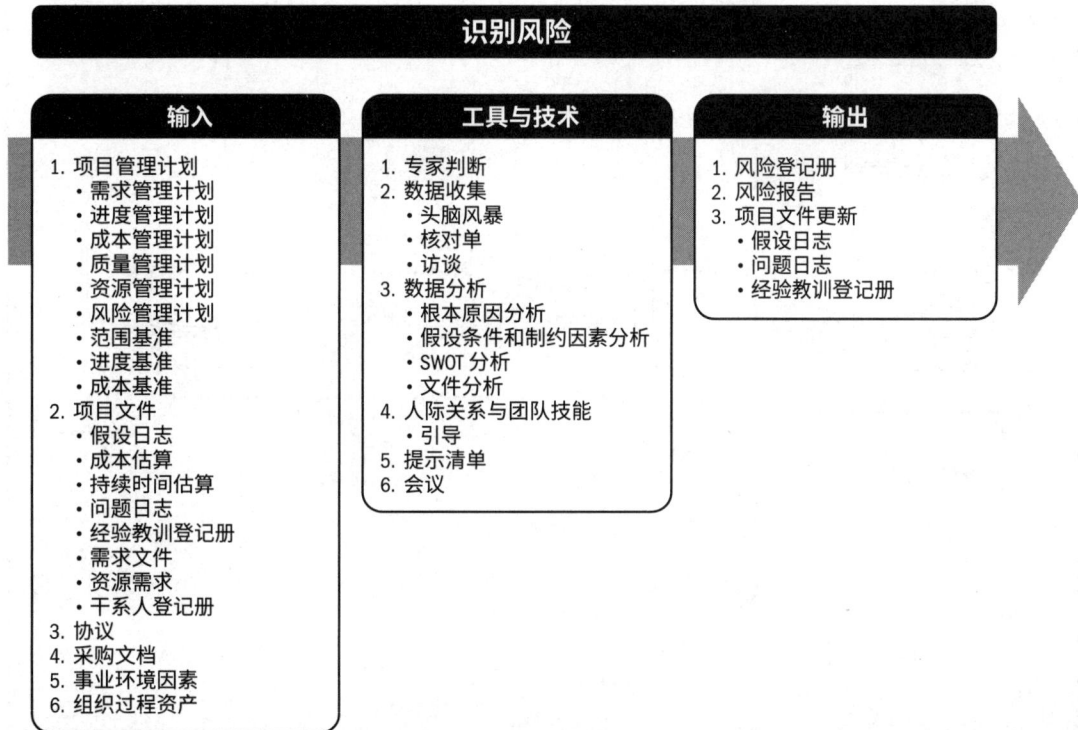

识别风险

输入	工具与技术	输出
1. 项目管理计划 　· 需求管理计划 　· 进度管理计划 　· 成本管理计划 　· 质量管理计划 　· 资源管理计划 　· 风险管理计划 　· 范围基准 　· 进度基准 　· 成本基准 2. 项目文件 　· 假设日志 　· 成本估算 　· 持续时间估算 　· 问题日志 　· 经验教训登记册 　· 需求文件 　· 资源需求 　· 干系人登记册 3. 协议 4. 采购文档 5. 事业环境因素 6. 组织过程资产	1. 专家判断 2. 数据收集 　· 头脑风暴 　· 核对单 　· 访谈 3. 数据分析 　· 根本原因分析 　· 假设条件和制约因素分析 　· SWOT 分析 　· 文件分析 4. 人际关系与团队技能 　· 引导 5. 提示清单 6. 会议	1. 风险登记册 2. 风险报告 3. 项目文件更新 　· 假设日志 　· 问题日志 　· 经验教训登记册

备注：本图提供了可能用于此过程的输入、工具与技术以及输出。输入和输出的说明见第 9 章。工具与技术的说明见第 10 章。

图 5-37 识别风险：输入、工具与技术和输出

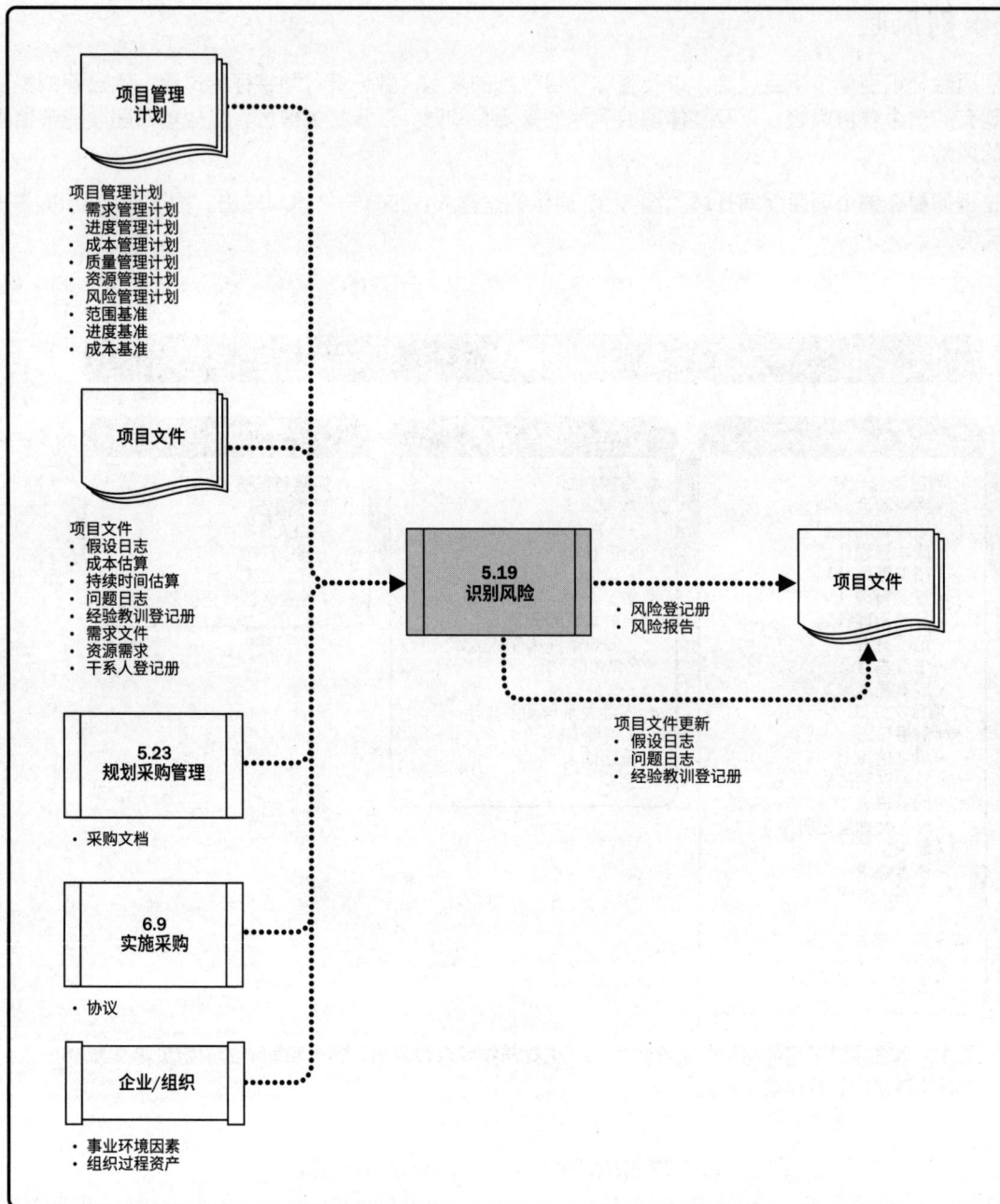

项目管理计划
- 需求管理计划
- 进度管理计划
- 成本管理计划
- 质量管理计划
- 资源管理计划
- 风险管理计划
- 范围基准
- 进度基准
- 成本基准

项目文件
- 假设日志
- 成本估算
- 持续时间估算
- 问题日志
- 经验教训登记册
- 需求文件
- 资源需求
- 干系人登记册

5.23
规划采购管理
- 采购文档

6.9
实施采购
- 协议

企业/组织
- 事业环境因素
- 组织过程资产

5.19
识别风险
- 风险登记册
- 风险报告

项目文件

项目文件更新
- 假设日志
- 问题日志
- 经验教训登记册

备注：本图提供了可能用于此过程的输入和输出。输入和输出的说明见第9章。

图 5-38 识别风险：数据流向图

过程组：实践指南

识别风险时，要同时考虑单个项目风险，以及整体项目风险的来源。风险识别活动的参与者可能包括：项目经理、项目团队成员、商业分析师、项目风险专家（若已指定）、客户、项目团队外部的主题专家、最终用户、其他项目经理、运营经理、干系人和组织内的风险管理专家。虽然这些人员通常是风险识别活动的关键参与者，但是还应鼓励所有项目干系人参与单个项目风险的识别工作。项目团队的参与尤其重要，以便培养和保持他们对已识别单个项目风险、整体项目风险级别和相关风险应对措施的主人翁意识和责任感。

应该采用统一的风险描述格式，来描述和记录单个项目风险，以确保每一项风险都被清楚、明确地理解，从而为有效的分析和风险应对措施制定提供支持。可以在识别风险过程中为单个项目风险指定风险责任人，待实施定性风险分析过程确认。也可以识别和记录初步的风险应对措施，待规划风险应对过程审查和确认。

在整个项目生命周期中，单个项目风险可能随项目进展而不断出现，整体项目风险的级别也会发生变化。因此，识别风险是一个迭代的过程。迭代的频率和每次迭代所需的参与程度因情况而异，应在风险管理计划中做出相应规定。

5.20 实施定性风险分析

实施定性风险分析是通过评估单个项目风险发生的概率和影响以及其他特征，对风险进行优先级排序，从而为后续分析或行动提供基础的过程。本过程的主要作用是重点关注高优先级的风险。

本过程需要在整个项目期间开展。 图 5-39 展示的是输入、工具与技术和输出。图 5-40 展示的是本过程的数据流向图。

规划过程组 117

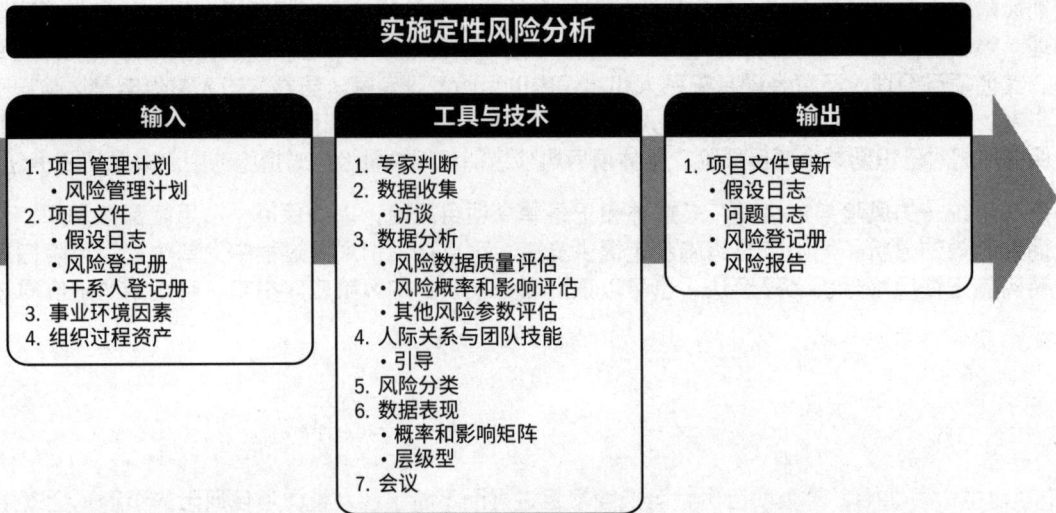

実施定性风险分析

输入	工具与技术	输出
1. 项目管理计划 　• 风险管理计划 2. 项目文件 　• 假设日志 　• 风险登记册 　• 干系人登记册 3. 事业环境因素 4. 组织过程资产	1. 专家判断 2. 数据收集 　• 访谈 3. 数据分析 　• 风险数据质量评估 　• 风险概率和影响评估 　• 其他风险参数评估 4. 人际关系与团队技能 　• 引导 5. 风险分类 6. 数据表现 　• 概率和影响矩阵 　• 层级型 7. 会议	1. 项目文件更新 　• 假设日志 　• 问题日志 　• 风险登记册 　• 风险报告

备注：本图提供了可能用于此过程的输入、工具与技术以及输出。输入和输出的说明见第 9 章。
工具与技术的说明见第 10 章。

图 5-39　实施定性风险分析：输入、工具与技术和输出

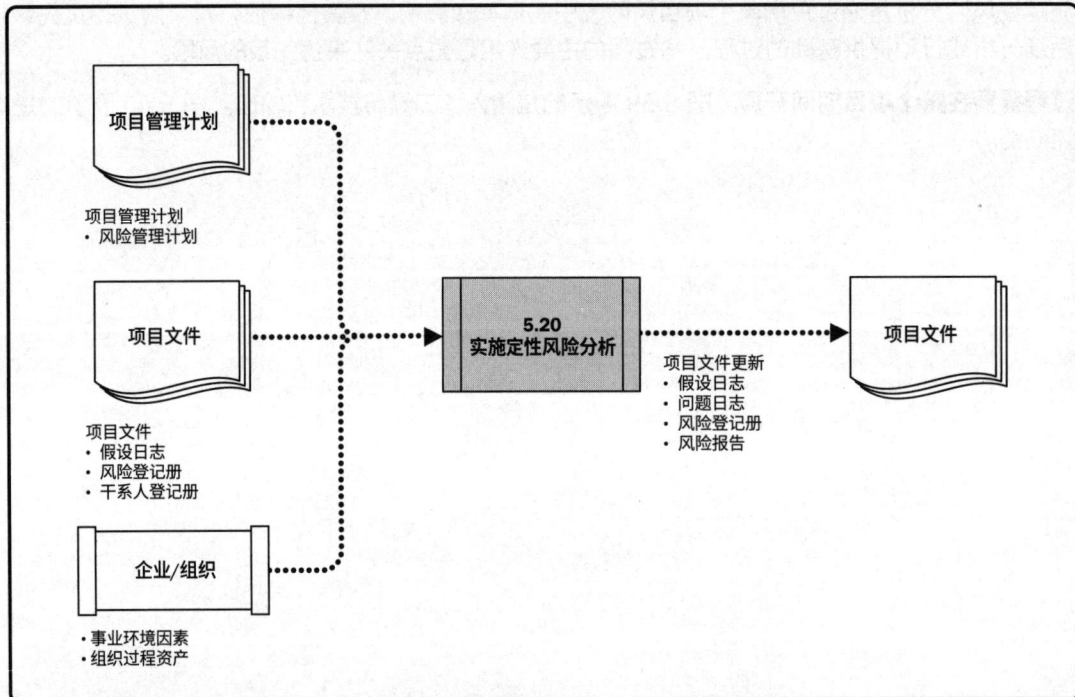

备注：本图提供了可能用于此过程的输入和输出。输入和输出的说明见第 9 章。

图 5-40　实施定性风险分析：数据流向图

过程组：实践指南

实施定性风险分析时，使用项目风险的发生概率、风险发生时对项目目标的相应影响以及其他因素，来评估已识别单个项目风险的优先级。这种评估基于项目团队和其他干系人对风险的感知程度，从而具有主观性。所以，为了实现有效评估，就需要认清和管理本过程关键参与者对风险所持的态度。风险感知会导致在评估已识别风险时出现偏见，所以应该注意找出偏见并加以纠正。如果由引导者来引导本过程的开展，那么找出并纠正偏见就是该引导者的一项重要工作。同时，评估单个项目风险的现有信息的质量，也有助于澄清每个风险对项目的重要性的评估。

实施定性风险分析能为规划风险应对过程确定单个项目风险的相对优先级。本过程会为每个风险识别出责任人，以便由他们负责规划风险应对措施，并确保应对措施的实施。如果需要开展实施定量风险分析过程，那么实施定性风险分析也能为其奠定基础。

根据风险管理计划的规定，在整个项目生命周期中要定期开展实施定性风险分析过程。在敏捷开发环境中，实施定性风险分析过程通常要在每次迭代开始前进行。

规划过程组

5.21 实施定量风险分析

实施定量风险分析是就已识别的单个项目风险和不确定性的其他来源对整体项目目标的影响进行定量分析的过程。本过程的主要作用是量化整体项目风险敞口，并提供额外的定量风险信息，以支持风险应对规划。

本过程并非每个项目必需，但如果采用，它会在整个项目期间持续开展。 图 5-41 展示的是输入、工具与技术和输出。

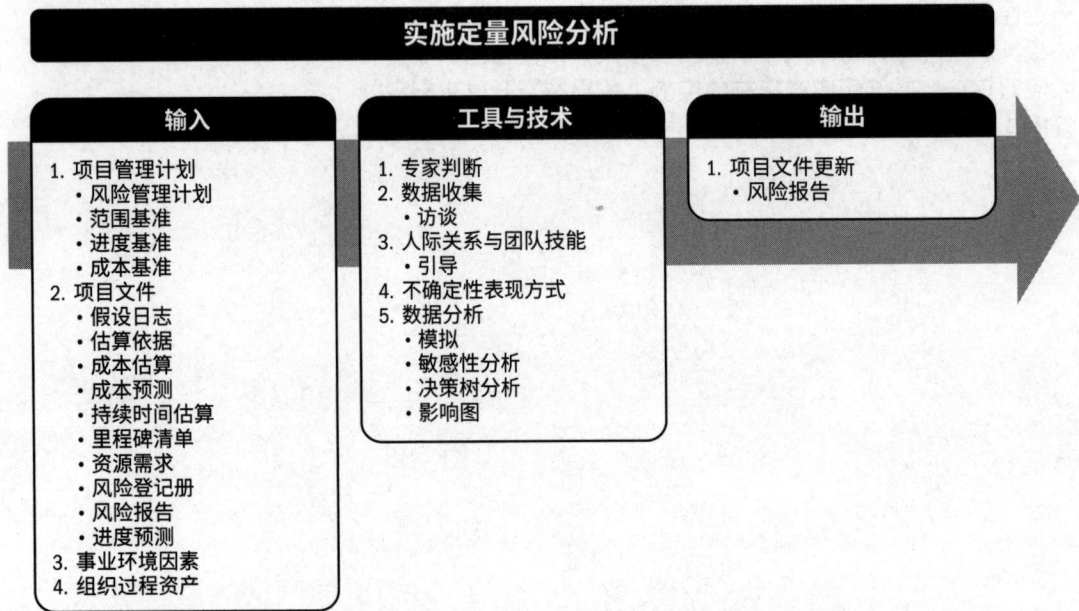

实施定量风险分析		
输入	**工具与技术**	**输出**
1. 项目管理计划 　• 风险管理计划 　• 范围基准 　• 进度基准 　• 成本基准 2. 项目文件 　• 假设日志 　• 估算依据 　• 成本估算 　• 成本预测 　• 持续时间估算 　• 里程碑清单 　• 资源需求 　• 风险登记册 　• 风险报告 　• 进度预测 3. 事业环境因素 4. 组织过程资产	1. 专家判断 2. 数据收集 　• 访谈 3. 人际关系与团队技能 　• 引导 4. 不确定性表现方式 5. 数据分析 　• 模拟 　• 敏感性分析 　• 决策树分析 　• 影响图	1. 项目文件更新 　• 风险报告

备注：本图提供了可能用于此过程的输入、工具与技术以及输出。输入和输出的说明见第 9 章。工具与技术的说明见第 10 章。

图 5-41 实施定量风险分析：输入、工具与技术和输出

图 5-42 展示的是本过程的数据流向图。

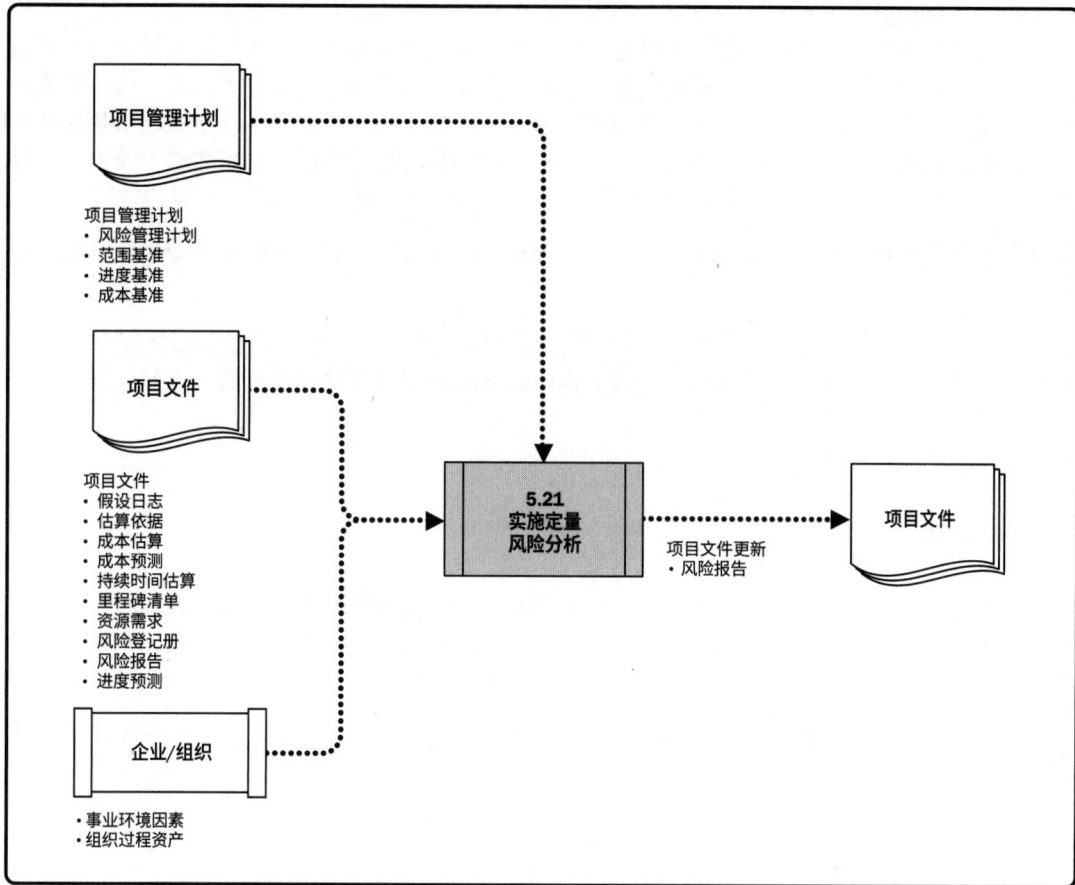

项目管理计划
- 风险管理计划
- 范围基准
- 进度基准
- 成本基准

项目文件
- 假设日志
- 估算依据
- 成本估算
- 成本预测
- 持续时间估算
- 里程碑清单
- 资源需求
- 风险登记册
- 风险报告
- 进度预测

- 事业环境因素
- 组织过程资产

5.21
实施定量
风险分析

项目文件更新
- 风险报告

备注：本图提供了可能用于此过程的输入和输出。输入和输出的说明见第 9 章。

图 5-42 实施定量风险分析：数据流向图

并非所有项目都需要实施定量风险分析。能否开展稳健的分析取决于是否有关于单个项目风险和其他不确定性来源的高质量数据，以及与范围、进度和成本相关的扎实项目基准。定量风险分析通常需要运用专门的风险分析软件，以及编制和解释风险模式的专业知识，还需要额外的时间和成本投入。项目风险管理计划会规定是否需要使用定量风险分析，定量分析最可能适用于大型或复杂的项目、具有战略重要性的项目、合同要求进行定量分析的项目，或主要干系人要求进行定量分析的项目。通过评估所有单个项目风险和其他不确定性来源对项目成果的综合影响，定量风险分析就成为评估整体项目风险的唯一可靠的方法。

在实施定量风险分析过程中，要使用被定性风险分析过程评估为对项目目标存在重大潜在影响的单个项目风险的信息。

实施定量风险分析过程的输出，则要用作规划风险应对过程的输入，特别是要据此为整体项目风险和关键单个项目风险推荐应对措施。定量风险分析也可以在规划风险应对过程之后开展，以分析已规划的应对措施对降低整体项目风险敞口的有效性。

5.22 规划风险应对

规划风险应对是为处理整体项目风险敞口，以及应对单个项目风险，而制定可选方案、选择应对策略并商定应对行动的过程。本过程的主要作用是制定应对整体项目风险和单个项目风险的适当方法。本过程还将分配资源，并根据需要将相关活动添加进项目文件和项目管理计划。

本过程需要在整个项目期间开展。图 5-43 展示的是输入、工具与技术和输出。图 5-44 展示的是本过程的数据流向图。

过程组：实践指南

规划风险应对

输入	工具与技术	输出
1. 项目管理计划 • 资源管理计划 • 风险管理计划 • 成本基准 2. 项目文件 • 经验教训登记册 • 项目进度计划 • 项目团队派工单 • 资源日历 • 风险登记册 • 风险报告 • 干系人登记册 3. 事业环境因素 4. 组织过程资产	1. 专家判断 2. 数据收集 • 访谈 3. 人际关系与团队技能 • 引导 4. 威胁应对策略 5. 机会应对策略 6. 应急应对策略 7. 整体项目风险应对策略 8. 数据分析 • 备选方案分析 • 成本收益分析 9. 决策 • 多标准决策分析	1. 变更请求 2. 项目管理计划更新 • 进度管理计划 • 成本管理计划 • 质量管理计划 • 资源管理计划 • 采购管理计划 • 范围基准 • 进度基准 • 成本基准 3. 项目文件更新 • 假设日志 • 成本预测 • 经验教训登记册 • 项目进度计划 • 项目团队派工单 • 风险登记册 • 风险报告

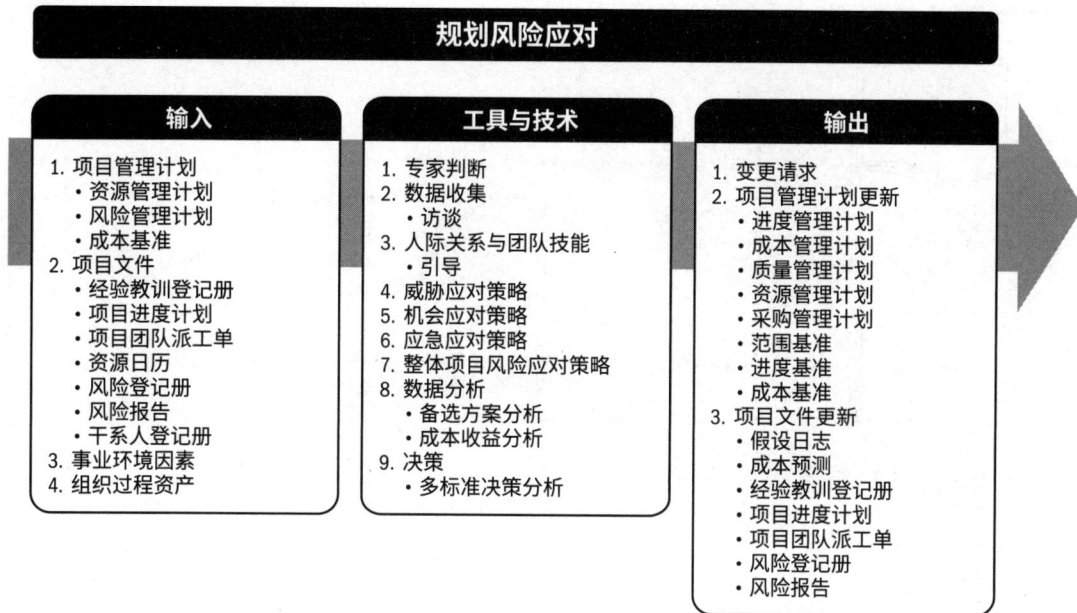

备注：本图提供了可能用于此过程的输入、工具与技术以及输出。输入和输出的说明见第 9 章。工具与技术的说明见第 10 章。

图 5-43 规划风险应对：输入、工具与技术和输出

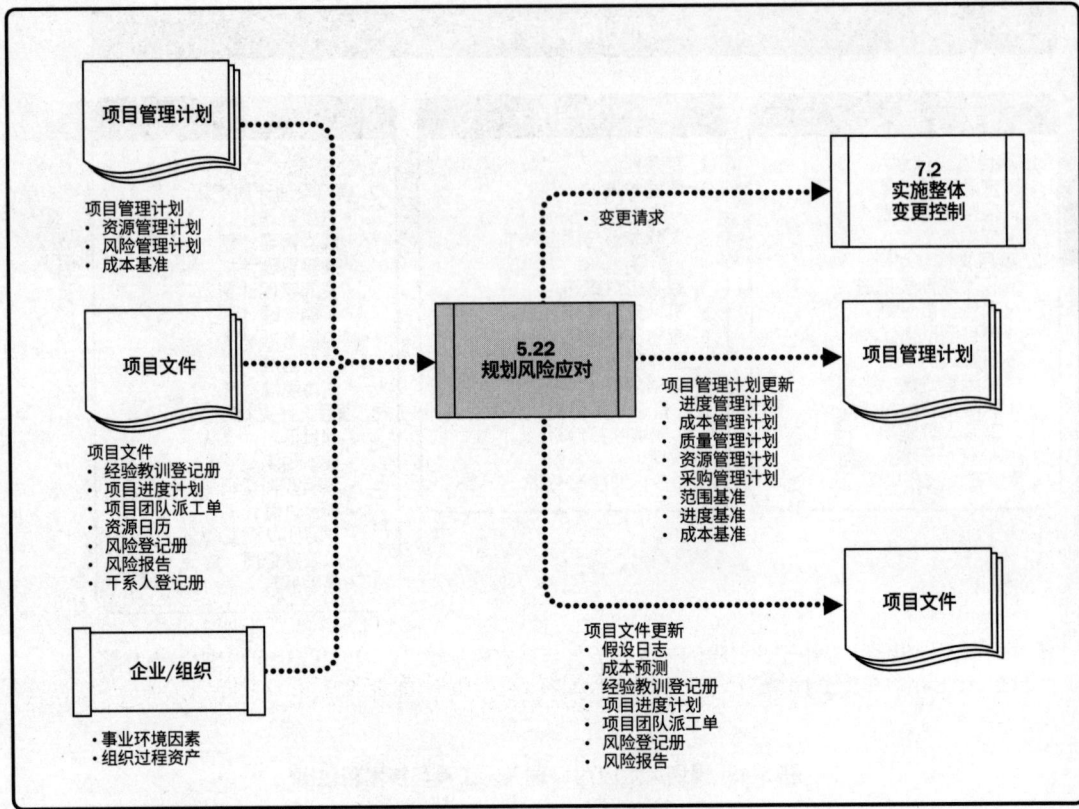

备注：本图提供了可能用于此过程的输入和输出。输入和输出的说明见第 9 章。

图 5-44 规划风险应对：数据流向图

　　有效和适当的风险应对可以最小化单个威胁，最大化单个机会，并降低整体项目风险敞口；不适当的风险应对则会适得其反。一旦完成对风险的识别、分析和排序，指定的风险责任人就应该编制计划，以应对项目团队认为足够重要的每项单个项目风险。这些风险会对项目目标的实现造成威胁或提供机会。项目经理也应该思考如何针对整体项目风险的当前级别做出适当的应对。

风险应对方案应该与风险的重要性相匹配、能经济有效地应对挑战、在当前项目背景下现实可行、能获得全体干系人的同意，并由一名责任人具体负责。往往需要从几套可选方案中选出最优的风险应对方案。应该为每个风险选择最可能有效的策略或策略组合。可用结构化的决策技术来选择最适当的应对策略。对于大型或复杂项目，可能需要以数学优化模型或实际方案分析为基础，进行更加稳健的备选风险应对策略经济分析。

要为实施商定的风险应对策略，包括主要策略和备用策略（若必要），制定具体的应对行动。如果选定的策略并不完全有效，或者发生了已接受的风险，就需要制订应急计划（或弹回计划）。也应识别次生风险。次生风险是由实施风险应对措施而直接导致的风险。往往需要为风险分配时间或成本应急储备，并可能需要说明动用应急储备的条件。

5.23 规划采购管理

规划采购管理是记录项目采购决策、明确采购方法及识别潜在卖方的过程。本过程的主要作用是确定是否从项目外部获取货物和服务，如果是，则还要确定将在什么时间、以什么方式获取什么货物和服务。货物和服务可从执行组织的其他部门采购，或者从外部渠道采购。

本过程仅开展一次或仅在项目的预定义点开展。图 5-45 展示的是输入、工具与技术和输出。图 5-46 展示的是本过程的数据流向图。

规划采购管理

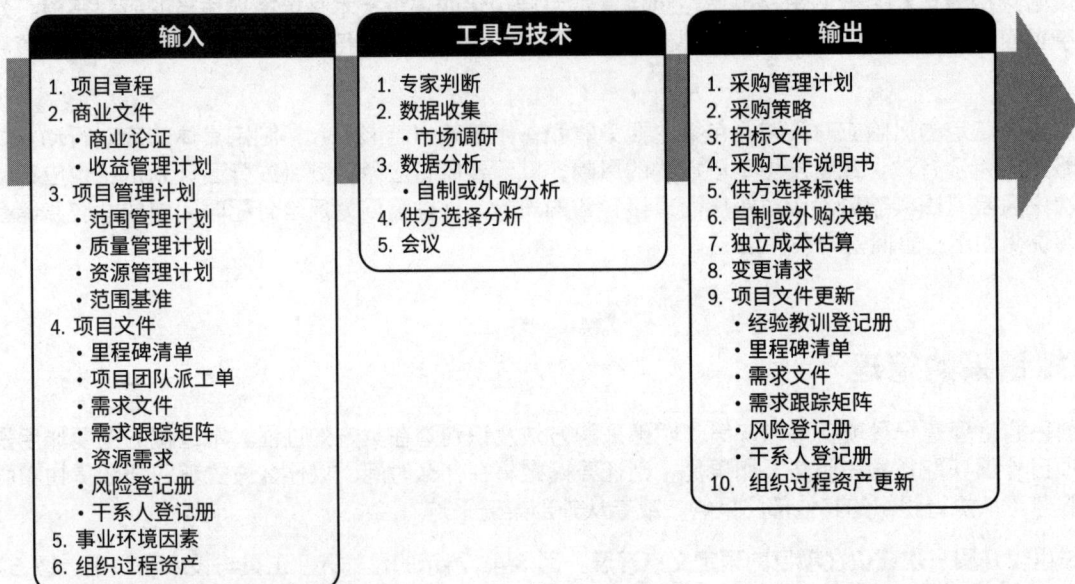

输入	工具与技术	输出
1. 项目章程 2. 商业文件 　·商业论证 　·收益管理计划 3. 项目管理计划 　·范围管理计划 　·质量管理计划 　·资源管理计划 　·范围基准 4. 项目文件 　·里程碑清单 　·项目团队派工单 　·需求文件 　·需求跟踪矩阵 　·资源需求 　·风险登记册 　·干系人登记册 5. 事业环境因素 6. 组织过程资产	1. 专家判断 2. 数据收集 　·市场调研 3. 数据分析 　·自制或外购分析 4. 供方选择分析 5. 会议	1. 采购管理计划 2. 采购策略 3. 招标文件 4. 采购工作说明书 5. 供方选择标准 6. 自制或外购决策 7. 独立成本估算 8. 变更请求 9. 项目文件更新 　·经验教训登记册 　·里程碑清单 　·需求文件 　·需求跟踪矩阵 　·风险登记册 　·干系人登记册 10. 组织过程资产更新

备注：本图提供了可能用于此过程的输入、工具与技术以及输出。输入和输出的说明见第 9 章。工具与技术的说明见第 10 章。

图 5-45 规划采购管理：输入、工具与技术和输出

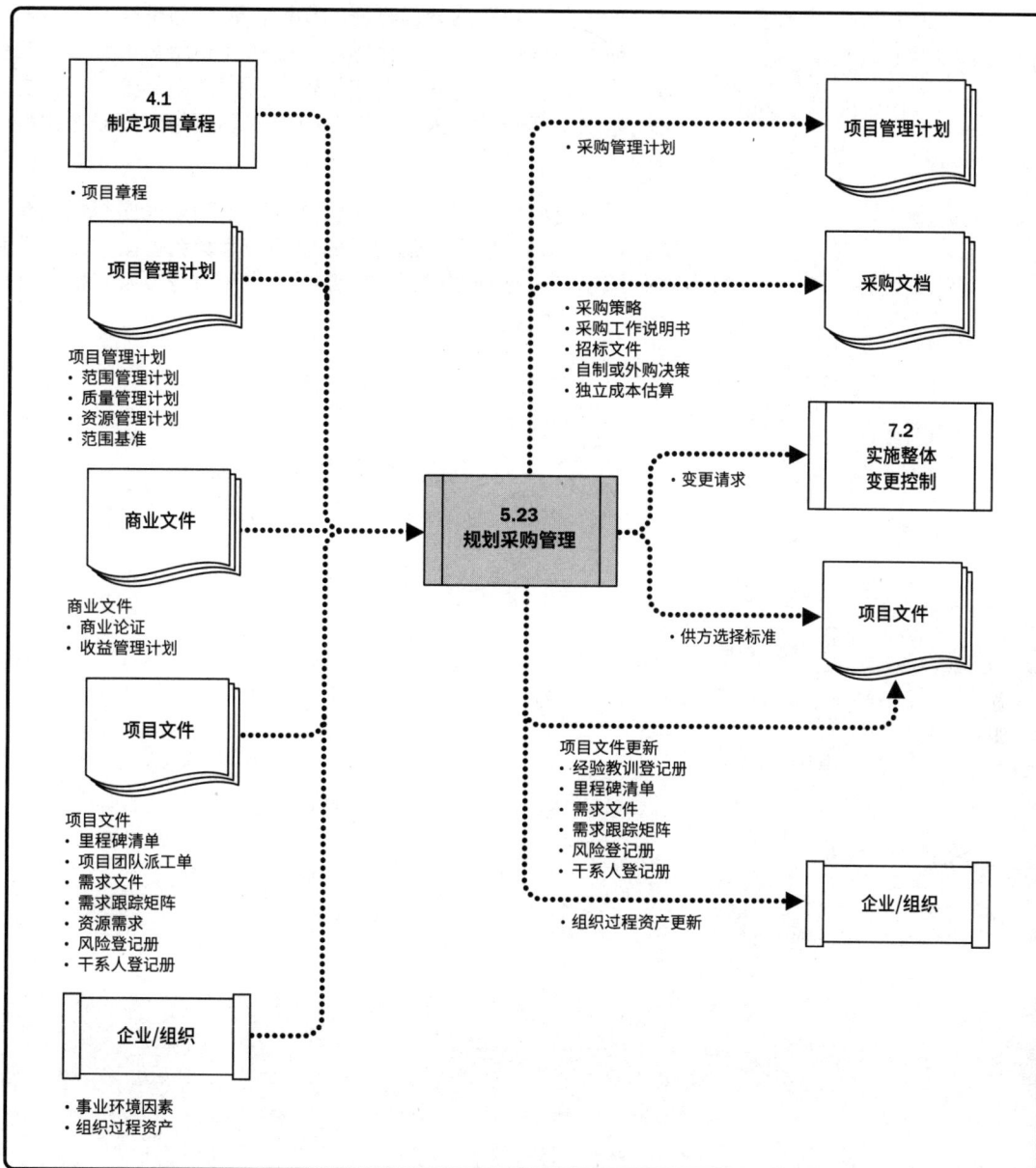

备注: 本图提供了可能用于此过程的输入和输出。输入和输出的说明见第 9 章。

图 5-46 规划采购管理: 数据流向图

应该在规划采购管理过程的早期，确定与采购有关的角色和职责。项目经理应确保在项目团队中配备具有所需采购专业知识的人员。采购过程的参与者可能包括购买部门或采购部门的人员，以及采购组织法务部门的人员。这些人员的职责也应记录在采购管理计划中。

项目进度计划对规划采购管理过程中的采购策略制定有重要影响。在制订采购管理计划时所做出的决定也会影响项目进度计划。在开展制订进度计划过程、估算活动资源过程以及自制或外购决策制定时，都需要考虑这些决定。

5.24 规划干系人参与

规划干系人参与是根据干系人的需求、期望、利益和对项目的潜在影响，制定项目干系人参与项目的方法的过程。本过程的主要作用是提供与干系人进行有效互动的可行计划。

本过程应根据需要在整个项目期间定期开展。图 5-47 展示的是输入、工具与技术和输出。图 5-48 展示的是本过程的数据流向图。

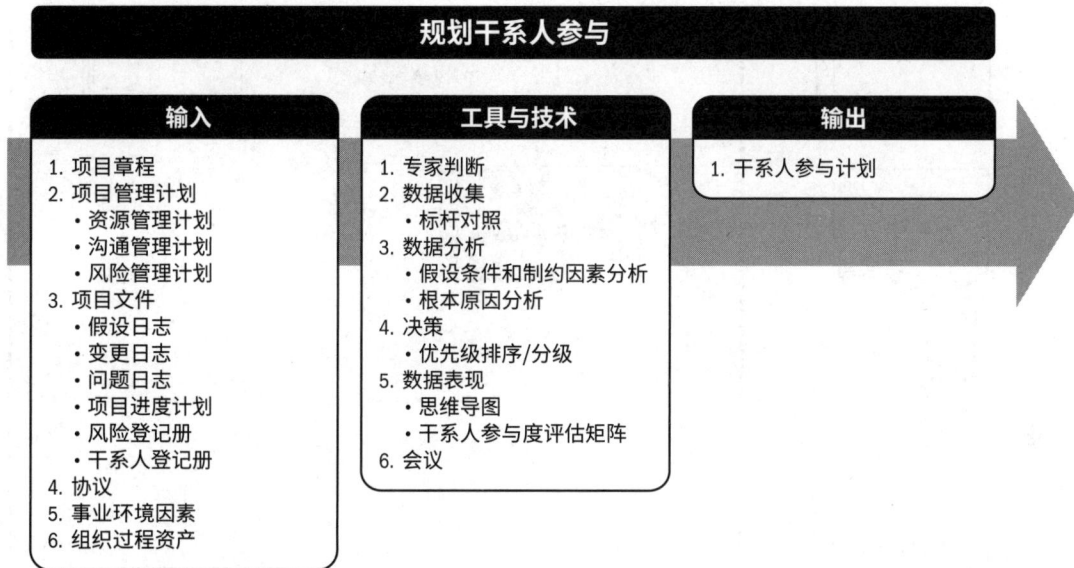

规划干系人参与

输入	工具与技术	输出
1. 项目章程 2. 项目管理计划 　• 资源管理计划 　• 沟通管理计划 　• 风险管理计划 3. 项目文件 　• 假设日志 　• 变更日志 　• 问题日志 　• 项目进度计划 　• 风险登记册 　• 干系人登记册 4. 协议 5. 事业环境因素 6. 组织过程资产	1. 专家判断 2. 数据收集 　• 标杆对照 3. 数据分析 　• 假设条件和制约因素分析 　• 根本原因分析 4. 决策 　• 优先级排序/分级 5. 数据表现 　• 思维导图 　• 干系人参与度评估矩阵 6. 会议	1. 干系人参与计划

备注：本图提供了可能用于此过程的输入、工具与技术以及输出。输入和输出的说明见第 9 章。
工具与技术的说明见第 10 章。

图 5-47 规划干系人参与：输入、工具与技术和输出

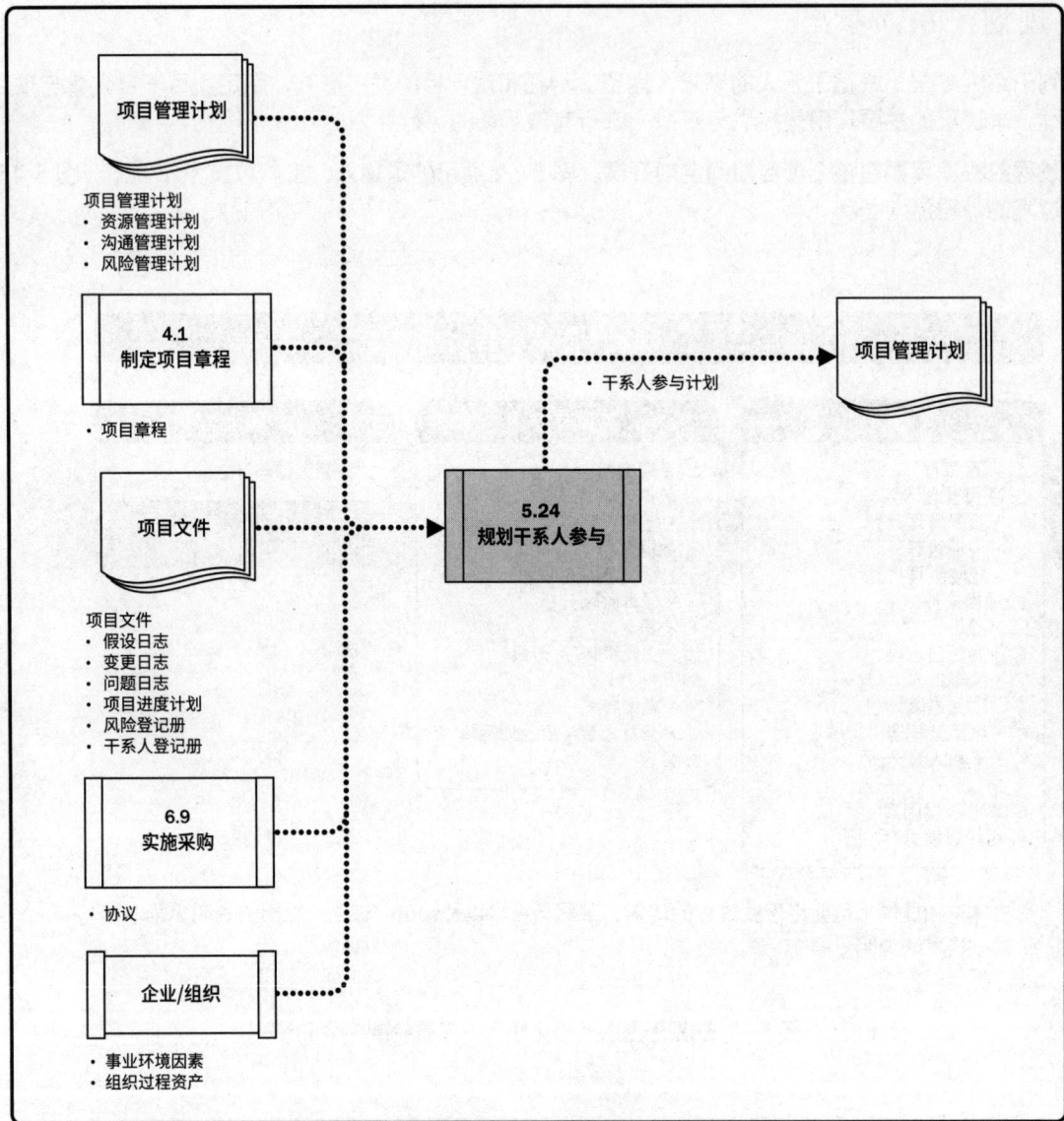

项目管理计划
- 资源管理计划
- 沟通管理计划
- 风险管理计划

项目管理计划

4.1
制定项目章程

- 项目章程

项目文件

干系人参与计划

项目管理计划

项目文件
- 假设日志
- 变更日志
- 问题日志
- 项目进度计划
- 风险登记册
- 干系人登记册

5.24
规划干系人参与

6.9
实施采购

- 协议

企业/组织

- 事业环境因素
- 组织过程资产

备注：本图提供了可能用于此过程的输入和输出。输入和输出的说明见第 9 章。

图 5-48 规划干系人参与：数据流向图

需在项目生命周期的早期，针对项目干系人多样的信息需求，制订有效的计划，计划须随着干系人社区的变更定期接受审查和更新。干系人参与计划的第一个版本是在通过识别干系人过程确定了最初的干系人社区之后制定的。干系人参与计划会定期更新，以反映干系人社区的变更。

需要更新干系人参与计划的情况

需要更新计划的典型触发情况包括（但不限于）：

▶ 项目的一个新阶段的开始；

▶ 组织结构有变更或行业内有变更；

▶ 新的个人或团体成为干系人，当前的干系人不再是干系人社区的一部分，或者某些干系人对于项目成功的重要性发生了变化；

▶ 其他项目过程的输出，如变更管理、风险管理或问题管理，需要对干系人参与策略进行审查。

执行过程组

执行过程组中的过程如表 6-1 所示。

表 6-1 执行过程组的过程

执行过程	
6.1 指导与管理项目工作	6.6 管理团队
6.2 管理项目知识	6.7 管理沟通
6.3 管理质量	6.8 实施风险应对
6.4 获取资源	6.9 实施采购
6.5 建设团队	6.10 管理干系人参与

执行过程组包括完成项目管理计划中确定的工作，以满足项目要求的一组过程。本过程组需要按照项目管理计划来协调资源，管理干系人参与，以及整合并实施项目活动。本过程组的主要作用是，根据计划执行为满足项目需求、实现项目目标所需的项目工作。很大一部分项目预算、资源和时间将用于开展执行过程组的过程。开展执行过程组的过程，可能导致变更请求。一旦变更请求获得批准，则可能触发一个或多个规划过程，来修改管理计划、完善项目文件，甚至建立新的基准。执行过程组包括第 6.1 节至第 6.10 节所列的项目管理过程。

6.1 指导与管理项目工作

指导与管理项目工作是为实现项目目标而领导和执行项目管理计划中所确定的工作，并实施已批准变更的过程。本过程的主要作用是，对项目工作和可交付物开展综合管理，以提高项目成功的可能性。

本过程需要在整个项目期间开展。图 6-1 展示的是输入、工具与技术和输出。图 6-2 展示的是本过程的数据流向图。

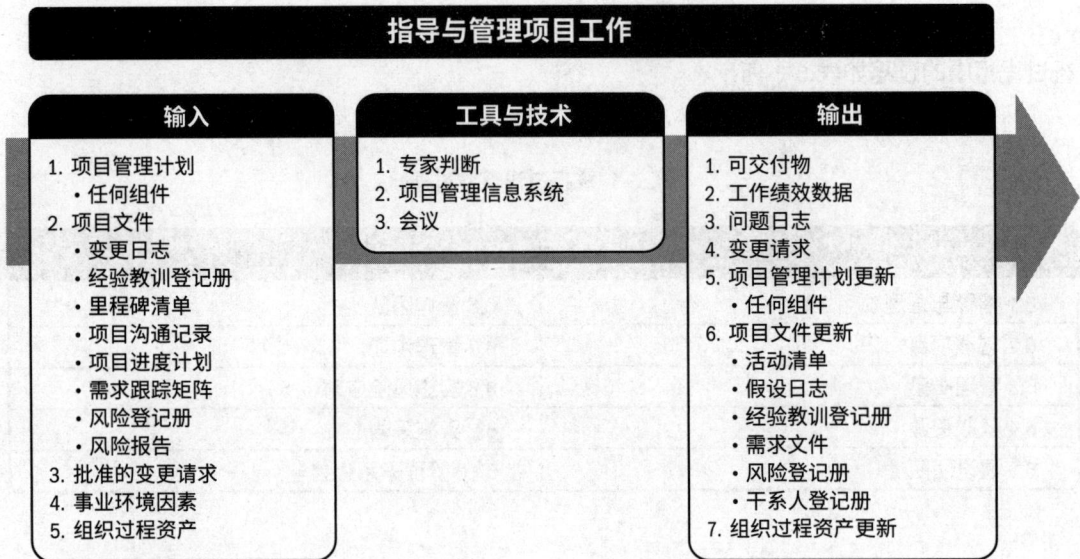

指导与管理项目工作

输入	工具与技术	输出
1. 项目管理计划 　• 任何组件 2. 项目文件 　• 变更日志 　• 经验教训登记册 　• 里程碑清单 　• 项目沟通记录 　• 项目进度计划 　• 需求跟踪矩阵 　• 风险登记册 　• 风险报告 3. 批准的变更请求 4. 事业环境因素 5. 组织过程资产	1. 专家判断 2. 项目管理信息系统 3. 会议	1. 可交付物 2. 工作绩效数据 3. 问题日志 4. 变更请求 5. 项目管理计划更新 　• 任何组件 6. 项目文件更新 　• 活动清单 　• 假设日志 　• 经验教训登记册 　• 需求文件 　• 风险登记册 　• 干系人登记册 7. 组织过程资产更新

备注：本图提供了可能用于此过程的输入、工具与技术以及输出。输入和输出的说明见第 9 章。工具与技术的说明见第 10 章。

图 6-1 指导与管理项目工作：输入、工具与技术和输出

过程组：实践指南

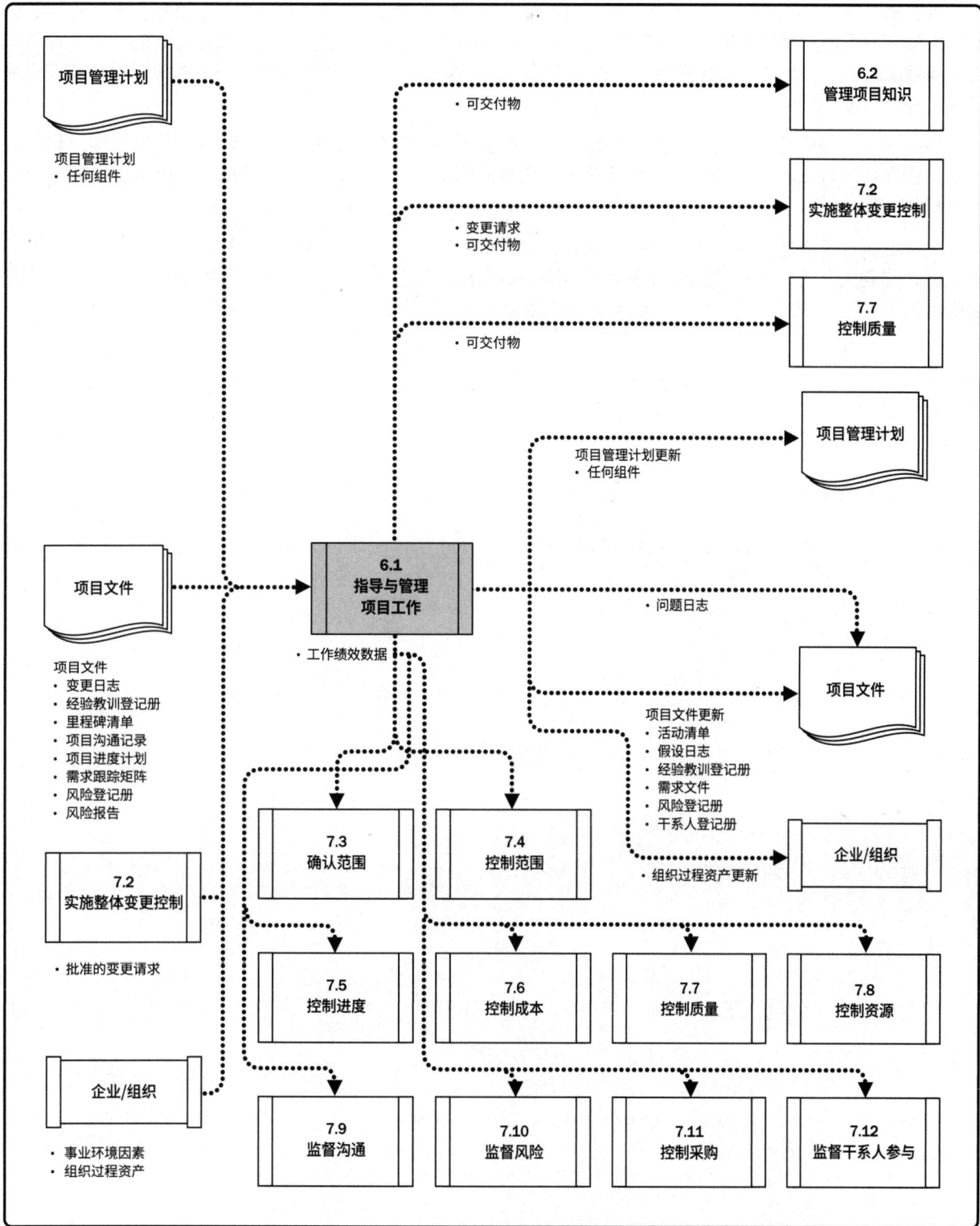

备注：本图提供了可能用于此过程的输入和输出。输入和输出的说明见第 9 章。

图 6-2 指导与管理项目工作：数据流向图

执行过程组

指导与管理项目工作包括执行计划好的项目活动，以完成项目可交付物并达成既定目标。本过程需要分配可用资源并管理其有效使用，也需要执行因分析工作绩效数据和信息而提出的对项目计划的变更。指导与管理项目工作过程会受项目所在应用领域的直接影响，按项目管理计划中的规定，开展相关过程，完成项目工作，并产出可交付物。

项目经理与项目管理团队一起指导已计划好的项目活动的实施，并管理项目内的各种技术接口和组织接口。指导与管理项目工作还要求审查所有项目变更的影响，并实施已批准的变更，包括纠正措施、预防措施和/或缺陷补救。

在项目执行过程中，收集工作绩效数据并传达给合适的控制过程以做进一步的分析。通过分析工作绩效数据，得到关于可交付物的完成情况以及与项目绩效相关的其他细节。工作绩效数据也将被用作监控过程组的输入，并可作为反馈，纳入经验教训，以改善未来工作包的绩效。

6.2 管理项目知识

管理项目知识是使用现有知识并生成新知识，以实现项目目标，并且帮助组织学习的过程。本过程的主要作用是，利用已有的组织知识来创造或改进项目成果，并且使当前项目创造的知识可用于支持组织运营和未来的项目或阶段。

本过程需要在整个项目期间开展。图 6-3 展示的是输入、工具与技术和输出。图 6-4 展示的是本过程的数据流向图。

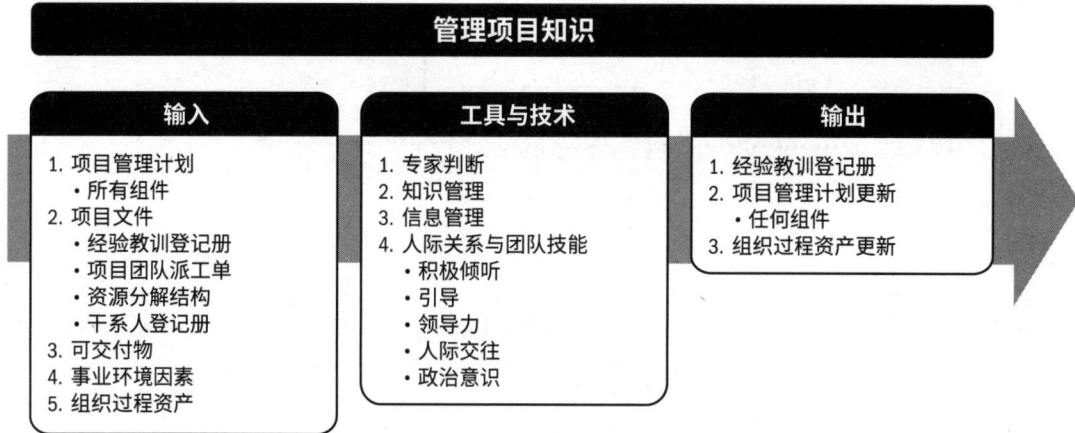

备注：本图提供了可能用于此过程的输入、工具与技术以及输出。输入和输出的说明见第 9 章。工具与技术的说明见第 10 章。

图 6-3 管理项目知识：输入、工具与技术和输出

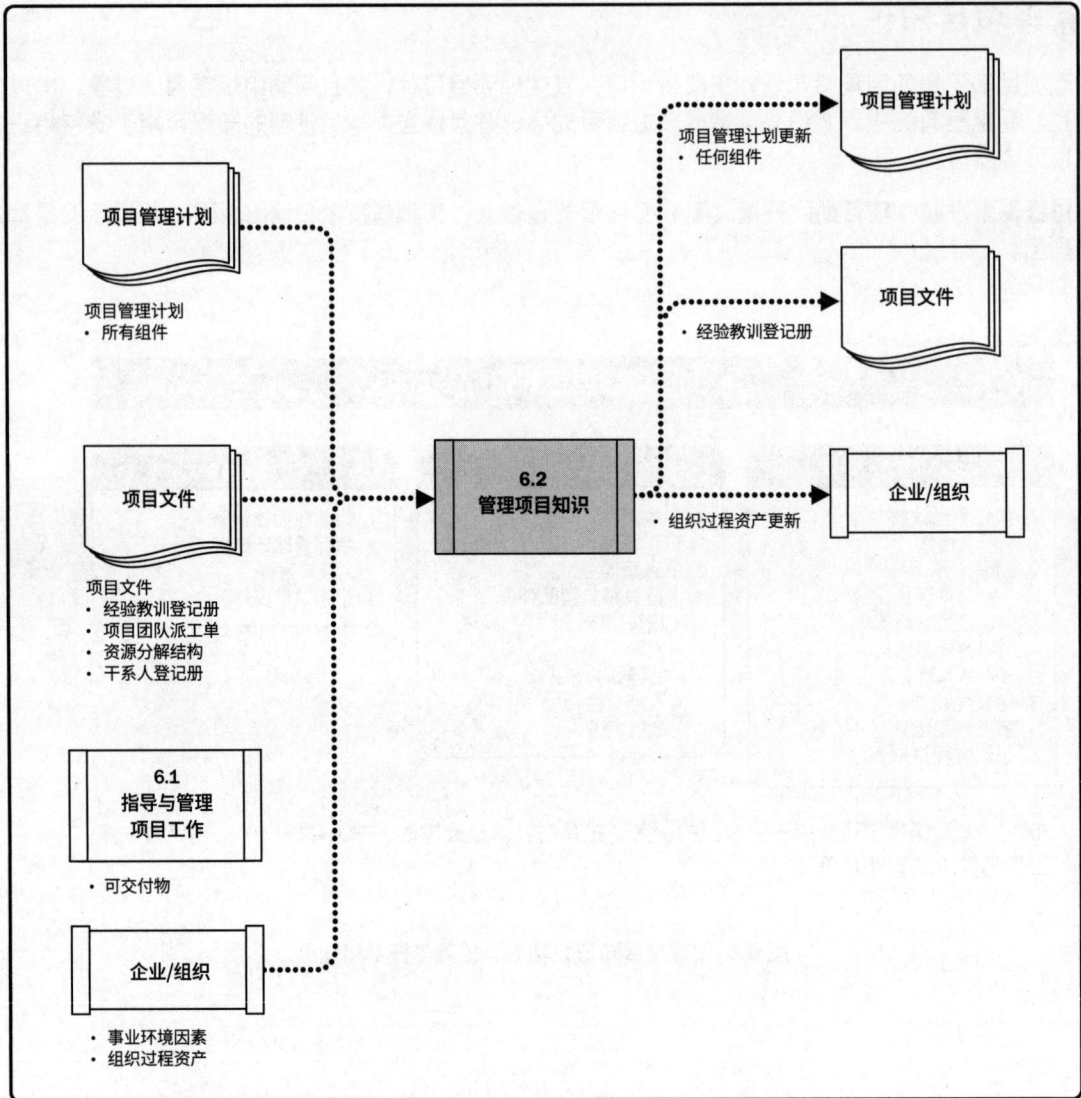

备注：本图提供了可能用于此过程的输入和输出。输入和输出的说明见第 9 章。

图 6-4 管理项目知识：数据流向图

知识通常分为"显性知识"（易使用文字、图片和数字进行编撰的知识）和"隐性知识"（个体知识以及难以表达的知识，如信念、洞察力、经验和"诀窍"）两种。知识管理指管理显性和隐性知识，旨在重复使用现有知识并生成新知识。有助于达成这两个目的的关键活动是知识分享和知识集成（不同领域的知识、情境知识和项目管理知识）。

一个常见误解是，知识管理只是将知识记录下来用于分享；另一个常见误解是，知识管理只是在项目结束时总结经验教训，以供未来项目使用。只有显性知识可以用这种编撰的方式分享。不过，编撰的显性知识缺乏情境，可作不同解读，因此，虽然容易分享，但无法确保总是得到正确理解或应用。隐性知识虽蕴含情境，却很难编撰。它存在于专家个人的思想中，或者存在于社会团体和情境中，通常经由人际交流和互动来分享。

营造信任的氛围

从组织的角度来看，知识管理指的是确保项目团队和其他干系人的技能、经验和专业知识在项目开始之前、开展期间和结束之后得到运用。因为知识存在于人们的思想中，且无法强迫人们分享自己的知识或关注他人的知识，所以，知识管理最重要的环节就是营造一种相互信任的氛围，激励人们分享知识或关注他人的知识。如果不激励人们分享知识或关注他人的知识，即便最好的知识管理工具与技术也无法发挥作用。在实践中，联合使用知识管理工具与技术（用于人际互动）以及信息管理工具与技术（用于编撰显性知识）来分享知识。

6.3 管理质量

管理质量是把组织的质量政策用于项目，并将质量管理计划转化为可执行的质量活动的过程。本过程的主要作用是，提高实现质量目标的可能性，以及识别无效过程和导致质量低劣的原因。管理质量使用控制质量过程的数据和结果向干系人展示项目的总体质量状态。

本过程需要在整个项目期间开展。图 6-5 展示的是输入、工具与技术和输出。图 6-6 展示的是本过程的数据流向图。

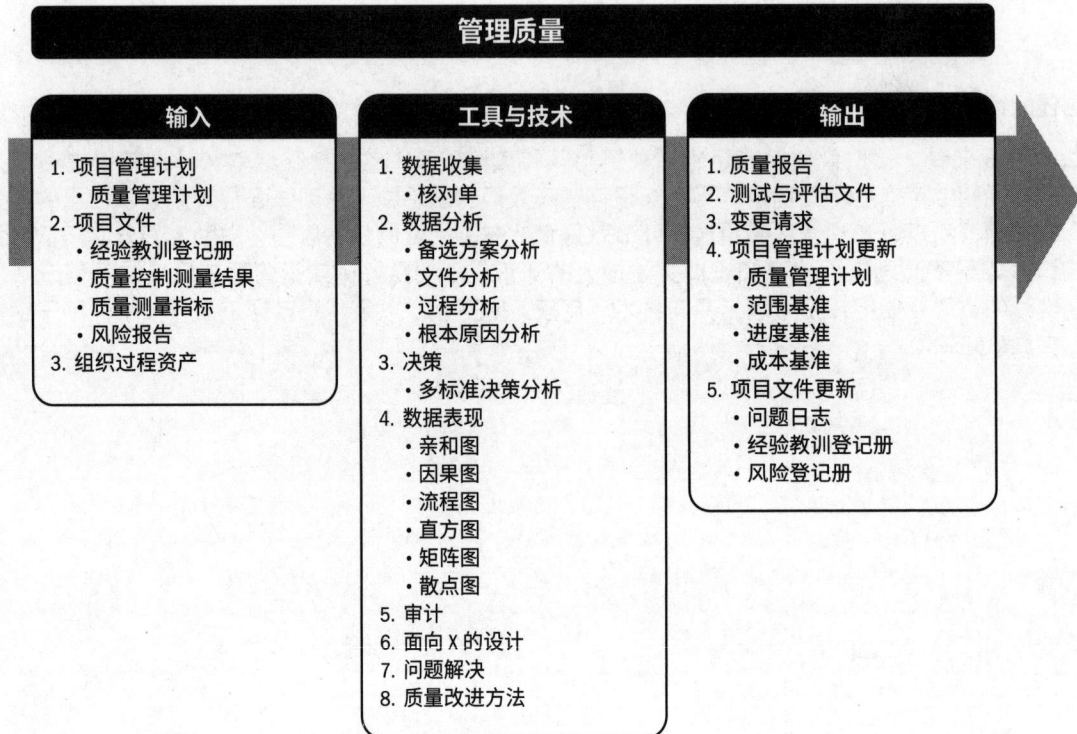

管理质量		
输入	**工具与技术**	**输出**
1. 项目管理计划 　·质量管理计划 2. 项目文件 　·经验教训登记册 　·质量控制测量结果 　·质量测量指标 　·风险报告 3. 组织过程资产	1. 数据收集 　·核对单 2. 数据分析 　·备选方案分析 　·文件分析 　·过程分析 　·根本原因分析 3. 决策 　·多标准决策分析 4. 数据表现 　·亲和图 　·因果图 　·流程图 　·直方图 　·矩阵图 　·散点图 5. 审计 6. 面向 X 的设计 7. 问题解决 8. 质量改进方法	1. 质量报告 2. 测试与评估文件 3. 变更请求 4. 项目管理计划更新 　·质量管理计划 　·范围基准 　·进度基准 　·成本基准 5. 项目文件更新 　·问题日志 　·经验教训登记册 　·风险登记册

备注：本图提供了可能用于此过程的输入、工具与技术以及输出。输入和输出的说明见第 9 章。工具与技术的说明见第 10 章。

图 6-5 管理质量：输入、工具与技术和输出

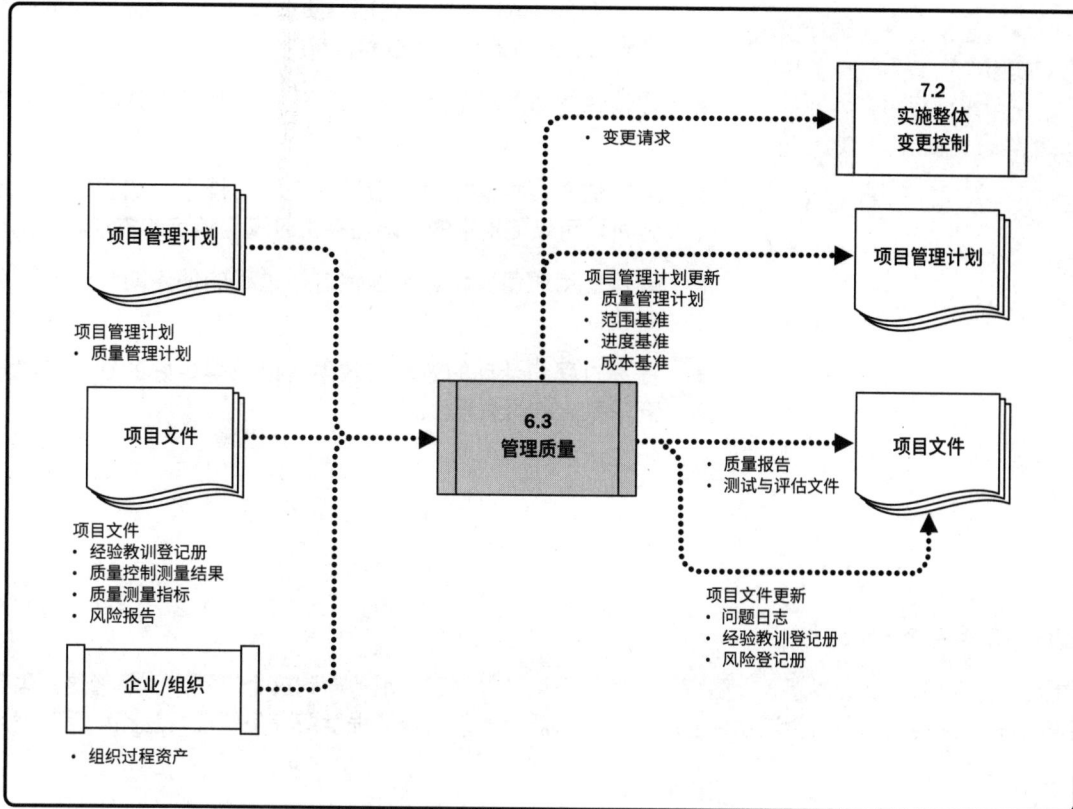

备注：本图提供了可能用于此过程的输入和输出。输入和输出的说明见第9章。

图6-6 管理质量：数据流向图

管理质量有时被称为"质量保证"，但"管理质量"的定义比"质量保证"更广，因其可用于非项目工作。在项目管理中，质量保证着眼于项目使用的过程，旨在高效地执行项目过程，包括遵守和满足标准，向干系人保证最终产品可以满足他们的需要、期望和需求。管理质量包括所有质量保证活动，还与产品设计和过程改进有关。管理质量的工作属于质量成本框架中的一致性工作。

执行过程组

141

管理质量过程执行在项目质量管理计划中所定义的一系列有计划、有系统的行动和过程，有助于：

▶ 通过执行有关产品特定方面的设计准则，设计出最优的成熟产品；

▶ 建立信心，相信通过质量保证工具与技术（如质量审计和故障分析）可以使未来的输出在完工时满足特定的需求和期望；

▶ 确保使用质量过程，并确保这些过程的使用能够满足项目的质量目标；

▶ 提高过程和活动的效率与效果，以获得更好的结果和绩效并提高干系人的满意程度。

管理质量是每个人的工作

项目经理、项目团队、项目发起人、执行组织的管理层，甚至客户都参与到这个过程中。尽管这些角色的人数和工作量不同，但他们都负责管理项目的质量。参与质量管理工作的程度取决于所在行业和项目管理风格。

项目经理和项目团队可以通过组织的质量保证部门或其他组织职能执行某些管理质量活动，例如，故障分析、实验设计和质量改进。质量保证部门在质量工具与技术的使用方面通常拥有跨组织的经验，是良好的项目资源。

过程组：实践指南

6.4 获取资源

获取资源是获取项目所需的团队成员、设施、设备、材料、用品和其他资源的过程。本过程的主要作用是，概述和指导资源的选择，并将其分配给相应的活动。

本过程应根据需要在整个项目期间定期开展。图 6-7 展示的是输入、工具与技术和输出。图 6-8 展示的是本过程的数据流向图。

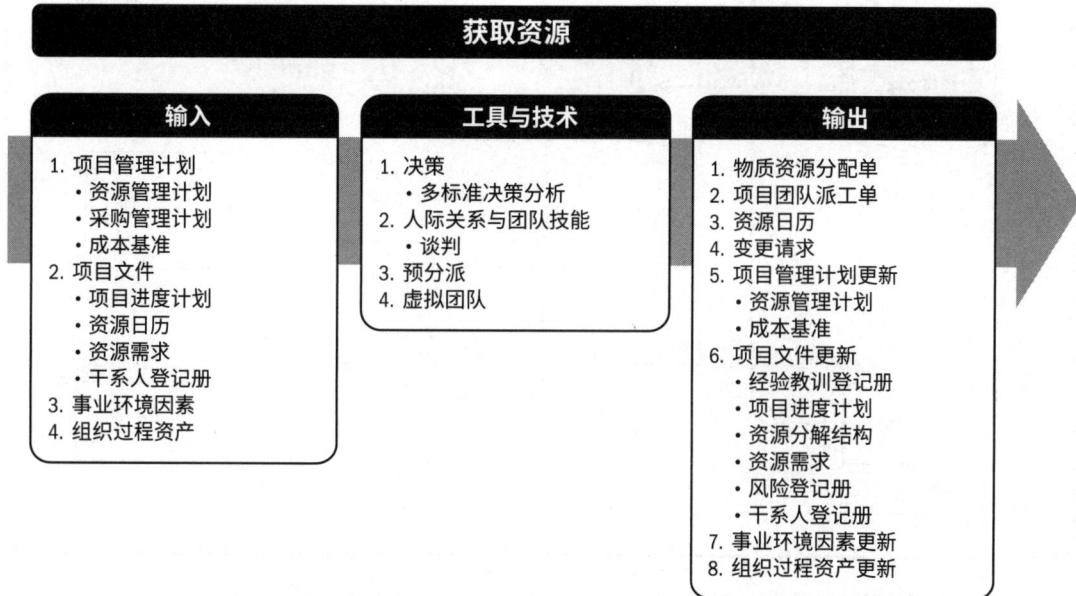

获取资源		
输入	**工具与技术**	**输出**
1. 项目管理计划 　•资源管理计划 　•采购管理计划 　•成本基准 2. 项目文件 　•项目进度计划 　•资源日历 　•资源需求 　•干系人登记册 3. 事业环境因素 4. 组织过程资产	1. 决策 　•多标准决策分析 2. 人际关系与团队技能 　•谈判 3. 预分派 4. 虚拟团队	1. 物质资源分配单 2. 项目团队派工单 3. 资源日历 4. 变更请求 5. 项目管理计划更新 　•资源管理计划 　•成本基准 6. 项目文件更新 　•经验教训登记册 　•项目进度计划 　•资源分解结构 　•资源需求 　•风险登记册 　•干系人登记册 7. 事业环境因素更新 8. 组织过程资产更新

备注：本图提供了可能用于此过程的输入、工具与技术以及输出。输入和输出的说明见第 9 章。
工具与技术的说明见第 10 章。

图 6-7 获取资源：输入、工具与技术和输出

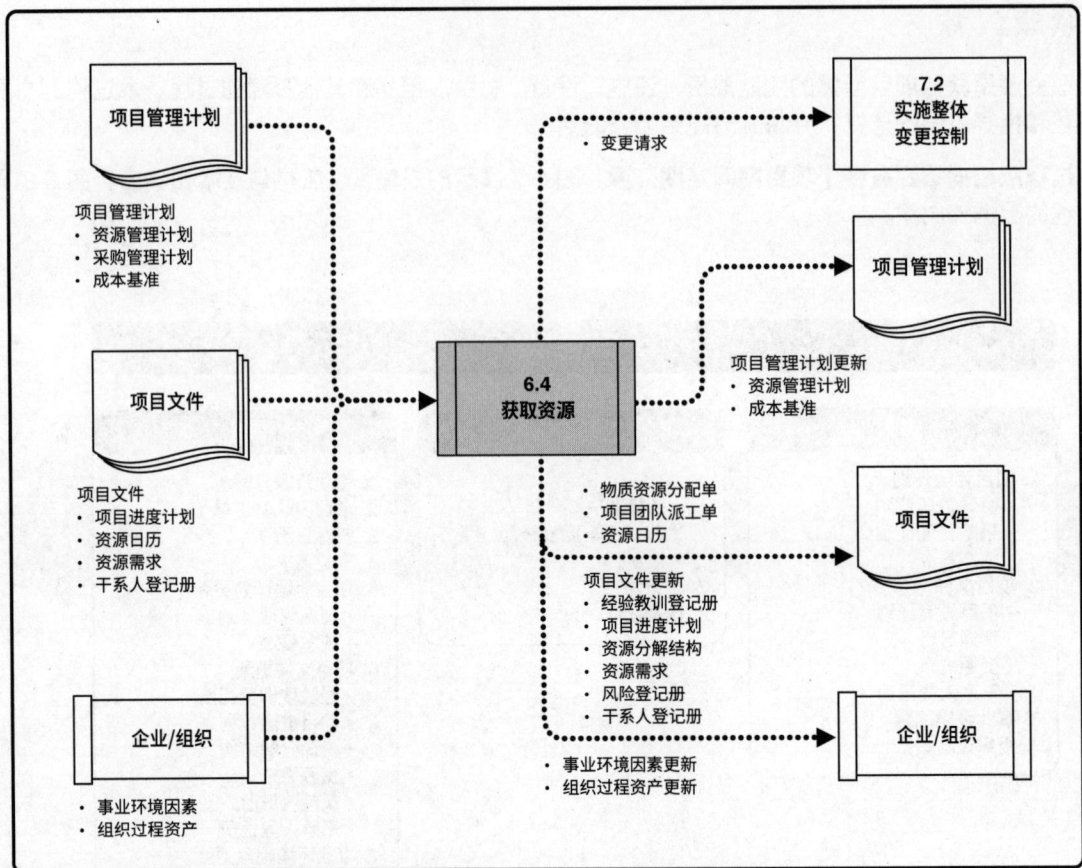

备注：本图提供了可能用于此过程的输入和输出。输入和输出的说明见第 9 章。

图 6-8 获取资源：数据流向图

项目所需资源可能来自项目执行组织的内部或外部。内部资源由职能经理或资源经理负责提供（分配）。外部资源则通过采购过程获得。

因为集体劳资协议、分包商人员使用、矩阵型项目环境、内外部报告关系或其他原因，项目管理团队对资源选择可能有或可能没有直接控制权。重要的是，在获取项目资源过程中应注意下列事项：

▶ 项目经理或项目团队应该进行有效谈判，并影响那些能为项目提供所需团队和实物资源的人员。

▶ 不能获得项目所需的资源时，可能会影响项目进度、预算、客户满意度、质量和风险。资源或人员能力不足会降低项目成功的概率，最坏的情况可能导致项目取消。

▶ 如因制约因素（如经济因素或其他项目对资源的占用）而无法获得所需团队资源，项目经理或项目团队可能不得不使用（也许能力和成本不同）替代资源。使用替代资源的前提是不违反法律、规章、强制规定或其他具体标准。

在项目规划阶段，应该对上述因素加以考虑并做出适当安排。项目经理或项目管理团队应该在项目进度计划、项目预算、项目风险计划、项目质量计划、培训计划及其他相关项目管理计划中，说明缺少所需资源的后果。

6.5 建设团队

建设团队是提高工作能力，促进团队成员互动，改善团队整体氛围，以提高项目绩效的过程。本过程的主要作用是，改进团队协作、增强人际关系技能、激励员工、减少摩擦以及提升整体项目绩效。

本过程需要在整个项目期间开展。图 6-9 展示的是输入、工具与技术和输出。图 6-10 展示的是本过程的数据流向图。

建设团队		
输入	**工具与技术**	**输出**
1. 项目管理计划 　•资源管理计划 2. 项目文件 　•经验教训登记册 　•项目进度计划 　•项目团队派工单 　•资源日历 　•团队章程 3. 事业环境因素 4. 组织过程资产	1. 集中办公 2. 虚拟团队 3. 沟通技术 4. 人际关系与团队技能 　•冲突管理 　•影响力 　•激励 　•谈判 　•团队建设 5. 认可与奖励 6. 培训 7. 个人和团队评估 8. 会议	1. 团队绩效评价 2. 变更请求 3. 项目管理计划更新 　•资源管理计划 4. 项目文件更新 　•经验教训登记册 　•项目进度计划 　•项目团队派工单 　•资源日历 　•团队章程 5. 事业环境因素更新 6. 组织过程资产更新

备注：本图提供了可能用于此过程的输入、工具与技术以及输出。输入和输出的说明见第 9 章。工具与技术的说明见第 10 章。

图 6-9 建设团队：输入、工具与技术和输出

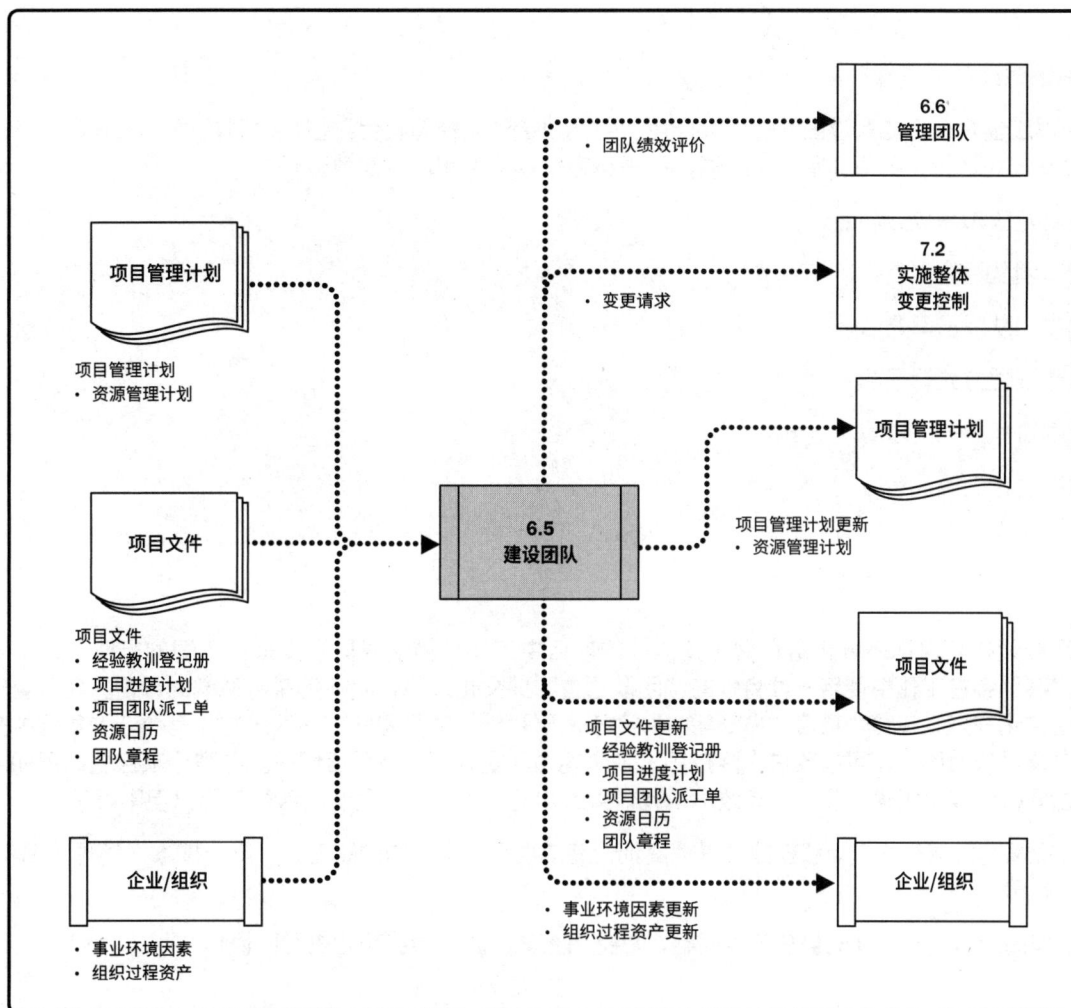

备注：本图提供了可能用于此过程的输入和输出。输入和输出的说明见第 9 章。

图 6-10 建设团队：数据流向图

项目经理应该能够定义、建立、维护、激励、领导和鼓舞项目团队，使团队高效运行，并实现项目目标。团队合作是项目成功的关键因素。培养高效的项目团队是项目经理的主要职责之一。

高绩效团队

项目经理应创建一个能促进团队协作的环境，并通过给予挑战与机会、提供及时反馈与所需支持，以及认可与奖励优秀绩效，不断激励团队。通过以下行为可以实现团队的高效运行：

▶ 使用开放与有效的沟通。

▶ 创造团队建设的机会。

▶ 建立团队成员间的信任。

▶ 以建设性方式管理冲突。

▶ 鼓励合作型的问题解决方法。

▶ 鼓励合作型的决策方法。

项目经理在全球化环境和富有文化多样性的项目中工作：团队成员经常来自不同的行业，讲不同的语言，有时甚至会在工作中使用一种特别的"团队语言"或文化规范，而不是使用他们的母语。项目管理团队应该利用文化差异，在整个项目生命周期中致力于发展和维护项目团队，并促进在相互信任的氛围中充分协作。通过建设项目团队，可以改进人际技巧、技术能力、团队环境及项目绩效。在整个项目生命周期中，团队成员之间都要保持明确、及时、有效率和有效果的沟通。建设项目团队的目标包括（但不限于）：

▶ 提高团队成员的知识和技能，以提高他们完成项目可交付物的能力，并降低成本、缩短工期和提高质量。

▶ 提高团队成员之间的信任和认同感，以提高士气、减少冲突和增进团队协作。

▶ 创造一个充满活力、有凝聚力、有协作精神的团队文化，以便：（1）提高个人和团队生产率，振奋团队精神，促进团队合作；（2）促进团队成员之间的交叉培训和辅导，以分享知识和经验。

▶ 提高团队参与决策的能力，使他们承担起对解决方案的责任，从而提高团队的生产效率，获得更有效率和有效果的结果。

有一种关于团队发展的模型叫塔克曼阶梯理论，其中包括团队建设通常要经过的五个阶段。尽管这些阶段通常按顺序进行，然而，团队停滞在某个阶段或退回到较早阶段的情况也并非罕见；而如果团队成员曾经共事过，项目团队建设也可跳过某个阶段。

▶ **形成阶段。** 在本阶段，团队成员相互认识，并了解项目情况及他们在项目中的正式角色与职责。在这一阶段，团队成员倾向于相互独立，不一定开诚布公。

▶ **震荡阶段。** 在本阶段，团队开始从事项目工作、制定技术决策和讨论项目管理方法。如果团队成员不能用合作和开放的态度对待不同观点和意见，团队环境可能变得事与愿违。

▶ **规范阶段。** 在规范阶段，团队成员开始协同工作，并调整各自的工作习惯和行为来支持团队，团队成员会学习相互信任。

▶ **成熟阶段。** 进入这一阶段后，团队就像一个组织有序的单位那样工作，团队成员之间相互依靠，平稳高效地解决问题。

▶ **解散阶段。** 在解散阶段，团队完成所有工作，团队成员离开项目。通常在项目可交付物完成之后，或者，在结束项目或阶段过程中，释放人员离开团队。

某个阶段持续时间的长短，取决于团队活力、团队规模和团队领导力。项目经理应该对团队活力有较好的理解，以便有效地带领团队经历所有阶段。

项目经理应留意团队成员是否有意愿和能力完成工作，然后相应地调整管理和领导力风格。相对那些已展现出能力和有经验的团队成员，技术能力较低的团队成员更需要强化监督。

6.6 管理团队

管理团队是跟踪团队成员工作表现，提供反馈，解决问题并管理团队变更，以优化项目绩效的过程。本过程的主要作用是，影响团队行为、管理冲突以及解决问题。

本过程需要在整个项目期间开展。图 6-11 展示的是输入、工具与技术和输出。图 6-12 展示的是本过程的数据流向图。

管理项目团队需要借助多方面的管理和领导力技能，来促进团队协作，整合团队成员的工作，从而创建高效团队。进行团队管理，需要综合运用各种技能，特别是沟通、冲突管理、谈判和领导力技能。项目经理应该向团队成员分配富有挑战性的任务，并对优秀绩效进行表彰。

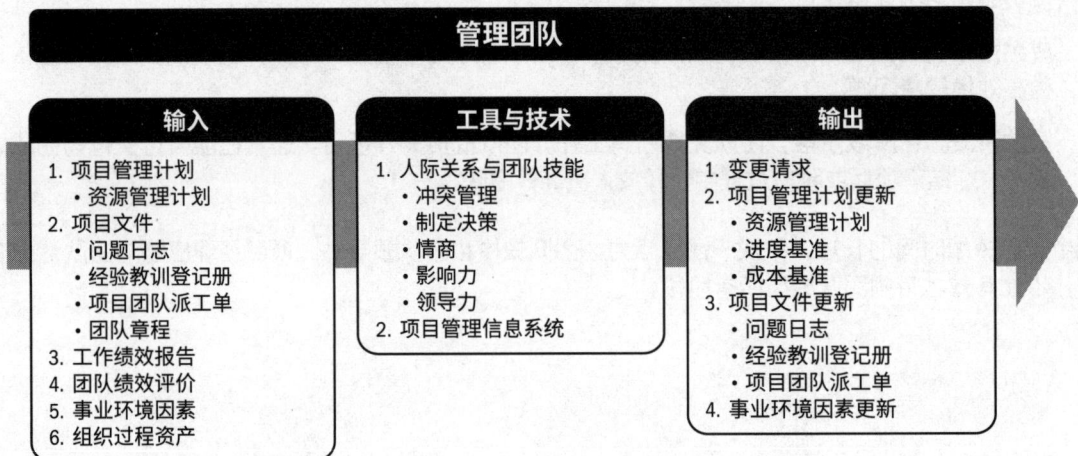

管理团队		
输入	**工具与技术**	**输出**
1. 项目管理计划 　• 资源管理计划 2. 项目文件 　• 问题日志 　• 经验教训登记册 　• 项目团队派工单 　• 团队章程 3. 工作绩效报告 4. 团队绩效评价 5. 事业环境因素 6. 组织过程资产	1. 人际关系与团队技能 　• 冲突管理 　• 制定决策 　• 情商 　• 影响力 　• 领导力 2. 项目管理信息系统	1. 变更请求 2. 项目管理计划更新 　• 资源管理计划 　• 进度基准 　• 成本基准 3. 项目文件更新 　• 问题日志 　• 经验教训登记册 　• 项目团队派工单 4. 事业环境因素更新

备注：本图提供了可能用于此过程的输入、工具与技术以及输出。输入和输出的说明见第 9 章。工具与技术的说明见第 10 章。

图 6-11 管理团队：输入、工具与技术和输出

过程组：实践指南

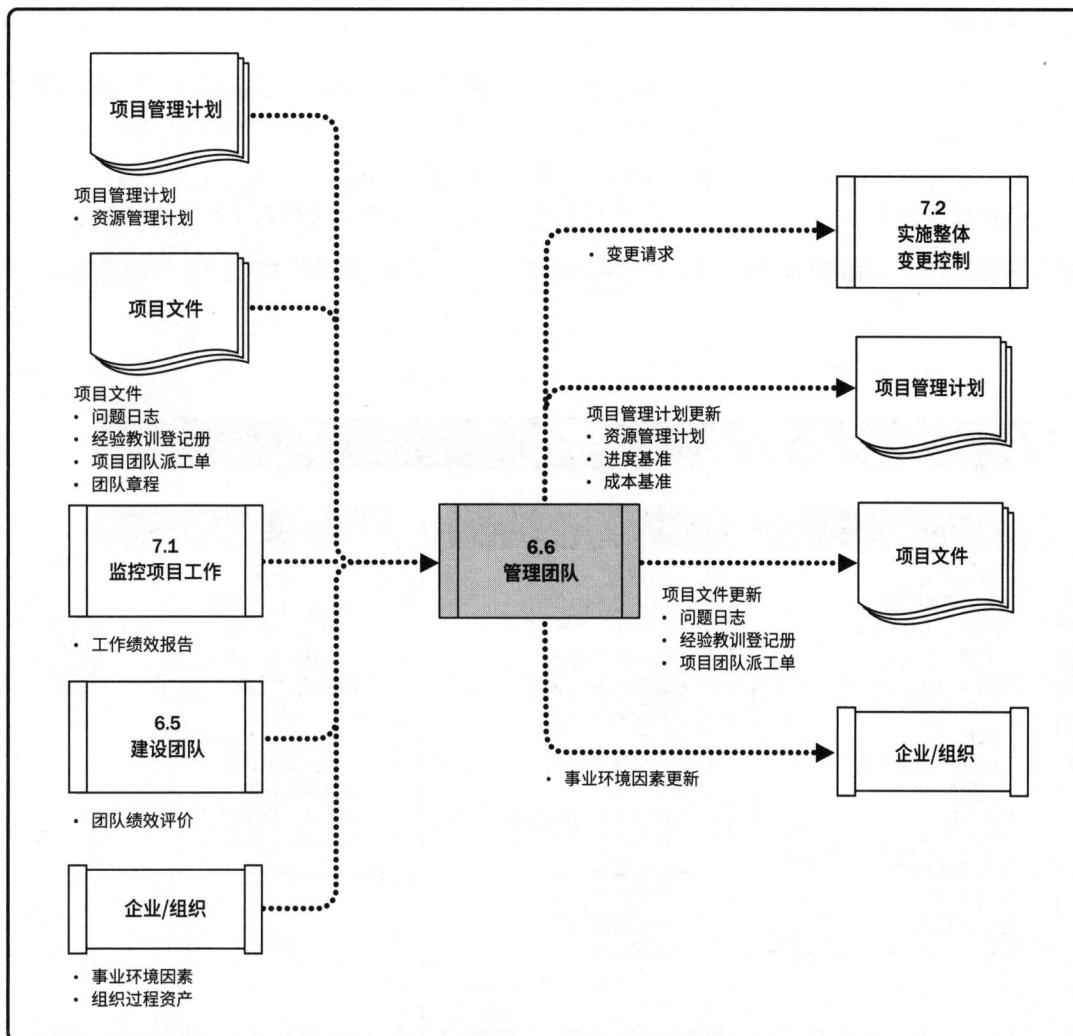

备注：本图提供了可能用于此过程的输入和输出。输入和输出的说明见第 9 章。

图 6-12 管理团队：数据流向图

6.7 管理沟通

管理沟通是确保及时且恰当地收集、生成、发布、存储、检索、管理、监督和最终处置项目信息的过程。本过程的主要作用是，促成项目团队与干系人之间的有效率且有效果的信息流动。

管理沟通过程会确定与开展有效沟通有关的所有方面，包括使用适当的技术、方法和技巧。此外，它还应允许沟通活动具有灵活性，允许对方法和技术进行调整，以满足干系人及项目不断变化的需要。

本过程需要在整个项目期间开展。 图 6-13 展示的是输入、工具与技术和输出。图 6-14 展示的是本过程的数据流向图。

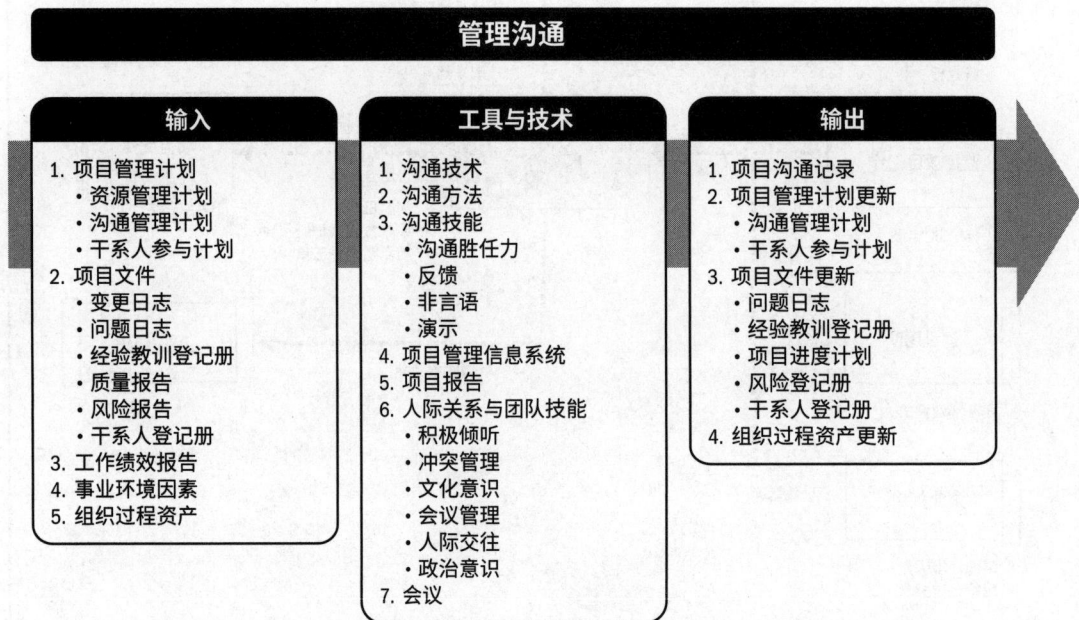

管理沟通		
输入	**工具与技术**	**输出**
1. 项目管理计划 　•资源管理计划 　•沟通管理计划 　•干系人参与计划 2. 项目文件 　•变更日志 　•问题日志 　•经验教训登记册 　•质量报告 　•风险报告 　•干系人登记册 3. 工作绩效报告 4. 事业环境因素 5. 组织过程资产	1. 沟通技术 2. 沟通方法 3. 沟通技能 　•沟通胜任力 　•反馈 　•非言语 　•演示 4. 项目管理信息系统 5. 项目报告 6. 人际关系与团队技能 　•积极倾听 　•冲突管理 　•文化意识 　•会议管理 　•人际交往 　•政治意识 7. 会议	1. 项目沟通记录 2. 项目管理计划更新 　•沟通管理计划 　•干系人参与计划 3. 项目文件更新 　•问题日志 　•经验教训登记册 　•项目进度计划 　•风险登记册 　•干系人登记册 4. 组织过程资产更新

备注：本图提供了可能用于此过程的输入、工具与技术以及输出。输入和输出的说明见第 9 章。工具与技术的说明见第 10 章。

图 6-13 管理沟通：输入、工具与技术和输出

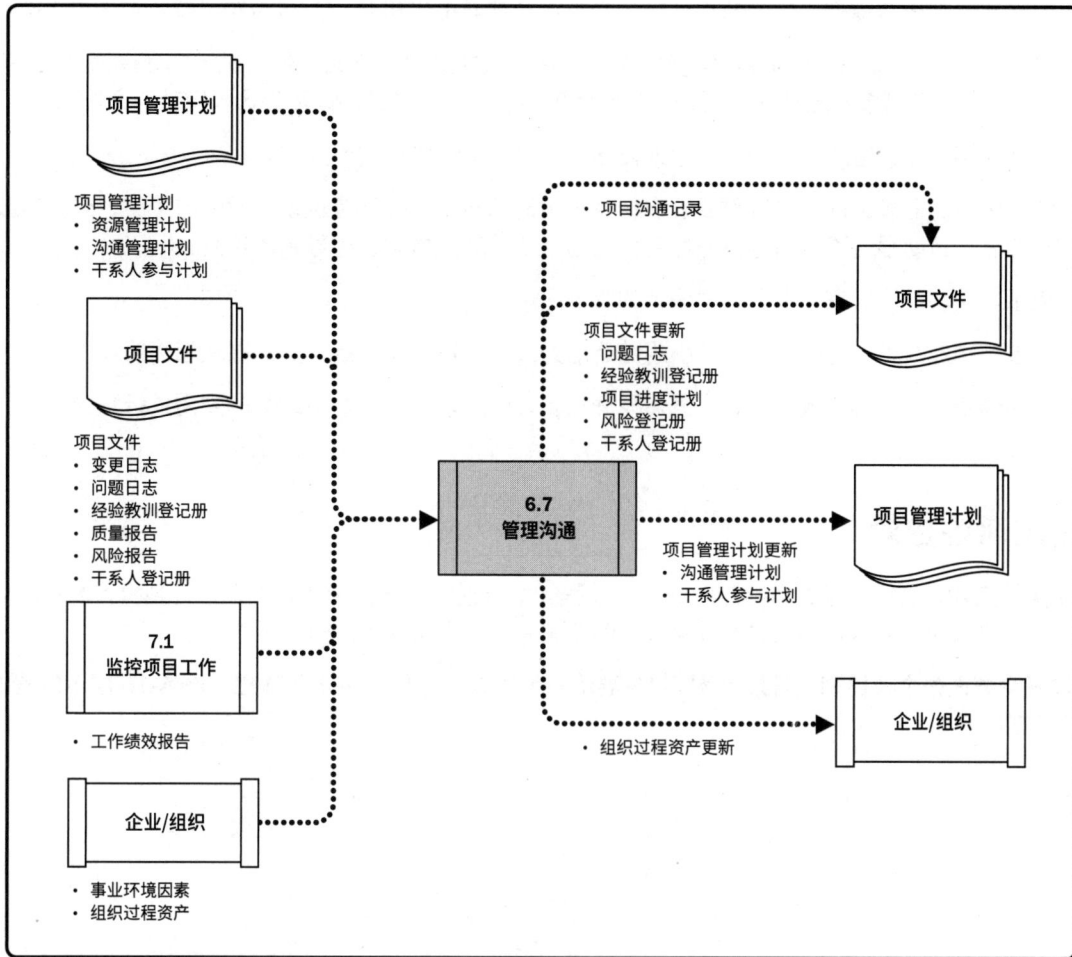

备注：本图提供了可能用于此过程的输入和输出。输入和输出的说明见第9章。

图 6-14 管理沟通：数据流向图

本过程不局限于发布相关信息，它还设法确保信息以适当的格式正确生成和送达目标受众。本过程也为干系人提供了请求进一步信息、澄清和讨论的机会。有效的沟通管理需要借助相关技术并考虑相关事宜，包括（但不限于）：

▶ **发送方－接收方模型。** 运用反馈循环，为互动和参与提供机会，并清除妨碍有效沟通的障碍。

▶ **媒介选择。** 为满足特定的项目需要而使用合理的沟通工件，例如，何时进行书面沟通或口头沟通、何时准备非正式备忘录或正式报告、何时使用推式或拉式沟通，以及该选择何种沟通技术。

▶ **写作风格。** 以适当的方式使用主动或被动语态、句子结构和词汇选择。

▶ **会议管理。** 准备议程，邀请重要参会者并确保他们出席。处理会议现场发生的冲突，或因对会议纪要和后续行动跟进不力而导致的冲突，或因不合适的人员参会而导致的冲突。

▶ **演示。** 了解肢体语言和视觉辅助设计的影响。

▶ **引导。** 达成共识、克服障碍（如小组缺乏活力），以及维持小组成员的兴趣和热情。

▶ **积极倾听。** 通过告知收到信息、澄清与确认、理解，以及消除妨碍理解的障碍进行积极倾听。

6.8 实施风险应对

实施风险应对是执行商定的风险应对计划的过程。本过程的主要作用是，确保按计划执行商定的风险应对措施，来管理整体项目风险敞口、最小化单个项目威胁，以及最大化单个项目机会。

本过程需要在整个项目期间开展。 图 6-15 展示的是输入、工具与技术和输出。图 6-16 展示的是本过程的数据流向图。

　　　　　　　　　　　　　　　　　　　　　　　　　　过程组：实践指南

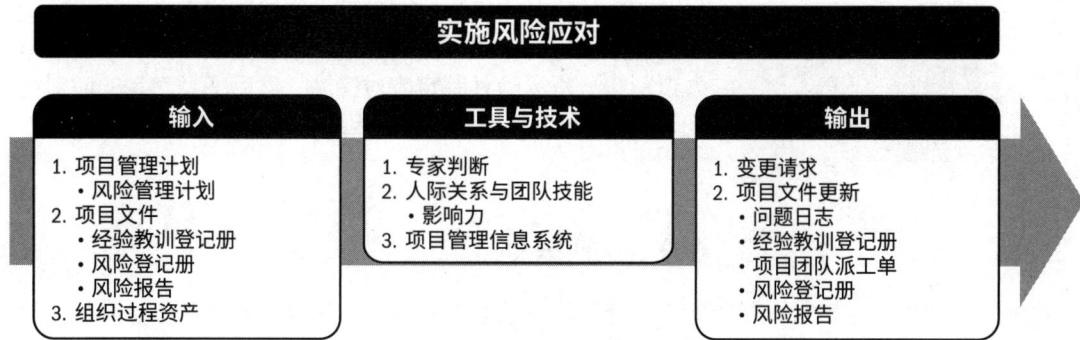

备注：本图提供了可能用于此过程的输入、工具与技术以及输出。输入和输出的说明见第 9 章。工具与技术的说明见第 10 章。

图 6-15 实施风险应对：输入、工具与技术和输出

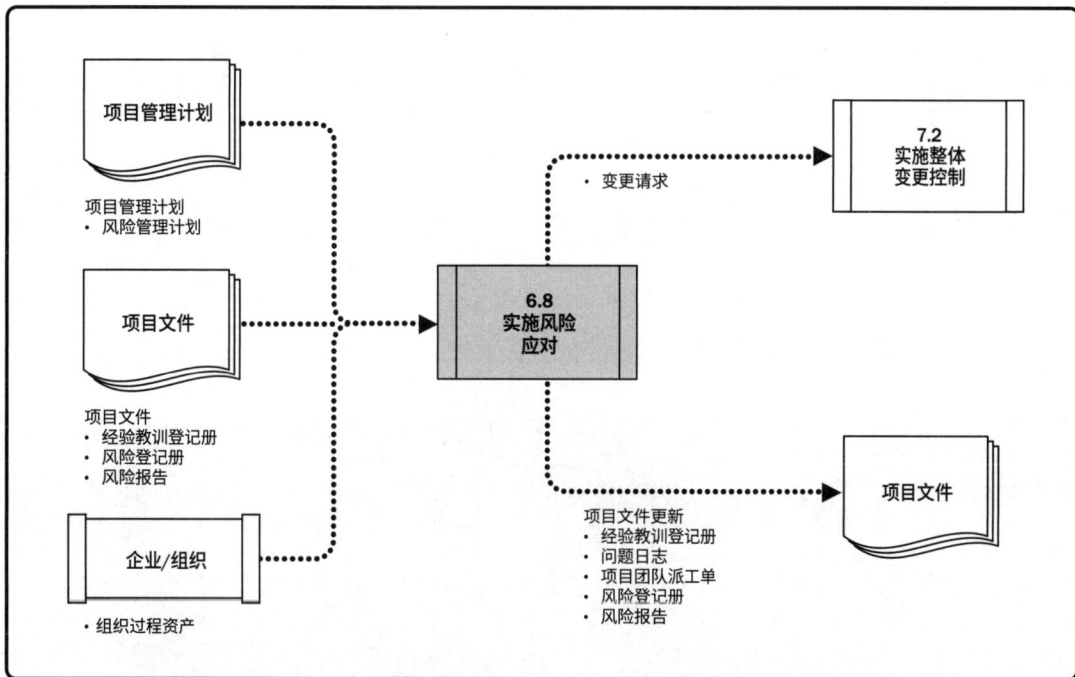

备注：本图提供了可能用于此过程的输入和输出。输入和输出的说明见第 9 章。

图 6-16 实施风险应对：数据流向图

> 只有当风险责任人付出必要的投入水平来实施商定的应对措施时，项目的整体风险敞口与单个威胁和机会才能得到积极的管理。

适当关注实施风险应对过程，能够确保已商定的风险应对措施得到实际执行。一个常见问题是，项目团队投入了时间和精力，努力识别和分析风险并制定应对措施，然后把经商定的应对措施记录在风险登记册和风险报告中，但没有采取行动管理风险。

6.9 实施采购

实施采购是获取卖方应答、选择卖方并授予合同的过程。本过程的主要作用是，选定合格卖方并签署关于货物或服务交付的法律协议。本过程的最后结果是签订的协议，包括正式合同。

本过程应根据需要在整个项目期间定期开展。图 6-17 展示的是输入、工具与技术和输出。图 6-18 展示的是本过程的数据流向图。

实施采购		
输入	**工具与技术**	**输出**
1. 项目管理计划 　• 范围管理计划 　• 需求管理计划 　• 沟通管理计划 　• 风险管理计划 　• 采购管理计划 　• 配置管理计划 　• 成本基准 2. 项目文件 　• 经验教训登记册 　• 项目进度计划 　• 需求文件 　• 风险登记册 　• 干系人登记册 3. 采购文档 4. 卖方建议书 5. 事业环境因素 6. 组织过程资产	1. 专家判断 2. 广告 3. 投标人会议 4. 数据分析 　• 建议书评价 5. 人际关系与团队技能 　• 谈判	1. 投标人会议 2. 协议 3. 变更请求 4. 项目管理计划更新 　• 需求管理计划 　• 质量管理计划 　• 沟通管理计划 　• 风险管理计划 　• 采购管理计划 　• 范围基准 　• 进度基准 　• 成本基准 5. 项目文件更新 　• 经验教训登记册 　• 需求文件 　• 需求跟踪矩阵 　• 资源日历 　• 风险登记册 　• 干系人登记册 6. 组织过程资产更新

备注：本图提供了可能用于此过程的输入、工具与技术以及输出。输入和输出的说明见第 9 章。工具与技术的说明见第 10 章。

图 6-17 实施采购：输入、工具与技术和输出

执行过程组

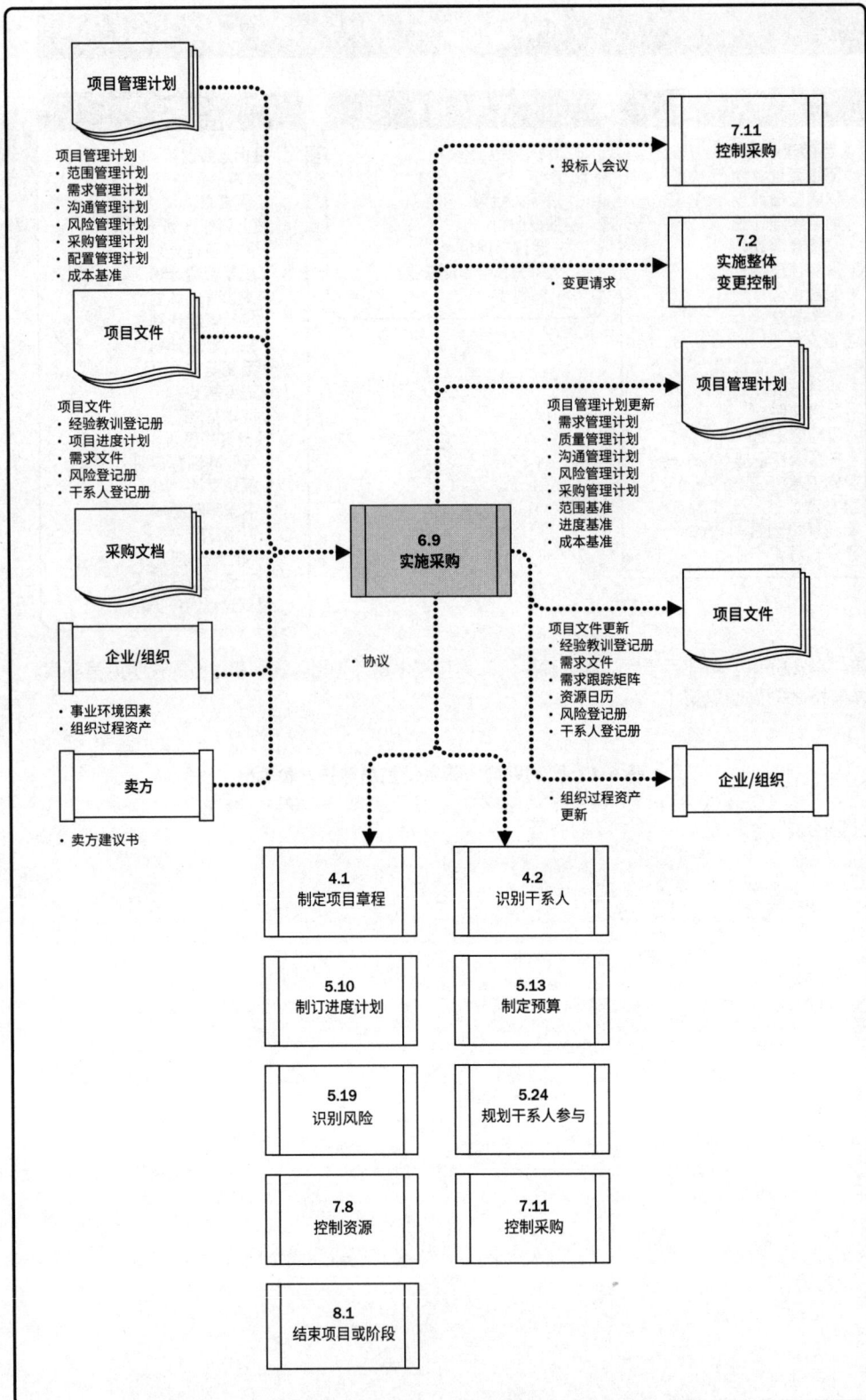

备注：本图提供了可能用于此过程的输入和输出。输入和输出的说明见第 9 章。

图 6-18 实施采购：数据流向图

过程组：实践指南

6.10 管理干系人参与

管理干系人参与是为了满足干系人需要与期望，解决问题，并促进其合理参与项目活动，与干系人进行沟通和协作的过程。本过程的主要作用是，让项目经理提升干系人的支持，降低干系人的抵制。

本过程需要在整个项目期间开展。图 6-19 展示的是输入、工具与技术和输出。图 6-20 展示的是本过程的数据流向图。

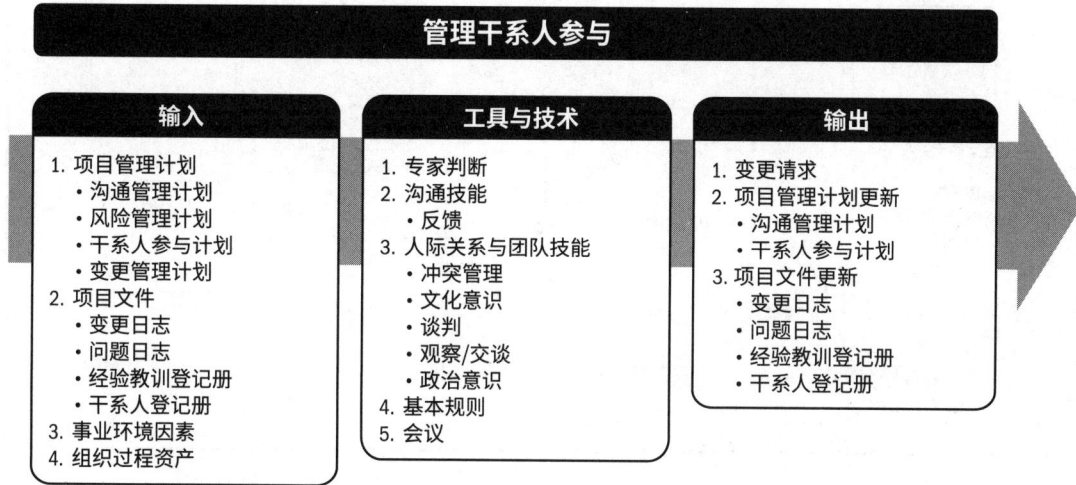

管理干系人参与

输入	工具与技术	输出
1. 项目管理计划 　· 沟通管理计划 　· 风险管理计划 　· 干系人参与计划 　· 变更管理计划 2. 项目文件 　· 变更日志 　· 问题日志 　· 经验教训登记册 　· 干系人登记册 3. 事业环境因素 4. 组织过程资产	1. 专家判断 2. 沟通技能 　· 反馈 3. 人际关系与团队技能 　· 冲突管理 　· 文化意识 　· 谈判 　· 观察/交谈 　· 政治意识 4. 基本规则 5. 会议	1. 变更请求 2. 项目管理计划更新 　· 沟通管理计划 　· 干系人参与计划 3. 项目文件更新 　· 变更日志 　· 问题日志 　· 经验教训登记册 　· 干系人登记册

备注：本图提供了可能用于此过程的输入、工具与技术以及输出。输入和输出的说明见第 9 章。工具与技术的说明见第 10 章。

图 6-19 管理干系人参与：输入、工具与技术和输出

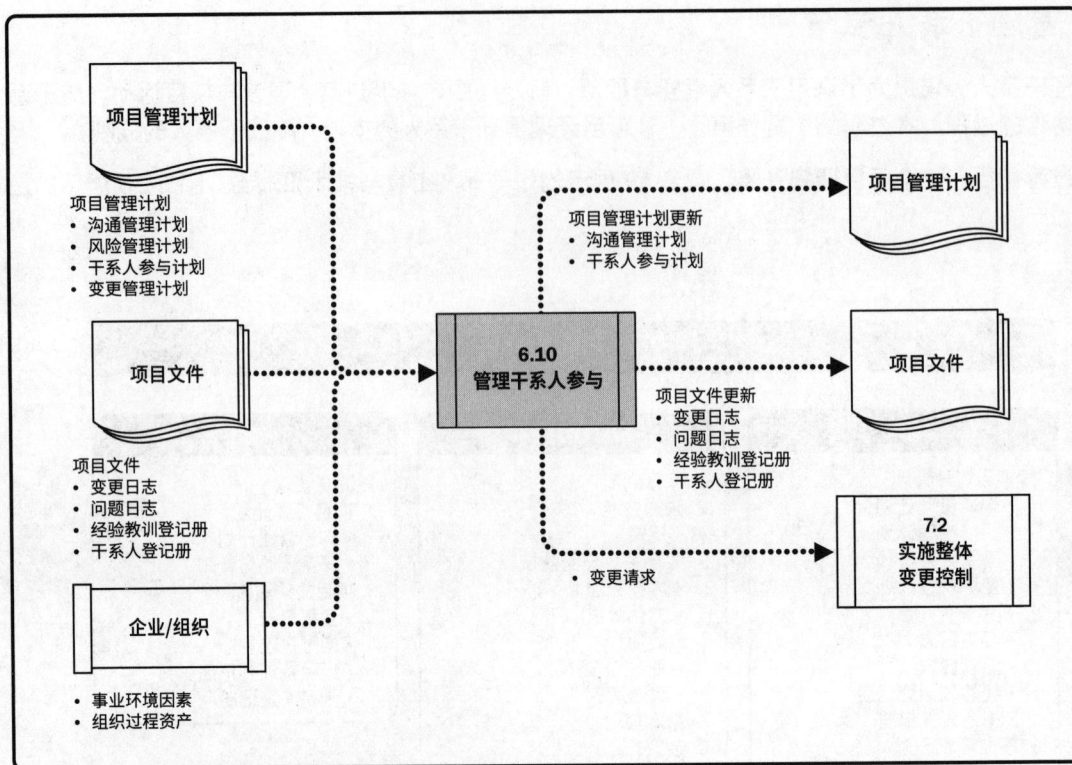

备注：本图提供了可能用于此过程的输入和输出。输入和输出的说明见第 9 章。

图 6-20 管理干系人参与：数据流向图

在管理干系人参与过程中，需要开展多项活动，例如：

▶ 在适当的项目阶段引导干系人参与，以便获取、确认或维持他们对项目成功的持续承诺。

▶ 通过谈判和沟通管理干系人期望。

▶ 处理与干系人管理有关的任何风险或潜在关注点，预测干系人可能在未来引发的问题。

▶ 澄清和解决已识别的问题。

管理干系人参与有助于确保干系人明确了解项目目的、目标、收益和风险，以及他们的贡献将如何促进项目成功。

过程组：实践指南

监控过程组

监控过程组中的过程如表 7-1 所示。

表 7-1 监控过程组的过程

监控过程	
7.1 监控项目工作	7.7 控制质量
7.2 实施整体变更控制	7.8 控制资源
7.3 确认范围	7.9 监督沟通
7.4 控制范围	7.10 监督风险
7.5 控制进度	7.11 控制采购
7.6 控制成本	7.12 监督干系人参与

监控过程组包括跟踪、审查和调整项目进展与绩效，识别必要的对计划的变更并启动相应变更的一组过程。监督是收集项目绩效数据，产生绩效测量结果，并报告和发布绩效信息。控制是比较实际绩效与计划绩效，分析偏差，评估趋势以改进过程，评价可选方案，并建议必要的纠正措施。

本过程组的主要作用是，按既定时间间隔、在特定事件发生时或在异常情况出现时，对项目绩效进行测量和分析，以识别和纠正与项目管理计划的偏差。监控过程组还涉及以下活动：

▶ 评价变更请求并制定恰当的应对措施。

▶ 建议纠正措施，或者对可能出现的问题建议预防措施。

▶ 对照项目管理计划和项目基准，监督正在进行中的项目活动。

▶ 影响可能导致规避变更控制过程的因素，确保只有经批准的变更才能付诸执行。

持续的监控使项目团队和其他干系人得以洞察项目的健康状况，并识别需要格外注意的方面。监控过程组，需要监督和控制在每个过程组、每个生命周期阶段以及整个项目中正在进行的工作。监控过程组包括第7.1 节至第 7.12 节所列的项目管理过程。

7.1 监控项目工作

监控项目工作是跟踪、审查和报告整体项目进展，以实现项目管理计划中确定的绩效目标的过程。本过程的主要作用是，让干系人了解项目的当前状态并认可为处理绩效问题而采取的行动，以及通过成本和进度预测，让干系人了解未来项目状态。

本过程需要在整个项目期间开展。图 7-1 展示的是输入、工具与技术和输出。图 7-2 展示的是本过程的数据流向图。

输入	工具与技术	输出
1. 项目管理计划 　• 任何组件 2. 项目文件 　• 假设日志 　• 估算依据 　• 成本预测 　• 问题日志 　• 经验教训登记册 　• 里程碑清单 　• 质量报告 　• 风险登记册 　• 风险报告 　• 进度预测 3. 工作绩效信息 4. 协议 5. 事业环境因素 6. 组织过程资产	1. 专家判断 2. 数据分析 　• 备选方案分析 　• 成本收益分析 　• 挣值分析 　• 根本原因分析 　• 趋势分析 　• 偏差分析 3. 决策 　• 投票 4. 会议	1. 工作绩效报告 2. 变更请求 3. 项目管理计划更新 　• 任何组件 4. 项目文件更新 　• 成本预测 　• 问题日志 　• 经验教训登记册 　• 风险登记册 　• 进度预测

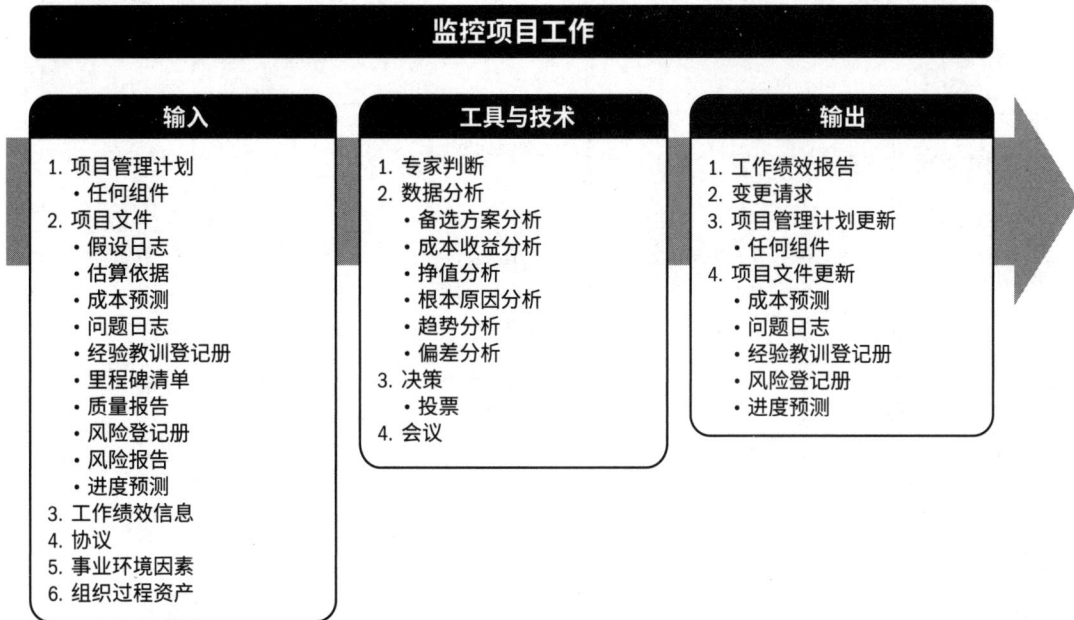

备注：本图提供了可能用于此过程的输入、工具与技术以及输出。输入和输出的说明见第 9 章。工具与技术的说明见第 10 章。

图 7-1 监控项目工作：输入、工具与技术和输出

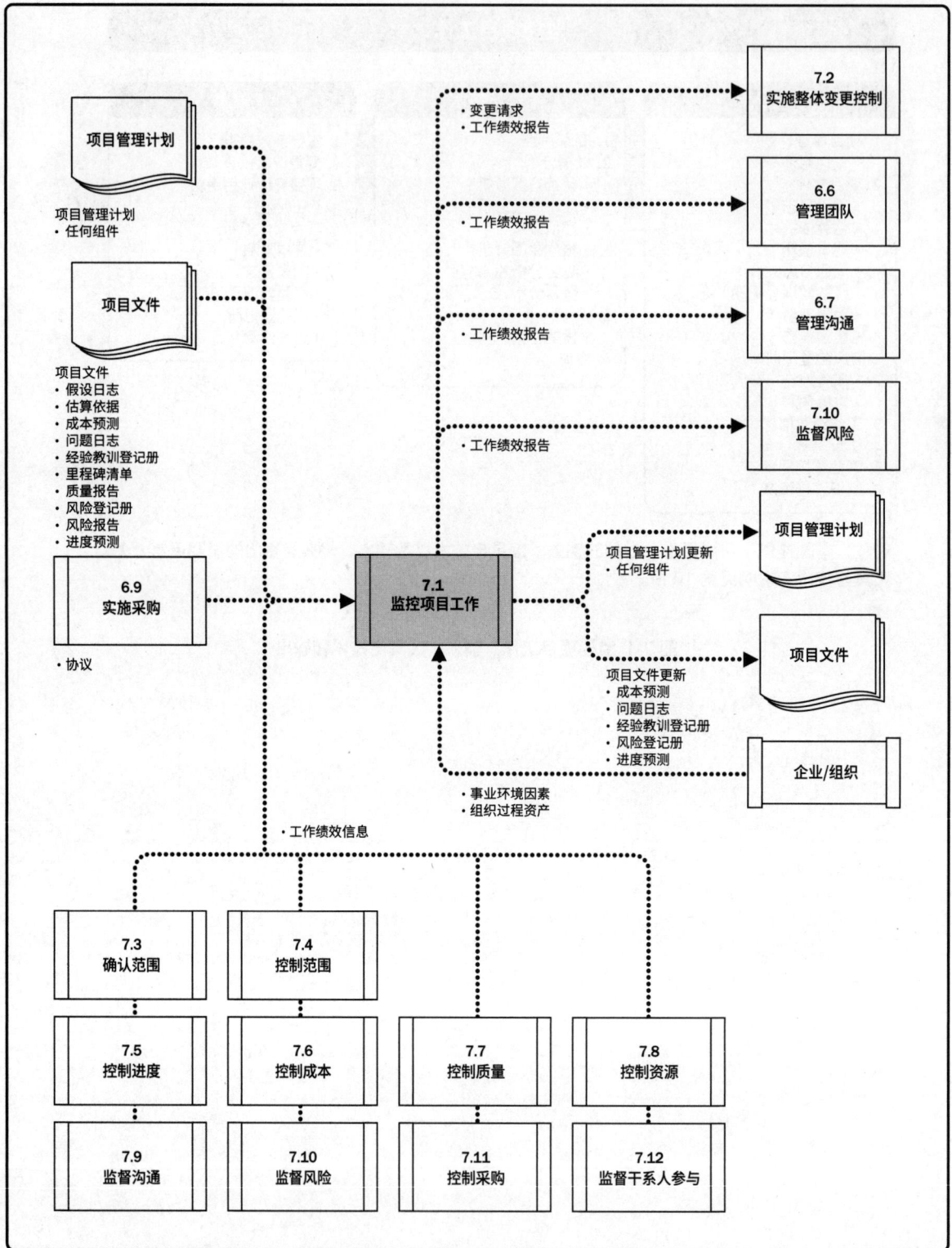

备注：本图提供了可能用于此过程的输入和输出。输入和输出的说明见第 9 章。

图 7-2 监控项目工作：数据流向图

监督是在整个项目期间开展的项目管理活动之一，包括收集、测量，以及评估测量结果和趋势，以便推动过程改进。持续的监督使项目管理团队能洞察项目的健康状况，并识别须特别关注的任何方面。控制包括制定纠正或预防措施或重新规划，并跟踪行动计划的实施过程，以确定采取的行动是否能解决绩效问题。监控项目工作过程关注：

▶ 把项目的实际绩效与项目管理计划进行比较；

▶ 定期评估项目绩效，决定是否需要采取纠正或预防措施，并推荐必要的措施；

▶ 检查单个项目风险的状态；

▶ 在整个项目期间，维护一个准确且及时更新的信息库，以反映项目产品及相关文件的情况；

▶ 为状态报告、进展测量和预测提供信息；

▶ 做出预测，以更新当前的成本与进度信息；

▶ 监督已批准变更的实施情况；

▶ 如果项目是项目集的一部分，还应向项目集管理层报告项目进展和状态；

▶ 确保项目与商业需要保持一致。

7.2 实施整体变更控制

实施整体变更控制是审查所有变更请求，批准变更，管理对可交付物、项目文件和项目管理计划的变更，并对变更处理决定进行沟通的过程。本过程审查对项目文件、可交付物或项目管理计划的所有变更请求，并决定对变更请求的处置方案。本过程的主要作用是，确保对项目中已记录在案的变更做综合评审。如果不考虑变更对整体项目目标或计划的影响就开展变更，往往会加剧整体项目风险。

本过程需要在整个项目期间开展。 图 7-3 展示的是输入、工具与技术和输出。图 7-4 展示的是本过程的数据流向图。

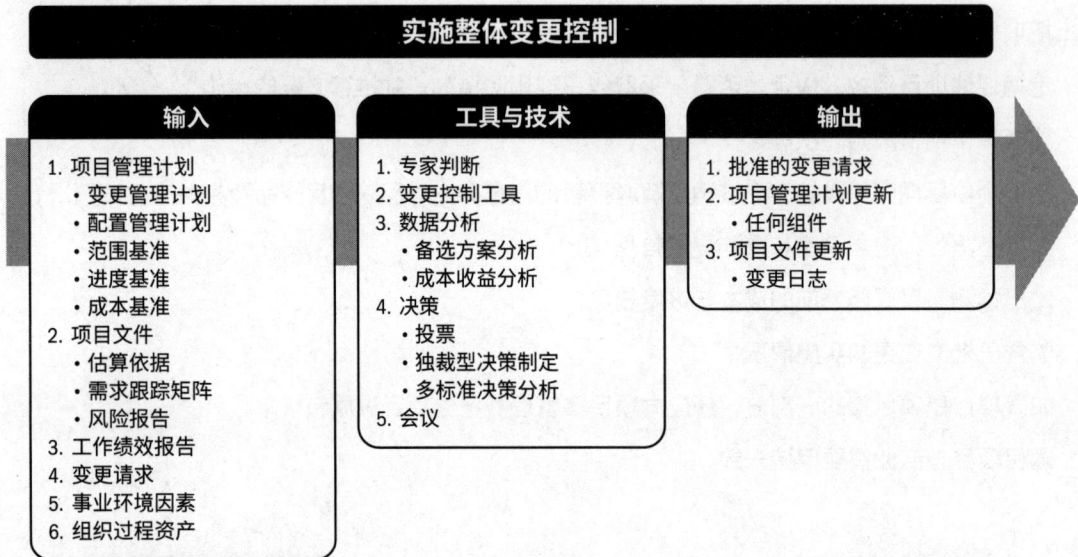

实施整体变更控制

输入	工具与技术	输出
1. 项目管理计划 　·变更管理计划 　·配置管理计划 　·范围基准 　·进度基准 　·成本基准 2. 项目文件 　·估算依据 　·需求跟踪矩阵 　·风险报告 3. 工作绩效报告 4. 变更请求 5. 事业环境因素 6. 组织过程资产	1. 专家判断 2. 变更控制工具 3. 数据分析 　·备选方案分析 　·成本收益分析 4. 决策 　·投票 　·独裁型决策制定 　·多标准决策分析 5. 会议	1. 批准的变更请求 2. 项目管理计划更新 　·任何组件 3. 项目文件更新 　·变更日志

备注：本图提供了可能用于此过程的输入、工具与技术以及输出。输入和输出的说明见第 9 章。
工具与技术的说明见第 10 章。

图 7-3 实施整体变更控制：输入、工具与技术和输出

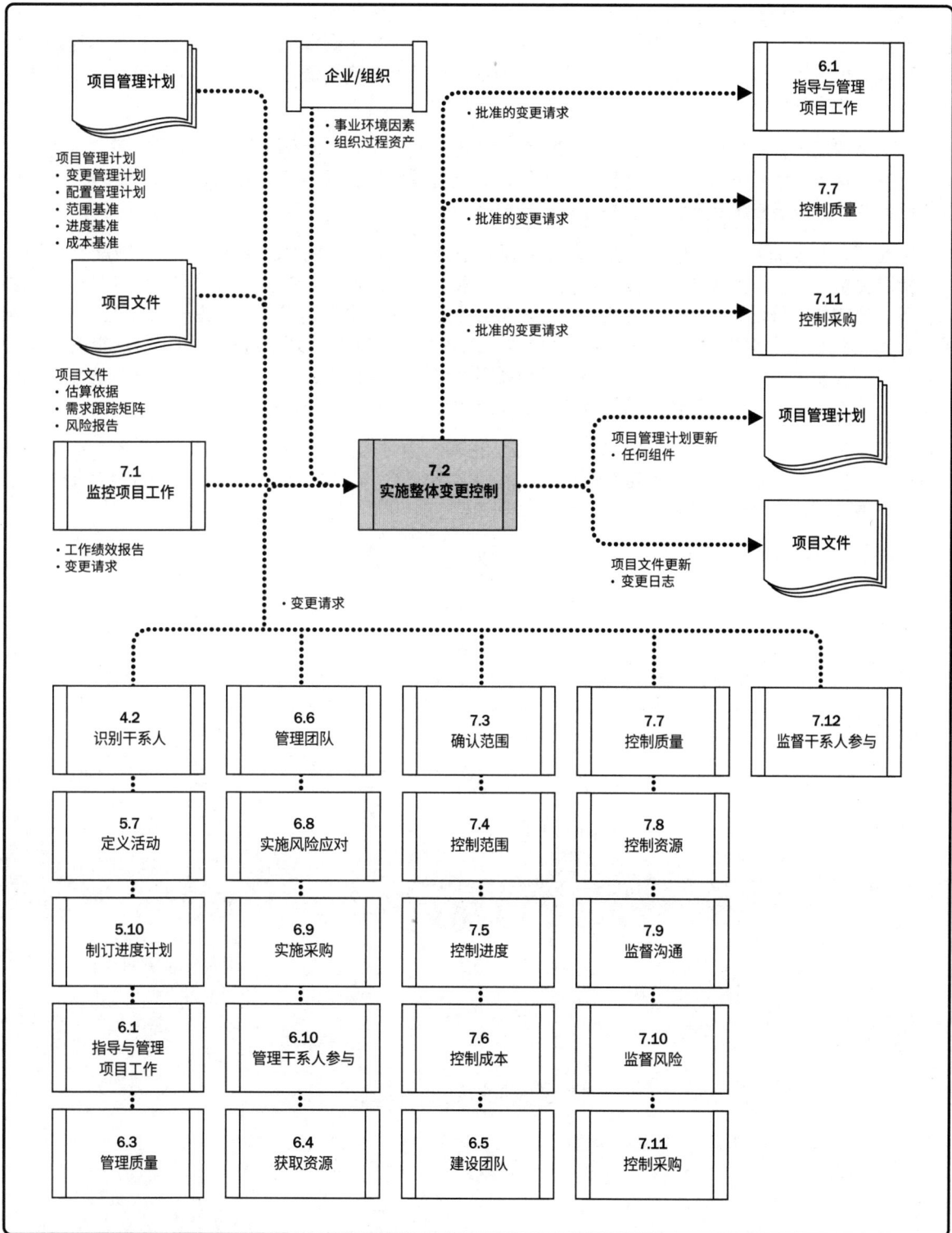

备注：本图提供了可能用于此过程的输入和输出。输入和输出的说明见第 9 章。

图 7-4 实施整体变更控制：数据流向图

监控过程组

实施整体变更控制过程贯穿项目始终，项目经理对此承担最终责任。变更请求可能影响项目范围、产品范围以及任一个项目管理计划组件或任一份项目文件。在整个项目生命周期的任何时间，参与项目的任何干系人都可以提出变更请求。变更控制的实施程度，取决于项目所在应用领域、项目复杂程度、合同要求，以及项目所处的背景与环境。

在基准确定之前，变更无须正式受控于实施整体变更控制过程。一旦确定了项目基准，就必须通过本过程来处理变更请求。依照常规，每个项目的配置管理计划应规定哪些项目工件受控于配置控制程序。对配置要素的任何变更都应该提出变更请求，并经过正式控制。

尽管也可以口头提出，但所有变更请求都必须以书面形式记录，并纳入变更管理和/或配置管理系统中。在批准变更之前，可能需要了解变更对进度的影响和对成本的影响。在变更请求可能影响任一项目基准的情况下，都需要开展正式的整体变更控制过程。每项记录在案的变更请求都需要由一位责任人批准、推迟或否决，这个责任人通常是项目发起人或项目经理。应该在项目管理计划中或通过组织程序指定这位责任人，必要时，应该由变更控制委员会（CCB）来开展实施整体变更控制过程。CCB 是一个正式组成的团体，负责审查、评价、批准、推迟或否决项目变更，以及记录和沟通变更的处理决定。

变更请求得到批准后，可能需要新编或修订成本估算、活动排序、进度日期、资源需求和/或风险应对方案分析，这些变更可能要求调整项目管理计划和其他项目文件。某些特定的变更请求，在 CCB 批准之后，可能还需要得到客户或发起人的批准，除非他们本身就是 CCB 的成员。

7.3 确认范围

确认范围是正式验收已完成的项目可交付物的过程。本过程的主要作用是，使验收过程具有客观性；同时通过确认每个可交付物，来提高最终产品、服务或结果获得验收的可能性。

本过程应根据需要在整个项目期间定期开展。图 7-5 展示的是输入、工具与技术和输出。图 7-6 展示的是本过程的数据流向图。

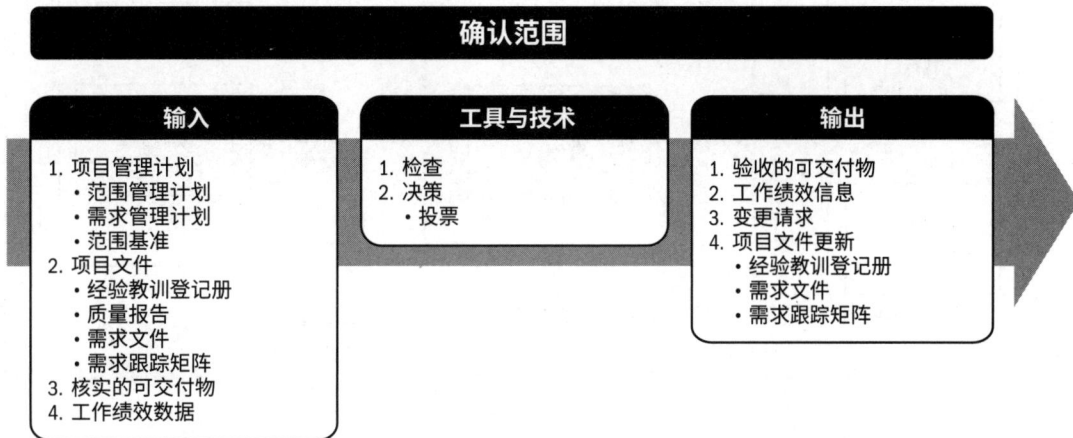

图 7-5 确认范围：输入、工具与技术和输出

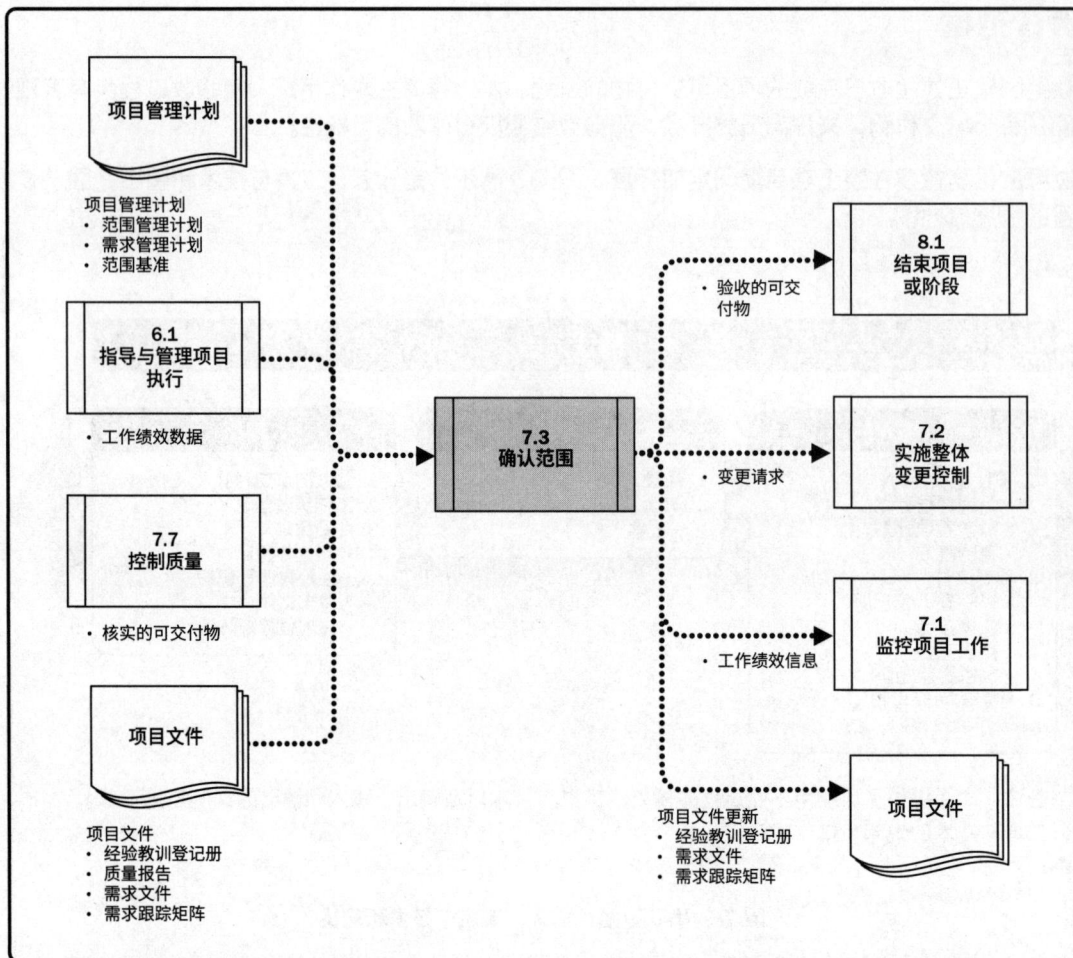

备注：本图提供了可能用于此过程的输入和输出。输入和输出的说明见第 9 章。

图 7-6 确认范围：数据流向图

由客户或发起人审查从控制质量过程输出的核实的可交付物，确认这些可交付物已经圆满完成并通过正式验收。在这个过程中，从范围规划过程获得的输出（如需求文件或范围基准），以及从执行过程中获得的工作绩效数据，是进行确认和最终验收的依据。

确认范围过程主要关注可交付物的验收，而控制质量过程主要关注可交付物的正确性及是否满足质量要求。控制质量过程通常先于确认范围过程，但二者也可同时进行。

7.4 控制范围

控制范围是监督项目和产品的范围状态，管理范围基准变更的过程。本过程的主要作用是，在整个项目期间保持对范围基准的维护。

本过程需要在整个项目期间开展。 图 7-7 展示的是输入、工具与技术和输出。图 7-8 展示的是本过程的数据流向图。

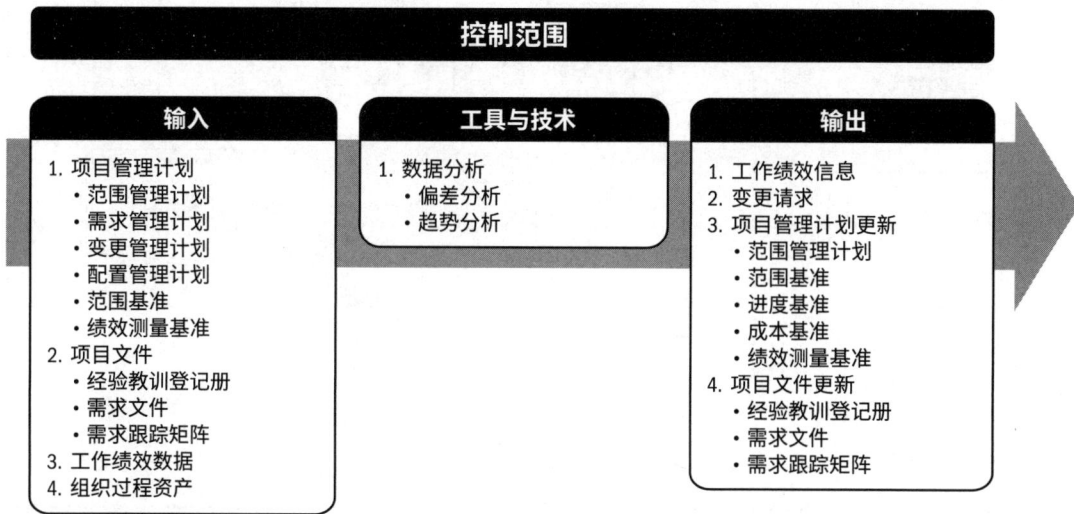

控制范围		
输入	**工具与技术**	**输出**
1. 项目管理计划 　·范围管理计划 　·需求管理计划 　·变更管理计划 　·配置管理计划 　·范围基准 　·绩效测量基准 2. 项目文件 　·经验教训登记册 　·需求文件 　·需求跟踪矩阵 3. 工作绩效数据 4. 组织过程资产	1. 数据分析 　·偏差分析 　·趋势分析	1. 工作绩效信息 2. 变更请求 3. 项目管理计划更新 　·范围管理计划 　·范围基准 　·进度基准 　·成本基准 　·绩效测量基准 4. 项目文件更新 　·经验教训登记册 　·需求文件 　·需求跟踪矩阵

备注：本图提供了可能用于此过程的输入、工具与技术以及输出。输入和输出的说明见第 9 章。工具与技术的说明见第 10 章。

图 7-7 控制范围：输入、工具与技术和输出

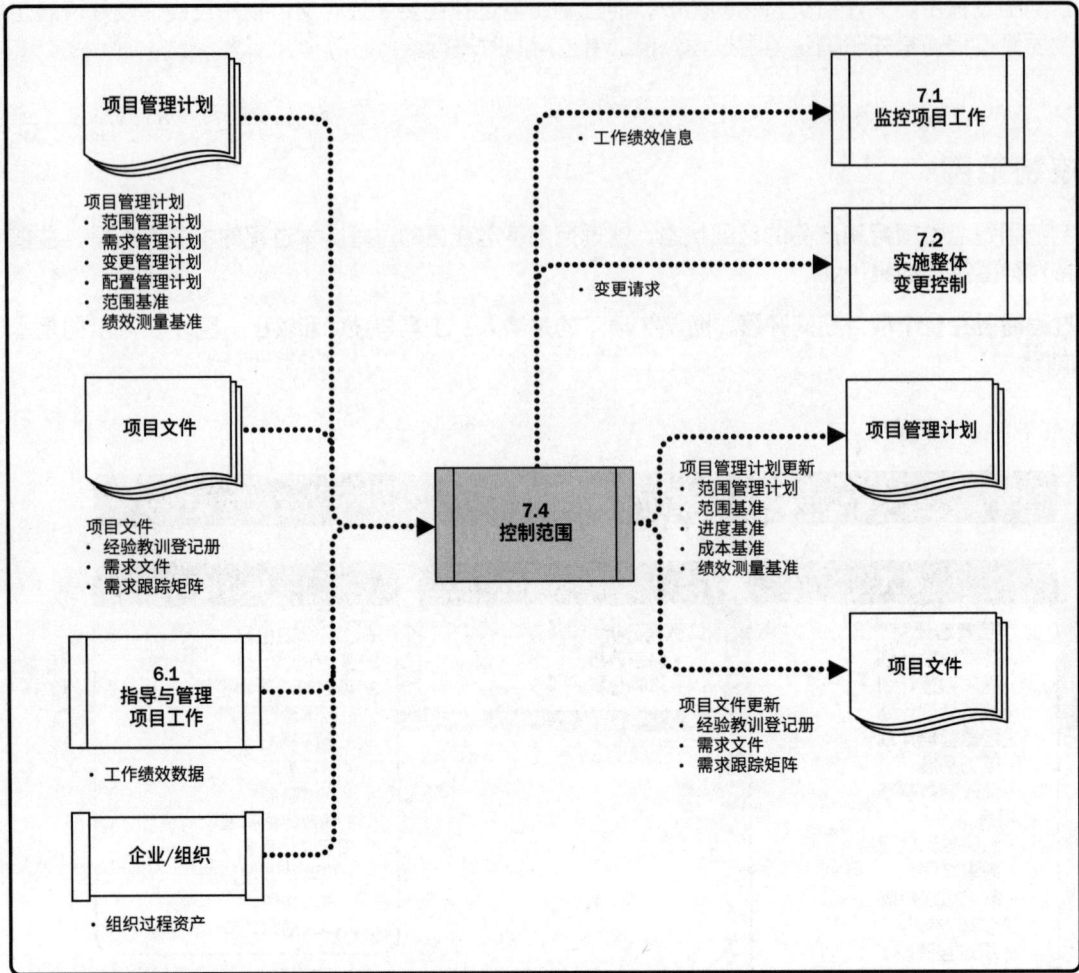

备注：本图提供了可能用于此过程的输入和输出。输入和输出的说明见第 9 章。

图 7-8 控制范围：数据流向图

控制项目范围确保所有变更请求、推荐的纠正措施或预防措施都通过实施整体变更控制过程（见第7.2节）进行处理。在变更实际发生时，也要采用控制范围过程来管理这些变更。控制范围过程应该与其他控制过程整合开展。未经控制的产品或项目范围的扩大（未对时间、成本和资源做相应调整）被称为范围蔓延。变更不可避免，因此在每个项目上，都必须强制实施某种形式的变更控制。

过程组：实践指南

7.5 控制进度

控制进度是监督项目状态，以更新项目进度和管理进度基准变更的过程。本过程的主要作用是，在整个项目期间保持对进度基准的维护。

本过程需要在整个项目期间开展。图 7-9 展示的是输入、工具与技术和输出。图 7-10 展示的是本过程的数据流向图。

控制进度

输入	工具与技术	输出
1. 项目管理计划 • 进度管理计划 • 进度基准 • 范围基准 • 绩效测量基准 2. 项目文件 • 经验教训登记册 • 项目日历 • 项目进度计划 • 资源日历 • 进度数据 3. 工作绩效数据 4. 组织过程资产	1. 数据分析 • 挣值分析 • 迭代燃尽图 • 绩效审查 • 趋势分析 • 偏差分析 • 假设情景分析 2. 关键路径法 3. 项目管理信息系统 4. 资源优化 5. 提前量和滞后量 6. 进度压缩	1. 工作绩效信息 2. 进度预测 3. 变更请求 4. 项目管理计划更新 • 进度管理计划 • 进度基准 • 成本基准 • 绩效测量基准 5. 项目文件更新 • 假设日志 • 估算依据 • 经验教训登记册 • 项目进度计划 • 资源日历 • 风险登记册 • 进度数据

备注：本图提供了可能用于此过程的输入、工具与技术以及输出。输入和输出的说明见第 9 章。工具与技术的说明见第 10 章。

图 7-9 控制进度：输入、工具与技术和输出

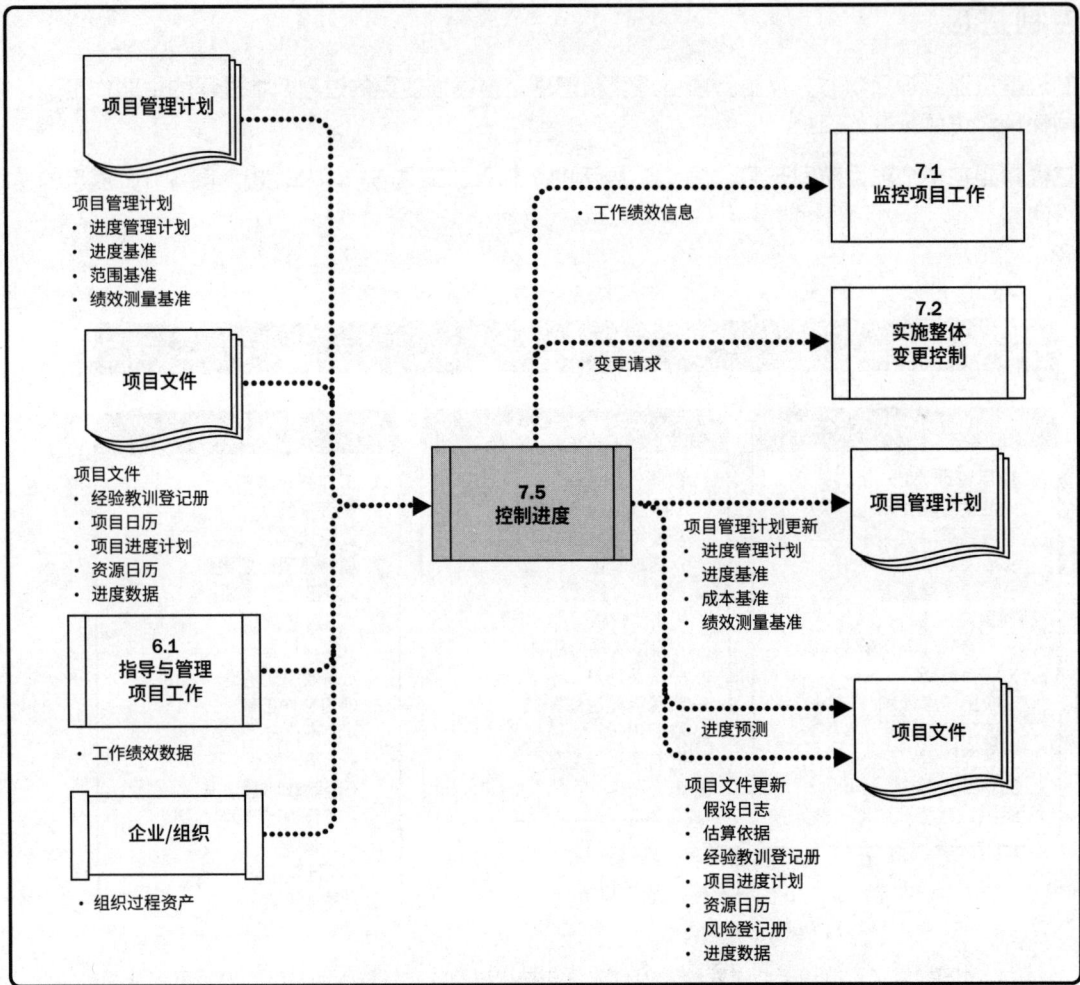

备注：本图提供了可能用于此过程的输入和输出。输入和输出的说明见第 9 章。

图 7-10 控制进度：数据流向图

要更新进度模型，就需要了解迄今为止的实际绩效。进度基准的任何变更都必须经过实施整体变更控制过程的审批（见第 7.2 节）。控制进度作为实施整体变更控制过程的一部分，关注如下内容：

- ▶ 判断项目进度的当前状态；

- ▶ 对引起进度变更的因素施加影响；

- ▶ 重新考虑必要的进度储备；

- ▶ 判断项目进度是否已经发生变更；

- ▶ 在变更实际发生时对其进行管理。

如果采用敏捷方法，控制进度要关注如下内容：

- ▶ 通过比较上一个时间周期中已交付并验收的工作总量与已完成工作的估算值，来判断项目进度的当前状态；

- ▶ 举行回顾会（定期审查，记录经验教训），以便纠正与改进过程（如果需要的话）；

- ▶ 对剩余工作计划（待办事项）重新进行优先级排序；

- ▶ 确定每次迭代时间（约定的工作周期持续时间，通常是两周或一个月）内可交付物的生成、核实和验收的速度；

- ▶ 确定项目进度已经发生变更；

- ▶ 在变更实际发生时对其进行管理。

将工作外包时，定期向承包商和供应商了解里程碑的状态更新，是确保工作按商定进度进行的一种途径，有助于确保进度受控。同时，应执行进度状态评审和巡检，确保承包商的报告准确且完整。

监控过程组

7.6 控制成本

控制成本是监督项目状态，以更新项目成本和管理成本基准变更的过程。本过程的主要作用是，在整个项目期间保持对成本基准的维护。

本过程需要在整个项目期间开展。图 7-11 展示的是输入、工具与技术和输出。图 7-12 展示的是本过程的数据流向图。

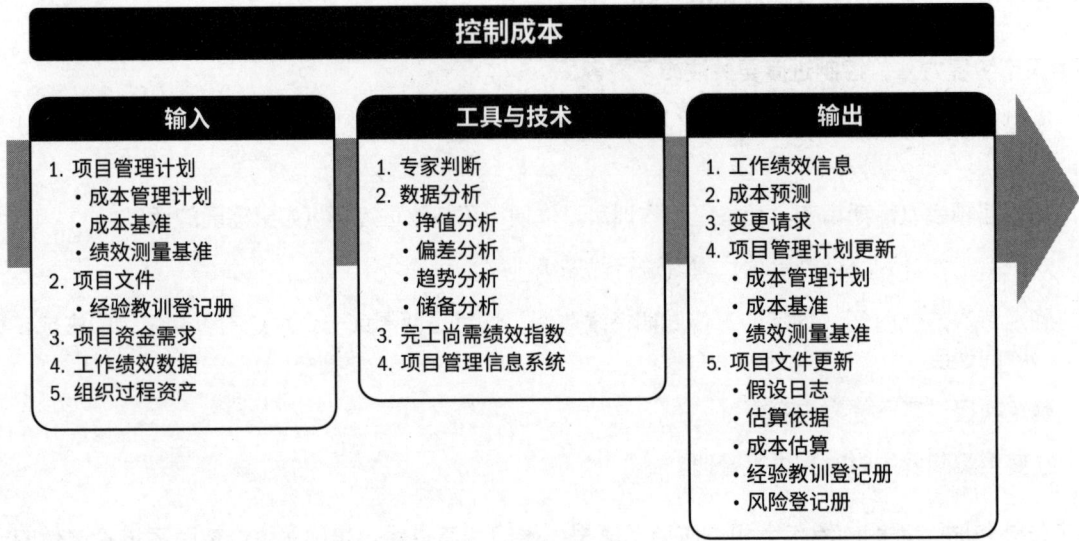

```
┌─────────────────────────────────────────────────────────────────┐
│                         控制成本                                    │
└─────────────────────────────────────────────────────────────────┘

┌─────────────────┐   ┌─────────────────┐   ┌─────────────────┐
│      输入        │   │    工具与技术     │   │      输出        │
├─────────────────┤   ├─────────────────┤   ├─────────────────┤
│1. 项目管理计划    │   │1. 专家判断       │   │1. 工作绩效信息    │
│ ·成本管理计划    │   │2. 数据分析       │   │2. 成本预测       │
│ ·成本基准       │   │ ·挣值分析       │   │3. 变更请求       │
│ ·绩效测量基准    │   │ ·偏差分析       │   │4. 项目管理计划更新 │
│2. 项目文件       │   │ ·趋势分析       │   │ ·成本管理计划    │
│ ·经验教训登记册  │   │ ·储备分析       │   │ ·成本基准       │
│3. 项目资金需求    │   │3. 完工尚需绩效指数 │   │ ·绩效测量基准    │
│4. 工作绩效数据    │   │4. 项目管理信息系统 │   │5. 项目文件更新    │
│5. 组织过程资产    │   │                 │   │ ·假设日志       │
│                 │   │                 │   │ ·估算依据       │
│                 │   │                 │   │ ·成本估算       │
│                 │   │                 │   │ ·经验教训登记册  │
│                 │   │                 │   │ ·风险登记册      │
└─────────────────┘   └─────────────────┘   └─────────────────┘
```

备注：本图提供了可能用于此过程的输入、工具与技术以及输出。输入和输出的说明见第 9 章。工具与技术的说明见第 10 章。

图 7-11 控制成本：输入、工具与技术和输出

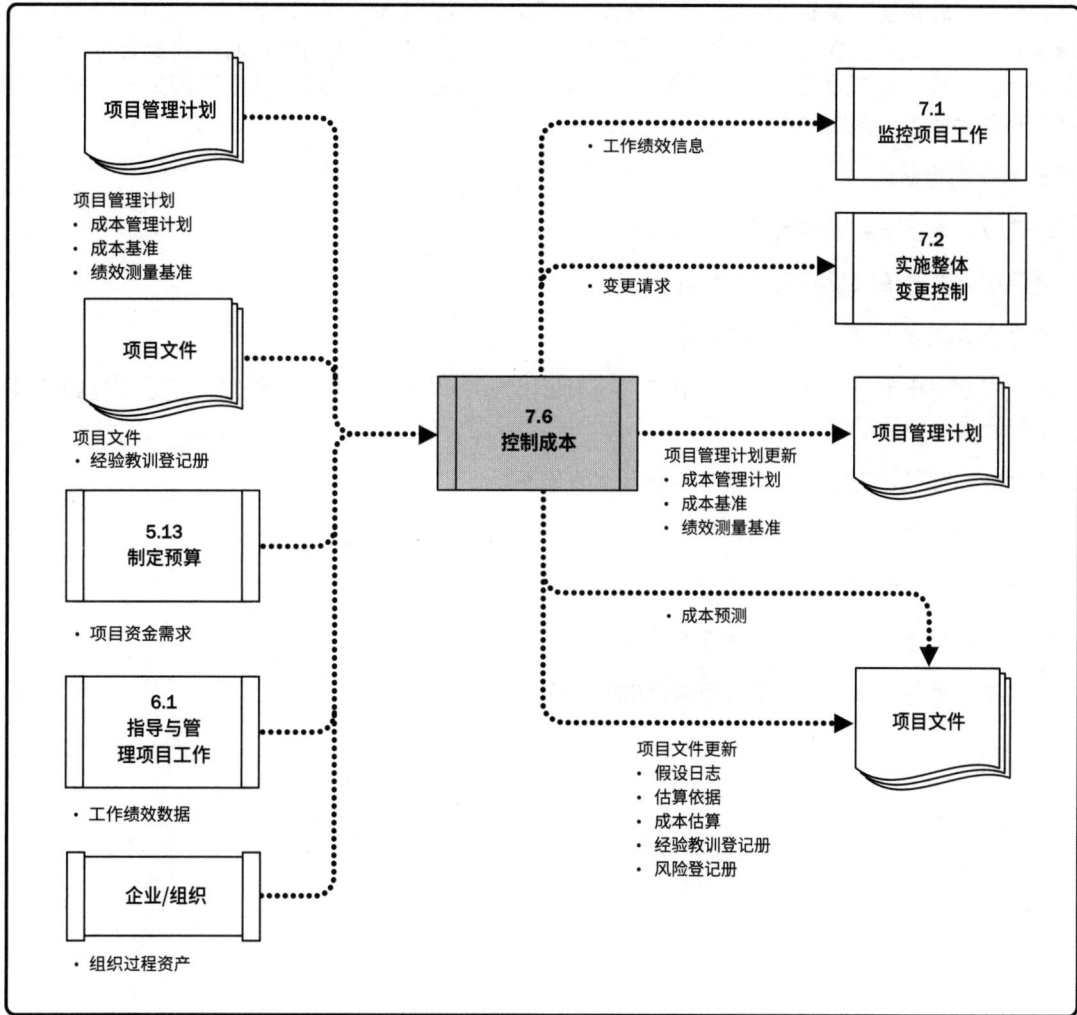

备注：本图提供了可能用于此过程的输入和输出。输入和输出的说明见第 9 章。

图 7-12 控制成本：数据流向图

要更新预算，就需要了解截至目前的实际成本。只有经过实施整体变更控制过程（见第7.2节）的批准，才可以增加预算。只监督资金的支出，而不考虑由这些支出所完成工作的价值，对项目没有什么意义，最多只能跟踪资金流。所以在成本控制中，应重点分析项目资金支出与相应完成工作之间的关系。有效成本控制的关键在于管理经批准的成本基准。

项目成本控制包括：

▶ 对造成成本基准变更的因素施加影响；

▶ 确保所有变更请求都得到及时处理；

▶ 当变更实际发生时，管理这些变更；

▶ 确保成本支出不超过批准的资金限额，既不超出按时间段、按 WBS 组件、按活动分配的限额，也不超出项目总限额；

▶ 监督成本绩效，找出并分析与成本基准间的偏差；

▶ 对照资金支出，监督工作绩效；

▶ 防止在成本或资源使用报告中出现未经批准的变更；

▶ 将所有经批准的变更及其相关成本通知给合适的干系人；

▶ 设法把预期的成本超支控制在可接受的范围内。

过程组：实践指南

7.7 控制质量

控制质量是为了评估绩效，确保项目输出完整、正确且满足客户期望，而监督和记录质量管理活动执行结果的过程。本过程的主要作用是核实项目可交付物和工作已经达到主要干系人的质量要求，可供最终验收。控制质量过程确定项目输出是否达到预期目的，这些输出需要满足所有适用标准、要求、法规和规格。

本过程需要在整个项目期间开展。图 7-13 展示的是输入、工具与技术和输出。图 7-14 展示的是本过程的数据流向图。

```
┌─────────────────────────────────────────────────────────────────────┐
│                          控制质量                                      │
└─────────────────────────────────────────────────────────────────────┘

┌─────────────────────┐  ┌─────────────────────┐  ┌─────────────────────┐
│       输入          │  │     工具与技术       │  │       输出          │
├─────────────────────┤  ├─────────────────────┤  ├─────────────────────┤
│ 1. 项目管理计划      │  │ 1. 工具与技术        │  │ 1. 质量控制测量结果  │
│   · 质量管理计划     │  │   · 核对单           │  │ 2. 核实的可交付物    │
│ 2. 项目文件          │  │   · 核查表           │  │ 3. 工作绩效信息      │
│   · 经验教训登记册   │  │   · 统计抽样         │  │ 4. 变更请求          │
│   · 质量测量指标     │  │   · 问卷调查         │  │ 5. 项目管理计划更新  │
│   · 测试与评估文件   │  │ 2. 数据分析          │  │   · 质量管理计划     │
│ 3. 批准的变更请求    │  │   · 绩效审查         │  │ 6. 项目文件更新      │
│ 4. 可交付物          │  │   · 根本原因分析     │  │   · 问题日志         │
│ 5. 工作绩效数据      │  │ 3. 检查              │  │   · 经验教训登记册   │
│ 6. 事业环境因素      │  │ 4. 测试/产品评估     │  │   · 风险登记册       │
│ 7. 组织过程资产      │  │ 5. 数据表现          │  │   · 测试与评估文件   │
│                     │  │   · 因果图           │  │                     │
│                     │  │   · 控制图           │  │                     │
│                     │  │   · 直方图           │  │                     │
│                     │  │   · 散点图           │  │                     │
│                     │  │ 6. 会议              │  │                     │
└─────────────────────┘  └─────────────────────┘  └─────────────────────┘
```

备注：本图提供了可能用于此过程的输入、工具与技术以及输出。输入和输出的说明见第 9 章。工具与技术的说明见第 10 章。

图 7-13 控制质量：输入、工具与技术和输出

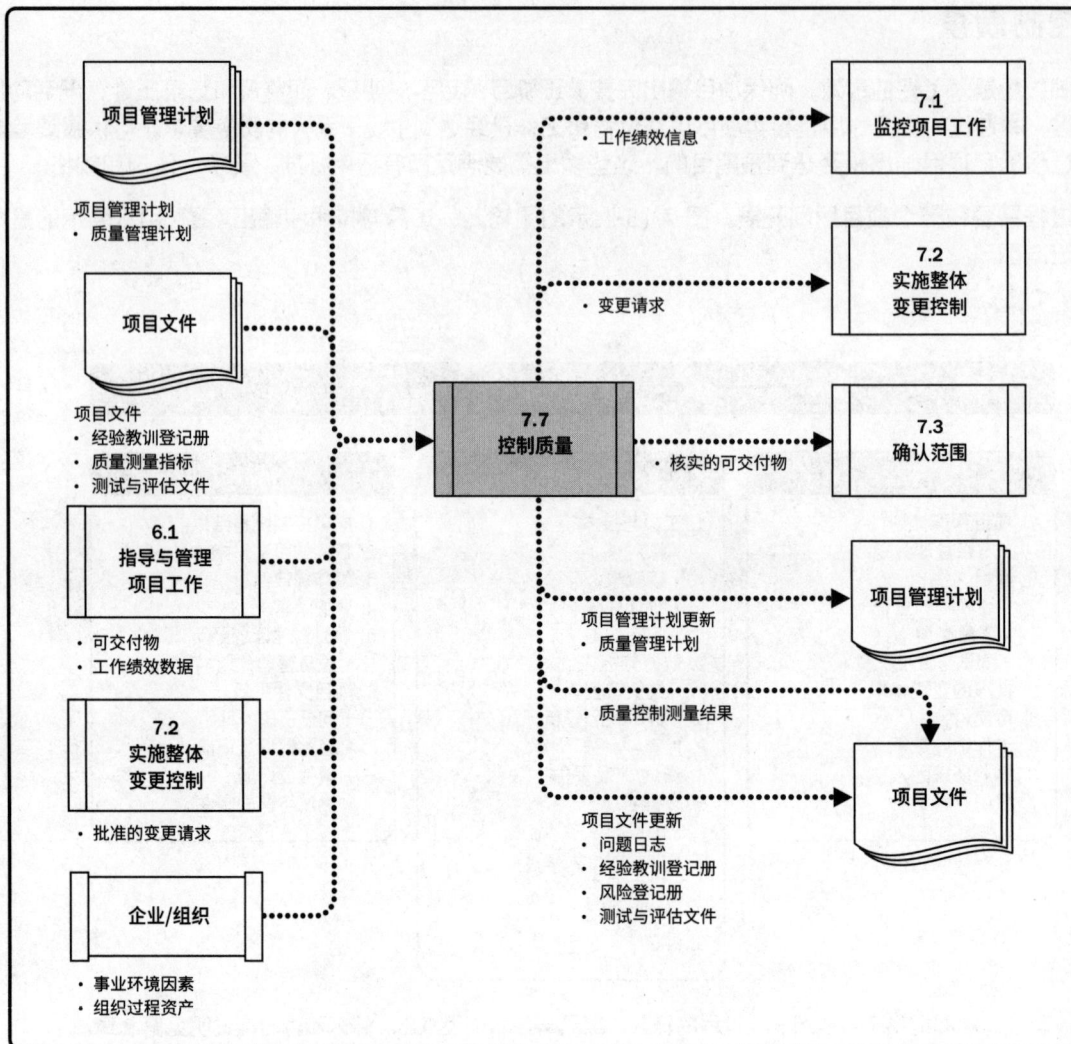

备注：本图提供了可能用于此过程的输入和输出。输入和输出的说明见第 9 章。

图 7-14 控制质量：数据流向图

控制质量过程的目的是在用户验收和最终交付之前测量产品或服务的完整性、合规性和适用性。本过程通过测量所有步骤、属性和变量，来核实与规划阶段所描述规格的一致性和合规性。

在整个项目期间应执行质量控制，用可靠的数据来证明项目已经达到发起人和/或客户的验收标准。

控制质量的投入水平和实施程度可能因行业和项目管理风格的不同而不同。例如，在制药、健康、运输和核工业中，与其他行业相比，可能有更严格的质量控制程序，而且为达到标准可能需要巨大的努力。在敏捷项目中，控制质量活动可能由所有团队成员在整个项目生命周期中执行，而在预测型（瀑布式）项目中，控制质量活动由特定团队成员在特定时间点或者项目或阶段快结束时执行。

7.8 控制资源

控制资源是确保被分配给项目的实物资源按计划就位，以及监督资源的计划和实际使用情况，并采取必要纠正措施的过程。本过程的主要作用是确保所分配的资源适时适地可用于项目，且在不再需要时被释放。

本过程需要在整个项目期间开展。 图 7-15 展示的是输入、工具与技术和输出。图 7-16 展示的是本过程的数据流向图。

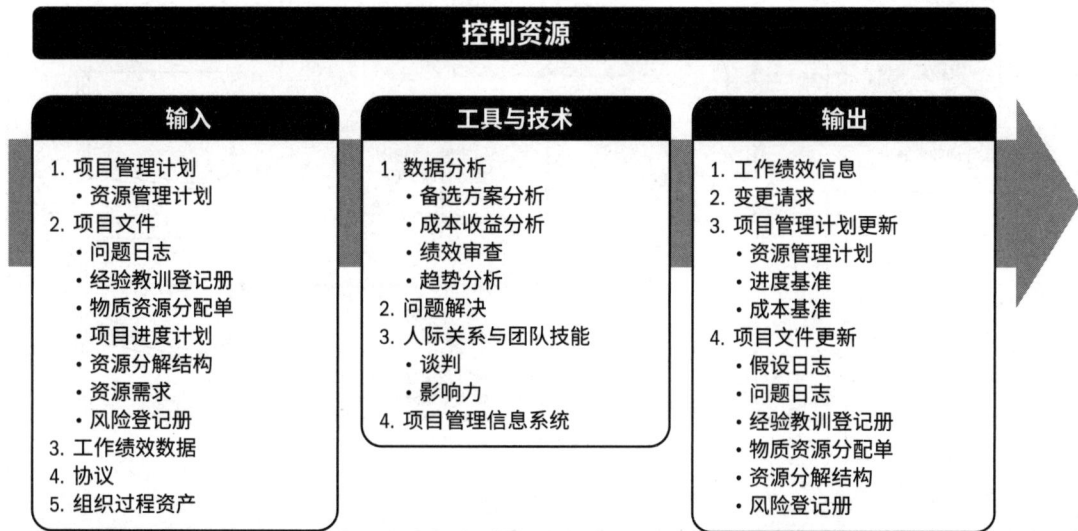

输入	工具与技术	输出
1. 项目管理计划 　•资源管理计划 2. 项目文件 　•问题日志 　•经验教训登记册 　•物质资源分配单 　•项目进度计划 　•资源分解结构 　•资源需求 　•风险登记册 3. 工作绩效数据 4. 协议 5. 组织过程资产	1. 数据分析 　•备选方案分析 　•成本收益分析 　•绩效审查 　•趋势分析 2. 问题解决 3. 人际关系与团队技能 　•谈判 　•影响力 4. 项目管理信息系统	1. 工作绩效信息 2. 变更请求 3. 项目管理计划更新 　•资源管理计划 　•进度基准 　•成本基准 4. 项目文件更新 　•假设日志 　•问题日志 　•经验教训登记册 　•物质资源分配单 　•资源分解结构 　•风险登记册

备注：本图提供了可能用于此过程的输入、工具与技术以及输出。输入和输出的说明见第 9 章。工具与技术的说明见第 10 章。

图 7-15 控制资源：输入、工具与技术和输出

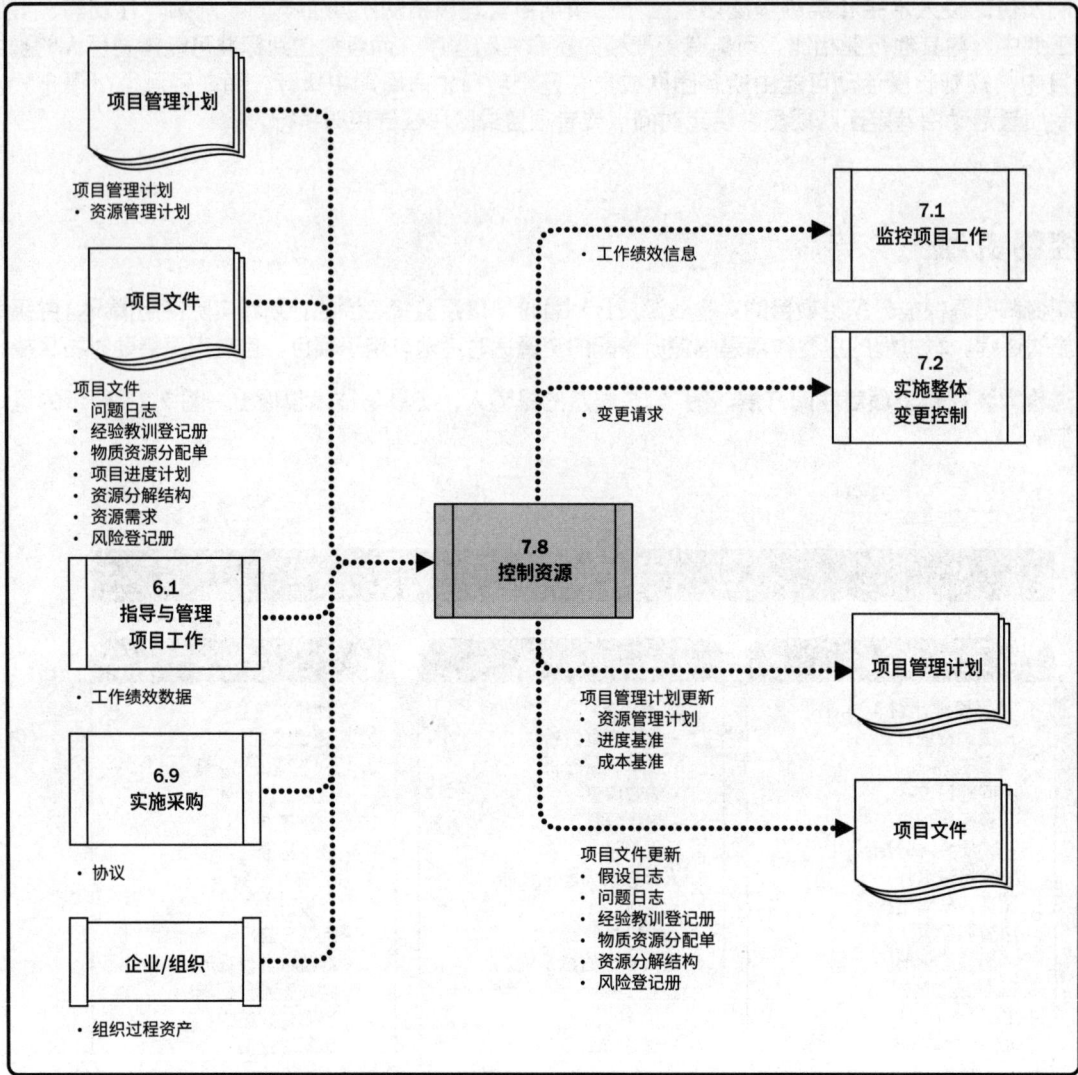

备注：本图提供了可能用于此过程的输入和输出。输入和输出的说明见第 9 章。

图 7-16 控制资源：数据流向图

应在所有项目阶段和整个项目生命周期期间持续开展控制资源过程。应该适时、适地和适量地分配和释放资源，使项目能够持续进行，没有拖延。管理团队过程关注团队成员。

更新资源分配时，需要了解已使用的资源和还需要获取的资源。为此，应审查至今为止的资源使用情况。控制资源过程关注：

- ▶ 监督资源支出；

- ▶ 及时识别和处理资源缺乏/剩余情况；

- ▶ 确保根据计划和项目需求使用和释放资源；

- ▶ 在出现资源相关问题时通知相应的干系人；

- ▶ 影响可以导致资源使用变更的因素；

- ▶ 在变更实际发生时对其进行管理。

进度基准或成本基准的任何变更，都必须经过实施整体变更控制过程的审批（见第 7.2 节）。

本节讨论的控制资源技术是项目中最常用的，而在特定项目或应用领域中，还可采用许多其他控制资源技术。

7.9 监督沟通

监督沟通是确保满足项目及其干系人的信息需求的过程。本过程的主要作用是按沟通管理计划和干系人参与计划的要求优化信息传递流程。

本过程需要在整个项目期间开展。图 7-17 展示的是输入、工具与技术和输出。图 7-18 展示的是本过程的数据流向图。

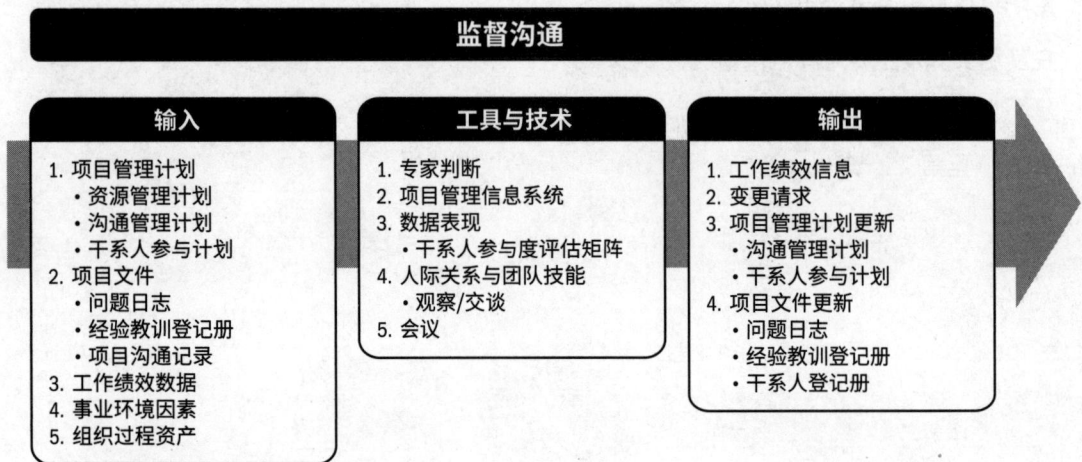

监督沟通		
输入	**工具与技术**	**输出**
1. 项目管理计划 　•资源管理计划 　•沟通管理计划 　•干系人参与计划 2. 项目文件 　•问题日志 　•经验教训登记册 　•项目沟通记录 3. 工作绩效数据 4. 事业环境因素 5. 组织过程资产	1. 专家判断 2. 项目管理信息系统 3. 数据表现 　•干系人参与度评估矩阵 4. 人际关系与团队技能 　•观察/交谈 5. 会议	1. 工作绩效信息 2. 变更请求 3. 项目管理计划更新 　•沟通管理计划 　•干系人参与计划 4. 项目文件更新 　•问题日志 　•经验教训登记册 　•干系人登记册

备注：本图提供了可能用于此过程的输入、工具与技术以及输出。输入和输出的说明见第 9 章。工具与技术的说明见第 10 章。

图 7-17 监督沟通：输入、工具与技术和输出

过程组：实践指南

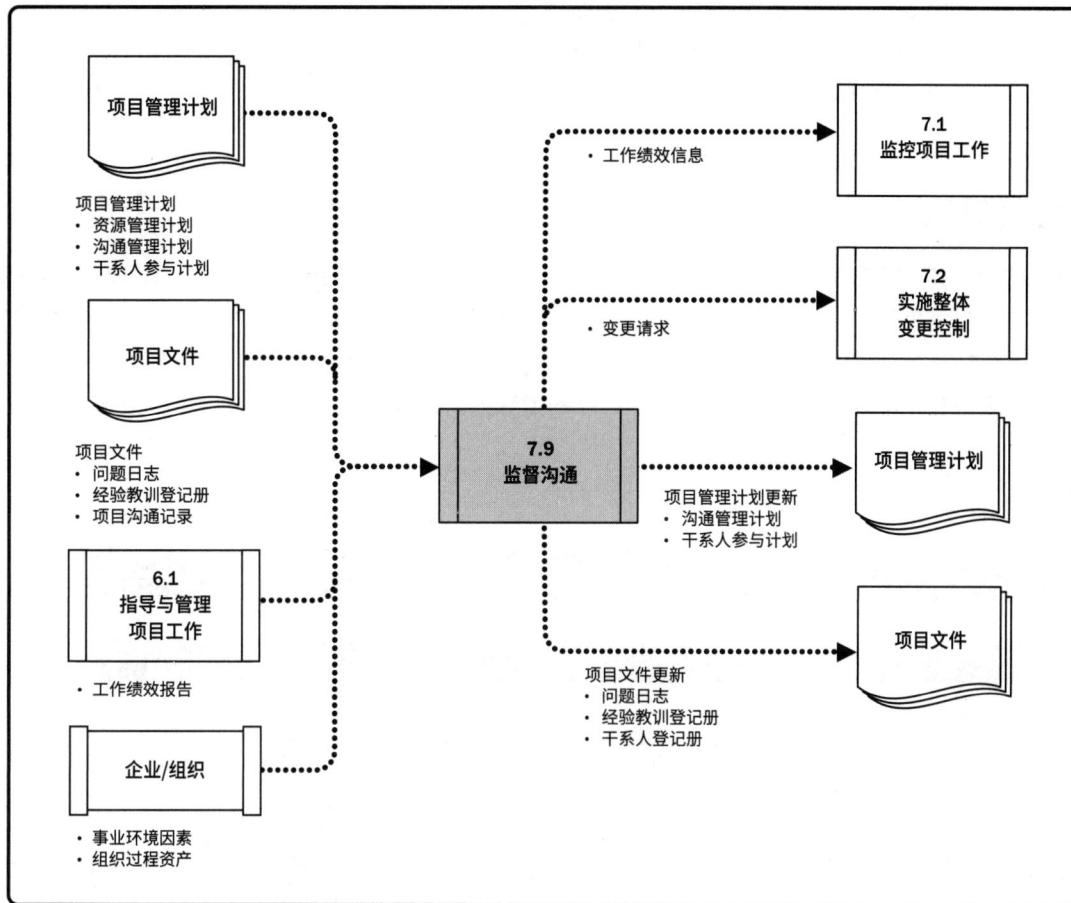

备注：本图提供了可能用于此过程的输入和输出。输入和输出的说明见第 9 章。

图 7-18 监督沟通：数据流向图

通过监督沟通过程，来确定规划的沟通工件和沟通活动是否如预期提高或保持了干系人对项目可交付物与期望成果的支持力度。项目沟通的影响和结果应该接受认真的评估和监督，以确保在正确的时间，通过正确的渠道，将正确的内容（发送方和接收方对其理解一致）传递给正确的受众。监督沟通可能需要采取各种方法，例如，客户满意度调查、收集经验教训、观察团队、审查问题日志中的数据，或分析干系人参与度评估矩阵（见第 10 章图 10-22 中的数据表示）中的变更。

监督沟通过程可能触发规划沟通管理和/或管理沟通过程的迭代，以便修改沟通计划并开展额外的沟通活动，来提升沟通的效果。这种迭代体现了沟通管理各过程的持续性质。问题、关键绩效指标、风险或冲突，都可能立即触发重新开展这些过程。

7.10 监督风险

监督风险是在整个项目期间，监督商定的风险应对计划的实施、跟踪已识别风险、识别和分析新风险，以及评估风险管理有效性的过程。本过程的主要作用是使项目决策都基于关于整体项目风险敞口和单个项目风险的当前信息。

本过程需要在整个项目期间开展。图 7-19 展示的是输入、工具与技术和输出。图 7-20 展示的是本过程的数据流向图。

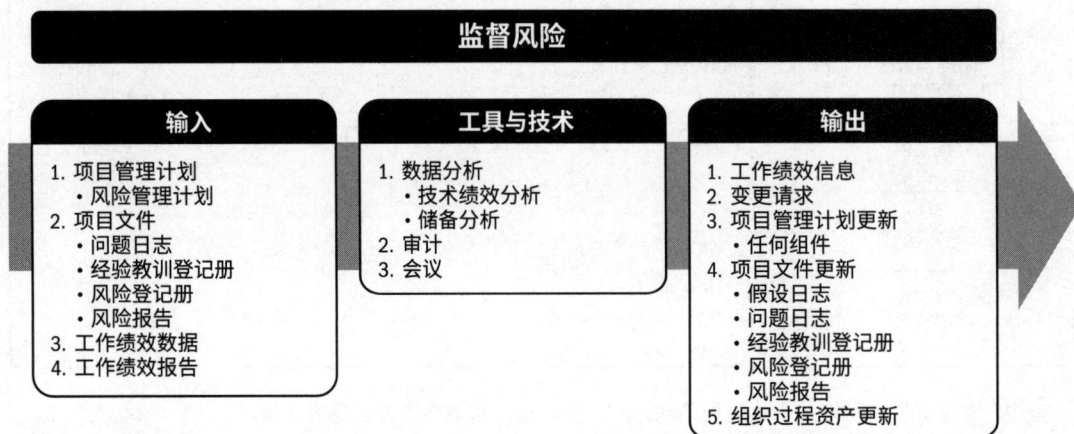

备注：本图提供了可能用于此过程的输入、工具与技术以及输出。输入和输出的说明见第 9 章。工具与技术的说明见第 10 章。

图 7-19 监督风险：输入、工具与技术和输出

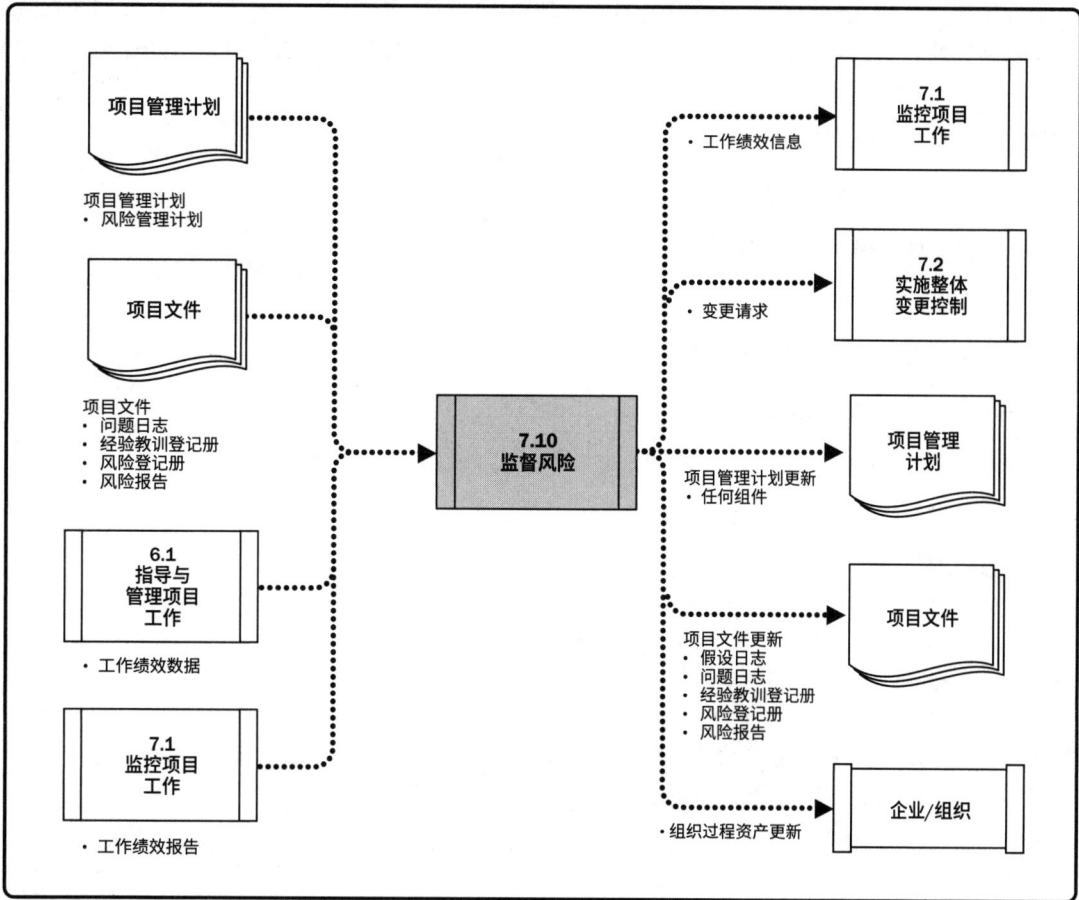

备注：本图提供了可能用于此过程的输入和输出。输入和输出的说明见第 9 章。

图 7-20 监督风险：数据流向图

为了确保项目团队和关键干系人了解当前的风险敞口级别，应该通过监督风险过程对项目工作进行持续监督，来发现新出现、正变化和已过时的单个项目风险。监督风险过程采用项目执行期间生成的绩效信息，以确定：

- ▶ 实施的风险应对是否有效；
- ▶ 整体项目风险级别是否已改变；
- ▶ 已识别单个项目风险的状态是否已改变；
- ▶ 是否出现新的单个项目风险；
- ▶ 风险管理方法是否依然适用；
- ▶ 项目假设条件是否仍然成立；
- ▶ 风险管理政策和程序是否已得到遵守；
- ▶ 成本或进度应急储备是否需要修改；
- ▶ 项目策略是否仍然有效。

7.11 控制采购

控制采购是管理采购关系，监督合同绩效，实施必要的变更和纠偏，以及关闭合同的过程。本过程的主要作用是确保买卖双方履行法律协议，满足项目需求。

本过程应根据需要在整个项目期间开展。图 7-21 展示的是输入、工具与技术和输出。图 7-22 展示的是本过程的数据流向图。

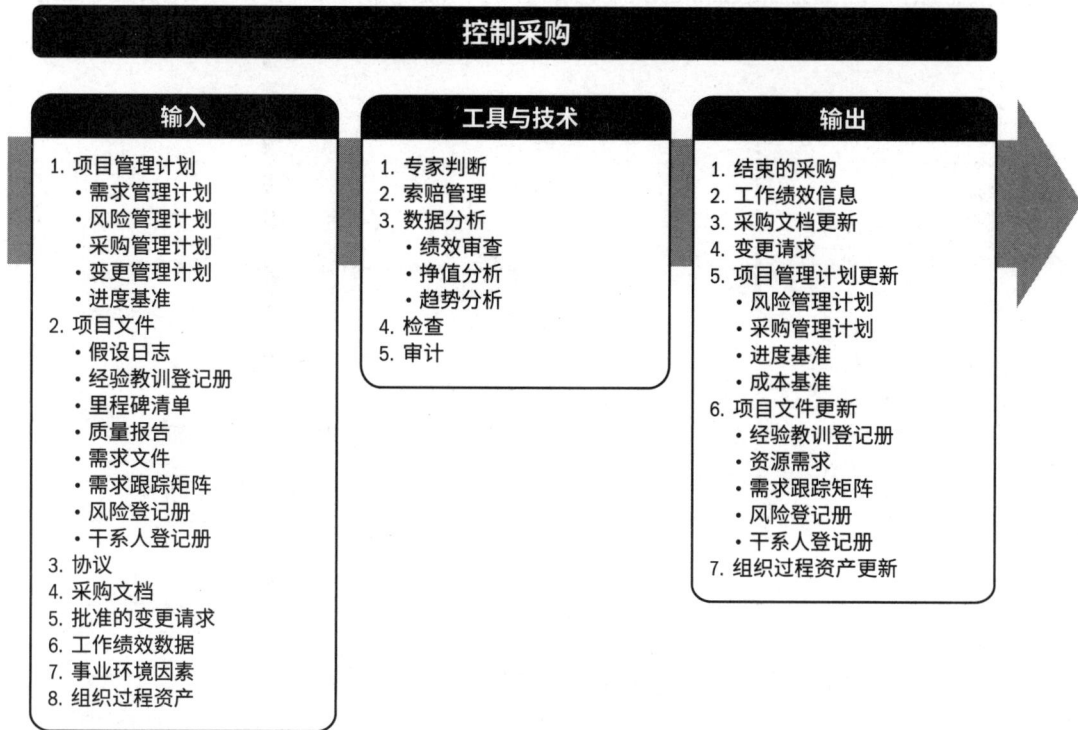

控制采购		
输入	**工具与技术**	**输出**
1. 项目管理计划 • 需求管理计划 • 风险管理计划 • 采购管理计划 • 变更管理计划 • 进度基准 2. 项目文件 • 假设日志 • 经验教训登记册 • 里程碑清单 • 质量报告 • 需求文件 • 需求跟踪矩阵 • 风险登记册 • 干系人登记册 3. 协议 4. 采购文档 5. 批准的变更请求 6. 工作绩效数据 7. 事业环境因素 8. 组织过程资产	1. 专家判断 2. 索赔管理 3. 数据分析 • 绩效审查 • 挣值分析 • 趋势分析 4. 检查 5. 审计	1. 结束的采购 2. 工作绩效信息 3. 采购文档更新 4. 变更请求 5. 项目管理计划更新 • 风险管理计划 • 采购管理计划 • 进度基准 • 成本基准 6. 项目文件更新 • 经验教训登记册 • 资源需求 • 需求跟踪矩阵 • 风险登记册 • 干系人登记册 7. 组织过程资产更新

备注：本图提供了可能用于此过程的输入、工具与技术以及输出。输入和输出的说明见第 9 章。工具与技术的说明见第 10 章。

图 7-21 控制采购：输入、工具与技术和输出

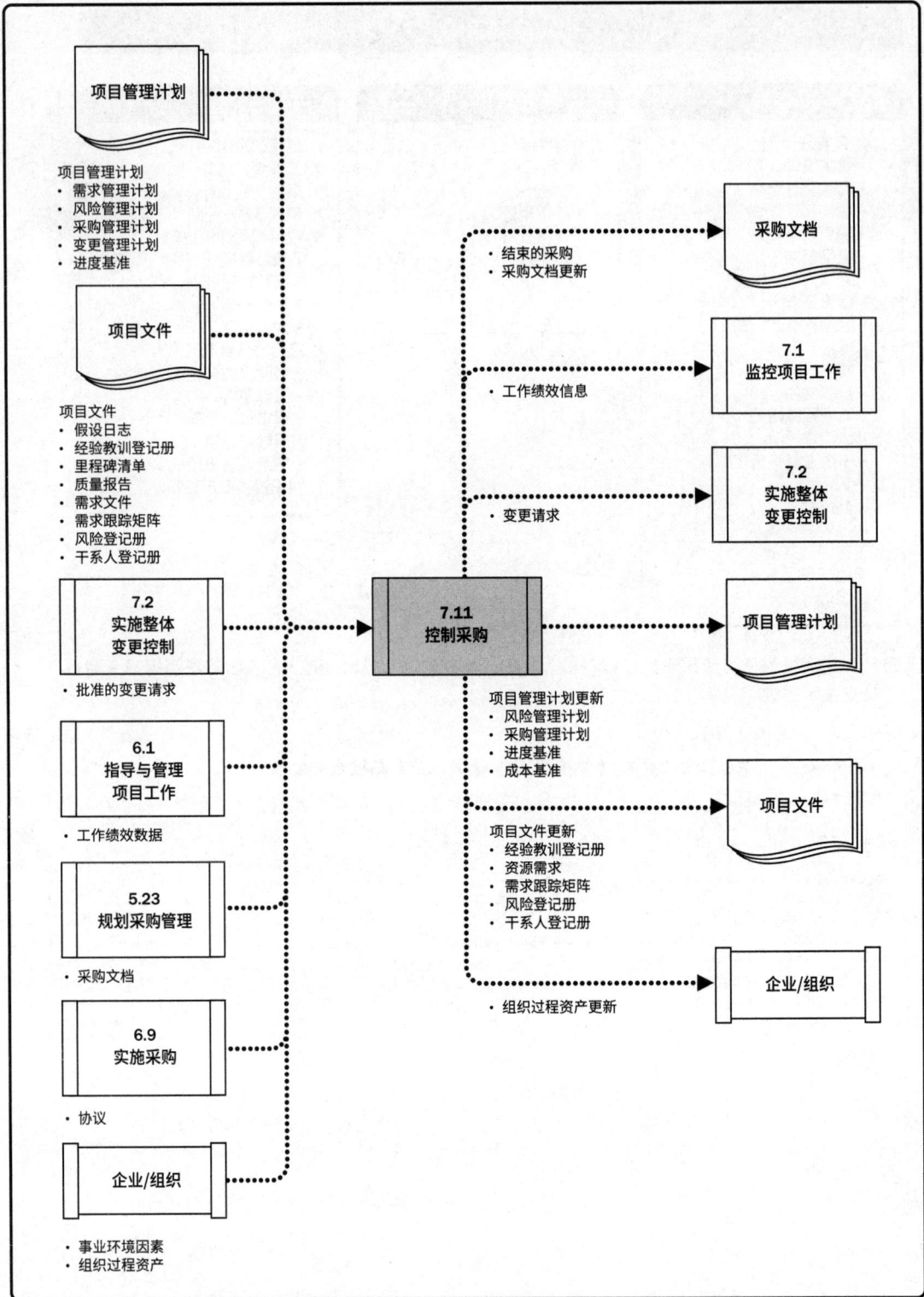

项目管理计划
项目管理计划
• 需求管理计划
• 风险管理计划
• 采购管理计划
• 变更管理计划
• 进度基准

项目文件
项目文件
• 假设日志
• 经验教训登记册
• 里程碑清单
• 质量报告
• 需求文件
• 需求跟踪矩阵
• 风险登记册
• 干系人登记册

7.2
实施整体
变更控制
• 批准的变更请求

6.1
指导与管理
项目工作
• 工作绩效数据

5.23
规划采购管理
• 采购文档

6.9
实施采购
• 协议

企业/组织
• 事业环境因素
• 组织过程资产

7.11
控制采购

采购文档
• 结束的采购
• 采购文档更新

7.1
监控项目工作
• 工作绩效信息

7.2
实施整体
变更控制
• 变更请求

项目管理计划
项目管理计划更新
• 风险管理计划
• 采购管理计划
• 进度基准
• 成本基准

项目文件
项目文件更新
• 经验教训登记册
• 资源需求
• 需求跟踪矩阵
• 风险登记册
• 干系人登记册

企业/组织
• 组织过程资产更新

备注：本图提供了可能用于此过程的输入和输出。输入和输出的说明见第 9 章。

图 7-22 控制采购：数据流向图

买方和卖方都出于相似的目的来管理采购合同，各方都必须确保双方履行合同义务，确保各自的合法权利得到保护。合同关系的法律性质，要求项目管理团队必须了解在控制采购期间所采取的任何行动的法律后果。对于有多个供应商的较大项目，合同管理的一个重要方面就是管理各个供应商之间的沟通。

鉴于其法律意义，很多组织都将合同管理视为独立于项目的一种组织职能。虽然采购管理员可以是项目团队成员，但通常还向另一部门的经理报告。

在控制采购过程中，需要把适当的项目管理过程应用于合同关系，并且需要整合这些过程的输出，以用于对项目的整体管理。当涉及多个卖家和多种产品、服务或结果时，就需要在多个层级进行整合。

采购管理活动示例

活动可能包括：

▶ 收集数据和管理项目记录，包括维护实物和财务绩效的详细记录，并建立可测量的采购绩效指标；

▶ 完善采购计划和进度安排；

▶ 建立收集、分析和报告与采购有关的项目数据，并给组织准备定期报告；

▶ 监督采购环境，以便促进实施或做出调整；

▶ 根据发票付款。

监控过程组

191

控制的质量，包括采购审计的独立性和可信度，对采购系统的可靠性至关重要。组织的道德规范、其法律顾问和外部法律咨询，包括任何正在进行的反腐败举措，都可以促进实现妥善的采购控制。

控制采购有一个财务管理组件，涉及监督对卖方的付款。这可以确保合同中规定的付款条件得到满足，并且确保补偿与合同中规定的卖方工作进展相联系。付款时的一个主要问题是确保付款与完成的工作密切相关。要求付款与项目产出和可交付物挂钩，而不是与劳动时间等投入挂钩的合同，具有更好的控制作用。

根据协议的变更控制条款，在合同结束前，经双方同意，可以随时修改协议。这种修改通常以书面形式记录。

7.12 监督干系人参与

监督干系人参与是指监督项目干系人关系，并通过修订参与策略和计划来裁剪干系人参与项目策略的过程。本过程的主要作用是随着项目的发展及其环境的变化，它可以保持或提高干系人参与活动的效率和效果。

本过程需要在整个项目期间开展。图 7-23 展示的是输入、工具与技术和输出。图 7-24 展示的是本过程的数据流向图。

过程组：实践指南

监督干系人参与		
输入	**工具与技术**	**输出**
1. 项目管理计划 　•资源管理计划 　•沟通管理计划 　•干系人参与计划 2. 项目文件 　•问题日志 　•经验教训登记册 　•项目沟通记录 　•风险登记册 　•干系人登记册 3. 工作绩效数据 4. 事业环境因素 5. 组织过程资产	1. 数据分析 　•备选方案分析 　•根本原因分析 　•干系人分析 2. 决策 　•多标准决策分析 　•投票 3. 数据表现 　•干系人参与度评估矩阵 4. 沟通技能 　•反馈 　•演示 5. 人际关系与团队技能 　•积极倾听 　•文化意识 　•领导力 　•人际交往 　•政治意识 6. 会议	1. 工作绩效信息 2. 变更请求 3. 项目管理计划更新 　•资源管理计划 　•沟通管理计划 　•干系人参与计划 4. 项目文件更新 　•问题日志 　•经验教训登记册 　•风险登记册 　•干系人登记册

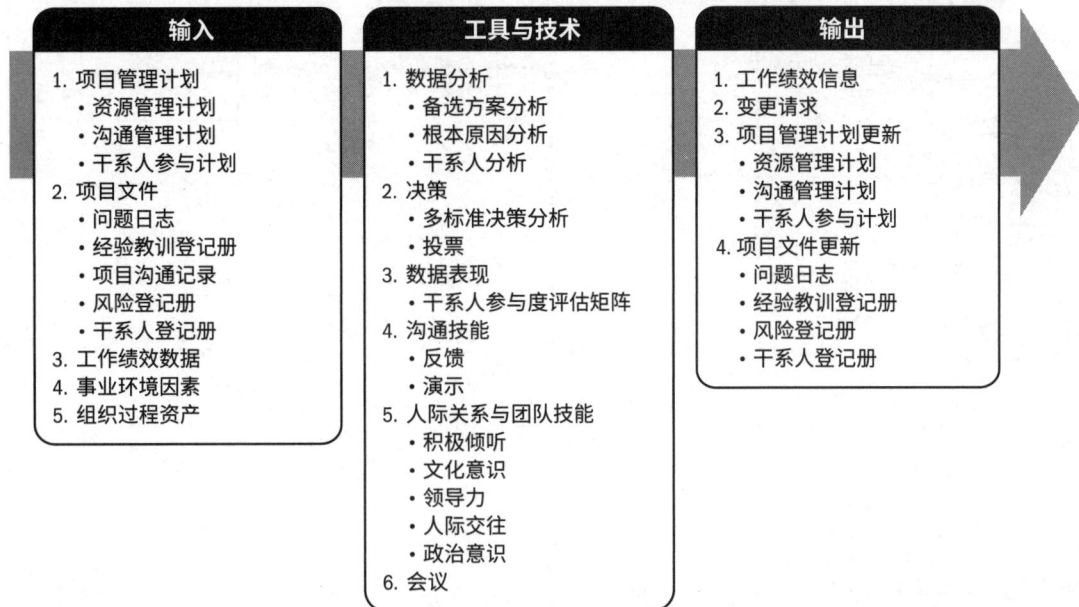

备注：本图提供了可能用于此过程的输入、工具与技术以及输出。输入和输出的说明见第 9 章。工具与技术的说明见第 10 章。

图 7-23 监督干系人参与：输入、工具与技术和输出

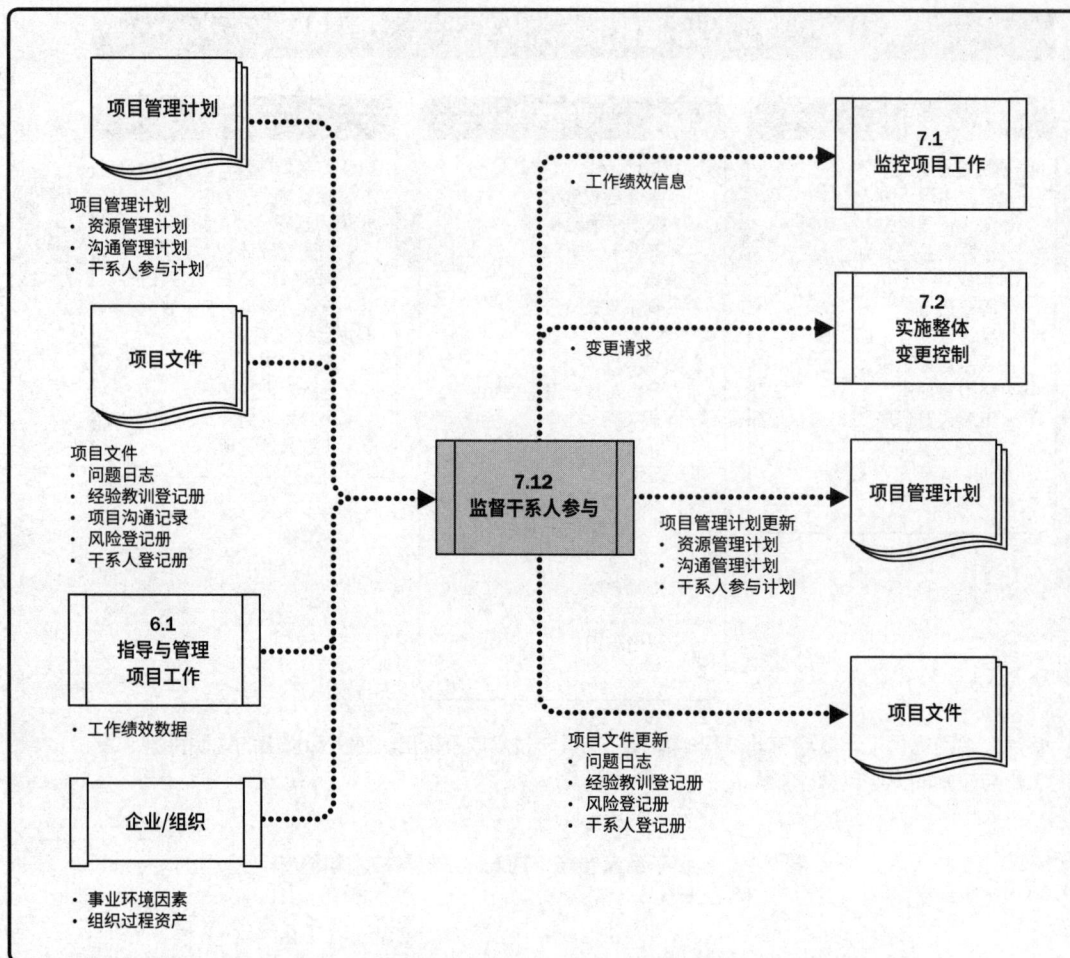

项目管理计划
- 资源管理计划
- 沟通管理计划
- 干系人参与计划

项目文件
- 问题日志
- 经验教训登记册
- 项目沟通记录
- 风险登记册
- 干系人登记册

- 工作绩效数据

- 事业环境因素
- 组织过程资产

- 工作绩效信息

- 变更请求

项目管理计划更新
- 资源管理计划
- 沟通管理计划
- 干系人参与计划

项目文件更新
- 问题日志
- 经验教训登记册
- 风险登记册
- 干系人登记册

备注：本图提供了可能用于此过程的输入和输出。输入和输出的说明见第 9 章。

图 7-24 监督干系人参与：数据流向图

收尾过程组

收尾过程组中的过程如表 8-1 所示。

表 8-1 收尾过程组的过程

收尾过程
8.1 结束项目或阶段

收尾过程组由正式完成或结束项目、阶段或合同而开展的一组过程组成。本过程组核实所有过程组内定义的过程是否已完成，以在合适的时候结束项目或阶段，并正式确定项目或项目阶段已完成。本过程组的主要作用是，阶段、项目和合同能够得到妥善结束。虽然本过程组只有一个过程，但组织可能有自己的与项目、阶段或合同收尾相关的过程。因此，保留过程组这个术语。

本过程组也可以处理项目的早期关闭，例如，项目中止或取消。

8.1 结束项目或阶段

结束项目或阶段是终结项目、阶段或合同的所有活动的过程。本过程的主要作用是归档项目或阶段信息，完成计划的工作，释放组织的团队资源以开展新的工作。

本过程仅开展一次或仅在项目的预定义点开展。图 8-1 展示的是输入、工具与技术和输出。图 8-2 展示的是本过程的数据流向图。

结束项目或阶段		
输入	**工具与技术**	**输出**
1. 项目章程 2. 项目管理计划 　• 所有组件 3. 项目文件 　• 假设日志 　• 估算依据 　• 变更日志 　• 问题日志 　• 经验教训登记册 　• 里程碑清单 　• 项目沟通记录 　• 质量控制测量结果 　• 质量报告 　• 需求文件 　• 风险登记册 　• 风险报告 4. 验收的可交付物 5. 商业文件 　• 商业论证 　• 收益管理计划 6. 协议 7. 采购文档 8. 组织过程资产	1. 专家判断 2. 数据分析 　• 文件分析 　• 回归分析 　• 趋势分析 　• 偏差分析 3. 会议	1. 项目文件更新 　• 经验教训登记册 2. 最终产品、服务或结果移交 3. 最终报告 4. 组织过程资产更新

备注：本图提供了可能用于此过程的输入、工具与技术以及输出。输入和输出的说明见第 9 章。
工具与技术的说明见第 10 章。

图 8-1 结束项目或阶段：输入、工具与技术和输出

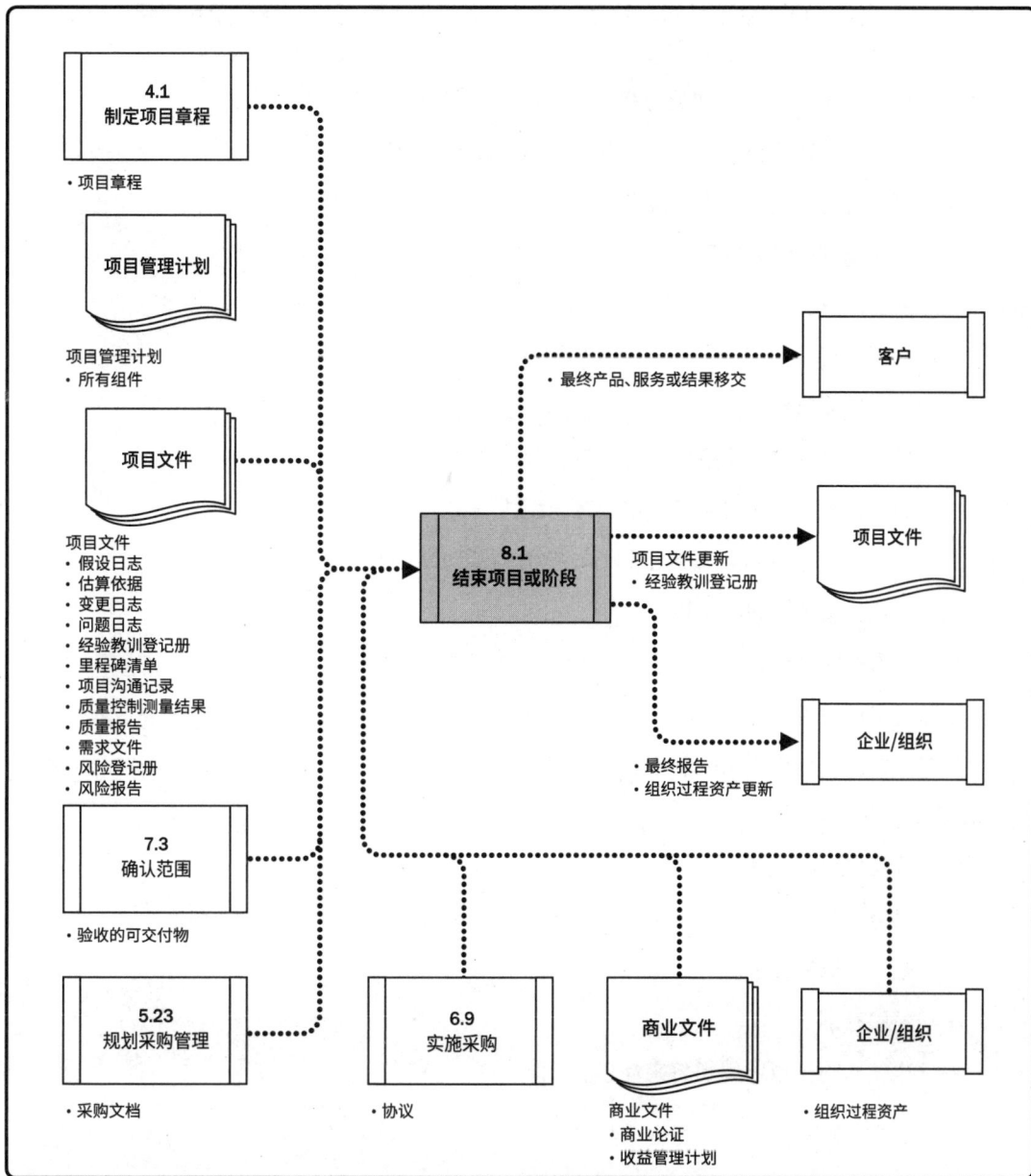

备注：本图提供了可能用于此过程的输入和输出。输入和输出的说明见第 9 章。

图 8-2 结束项目或阶段：数据流向图

在结束项目时，项目经理审查项目管理计划，确保所有项目工作都已完成，项目目标均已实现。项目或阶段的行政收尾所需的活动包括（但不限于）：

▶ 为满足该阶段或项目的完成或退出标准所需的行动和活动，例如：

　▷ 确保所有文件和可交付物是最新的，所有问题都得到解决。

　▷ 确认可交付物已交付给客户并获得正式验收。

　▷ 确保所有成本都计入项目。

　▷ 关闭项目账户。

　▷ 重新分配人员。

　▷ 处理多余的项目材料。

　▷ 重新分配项目设施、设备和其他资源。

　▷ 按照组织政策的要求详细编制最终项目报告。

▶ 与完成适用于项目或项目阶段的合同协议有关的活动，例如：

　▷ 确认已正式验收卖方的工作。

　▷ 最终处置未决索赔。

　▷ 更新记录以反映最终结果。

　▷ 将这些信息归档以供将来使用。

▶ 还需要采取的活动：

　▷ 收集项目或阶段记录。

　▷ 审计项目成败。

　▷ 管理知识共享和传递。

　▷ 总结经验教训。

　▷ 将项目信息归档以供组织将来使用。

- ▶ 为向下一阶段，或者向生产和/或运营移交项目的产品、服务或结果所必要的行动和活动。
- ▶ 收集关于改进或更新组织政策和程序的建议，并将其发送给相应的组织部门。
- ▶ 衡量干系人满意度的行动和活动。

当项目在完工前就提前终止时，结束项目或阶段过程还要制定程序，来调查和记录项目提前终止的原因。为了成功实现上述目的，项目经理需要所有合适的干系人参与本过程。

收尾过程组

输入和输出

为了与本实践指南英文版的页面保持一一对应，本目录中的输入和输出条目按英文字母顺序排列。如要找到一个具体的中文条目，请参考第 244 页，该页提供一个以汉语拼音顺序排列的输入和输出的交叉参照索引。该索引将引导您找到相应的条目和它出现的页面。

验收的可交付物 / Accepted deliverables。项目产出的，且被项目客户或发起人确认为满足既定验收标准的产品、结果或能力。

被授权签署和批准可交付物的干系人应该在过程的早期介入，并就可交付物的质量提供反馈，以便团队能够评估质量、绩效，且推荐必要的变更。

活动属性 / Activity attributes。与每个进度活动有关的多种属性，可以包含在活动清单中。活动属性包括活动编码、紧前活动、紧后活动、逻辑关系、提前量和滞后量、资源要求、强制日期、制约因素和假设条件。

活动属性是通过识别与每项活动所具有的多个组成部分，来扩充对活动的描述的，活动属性随时间演进。在项目初始阶段，活动属性包括唯一的活动标识 (ID)、WBS 标识和活动标签或名称；在活动属性编制完成时，活动属性可能包括活动描述、紧前活动、紧后活动、逻辑关系、提前量和滞后量、资源需求、强制日期、制约因素和假设条件。活动属性可用于识别需开展工作的地点、编制开展活动的项目日历，以及相关的活动类型。活动属性还可用于编制进度计划。根据活动属性，可在报告中以各种方式对计划进度活动进行选择、排序和分类。

活动清单 / Activity list。一份记录进度活动的表格，包含活动描述、活动标识及足够详细的工作范围描述，以便项目团队成员了解所需执行的工作。

协议 / Agreements。 用于明确项目初步意向的任何文件或沟通。其形式有合同、服务水平协议（SLA）、谅解备忘录 (MOU)、协议书、口头协议、采购订单、电子邮件等。

协议内容可以是简单的也可以是复杂的。复杂项目可能需要同时或先后管理多个合同，协议必须遵守当地、所在国及国际法中与合同有关的法律规定。

（项目管理计划的）所有组件 / All components (of the project management plan)。 项目管理计划的所有组件均为本过程的输入。这些组件可在本实践指南的表 1-6 中找到。

（项目管理计划的）任何组件 / Any component (of the project management plan)。 项目管理计划的任何组件均为本过程的输入。这些组件可在本实践指南的表 1-6 中找到。

批准的变更请求 / Approved change requests。 由项目经理、变更控制委员会或其他指定人员根据变更管理计划处理的变更请求要么被批准，要么被推迟，要么被拒绝。

批准的变更请求应通过指导与管理项目工作过程加以实施。对于推迟或否决的变更请求，应通知提出变更请求的个人或小组。

以项目文件更新的形式，在变更日志中记录所有变更请求的处理情况。另请参阅变更请求。

假设日志 / Assumption log。 在整个项目生命周期中用来记录所有假设条件和制约因素的项目文件。可以增加新的假设条件和制约因素，也可以更新或关闭已有的假设条件和制约因素。

通常，在项目启动之前编制商业论证时，识别高层级的（战略和运营）制约因素。这些假设条件与制约因素随后应纳入项目章程。在项目期间，较低层级的活动和任务的假设条件随着诸如定义技术规范、估算、进度活动、风险等活动的开展而生成。假设日志用于记录整个项目生命周期中的所有假设条件和制约因素。

估算依据 / Basis of estimates。 概述项目估算所用依据的支持性文件，如假设条件、制约因素、详细程度级别、估算区间和置信水平。

但不论其详细程度如何，估算依据都应该清晰完整地说明估算是如何得出的。该文件可以包括如何制定估算依据、做出的假设、已知的制约因素、可能的估算范围（例如 ±10%）、最终估算的置信水平，以及影响该估算的单个项目风险。

收益管理计划 / Benefits management plan。对创造、提高和保持项目或项目集收益的过程进行定义的书面文件。

收益管理计划描述了项目实现收益的方式和时间，以及应制定的收益衡量机制。项目收益指为发起组织和项目预期受益方创造价值的行动、行为、产品、服务或结果的成果。计划的制订应从项目生命周期早期的目标收益确定开始。计划应描述收益的关键要素，可能包括以下内容：

- ▶ **目标收益。**例如预期通过项目实施可以创造的有形价值和无形价值；财务价值体现为净现值 (NPV)。

- ▶ **战略一致性。**项目与组织业务策略的一致性。

- ▶ **实现收益的时限。**实现收益的时间长度，如短期的、长期的、持续的或阶段性的。

- ▶ **收益责任人。**在计划规定的整个时限内，监督、记录和报告收益实现情况的担责人。

- ▶ **度量指标。**用于确定收益实现情况的直接和间接测量。

- ▶ **假设条件。**预期存在或显而易见的因素。

- ▶ **风险。**与实现收益相关的风险。

在商业论证和需求评估中记录以用于收益管理计划的数据和信息。收益管理计划和项目管理计划描述了项目创造的商业价值如何能够成为组织持续运营的一部分，包括使用的度量指标。度量指标可核实商业价值并确认项目成功与否。

收益管理计划的制订和维护是一项迭代活动。它是商业论证、项目章程和项目管理计划的补充。项目经理与发起人共同确保项目章程、项目管理计划和收益管理计划在整个项目生命周期内始终保持一致。

输入和输出

商业论证和收益管理计划都是在项目启动之前编制的，并且都要成为项目完成之后评估项目成功的依据。因此，它们被视为商业文件，而非项目文件，或者项目管理计划的组件。这些商业文件可能成为某些项目管理过程的输入，例如，制定项目章程。

招标文件 / Bid documents。招标文件用于向潜在卖方征求建议书。如果主要依据价格来选择卖方（如购买商业或标准产品时），通常就使用标书、投标或报价等术语；如果其他考虑因素（如技术能力或技术方法）至关重要，则通常使用建议书之类的术语。具体使用的采购术语也可能因行业或采购地点而异。

取决于所需的货物或服务，招标文件可以是信息邀请书、报价邀请书、建议邀请书，或其他适当的文件。使用不同文件的条件如下：

- **信息邀请书 (RFI)。**如果需要卖方提供关于拟采购货物和服务的更多信息，就使用信息邀请书。随后一般还会使用报价邀请书或建议邀请书。

- **报价邀请书 (RFQ)。**如果需要供应商提供关于将如何满足需求和/或将需要多少成本的更多信息，就使用报价邀请书。

- **建议邀请书 (RFP)。**如果项目中出现问题且解决办法难以确定，就使用建议邀请书。这是最正式的"邀请书"文件，需要遵守与内容、时间表，以及卖方应答有关的严格的采购规则。

买方拟定的招标文件不仅应便于潜在卖方做出准确、完整的应答，还要便于买方对卖方应答进行评价。这些文件会包括规定的应答格式、相关的采购工作说明书 (SOW)，以及任何所需的合同条款。

招标文件的复杂和详细程度应与采购的价值及相关的风险相符。招标文件既需要具备足够详细的信息，以确保卖方做出一致且适当的应答，同时它又要有足够的灵活度，让卖方为满足相同的要求而提出更好的建议。

过程组：实践指南

商业论证 / Business case。 文档化的经济可行性研究报告，用来对尚缺乏充分定义的所选方案的收益进行有效性论证，是启动后续项目管理活动的依据。

商业论证列出了项目启动的目标和理由。它有助于在项目结束时根据项目目标衡量项目是否成功。商业论证是一种项目商业文件，可在整个项目生命周期中使用。在项目启动之前通过商业论证，可能会做出继续/终止项目的决策。

商业论证和收益管理计划都是在项目启动之前编制的，并且都要成为项目完成之后评估项目成功的依据。因此，它们被视为商业文件，而非项目文件，或者项目管理计划的组件。这些商业文件可能成为某些项目管理过程的输入，例如，制定项目章程。

商业文件 / Business documents。 商业论证和收益管理计划包含关于项目目标以及项目对业务目标的贡献的相关信息。虽然两种文件是在项目之前制定的，但都需要定期审核。

某些组织会维护项目集层面的商业论证和收益管理计划。项目发起人通常对项目商业论证文件的制定和维护担责。项目经理负责提供建议和见解，使项目商业论证、项目管理计划、项目章程和项目收益管理计划中的成功标准相一致，并与组织的目的和目标保持一致。

变更日志 / Change log。 项目过程中所做变更包括当前状态的综合清单。以项目文件更新的形式，在变更日志中记录所有变更请求的处理情况。

变更管理计划 / Change management plan。 项目管理计划的一个组件，用以建立变更控制委员会 (CCB)，记录其具体权限，并描述如何实施变更控制系统。

变更管理计划为管理变更控制过程提供指导，并记录 CCB 的角色和职责。

变更请求 / Change requests。变更请求是关于修改任何文件、可交付物或基准的正式提议。变更请求可以在项目内部或外部发起。

如果在开展项目工作时发现问题，就可提出变更请求，对项目政策或程序、项目或产品范围、项目成本或预算、项目进度计划、项目或产品结果的质量进行修改。变更请求可能包含纠正措施、预防措施、缺陷补救，或是反映修改或增加的意见或内容。

其他变更请求包括必要的预防措施或纠正措施，用来消除或最大程度减少以后项目中的不利后果。

任何干系人都可以提出变更请求，应该通过实施整体变更控制过程对变更请求进行审查和处理。

结束的采购 / Closed procurements。买方通常通过其授权的采购管理员，向卖方发出合同已经完成的正式书面通知。关于正式关闭采购的要求，通常已在合同条款和条件中规定，并包括在采购管理计划中。一般而言，这些要求包括：已按时按质按技术要求交付全部可交付物，没有未决索赔或发票，全部最终款项已经付清。项目管理团队应该在关闭采购之前批准所有的可交付物。

沟通管理计划 / Communications management plan。沟通管理计划是项目管理计划的一个组件，描述将如何规划，结构化、执行与监督项目沟通，以提高沟通的有效性。该计划包括如下信息：

- ▶ 干系人的沟通需求；

- ▶ 需沟通的信息，包括语言、形式、内容和详细程度；

- ▶ 上报步骤；

- ▶ 发布信息的原因；

- ▶ 发布所需信息、确认已收到，或做出回应（若适用）的时限和频率；

- ▶ 负责沟通相关信息的人员；

- ▶ 负责授权保密信息发布的人员；

- ▶ 接收信息的人员或群体，包括他们的需要、需求和期望；

▶ 用于传递信息的方法或技术，如备忘录、电子邮件、新闻稿，或社交媒体；

▶ 为沟通活动分配的资源，包括时间和预算；

▶ 随着项目进展，如在项目不同阶段干系人社区变化时，来更新与优化沟通管理计划的方法；

▶ 通用术语表；

▶ 项目信息流向图、工作流程（可能包含审批程序）、报告清单和会议计划等；

▶ 来自法律法规、技术、组织政策等的制约因素。

沟通管理计划中还包括关于项目状态会议、项目团队会议、虚拟会议和电子邮件等的指南和模板。如果项目要使用项目网站和项目管理软件，那就要把它们写进沟通管理计划。

配置管理计划 / Configuration management plan。项目管理计划的一个组件，用以说明如何在配置控制之下识别和解释项目工件，以及如何记录和报告项目工件的变更。

此计划描述如何记录和更新信息，以保持产品、服务或结果的一致性和/或可操作性。依照常规，每个项目的配置管理计划应规定哪些项目工件受控于配置控制程序。对配置要素的任何变更都应该提出变更请求，并经过正式控制。

成本基准 / Cost baseline。经过批准的、按时间段分配的项目预算，不包括任何管理储备，只有通过正式的变更控制程序才能进行变更，用作与实际结果进行比较的依据。

成本估算 / Cost estimates。成本估算是对完成活动所需资源的可能成本的量化评估，是在某特定时点，根据已知信息所做出的成本预测。在估算成本时，需要识别和分析可用于启动与完成项目的备选成本方案；需要权衡备选成本方案并考虑风险，如比较自制成本与外购成本、购买成本与租赁成本及多种资源共享方案，以优化项目成本。

成本估算通常以某种货币(即美元、欧元、日元等)为单位表示。在某些情况下，也可采用其他计量单位，如人时数或人天数，以消除通货膨胀的影响，便于成本比较。

在项目过程中，应该随着更详细信息的呈现和假设条件的验证，对成本估算进行审查和优化。在项目生命周期中，项目估算的准确性亦将随着项目的进展而逐步提高。

进行成本估算，应该考虑将向项目收费的全部资源，包括（但不限于）人工、材料、设备、服务、设施，以及一些特殊的成本种类，如通货膨胀补贴、融资成本或应急成本。成本估算可在活动层级中呈现，也可以汇总的形式呈现。

成本预测 / Cost forecasts。成本预测基于项目以往的绩效，用于确定项目是否仍处于预算的公差区间内，并识别任何必要的变更。无论是计算得出的完工估算 (EAC) 值，还是自下而上估算的 EAC 值，都需要记录下来，并与干系人沟通。

成本管理计划 / Cost management plan。项目或项目集管理计划的一个组件，描述如何规划、安排和控制成本。成本管理过程及其工具与技术应记录在成本管理计划中。

例如，在成本管理计划中规定：

▶ **计量单位。**需要规定每种资源的计量单位，例如用于测量时间的人时数、人天数或周数，用于计量数量的米、升、吨、千米或立方码，或者用货币表示的总价。

▶ **精确度。**根据活动范围和项目规模，设定成本估算向上或向下取整的程度（例如 995.59 美元取整为 1000 美元）。

▶ **准确度。**为活动成本估算规定一个可接受的区间（如 ±10%），其中可能包括一定数量的应急储备。

▶ **组织的程序链接。**工作分解结构（见第 5.5 节）为成本管理计划提供了框架，以便据此规范地开展成本估算、预算和控制。在项目成本核算中使用的 WBS 组件，称为控制账户。每个控制账户都有唯一的编码或账号，直接与执行组织的会计制度相联系。

- ▶ **控制临界值。** 可能需要规定偏差临界值，用于监督成本绩效。它是在需要采取某种措施前，允许出现的最大差异，通常用偏离基准计划的百分数来表示。

- ▶ **绩效测量规则。** 需要规定用于绩效测量的挣值管理（EVM）规则。例如，成本管理计划应该：

  - ▷ 定义 WBS 中用于绩效测量的控制账户；

  - ▷ 确定拟用的 EVM 技术（如加权里程碑法、固定公式法、完成百分比法等）；

  - ▷ 规定跟踪方法，以及用于计算项目完工估算（EAC）的 EVM 公式，该公式计算出的结果可用于验证通过自下而上方法得出的完工估算。

- ▶ **报告格式。** 需要规定各种成本报告的格式和编制频率。

- ▶ **其他细节。** 关于成本管理活动的其他细节包括（但不限于）：

  - ▷ 对战略筹资方案的说明；

  - ▷ 处理汇率波动的程序；

  - ▷ 记录项目成本的程序。

关于挣值管理的更多信息，参见**《挣值管理实践标准》** [9]。

可交付物 / Deliverables。 为完成某一过程、阶段或项目而必须产出的任何独特并可核实的产品、结果或服务能力。

开展项目是为了通过可交付物达成目标。可交付物可能是有形的，也可能是无形的。

开发方法 / Development approach。 开发方法定义了项目是采用预测型、适应型，还是混合型开发方法。

输入和输出

持续时间估算 / Duration estimates。 持续时间估算是对完成某项活动、阶段或项目所需的工作时段数的定量评估，持续时间估算中不包括任何滞后量。但可指出一定的变动区间。例如：

▶ 2周 ± 2天，表明活动至少需要 8 天，最多不超过 12 天（假定每周工作 5 天）；

▶ 超过 3 周的概率为 15%，表明该活动将在 3 周内（含 3 周）完工的概率为 85%。

事业环境因素 (EEF) / Enterprise environmental factors (EEF)。 团队不能直接控制的，将对项目、项目集或项目组合产生影响、限制或指导作用的各种条件。这些条件可能来自组织的内部和/或外部。事业环境因素是很多项目管理过程，尤其是大多数规划过程的输入。这些因素可能会提高或限制项目管理的灵活性，并可能对项目成果产生积极或消极的影响。

▶ 组织内部的 EEF：

▷ **组织文化、结构和治理。** 示例包括愿景、使命、价值观、信念、文化规范、领导力风格、等级制度和职权关系、组织风格、道德、行为规范、政策和程序。

▷ **设施和资源的地理分布。** 示例包括厂房位置和虚拟团队。

▷ **基础设施。** 示例包括现有设施、设备、组织通信渠道、信息技术硬件、可用性和功能。

▷ **信息技术软件。** 示例包括进度计划软件工具、配置管理系统、进入其他在线自动化系统的网络界面和工作授权系统。

▷ **资源可用性。** 示例包括合同和采购制约因素、获得批准的供应商和分包商以及合作协议。

▷ **员工能力。** 示例包括现有人力资源的专业知识、技能、能力和特定知识。

- ▶ 组织外部的 EEF：

  - ▷ **市场条件**。示例包括竞争对手、市场份额、品牌认知度和商标。

  - ▷ **社会和文化影响与问题**。示例包括政治氛围、行为规范、道德和观念。

  - ▷ **法律限制**。示例包括与安全、数据保护、商业行为、雇用和采购有关的国家或地方法律法规。

  - ▷ **商业数据库**。示例包括标杆对照结果、标准化的成本估算数据、行业风险研究资料和风险数据库。

  - ▷ **学术研究**。示例包括行业研究、出版物和标杆对照结果。

  - ▷ **政府或行业标准**。示例包括与产品、生产、环境、质量和工艺有关的监管机构条例和标准。

  - ▷ **财务考虑因素**。示例包括货币汇率、利率、通货膨胀率、关税和地理位置。

  - ▷ **物理环境要素**。示例包括工作环境、天气和制约因素。

最终产品、服务或结果移交 / Final product, service, or result transition。项目交付的产品、服务或结果可转交给另一团队或组织，并由其在整个生命周期中进行运营、维护和支持。

本输出所指的正是把项目交付的最终产品、服务或结果（对于阶段收尾，则是所在阶段的中间产品、服务或结果）从一个团队转交到另一个团队。

最终报告 / Final report。项目绩效汇总，其中可包含诸如以下信息：

- ▶ 项目或阶段的概述。

- ▶ 范围目标、范围的评估标准，以及证明达到完工标准的证据。

- ▶ 质量目标、项目和产品质量的评估标准，核实和实际的里程碑交付日期以及偏差的原因。

▶ 成本目标，包括可接受的成本区间、实际成本，以及产生任何偏差的原因。

▶ 最终产品、服务或结果的确认信息汇总。

▶ 项目进度目标，包括结果是否实现了项目收益。如果在项目结束时未能实现收益，则指出收益实现程度并预期未来实现情况。

▶ 关于最终产品、服务或结果如何满足商业计划所述业务需求的概述。如果在项目结束时未能满足业务需求，则指出需求满足程度并预计业务需求何时能够得到满足。

▶ 关于项目过程中发生的风险或问题及其解决情况的概述。

独立成本估算 / Independent cost estimates。 对于大型的采购，采购组织可以自行准备独立估算，或聘用外部专业估算师做出成本估算，并将其作为评价卖方报价的对照标杆。如果二者之间存在明显差异，则可能表明采购工作说明书 (SOW) 存在缺陷或内容模糊，或者潜在卖方误解了或未能完全响应采购 SOW。

问题日志 / Issue log。 记录和监督问题信息的项目文件。

经验教训登记册 / Lessons learned register。 用于记录在项目中所获知识的项目文件，它用于当前项目，并列入经验教训知识库。

经验教训登记册可以包含各种情况的类别和描述，还可以包括与情况相关的影响、建议和行动计划。经验教训登记册记录遇到的挑战、问题，意识到的风险和机会，或其他适用的内容。

经验教训登记册在项目早期创建，作为管理项目知识过程的输出。因此，在整个项目期间，它可以作为很多过程的输入，也可以作为输出而不断更新。参与工作的个人和团队也参与捕获经验教训。可以通过视频、图片、音频或其他合适的方式记录知识，确保有效吸取经验教训。

在项目或阶段结束时，把相关信息归入经验教训知识库，成为组织过程资产的一部分。

自制或外购决策 / Make-or-buy decisions。自制或外购决策是指关于从外部采购或由内部制造某产品的决策。通过自制或外购分析，做出某项特定工作最好由项目团队自己完成，还是需要从外部渠道采购的决策。

里程碑清单 / Milestone list。里程碑清单列出了所有项目里程碑，并指明每个里程碑是强制性的（如合同要求的）还是选择性的（如根据历史信息确定的）。里程碑的持续时间为零，因为它们代表的是项目中的一个重要时间点或事件。

组织过程资产 (OPA) / Organizational process assets (OPA)。执行组织所特有并使用的计划、过程、文件、模板和知识库。这些资产会影响对项目的管理。

组织过程资产包括来自任何（或所有）项目执行组织的，可用于执行或治理项目的任何工件、实践或知识，还包括来自组织以往项目的经验教训和历史信息。组织过程资产可能还包括完成的进度计划、风险数据和挣值数据。组织过程资产是许多项目管理过程的输入。由于组织过程资产存在于组织内部，在整个项目期间，项目团队成员可对组织过程资产进行必要的更新和增补。组织过程资产可分成以下两大类：

- ▶ **过程、文件和模板。**此类资产的更新通常不是项目工作的一部分，过程、文件和模板由项目管理办公室 (PMO) 或项目以外的其他职能部门确立。更新工作仅须遵循与这些资产的更新相关的组织政策。有些组织鼓励团队裁剪项目的模板、生命周期和核对单。在这种情况下，项目管理团队应根据项目需求裁剪这些资产。

- ▶ **组织的知识库。**此类资产是在整个项目期间结合项目信息而更新的。例如，整个项目期间会持续更新与财务绩效、经验教训、绩效指标和问题以及缺陷相关的信息。

组织过程资产更新 / Organizational process assets updates。可在本过程更新任一组织过程资产。执行组织所特有并使用的计划、过程和知识库的更新。

其他过程的输出 / Outputs from other processes。创建项目管理计划需要整合其他过程的输出。其他过程所输出的子计划和基准都是本过程的输入。此外，对这些子计划和基准的变更都可能导致对项目管理计划的相应更新。

绩效测量基准（PMB）/ Performance measurement baseline (PMB)。项目工作的整合范围、进度和成本计划，用来与项目执行情况相比较，以管理、测量和控制项目绩效。

实物资源分配单 / Physical resource assignments。此文件记录了项目将使用的材料、设备、用品、地点和其他实物资源。它描述了资源的预期使用情况以及资源属于组织内部资源还是外购资源。实物资源分配单是动态的，会因可用性、项目、组织、环境或其他因素而发生变更。

预分派 / Pre-assignment。预分派指事先确定项目的实物或团队资源，可在下列情况下发生：在竞标过程中承诺分派特定人员进行项目工作；项目取决于特定人员的专有技能；在完成资源管理计划的前期工作之前，制定项目章程过程或其他过程已经指定了某些团队成员的工作分派。

概率和影响矩阵 / Probability and impact matrix。概率和影响矩阵是把每个风险发生的概率和一旦发生对项目目标的影响映射起来的表格。此矩阵对概率和影响进行组合，以便于把单个项目风险划分成不同的优先级组别（见图 9-1）。基于风险的概率和影响，对风险进行优先级排序，以便未来进一步分析并制定应对措施。采用风险管理计划中规定的风险概率和影响定义，逐一对单个项目风险的发生概率及其对一项或多项项目目标的影响（若发生）进行评估。然后，基于所得到的概率和影响的组合，使用概率和影响矩阵，来为单个项目风险分配优先级别。

组织可针对每个项目目标（如成本、时间和范围）制定单独的概率和影响矩阵，并用它们来评估风险针对每个目标的优先级别。组织还可以用不同的方法为每个风险确定一个总体优先级别，即可综合针对不同目标的评估结果，也可采用最高优先级别（无论针对哪个目标），作为风险的总体优先级别。

过程组：实践指南

	威胁					机会					
概率											概率
很高 0.90	0.05	0.09	0.18	0.36	0.72	0.72	0.36	0.18	0.09	0.05	很高 0.90
高 0.70	0.04	0.07	0.14	0.28	0.56	0.56	0.28	0.14	0.07	0.04	高 0.70
中 0.50	0.03	0.05	0.10	0.20	0.40	0.40	0.20	0.10	0.05	0.03	中 0.50
低 0.30	0.02	0.03	0.06	0.12	0.24	0.24	0.12	0.06	0.03	0.02	低 0.30
很低 0.10	0.01	0.01	0.02	0.04	0.08	0.08	0.04	0.02	0.01	0.01	很低 0.10
	很低 0.05	低 0.10	中 0.20	高 0.40	很高 0.80	很高 0.80	高 0.40	中 0.20	低 0.10	很低 0.05	
			消极影响					积极影响			

图 9-1 概率和影响矩阵示例（有评分方法）

采购文档 / Procurement documentation。 在签署、执行及结束一份协议时所用到的所有文件。采购文档中可能包括项目启动之前的文件。采购文档包含用于管理采购过程的完整支持性记录，包括工作说明书、支付信息、承包商工作绩效信息、计划、图纸和其他往来函件。

采购文档更新 / Procurement documentation updates。 采购文档更新可包括用于支持合同的全部进度计划、已提出但未批准的合同变更，以及已批准的变更请求。采购文档还包括由卖方编制的技术文件，以及其他工作绩效信息，例如，可交付物的状况、卖方绩效报告和担保、财务文件（包括发票和支付记录），以及与合同相关的检查结果。

采购管理计划 / Procurement management plan。 项目或项目集管理计划的一个组件，说明项目团队将如何从执行组织外部获取货物和服务。

输入和输出

采购管理计划包含在采购过程中需要开展的活动。它应该记录是否要开展国际竞争性招标、国内竞争性招标、当地招标等。如果项目由外部资助，资金的来源和可用性应符合采购管理计划和项目进度计划的规定。

采购管理计划可包括以下内容：

- 如何协调采购与项目的其他工作，例如，项目进度计划制订和控制；

- 开展重要采购活动的时间表；

- 用于管理合同的采购度量指标；

- 与采购有关的干系人角色和职责；如果执行组织有采购部，项目团队拥有的职权和受到的限制；

- 可能影响采购工作的制约因素和假设条件；

- 司法管辖权和需要付款的对应货币；

- 是否需要编制独立估算，以及是否应将其作为评价标准；

- 风险管理事项，包括对履约保函或保险合同的要求，以减轻某些项目风险；

- 拟使用的预审合格的卖方（如果有）。

根据每个项目的需要，采购管理计划可以是正式或非正式的，非常详细或高度概括的。

采购工作说明书 / Procurement statement of work。依据项目范围基准，为每次采购编制工作说明书（SOW），仅对将要包含在相关合同中的那一部分项目范围进行定义。工作说明书会充分详细地描述拟采购的产品、服务或结果，以便潜在卖方确定是否有能力提供此类产品、服务或结果。根据采购品的性质、买方的需求，或拟采用的合同形式，工作说明书的详细程度会有较大不同。工作说明书的内容包括：规格、所需数量、质量水平、绩效数据、履约期间、工作地点和其他要求。

采购工作说明书应力求清晰、完整和简练。它需要说明所需的附加服务，例如，报告绩效，或对采购品的后续运营支持。在采购过程中，应根据需要对工作说明书进行修订，直到它成为所签协议的一部分。

对于服务采购，可能会用"**工作大纲（Terms of Reference，TOR）**"这个术语。与采购工作说明书类似，工作大纲通常包括以下内容：

- ▶ 承包商需要执行的任务，以及所需的协调工作。

- ▶ 承包商必须达到的适用标准。

- ▶ 需要提交批准的数据。

- ▶ 由买方提供给承包商的，将用于合同履行的全部数据和服务的详细清单（若适用）。

- ▶ 关于初始提交的和审查/审批的进度计划。

采购策略 / Procurement strategy。 一旦完成自制或外购分析，并决定从项目外部渠道采购，就应制定一套采购策略。应该在采购策略中规定项目交付方法、具有法律约束力的协议类型，以及如何在采购阶段推动采购进展。

- ▶ **交付方法。** 对专业服务项目和建筑施工项目，应该采用不同的交付方法。

  - ▷ **专业服务**项目的交付方法包括：买方或服务提供方不得分包、买方或服务提供方可以分包、买方或服务提供方设立合资企业、买方或服务提供方仅充当代表。

  - ▷ 而**工业或商业施工**项目的交付方法包括（但不限于）：交钥匙式、设计–建造（DB）、设计–招标–建造（DBB）、设计–建造–运营（DBO）、建造–拥有–运营–转让（BOOT）及其他方式。

- ▶ **合同支付类型。** 合同支付类型与项目交付方法无关，需要与采购组织的内部财务系统相协调。它们包括（但不限于）以下合同类型及其变化的形式：总价、固定总价、成本加固定费用、成本加奖励费用、成本加激励费用、工料、目标成本及其他类型。

> ▷ 总价合同适用于工作类型可预知、需求能清晰定义且不太可能变更的情况。

> ▷ 成本补偿合同适用于工作不断演进、很可能变更或未明确定义的情况。

> ▷ 激励和奖励费用可用于协调买方和卖方的目标。

▶ **采购阶段。** 采购策略也可以包括与采购阶段有关的信息，这种信息可能包括：

> ▷ 采购工作的顺序安排或阶段划分，每个阶段的描述，以及每个阶段的具体目标。

> ▷ 用于监督的采购绩效指标和里程碑。

> ▷ 从一个阶段过渡到下一个阶段的标准。

> ▷ 用于追踪采购进展的监督和评估计划。

> ▷ 向后续阶段转移知识的过程。

项目日历 / Project calendars。 在项目日历中规定可以开展进度活动的可用工作日和工作班次，它把可用于开展进度活动的时间段（按天或更小的时间单位）与不可用的时间段区分开来。在一个进度模型中，可能需要采用不止一个项目日历来编制项目进度计划，因为有些活动需要不同的工作时段。因此，可能需要对项目日历进行更新。

项目章程 / Project charter。 由项目启动者或发起人发布的，正式批准项目成立，并授权项目经理使用组织资源开展项目活动的文件。

项目沟通记录 / Project communications。 项目沟通工件可包括（但不限于）：绩效报告、可交付物的状态、进度进展、产生的成本、演示，以及干系人需要的其他信息。

项目文件 / Project documents。 在五个过程组中创建的文档，用于发起、计划、执行、管理和控制、关闭和交付项目。这 33 个项目文件在本实践指南的表 1-6 中列出。示例包括变更日志、问题日志、项目进度计划、项目范围说明书、需求文件、风险登记册和干系人登记册。

项目文件更新 / Project document updates。 在五个过程组中更新的文档，用于发起、计划、执行、管理和控制、关闭和交付项目。这 33 个项目文件在本实践指南的表 1-6 中列出。示例包括变更日志、问题日志、项目进度计划、项目范围说明书、需求文件、风险登记册和干系人登记册。

项目资金需求 / Project funding requirements。 根据成本基准，确定总资金需求和阶段性（如季度或年度）资金需求。成本基准包括预计支出及预计债务。项目资金通常以增量的方式投入，并且可能是非均衡的，呈现出图 9-2 中所示的阶梯状。完工预算 (BAC) 是指将要执行的工作所建立的全部预算的总和。

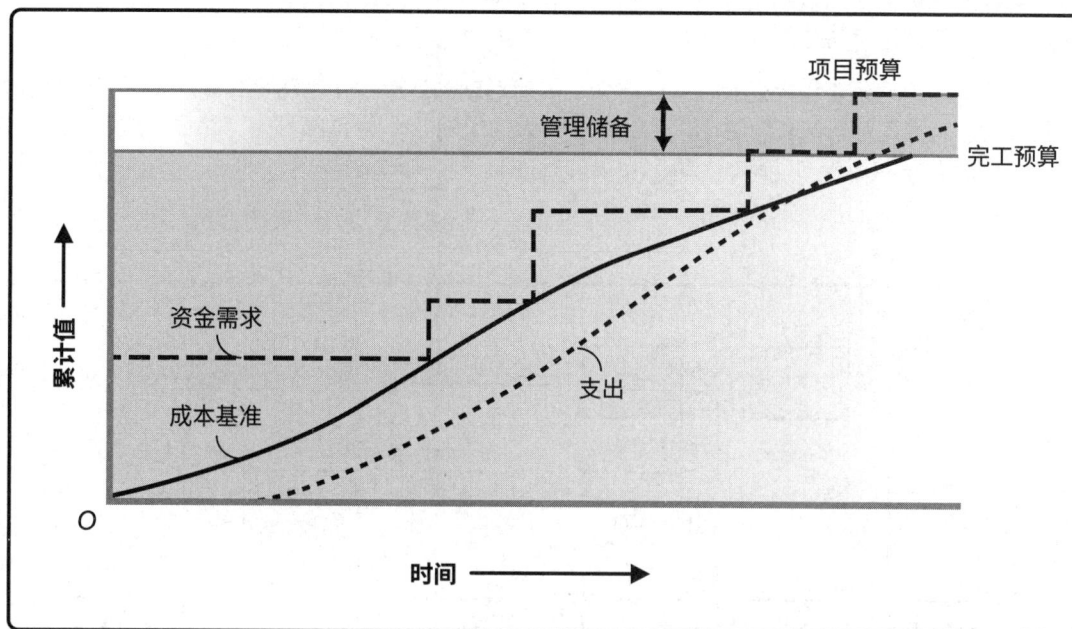

图 9-2 成本基准、支出与资金需求

项目生命周期描述 / Project life cycle description。 项目生命周期定义了项目从开始到完成所经历的一系列阶段。

项目管理计划 / Project management plan。 描述如何执行、监督、控制和结束项目的文件。

项目管理计划更新 / Project management plan updates。描述如何执行、监督、控制和结束项目的文件的更新。

项目进度计划 / Project schedule。进度模型输出，为各个相互关联的活动标注了计划日期、持续时间、里程碑和资源等信息。应在整个项目期间保持详细项目进度计划的灵活性，以根据获得的知识、对风险的深入理解和增值活动调整计划。

项目进度网络图 / Project schedule network diagrams。项目进度网络图是表示项目进度活动之间的逻辑关系（也叫依赖关系）的图形。图 9-3 是项目进度网络图的一个示例。项目进度网络图可用手工或借助项目管理软件来绘制，可包括项目的全部细节，也可只列出一项或多项概括性活动。项目进度网络图应附有简要文字描述，说明活动排序所使用的基本方法。在文字描述中，还应该对任何异常的活动序列做详细说明。

带有多个紧前活动的活动代表路径汇聚，而带有多个紧后活动的活动则代表路径分支。带汇聚和分支的活动受到多个活动的影响或能够影响多个活动，因此存在更大的风险。I 活动被称为"路径汇聚"，因为它拥有多个紧前活动，而 K 活动被称为"路径分支"，因为它拥有多个紧后活动。

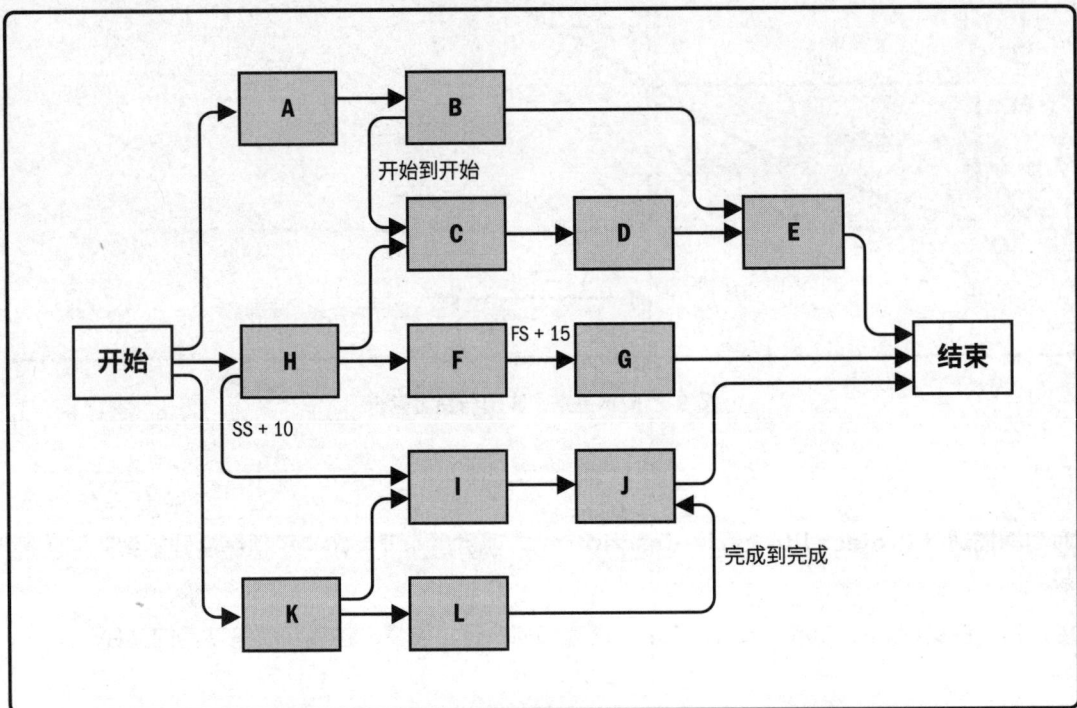

图 9-3 项目进度网络图示例

过程组：实践指南

项目范围说明书 / Project scope statement。 项目范围说明书是对项目范围、主要可交付物和除外责任的描述。它记录了整个范围，包括项目和产品范围；详细描述了项目的可交付物。还代表项目干系人之间就项目范围所达成的共识。为便于管理干系人的期望，项目范围说明书可明确指出哪些工作不属于本项目范围。项目范围说明书使项目团队能进行更详细的规划，在执行过程中指导项目团队的工作，并为评价变更请求或额外工作是否超过项目边界提供基准。

项目范围说明书描述要做和不要做的工作的详细程度，决定着项目管理团队控制整个项目范围的有效程度。详细的项目范围说明书包括以下内容（可能直接列出或参考其他文件）：

▶ **产品范围描述。** 逐步细化在项目章程和需求文件中所述的产品、服务或结果的特征。

▶ **可交付物。** 为完成某一过程、阶段或项目而必须产出的任何独特并可核实的产品、结果或服务能力，可交付物也包括各种辅助结果，如项目管理报告和文件。对可交付物的描述可略可详。

▶ **验收标准。** 可交付物通过验收前必须满足的一系列条件。

▶ **项目的除外责任。** 识别排除在项目之外的内容。明确说明哪些内容不属于项目范围，有助于管理干系人的期望及减少范围蔓延。

输入和输出

虽然项目章程和项目范围说明书的内容存在一定程度的重叠，但它们的详细程度完全不同。项目章程包含高层级的信息，而项目范围说明书则是对范围组成部分的详细描述，这些组成部分需要在项目过程中渐进明细。表 9-1 显示了这两个文件的一些关键内容。

表 9-1 项目章程与项目范围说明书的内容

项目章程	项目范围说明书
项目目的	项目范围描述（渐进明细）
可测量的项目目标和相关的成功标准	项目可交付物
高层级需求	验收标准
高层级项目描述、边界定义以及主要可交付物	项目的除外责任
整体项目风险	
总体里程碑进度计划	
预先批准的财务资源	
主要干系人名单	
项目审批要求（例如，用什么标准评价成功，由谁对项目成功下结论，由谁来签署项目结束）	
项目退出标准（比如，结束或取消项目或阶段前应满足的的条件）	
委派的项目经理及其职责和职权	
发起人或其他批准项目章程的人员的姓名和职权	

过程组：实践指南

项目团队派工单 / Project team assignments。此文件记录了团队成员及其在项目中的角色和职责，此文件可包括项目团队名录，还需要把人员姓名插入项目管理计划，如项目组织结构图和进度计划。

质量控制测量结果 / Quality control measurements。对质量控制过程活动的结果的书面记录。测量结果应以质量管理计划所确定的格式加以记录。

质量管理计划 / Quality management plan。质量管理计划是项目管理计划的一个组件，描述如何实施适用的政策、程序和指南以实现质量目标。它描述了项目管理团队为实现一系列项目质量目标所需的活动和资源。质量管理计划可以是正式或非正式的，非常详细或高度概括的。其格式与详细程度取决于项目的具体需要。应该在项目早期就进行评审，以确保决策是基于准确信息的。这样做的好处是，更加关注项目的价值定位，降低因返工而造成的成本超支金额和进度延误次数。

质量管理计划包括（但不限于）以下组成部分：

> ▶ 项目采用的质量标准；

> ▶ 项目的质量目标；

> ▶ 质量管理的角色和职责；

> ▶ 需要质量审查的项目可交付物和过程；

> ▶ 为项目规划的质量控制和质量管理活动；

> ▶ 项目使用的质量工具；

> ▶ 与项目有关的主要程序，例如处理不符合要求的情况、纠正措施程序，以及持续改进程序。

质量度量指标 / Quality metrics。质量度量指标专用于描述项目或产品属性，以及控制质量过程将如何验证符合程度。质量度量指标的例子包括按时完成的任务的百分比、以成本绩效指数（CPI）测量的成本绩效、故障率、识别的日缺陷数量、每月总停机时间、每个代码行的错误、客户满意度分数，以及测试计划所涵盖的需求的百分比（即测试覆盖度）。

质量报告 / Quality report。用于报告质量管理问题、纠正措施建议以及在质量控制活动中所发现的其他情况的一种项目文件。其中也可以包括对过程、项目和产品改进的建议。

质量报告可能是图形、数据或定性文件，其中包含的信息可帮助其他过程和部门采取纠正措施，以实现质量期望。质量报告的信息可以包含团队上报的质量管理问题；针对过程、项目和产品的改善建议；纠正措施建议（包括返工、缺陷/漏洞补救、100% 检查等）；以及在控制质量过程中发现的情况的概述。

需求文件 / Requirements documentation。关于各种单一需求将如何满足项目商业需求的描述。

一开始可能只有高层级的需求，然后随着有关需求信息的增加而逐步细化。只有明确的（可测量和可测试的）、可跟踪的、完整的、相互协调的，且主要干系人愿意认可的需求，才能作为基准。需求文件的格式多种多样，既可以是一份按干系人和优先级分类列出全部需求的简单文件，也可以是一份包括内容提要、细节描述和附件等的详细文件。

许多组织将需求分为不同的类别，例如业务和技术解决方案。业务解决方案涉及干系人需求，而技术解决方案决定如何实现这些需求。把需求分成不同的类别，有利于对需求进行进一步完善和细化。需求的类别包括：

▶ **商业需求。**整个组织的高层级需要，例如，解决业务问题或抓住业务机会，以及实施项目的原因。

▶ **干系人需求。**这些描述了干系人或干系人群体的需要。

▶ **解决方案需求。**为满足业务需求和干系人需求，产品、服务或结果必须具备的特性、功能和特征。解决方案需求又进一步分为功能需求和非功能需求：

> ▷ **功能需求**。功能需求描述产品应具备的功能，例如，产品应该执行的行动、流程、数据和交互功能。

> ▷ **非功能需求**。非功能需求是对功能需求的补充，是产品正常运行所需的环境条件或质量要求，例如，可靠性、保密性、性能、安全性、服务水平、可支持性、保留或清除等。

▶ **过渡和就绪需求**。这些需求描述了从"当前状态"过渡到"将来状态"所需的临时能力，如数据转换和培训需求。

▶ **项目需求**。项目需要满足的行动、过程或其他条件，例如里程碑日期、合同责任、制约因素等。

▶ **质量需求**。用于确认项目可交付物的成功完成或其他项目需求的实现的任何条件或标准，例如测试、认证、确认等。

需求管理计划 / Requirements management plan。需求管理计划是项目管理计划的组件，描述将如何分析、记录和管理项目和产品需求。根据《商业分析实践指南》[3]，有些组织称之为"商业分析计划"。需求管理计划的主要内容包括（但不限于）：

▶ 如何规划、跟踪和报告各种需求活动。

▶ 配置管理活动，例如：

> ▷ 如何发起变更。

> ▷ 如何分析影响。

> ▷ 如何追溯、跟踪和报告变更。

> ▷ 批准这些变更所需的授权等级。

▶ 需求优先级排序过程。

▶ 度量指标及使用这些指标的理由。

▶ 反映哪些需求属性将被列入跟踪矩阵的跟踪结构。

需求跟踪矩阵 / Requirements traceability matrix。需求跟踪矩阵是把产品需求从其来源链接到能满足需求的可交付物的一种表格。使用需求跟踪矩阵，把每个需求与业务目标或项目目标联系起来，有助于确保每个需求都具有商业价值。需求跟踪矩阵提供了在整个项目生命周期中跟踪需求的一种方法，有助于确保需求文件中被批准的每项需求在项目结束的时候都能交付。最后，需求跟踪矩阵还为管理产品范围变更提供了框架。

跟踪需求包括（但不限于）：

▶ 业务需要、机会、目的和目标；

▶ 项目目标；

▶ 项目范围和 WBS 可交付物；

▶ 产品设计；

▶ 产品开发；

▶ 测试策略和测试场景；

▶ 高层级需求到详细需求。

应在需求跟踪矩阵中记录每个需求的相关属性，这些属性有助于明确每个需求的关键信息。需求跟踪矩阵中记录的典型属性包括唯一标识、需求的文字描述、收录该需求的理由、所有者、来源、优先级别、版本、当前状态（如进行中、已取消、已推迟、新增加、已批准、被分配和已完成）和状态日期。为确保干系人满意，可能需要增加一些补充属性，如稳定性、复杂性和验收标准。图 9-4 是需求跟踪矩阵示例，其中列有相关的需求属性。

资源分解结构 / Resource breakdown structure。资源依类别和类型的层级展现。资源类别包括（但不限于）人力、材料、设备和用品，资源类型则包括技能水平、等级水平、要求证书或适用于项目的其他类型，如图 9-5 所示示例。

需求跟踪矩阵									
项目名称:									
成本中心:									
项目描述:									
标识	关联标识	需求描述	业务需要、机会、目的和目标	项目目标	WBS 可交付物	产品设计	产品开发	测试案例	
001	1.0								
	1.1								
	1.2								
	1.2.1								
002	2.0								
	2.1								
	2.1.1								
003	3.0								
	3.1								
	3.2								
004	4.0								
005	5.0								

图 9-4 需求跟踪矩阵示例

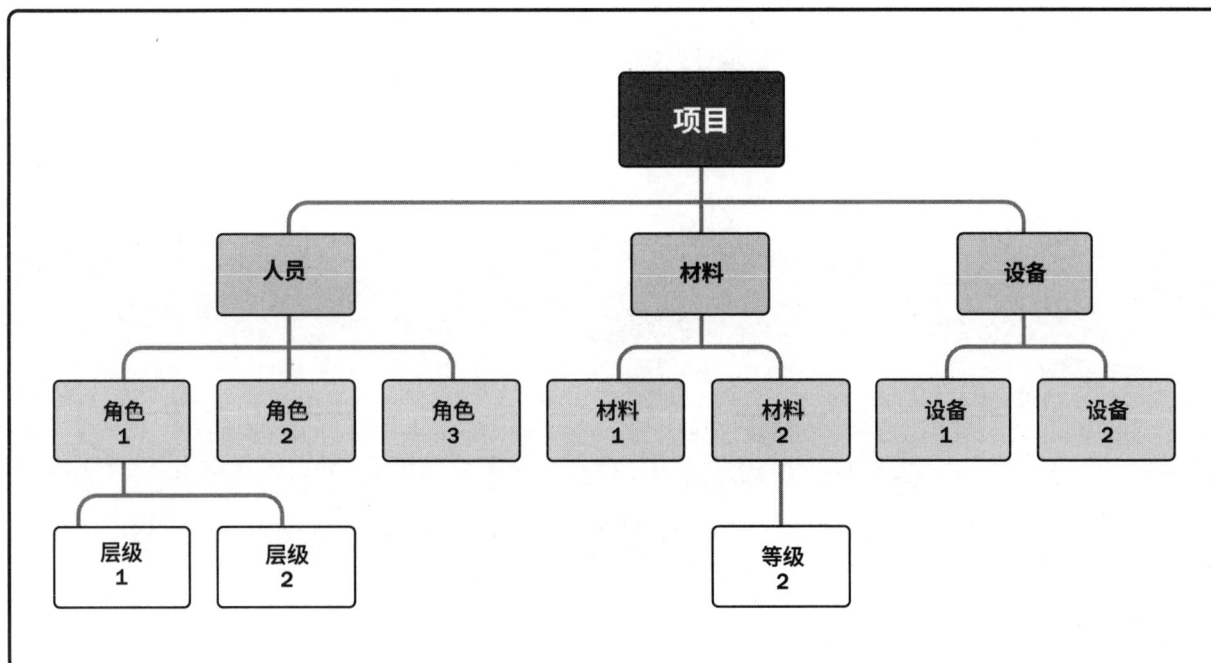

图 9-5 资源分解结构示例

资源日历 / Resource calendars。资源日历识别了每种具体资源可用时的工作日、班次、正常营业的上下班时间、周末和公共假期。在规划活动期间，潜在的可用资源信息（如团队资源、设备和材料）用于估算资源可用性。资源日历还规定了在项目期间确定的团队和实物资源何时可用、可用多久。这些信息可以在活动或项目层面建立，这考虑了诸如资源经验和/或技能水平以及不同地理位置等属性。

资源管理计划 / Resource management plan。作为项目管理计划的一个组件，资源管理计划提供了关于如何分类、分配、管理和释放项目资源的指南。资源管理计划可以根据项目的具体情况分为团队管理计划和实物资源管理计划。资源管理计划可能包括（但不限于）：

▶ **识别资源。**用于识别和量化项目所需的团队和实物资源的方法。

▶ **获取资源。**关于如何获取项目所需的团队和实物资源的指南。

▶ **角色与职责。**

▷ **角色。**在项目中，某人承担的职务或分配给某人的职务，如土木工程师、商业分析师和测试协调员。

▷ **授权。**使用项目资源、做出决策、签字批准、验收可交付物并影响他人开展项目工作的权利。例如，下列事项都需要由具有明确职权的人来做决策：选择活动的实施方法，质量验收标准，以及如何应对项目偏差等。当个人的职权水平与职责相匹配时，团队成员就能最好地开展工作。

▷ **职责。**为完成项目活动，项目团队成员必须履行的职责和工作。

▷ **能力。**为完成项目活动，项目团队成员需具备的技能和才干。如果项目团队成员不具备所需的能力，就不能有效地履行职责。一旦发现成员的能力与职责不匹配，就应主动采取措施，如安排培训、招募新成员、调整进度计划或工作范围。

▶ **项目组织架构图。**项目组织架构图以图形方式展示项目团队成员及其报告关系。基于项目的需要，项目组织架构图可以是正式或非正式的，非常详细或高度概括的。例如，一个 3000 人的灾害应急团队的项目组织架构图，要比仅有 20 人的内部项目的组织架构图详尽得多。

▶ **项目团队资源管理。**关于如何定义、配备、管理和最终解散项目团队资源的指南。

▶ **培训。**针对项目成员的培训策略。

▶ **团队建设。**建设项目团队的方法。

▶ **资源控制。**依据需要确保实物资源充足可用，并为项目需求优化实物资源采购，而采用的方法。包括有关整个项目生命周期的库存、设备和用品管理的信息。

▶ **认可计划。**将给予团队成员哪些认可和奖励，以及何时给予。

资源需求 / Resource requirements。资源需求识别了各个工作包或工作包中每个活动所需的资源类型和数量，可以汇总这些需求，以估算每个工作包、每个 WBS 分支以及整个项目所需的资源。资源需求描述的细节数量与具体程度因应用领域而异，而资源需求文件也可包含为确定所用资源的类型、可用性和所需数量所做的假设。

风险登记册 / Risk register。记录风险过程输出的知识库。风险登记册记录已识别单个项目风险的详细信息。在风险登记册中记录以下贯穿项目的过程的结果：

▶ 实施定性风险分析。

▶ 规划风险应对。

▶ 实施风险应对。

▶ 监督风险 。

取决于具体的项目变量（如规模和复杂性），风险登记册可能包含有限或广泛的风险信息。

当执行识别风险过程时，风险登记册的内容可能包括（但不限于）：

▶ **已识别风险的清单。**在风险登记册中，每项单个项目风险都被赋予一个独特的标识号。要以所需的详细程度对已识别风险进行描述，确保明确理解。可以使用结构化的风险描述，来把风险本身与风险原因及风险影响区分开来。

▶ **潜在风险责任人。**如果已在识别风险过程中识别出潜在的风险责任人，就要把该责任人记录到风险登记册中。随后将由实施定性风险分析过程进行确认。

▶ **潜在风险应对措施清单。**如果已在识别风险过程中识别某种潜在的风险应对措施，就要把它记录到风险登记册中。随后将由规划风险应对过程进行确认。

根据风险管理计划规定的风险登记册格式，可能还要记录关于每项已识别风险的其他数据，这可能包括：

▶ 简短的风险名称。

▶ 风险类别。

▶ 当前风险状态。

▶ 一项或多项原因。

▶ 一项或多项对目标的影响。

▶ 风险触发条件（表明风险即将发生的事件或情形）。

▶ 受影响活动的 WBS 组件。

▶ 时间信息（风险何时识别、可能何时发生、何时可能不再相关，以及采取行动的最后期限）。

过程组：实践指南

风险管理计划 / Risk management plan。 风险管理计划是项目管理计划的一个组件，描述如何安排与实施风险管理活动。风险管理计划可包括以下部分或全部内容：

▶ **风险管理战略。** 描述用于管理本项目的风险的一般方法。

▶ **方法论。** 确定用于开展本项目的风险管理的具体方法、工具及数据来源。

▶ **角色与职责。** 确定每项风险管理活动的领导者、支持者和团队成员，并明确他们的职责。

▶ **资金。** 确定开展风险管理相关活动所需的资金，并制定应急储备和管理储备的使用方案。

▶ **时间安排。** 确定在项目生命周期中实施风险管理过程的时间和频率，确定风险管理活动并将其纳入项目进度计划。

▶ **风险类别。** 确定对单个项目风险进行分类的方式。通常借助风险分解结构 (RBS)来构建风险类别。风险分解结构是潜在风险来源的层级展现（示例见图 9-6）。风险分解结构有助于项目团队考虑单个项目风险的全部可能来源，对识别风险或归类已识别风险特别有用。组织可能有适用于所有项目的通用 风险分解结构，也可能针对不同类型项目使用几种不同的风险分解结构框架，或者允许项目量身定制专用的风险分解结构。如果未使用风险分解结构，组织则可能采用某种常见的风险分类框架，既可以是简单的类别清单，也可以是基于项目目标的某种类别结构。

输入和输出

RBS 0 级	RBS 1 级	RBS 2 级
0. 项目风险所有来源	1. 技术风险	1.1 范围定义
		1.2 需求定义
		1.3 估算、假设和制约因素
		1.4 技术过程
		1.5 技术
		1.6 技术联系
		等等
	2. 管理风险	2.1 项目管理
		2.2 项目集/项目组合管理
		2.3 运营管理
		2.4 组织
		2.5 提供资源
		2.6 沟通
		等等
	3. 商业风险	3.1 合同条款和条件
		3.2 内部采购
		3.3 供应商与卖方
		3.4 分包合同
		3.5 客户稳定性
		3.6 合伙企业与合资企业
		等等
	4. 外部风险	4.1 法律
		4.2 汇率
		4.3 地点/设施
		4.4 环境/天气
		4.5 竞争
		4.6 监管
		等等

图 9-6 风险分解结构（RBS）示例摘录

过程组：实践指南

▶ **干系人风险偏好。** 应在风险管理计划中记录项目关键干系人的风险偏好。他们的风险偏好会影响规划风险管理过程的细节。应该针对每个项目目标，把干系人的风险偏好表述成可测量的风险临界值。这些临界值不仅将联合决定可接受的整体项目风险敞口水平，而且也用于制定概率和影响定义。以后将根据概率和影响定义，对单个项目风险进行评估和优先排序。

▶ **风险概率和影响定义。** 根据具体的项目环境，组织和关键干系人的风险偏好和临界值，来制定风险概率和影响定义。项目可能自行制定关于概率和影响级别的具体定义，或者用组织提供的通用定义作为出发点。应该根据拟开展风险过程的详细程度，来确定概率和影响级别的数量，即更多级别（通常为五级）对应于更详细的风险管理方法，更少级别（通常为三级）对应于更简单的方法。表9-2针对三个项目目标提供了概率和影响定义的示例。通过将影响定义为负面威胁（工期延误、成本增加和绩效不佳）和正面机会（工期缩短、成本节约和绩效改善），表格所示的量表可同时用于评估威胁和机会。

表 9-2 概率和影响定义示例

量表	概率	+/– 对项目目标的影响		
		时间	成本	质量
很高	>70%	>6 个月	>500 万美元	对整体功能影响非常重大
高	51%～70%	3～6 个月	100 万美元～500 万美元	对整体功能影响重大
中	31%～50%	1～3 个月	50.1 万美元～100 万美元	对关键功能领域有一些影响
低	11%～30%	1～4 周	10 万美元～50 万美元	对整体功能有微小影响
很低	1%～10%	1 周	<10万美元	对辅助功能有微小影响
零	<1%	不变	不变	功能不变

输入和输出

风险报告 / Risk report。风险报告提供关于整体项目风险的信息，以及关于已识别的单个项目风险的概述信息。在风险管理过程中，风险报告的编制是一项渐进式的工作。以下过程完成后，应在风险报告中包含这些过程的结果：

- ▶ 实施定性风险分析。
- ▶ 实施定量风险分析。
- ▶ 规划风险应对。
- ▶ 实施风险应对。
- ▶ 监督风险。

当完成识别风险过程时，风险报告的信息可能包括（但不限于）：

- ▶ 整体项目风险的来源。说明哪些是整体项目风险敞口的最重要驱动因素。
- ▶ 关于已识别单个项目风险的概述信息。例如，已识别的威胁与机会的数量、风险在风险类别中的分布情况、度量指标和发展趋势。

根据风险管理计划中规定的报告要求，风险报告中可能还包含其他信息。

进度基准 / Schedule baseline。经过批准的进度模型，只能够通过正式的变更控制程序进行变更，并被用作与实际结果进行比较的依据。经干系人接受和批准，进度基准包含基准开始日期和基准结束日期。在监控过程中，将用实际开始和完成日期与批准的基准日期进行比较，以确定是否存在偏差。进度基准是项目管理计划的组件。

进度数据 / Schedule data。项目进度模型中的进度数据是用以描述和控制进度计划的信息集合。进度数据至少包括进度里程碑、进度活动、活动属性，以及已知的全部假设条件与制约因素，而所需的其他数据因应用领域而异。经常可用作支持细节的信息包括（但不限于）：

- ▶ 按时段列出的资源需求，往往以资源直方图表示。

- ▶ 备选的进度计划，如最好情况或最坏情况下的进度计划、经资源平衡或未经资源平衡的进度计划、有强制日期或无强制日期的进度计划。

- ▶ 使用的进度储备。

进度数据还可包括资源直方图、现金流预测，以及订购与交付进度安排等其他相关信息。

进度预测 / Schedule forecasts。根据测算进度时已有的信息和知识，对项目未来的情况和事件所进行的估算或预期。随着项目执行，应该基于工作绩效信息，更新和重新发布预测。这些信息基于项目的过去绩效，并取决于纠正或预防措施所期望的未来绩效，可能包括挣值绩效指数，以及可能在未来对项目造成影响的进度储备信息。

进度管理计划 / Schedule management plan。项目或项目集管理计划的一个组件，为编制、监督和控制项目进度建立准则并确定活动。根据项目需要，进度管理计划可以是正式或非正式的，非常详细或高度概括的，其中应包括合适的控制临界值。

进度管理计划会规定：

- ▶ **项目进度模型制定。**需要规定用于制定项目进度模型的进度规划方法论和工具。

- ▶ **进度计划的发布和迭代长度。**使用适应型生命周期时，应指定固定时间的发布时段、阶段和迭代。固定时间段指项目团队稳定地朝着目标前进的持续时间。它可以推动团队先处理基本功能，然后在时间允许的情况下再处理其他功能，从而尽可能减少范围蔓延。

- ▶ **准确度。**准确度定义了需要规定活动持续时间估算的可接受区间，以及允许的应急储备数量。

- ▶ **计量单位。**需要规定每种资源的计量单位，例如，用于测量时间的人时数、人天数或周数，用于计量数量的米、升、吨、千米或立方码。

输入和输出

- ▶ **组织的程序链接。**工作分解结构 (WBS) 为进度管理计划提供了框架，保证了与估算及相应进度计划的协调性。

- ▶ **项目进度模型维护。**需要规定在项目执行期间，将如何在进度模型中更新项目状态，记录项目进展。

- ▶ **控制临界值。**可能需要规定偏差临界值，用于监督进度绩效。它是在需要采取某种措施前，允许出现的最大差异。临界值通常用偏离基准计划中的参数的某个百分数来表示。

- ▶ **绩效测量规则。**需要规定用于绩效测量的挣值管理（EVM）规则或其他测量规则。例如，进度管理计划可能规定：

  - ▷ 确定完成百分比的规则。

  - ▷ 待使用的 EVM 技术（如基准法、固定公式法、完成百分比法等）（更多具体信息，请参阅《挣值管理实践标准》）。

  - ▷ 进度绩效测量指标，如进度偏差（SV）和进度绩效指数（SPI），用来评价偏离原始进度基准的程度。

- ▶ **报告格式。**需要规定各种进度报告的格式和编制频率。

范围基准 / Scope baseline。经过批准的范围说明书、工作分解结构（WBS）和相应的 WBS 词典，能够通过正式的变更控制程序进行变更，并被用作与实际结果进行比较的依据。范围基准是项目管理计划的组件，包括：

- ▶ **项目范围说明书。**项目范围说明书是对项目范围、主要可交付物和除外责任的描述。

- ▶ **WBS。**WBS 是对项目团队为实现项目目标、创建所需可交付物而需要实施的全部工作范围的层级分解。工作分解结构每向下分解一层，代表对项目工作更详细的定义。

▷ **工作包。**WBS 的最低层级是带有独特标识号的工作包。这些标识号为进行成本、进度和资源信息的逐层汇总提供了层级结构，构成账户编码。每个工作包都是控制账户的一部分，而控制账户则是一个管理控制点。在该控制点上，把范围、预算和进度加以整合，并与挣值相比较，以测量绩效。控制账户拥有两个或更多工作包，但每个工作包只与一个控制账户关联。

▷ **规划包。**一个控制账户可以包含一个或多个规划包，其是一种低于控制账户而高于工作包的 WBS 组成部分，工作内容已知，但详细的进度活动未知。

▶ **WBS 词典。**WBS 词典是针对 WBS 中的每个组件，详细描述可交付物、活动和进度信息的文件。WBS 词典对 WBS 提供支持，其中大部分信息由其他过程创建，然后在后期添加到词典中。WBS 词典中的内容可能包括（但不限于）：

▷ 账户编码标识。

▷ 工作描述。

▷ 假设条件和制约因素。

▷ 负责的组织。

▷ 进度里程碑。

▷ 相关的进度活动。

▷ 所需资源。

▷ 成本估算。

▷ 质量要求。

▷ 验收标准。

▷ 技术参考文献。

▷ 协议信息。

输入和输出

范围管理计划 / Scope management plan。范围管理计划是项目管理计划的一个组件，描述将如何定义、制定、监督、控制和确认项目范围。范围管理计划要对将用于下列工作的管理过程做出规定：

- ▶ 制定项目范围说明书。

- ▶ 根据详细项目范围说明书创建工作分解结构 (WBS)。

- ▶ 确定如何审批和维护范围基准。

- ▶ 正式验收已完成的项目可交付物。

根据项目需要，范围管理计划可以是正式或非正式的，非常详细或高度概括的。

选定的卖方 / Selected sellers。选定的卖方是在建议书评估或投标评估中被判断为最有竞争力的投标人。对于较复杂、高价值和高风险的采购，在授予合同前，要把选定的卖方报给组织高级管理人员审批。

卖方建议书 / Seller proposals。卖方为响应招标文件包而编制的建议书，其中包含的基本信息将被评估团队用于选定一个或多个投标人（卖方）。如果卖方将提交价格建议书，最好要求他们将价格建议书与技术建议书分开。评估团队会根据供方选择标准审查每一份建议书，然后选出最能满足采购组织需求的卖方。

供方选择标准 / Source selection criteria。在确定评估标准时，买方要努力确保选出的建议书将提供最佳质量的所需服务。供方选择标准可包括（但不限于）：

- ▶ 能力和产能。

- ▶ 产品成本和生命周期成本。

- ▶ 交付日期。

- ▶ 技术专长和方法。

- ▶ 具体的相关经验。

过程组：实践指南

▶ 用于响应工作说明书的工作方法和工作计划。

▶ 关键员工的资质、可用性和胜任力。

▶ 公司的财务稳定性。

▶ 管理经验。

▶ 知识转移计划，包括培训计划。

针对国际项目，评估标准还可包括"本地内容"要求，例如，在提议的关键员工中要有本国人。

针对不同的标准，可以用数值化分数、颜色代码或书面描述，来说明卖方满足采购组织需求的程度。这些标准是加权系统的组成部分，可据此以加权打分的方法排列所有建议书的顺序，以便确定谈判的顺序，并与某个卖方签订合同。

干系人参与计划 / Stakeholder engagement plan。 干系人参与计划是项目管理计划的组件。它确定用于促进干系人有效参与决策和执行的策略和行动。基于项目的需要和干系人的期望，干系人参与计划可以是正式或非正式的，非常详细或高度概括的。

干系人参与计划可能包括（但不限于）与干系人个人或群体参与的具体策略或方法。

干系人登记册 / Stakeholder register。 记录项目干系人识别、评估和分类结果的项目文件。它记录关于已识别干系人的信息，包括（但不限于）：

▶ **身份信息。** 姓名、组织中的职位、地点、联系方式，以及在项目中扮演的角色。

▶ **评估信息。** 主要需求、期望、影响项目成果的潜力，以及干系人最能影响或干扰的项目生命周期阶段。

▶ **干系人分类。** 用内部或外部，作用、影响、权力或利益，上级、下级、外围或横向，或者项目经理选择的其他分类模型，进行分类的结果。

团队章程 / Team charter。团队章程是为团队创建团队价值观、共识和工作指南的文件。团队章程可能包括（但不限于）：

- ▶ 团队价值观；
- ▶ 沟通指南；
- ▶ 决策标准和过程；
- ▶ 冲突处理过程；
- ▶ 会议指南；
- ▶ 团队共识。

团队章程对项目团队成员的可接受行为确定了明确的期望。尽早认可并遵守明确的规则，有助于减少误解，提高生产力；讨论诸如行为规范、沟通、决策、会议礼仪等领域，团队成员可以了解彼此重要的价值观。由团队制定或参与制定的团队章程可发挥最佳效果。所有项目团队成员都分担责任，确保遵守团队章程中规定的规则。可定期审查和更新团队章程，确保团队始终了解团队基本规则，并指导新成员融入团队。

团队绩效评价 / Team performance assessments。随着项目团队建设工作（如培训、团队建设和集中办公等）的开展，项目管理团队应该对项目团队的有效性进行正式或非正式的评价。有效的团队建设策略和活动可以提高团队绩效，从而提高实现项目目标的可能性。

评价团队有效性的指标可包括：

- ▶ 个人技能的改进，从而使成员更有效地完成工作任务；
- ▶ 团队能力的改进，从而使团队成员更好地开展工作；
- ▶ 团队成员离职率的降低；
- ▶ 团队凝聚力的加强，从而使团队成员公开分享信息和经验，并互相帮助来提高项目绩效。

通过对团队整体绩效的评价，项目管理团队能够识别出所需的特殊培训、教练、辅导、协助或改变，以提高团队绩效。项目管理团队也应该识别出合适或所需的资源，以执行和实现在绩效评价过程中提出的改进建议。

测试与评估文件 / Test and evaluation documents。描述用于确定产品是否达到质量管理计划中规定的质量目标的各种活动的项目文件。可基于行业需求和组织模板创建测试与评估文件。它们用于评估质量目标的实现程度。这些文件可能包括专门的核对单和详尽的需求跟踪矩阵。

核实的可交付物 / Verified deliverables。经过控制质量过程的检查，被证实为正确的已完成的可交付物。控制质量过程的一个目的就是确定可交付物的正确性。开展控制质量过程的结果是核实的可交付物，后者又是确认范围过程的一项输入，以便正式验收。如果存在任何与可交付物有关的变更请求或改进事项，可能会执行变更、开展检查并重新核实。

虚拟团队 / Virtual teams。拥有共同目标的，在很少或不能见面的情况下，完成相应任务的一组人。

虚拟团队的使用为招募项目团队成员提供了新的可能性。虚拟团队可定义为具有共同目标、在完成角色任务的过程中很少或没有时间面对面工作的一群人。现代沟通技术（如电子邮件、电话会议、社交媒体、网络会议和视频会议等）使虚拟团队成为可行。虚拟团队模式使人们有可能：

- ▶ 在组织内部地处不同地理位置的员工之间组建团队；

- ▶ 为项目团队增加特殊技能，即使相应的专家不在同一地理区域；

- ▶ 将在家办公的员工纳入团队；

- ▶ 在工作班次、工作小时或工作日不同的员工之间组建团队；

输入和输出

▶ 将行动不便者或残疾人纳入团队；

▶ 执行那些原本会因差旅费用过高而被搁置或取消的项目；

▶ 节省员工所需的办公室和所有实物设备的开支。

虚拟团队的使用能带来很多好处，例如，使用更多技术熟练的资源、降低成本、减少出差及搬迁费用，以及拉近团队成员与供应商、客户或其他重要干系人的距离。虚拟团队可以利用技术来营造在线团队环境，以供团队存储文件、使用在线对话来讨论问题，以及保持团队统一日历。

在虚拟团队的环境中，沟通规划变得日益重要。可能需要花更多时间，来设定明确的期望、促进沟通、制定冲突解决方法、召集人员参与决策、理解文化差异，以及共享成功喜悦。

工作绩效数据 / Work performance data。在执行项目工作的过程中，从每个正在执行的活动中收集到的原始观察结果和测量值。数据通常是最低层次的细节，将交由其他过程从中提炼出信息。在工作执行过程中收集数据，再交由控制过程做进一步分析。

例如，工作绩效数据包括已完成的工作、关键绩效指标 (KPI)、技术绩效测量结果、进度活动的实际开始日期和完成日期、已完成的故事点、可交付物状态、进度进展情况、变更请求的数量、缺陷的数量、实际发生的成本和实际持续时间等。

工作绩效信息 / Work performance information。从控制过程中收集的绩效数据，与项目管理计划组件、项目文件和其他工作绩效信息进行对比分析。

将工作绩效数据与项目管理计划组件、项目文件和其他项目变量比较之后生成工作绩效信息。这种比较有助于了解项目的执行情况。

在项目开始时，就在项目管理计划中规定关于范围、进度、预算和质量的具体工作绩效测量指标。在项目过程中收集绩效数据，并与计划和其他变量进行比较，以提供工作绩效情境。

例如，关于成本的工作绩效数据可能包含已支出的资金，但应与预算、已执行的工作、用于完成工作的资源以及资金使用计划比较之后才能有用。这些附加信息为确定项目是否符合预算或是否存在偏差提供了相应的情境；还有助于了解偏差的严重程度。通过与项目管理计划中的偏差临界值进行比较，就可以确定是否需要采取预防或纠正措施。解释工作绩效数据和附加信息为项目决策提供了坚实的基础。

工作绩效报告 / Work performance reports. 为制定决策、采取行动或引起关注，而汇编工作绩效信息所形成的实物或电子项目文件。根据项目沟通管理计划，通过沟通过程向项目干系人发送工作绩效报告。

工作绩效报告的典型示例包括状态报告和进展报告。工作绩效报告可以包含挣值图表和信息、趋势线和预测、储备燃尽图、缺陷直方图、合同绩效信息以及风险概述信息。它们可以呈现为状态仪表盘、热点报告、交通信号灯图或其他有助于引起关注和制定决策与行动的形式。

输入和输出

输入和输出索引

该索引交叉参照了输入和输出的中文和英文名称。中文条目可以在如下所示的页面中找到。

过程组：实践指南

10

工具与技术

本节中的工具与技术以中文和英文形式列出。为了与本实践指南英文版的页面保持一一对应，本目录中的工具与技术条目按英文字母顺序排列。如要找到一个具体的中文条目，请参考第 316 页，该页提供一个以汉语拼音顺序排列的工具与技术的交叉参照索引。该索引将引导您找到相应的条目和它出现的页面。

积极倾听 / Active listening。包括告知已收到、澄清与确认信息、理解，以及消除妨碍理解障碍的技术。通过积极倾听，减少理解错误和沟通错误。

广告 / Advertising。与产品、服务或结果的用户或潜在用户的沟通。在大众出版物（如指定的报纸）或专门行业出版物上刊登广告，往往可以扩充现有的潜在卖方名单。大多数政府机构都要求公开发布采购广告，或在网上公布拟签署的政府合同的信息。

亲和图 / Affinity diagrams。一种用来对大量创意进行分组，以便进一步审查和分析的技术。亲和图还可以对潜在缺陷成因进行分类，展示最应关注的领域。

敏捷发布规划 / Agile release planning。敏捷发布规划基于项目路线图和产品发展愿景，提供了高度概括的发布进度时间轴（通常是 3 到 6 个月）。敏捷发布规划决定了发布内容中迭代或冲刺的数量。它还使产品负责人和团队能够决定需要开发的内容，并基于业务目标、依赖关系和障碍因素确定达到产品发布所需的时间。

对客户而言，产品功能就是价值，因此，该时间轴定义了每次迭代结束时交付的功能，提供了更易于理解的项目进度计划，而这些就是客户真正需要的信息。

图 10-1 展示了产品愿景、产品路线图、发布规划和迭代规划之间的关系。

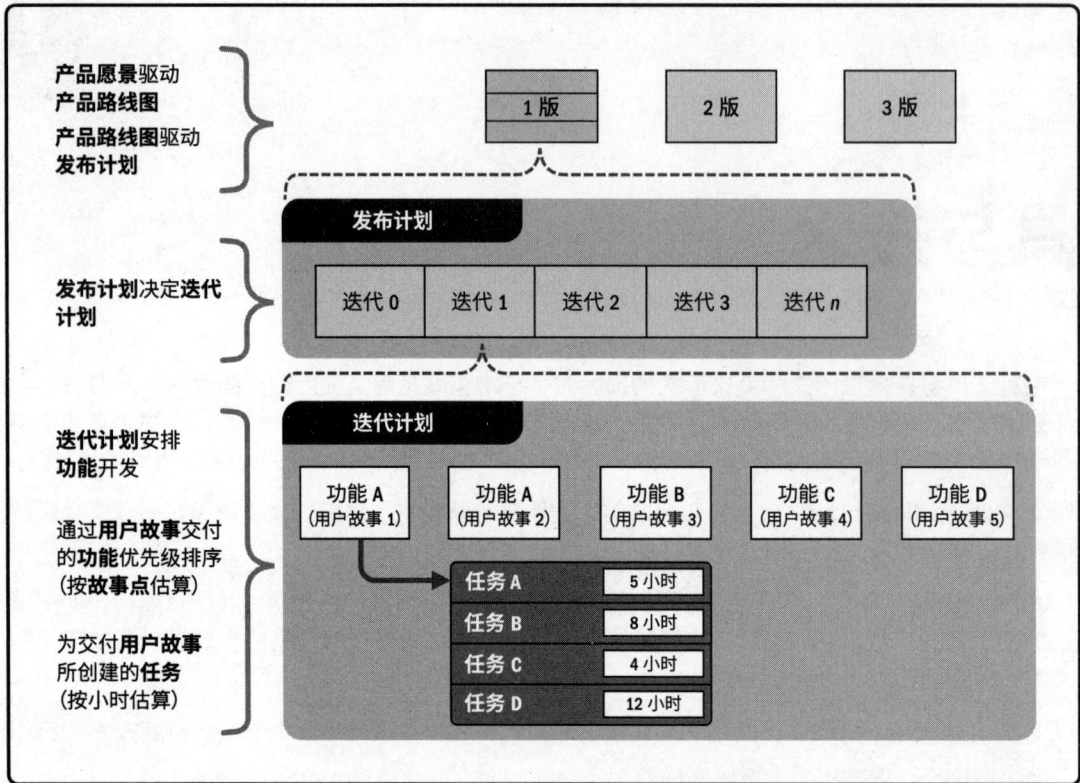

图 10-1 产品愿景、产品路线图、发布规划和迭代规划之间的关系

备选方案分析 / Alternatives analysis。用于对已识别的可选方案进行评估，用来决定选择哪种方案或使用何种方法来执行项目工作。备选方案分析有助于提供在定义的制约因素范围内执行项目活动的最佳方案。

类比估算 / Analogous estimating。类比估算是一种使用相似活动或项目的历史数据，来估算当前活动或项目的持续时间或成本的技术。类比估算以过去类似项目的参数值（如持续时间、预算、规模、重量和复杂性等）为基础，来估算未来项目的同类参数或指标。在估算持续时间时，类比估算技术以过去类似项目的实际持续时间为依据，来估算当前项目的持续时间。这是一种粗略的估算方法，有时需要根据项目复杂性方面的已知差异进行调整，在项目详细信息不足时，就经常使用类比估算来估算项目持续时间。

过程组：实践指南

相对于其他估算技术，类比估算通常成本较低、耗时较少，但准确性也较低。类比估算可以针对整个项目或项目中的某个部分进行，或可以与其他估算方法联合使用。如果以往活动是本质上而不是表面上类似，并且从事估算的项目团队成员具备必要的专业知识，那么类比估算就最为可靠。

其他风险参数评估 / Assessment of other risk parameters. 为了方便未来分析和行动，在对单个项目风险进行优先级排序时，项目团队可能考虑（除概率和影响以外的）其他风险特征。此类特征可能包括（但不限于）：

- **紧迫性。**为有效应对风险而必须采取应对措施的时间段。时间短就说明紧迫性高。

- **邻近性。**风险在多长时间后会影响一项或多项项目目标。时间短就说明邻近性高。

- **潜伏期。**从风险发生到影响显现之间可能的时间段。时间短就说明潜伏期短。

- **可管理性。**风险责任人（或责任组织）管理风险发生或影响的容易程度。如果容易管理，可管理性就高。

- **可控性。**风险责任人（或责任组织）能够控制风险后果的程度。如果后果很容易控制，可控性就高。

- **可监测性。**对风险发生或即将发生进行监测的容易程度。如果风险发生很容易监测，可监测性就高。

- **连通性。**风险与其他单个项目风险存在关联的程度大小。如果风险与多个其他风险存在关联，连通性就高。

- **战略影响力。**风险对组织战略目标潜在的正面或负面影响。如果风险对战略目标有重大影响，战略影响力就大。

- **关切度。**风险被一名或多名干系人认为要紧的程度。被认为很要紧的风险，关切度就高。

相对于仅评估概率和影响，考虑上述某些特征有助于进行更稳健的风险优先级排序。

工具与技术

假设条件和制约因素分析 / Assumption and constraint analysis。 每个项目及其项目管理计划的构思和开发都基于一系列的假设条件，并受一系列制约因素的限制。这些假设条件和制约因素往往都已纳入范围基准和项目估算。开展假设条件和制约因素分析，来探索假设条件和制约因素的有效性，确定其中哪些会引发项目风险。从假设条件的不准确、不稳定、不一致或不完整，可以识别出威胁，通过清除或放松会影响项目或过程执行的制约因素，可以创造出机会。

审计 / Audits。 审计是用于确定项目活动是否遵循了组织和项目的政策、过程与程序的一种结构化且独立的过程。

▶ **采购审计。** 采购审计是对采购过程的结构化审查，包括对合同和采购过程的完整性、正确性和有效性的审查。应该在采购合同中明确规定与审计有关的权利和义务。买方的项目经理和卖方的项目经理都应该关注审计结果，以便对项目进行必要调整。

▶ **质量审计。** 质量审计通常由项目外部的团队开展，如组织内部审计部门项目管理办公室 (PMO) 或组织外部的审计师。质量审计目标可能包括（但不限于）：

▷ 识别全部正在实施的良好及最佳实践。

▷ 识别所有违规做法、差距及不足。

▷ 分享所在组织和/或行业中类似项目的良好实践。

▷ 积极、主动地提供协助，以改进过程的执行，从而帮助团队提高生产效率。

▷ 强调每次审计都应对组织经验教训知识库的积累做出贡献。

▷ 采取后续措施纠正问题，可以降低质量成本，并提高发起人或客户对项目产品的接受度。

▷ 质量审计可事先安排，也可随机进行；可由内部或外部审计师进行。

▷ 质量审计还可确认已批准的变更请求（包括更新、纠正措施、缺陷补救和预防措施）的实施情况。

▶ **风险审计**。风险审计是一种审计类型，可用于评估风险管理过程的有效性。项目经理负责确保按项目风险管理计划所规定的频率开展风险审计。风险审计可以在日常项目审查会上开展，可以在风险审查会上开展，团队也可以召开专门的风险审计会。在实施审计前，应明确定义风险审计的程序和目标。

独裁型决策 / Autocratic decision making。在这种决策技术中，由某一个人负责为整个群体做出决策。

标杆对照 / Benchmarking。标杆对照是将实际或计划的项目实践或项目的质量标准与可比项目的实践进行比较，以便识别最佳实践，形成改进意见，并为绩效考核提供依据。作为标杆的项目可以来自执行组织内部或外部；或者来自同一应用领域或其他应用领域。标杆对照允许对不同应用领域或不同行业的项目进行类比。

投标人会议 / Bidder conferences。投标人会议（又称承包商会议、供应商会议或投标前会议）是在卖方提交建议书之前，在买方和潜在卖方之间召开的会议，其目的是确保所有潜在投标人对采购要求都有清楚且一致的理解，并确保没有任何投标人会得到特别优待。

自下而上估算 / Bottom-up estimating。自下而上估算是一种估算项目持续时间或成本的方法，通过从下到上逐层汇总工作分解结构 (WBS) 组件的估算而得到项目估算。如果无法以合理的可信度对活动持续时间进行估算，则应将活动中的工作进一步细化，然后估算具体的持续时间，接着再汇总这些资源需求估算，得到每个活动的持续时间。活动之间可能存在或不存在会影响资源利用的依赖关系；如果存在，就应该对相应的资源使用方式加以说明，并记录在活动资源需求中。

头脑风暴 / Brainstorming。本技术用于在短时间内获得大量创意，适用于团队环境，需要引导者进行引导。头脑风暴由两个部分构成：创意产生和创意分析。可通过头脑风暴向干系人、主题专家和团队成员收集数据、解决方案或创意。

工具与技术

因果图 / Cause-and-effect diagrams。因果图，又称"鱼骨图"、"why-why分析图"和"石川图"，将问题陈述的原因分解为离散的分支，有助于识别问题的主要原因或根本原因。图 10-2 是因果图的一个例子。

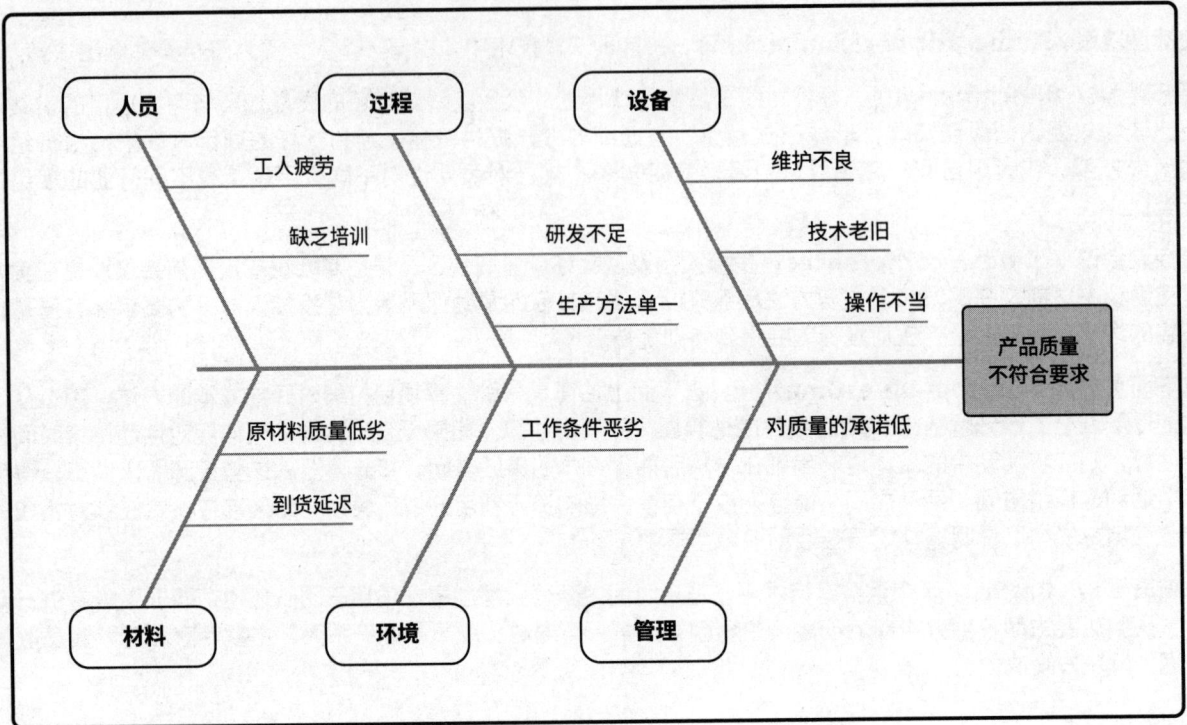

图 10-2 因果图

变更控制工具 / Change control tools。辅助变更管理和/或配置管理的手动或自动的工具。这套工具至少能够支持变更控制委员会 (CCB) 的活动。

为了便于开展配置和变更管理，可以使用一些手动或自动化的工具。配置控制重点关注可交付物及各个过程的技术规范，而变更控制则着眼于识别、记录、批准或否决对项目文件、可交付物或基准的变更。工具的选择应基于项目干系人的需要，包括考虑组织和环境情况和/或制约因素。

核对单 / Checklists。核对单是待考虑的事项、行动或要点的列表。经常用于提醒。基于从类似项目和其他信息来源积累的历史信息和知识来编制核对单。编制核对单，列出过去曾出现且可能与当前项目相关的具体单个项目风险，这是吸取已完成的类似项目的经验教训的有效方式。组织可能基于自己已完成的项目来编制核对单，或者可能采用特定行业的通用核对单。虽然核对单简单易用，但它不可能穷尽所有风险。同时，项目团队也应该注意考察未在核对单中列出的事项。此外，还应该不时地审查核对单，增加新信息，删除或存档过时信息。

核查表 / Check sheets。核查表也称为计数表。用于排列各种事项，以便有效地收集关于潜在质量问题的有用数据。在开展检查以识别缺陷时，用核查表收集属性数据就特别方便，例如关于缺陷数量或后果的数据，如图 10-3 所示。

缺陷/日期	日期 1	日期 2	日期 3	日期 4	合计
小划痕	1	2	2	2	7
大划痕	0	1	0	0	1
弯曲	3	3	1	2	9
缺少组件	5	0	2	1	8
颜色错误	2	0	1	3	6
标签错误	1	2	1	2	6

图 10-3 核查表

工具与技术

索赔管理 / Claims administration。索赔管理是对合同索赔进行处理、裁决和沟通的过程。如果买卖双方不能就变更补偿达成一致意见，或对变更是否发生存在分歧，那么被请求的变更就成为有争议的变更或潜在的推定变更。此类有争议的变更称为索赔。如果不能妥善解决，它们会成为争议并最终引发申诉。在整个合同生命周期中，通常会按照合同条款对索赔进行记录、处理、监督和管理。如果合同双方无法自行解决索赔问题，则可能不得不按合同中规定的程序，用替代争议解决方法（ADR）去处理。谈判是解决所有索赔和争议的首选方法。

集中办公 / Colocation。为改善沟通和工作关系，提高工作效率，而让项目团队成员的工作地点彼此靠近的一种组织布局策略。

集中办公是把许多或全部最活跃的项目团队成员安排在同一个物理地点工作，以增强团队工作能力。集中办公既可以是临时的（如仅在项目特别重要的时期），也可以贯穿整个项目。实施集中办公策略，可借助团队会议室、张贴进度计划的场所，以及其他能增进沟通和集体感的设施。

沟通胜任力 / Communication competence。经过裁剪的沟通技能的组合，有助于明确关键信息的目的、建立有效关系、实现信息共享和采取领导行为。

沟通方法 / Communication methods。在项目干系人之间传递信息的系统化的程序、技术或过程。

项目干系人之间用于分享信息的沟通方法有几种。这些方法可以大致分为：

▶ **互动沟通**。互动沟通是在两方或多方之间进行的实时多向信息交换。它使用诸如会议、电话、即时信息、社交媒体和视频会议等沟通工件。

▶ **推式沟通。**推式沟通是向需要接收信息的特定接收方发送或发布信息。这种方法可以确保信息的发送，但不能确保信息送达目标受众或被目标受众理解。在推式沟通中，可以采用的沟通工件包括信件、备忘录、报告、电子邮件、传真、语音邮件、博客、新闻稿。

▶ **拉式沟通。**拉式沟通适用于大量复杂信息或大量信息受众的情况。它要求接收方在遵守有关安全规定的前提之下自行访问相关内容。这种方法包括门户网站、企业内网、电子在线课程、经验教训数据库或知识库。

应该采用不同方法来实现沟通管理计划所规定的主要沟通需求：

▶ **人际沟通。**个人之间交换信息，通常以面对面的方式进行。

▶ **小组沟通。**在三到六名人员的小组内部开展的沟通。

▶ **公众沟通。**公众沟通即单个演讲者面向一群人。

▶ **大众传播。**大众传播是信息发送人员或小组与大量目标受众（有时为匿名）之间只有最低程度的联系。

▶ **网络和社交工具沟通。**这类方法支持借助社交计算工具和媒体，开展多对多的新兴沟通趋势。

可用的沟通工件和方法包括（但不限于）：

▶ 公告板。

▶ 新闻通讯、内部杂志、电子杂志。

▶ 致员工或志愿者的信件。

▶ 新闻稿。

▶ 年度报告。

工具与技术

▶ 电子邮件和内部局域网。

▶ 门户网站和其他信息库（适用于拉式沟通）。

▶ 电话交流。

▶ 演示。

▶ 团队简述或小组会议。

▶ 焦点小组。

▶ 干系人之间的正式或非正式的面对面会议。

▶ 咨询小组或员工论坛。

▶ 社交工具和媒体。

沟通模型 / Communication models。 说明在项目中将如何开展沟通过程的描述、比喻或图形。

沟通模型可以是最基本的线性（发送方和接收方）沟通过程，也可以是增加了反馈元素（发送方、接收方和反馈）、更具互动性的沟通形式，甚至可以是融合了发送方或接收方的人性因素、试图考虑沟通复杂性的更加复杂的沟通模型。

▶ **抽样发送方/接收方沟通模型**。此模型将沟通描述为一个过程，并由发送方和接收方两方参与；其关注的是确保信息送达，而非信息理解。基本沟通模型中的步骤顺序为：

   ▷ **编码**。把信息编码，为各种符号，如文本、声音，或其他可供传递（发送）的形式。

   ▷ **信息传递**。信息通过沟通渠道发送。信息传递可能受各种物理因素的不利影响，如不熟悉的技术，或不完备的基础设施。可能存在噪声和其他因素，导致信息传递和/或接收过程中的信息损耗。

   ▷ **解码**。接收方将收到的数据还原为对自己有用的形式。

- ▶ **抽样互动沟通模型**。此模型也将沟通描述为由发送方与接收方参与的沟通过程，但它还强调确保信息理解的必要性。此模型包括任何可能干扰或阻碍信息理解的噪声，如接收方注意力分散、接收方的认知差异，或缺少适当的知识或兴趣。互动沟通模型中的新增步骤有：

  - ▷ **确认**。收到信息时，接收方需告知对方已收到信息（确认已收到）。这并不一定意味着同意或理解信息的内容，仅表示已收到信息。

  - ▷ **反馈/响应**。对收到的信息进行解码并理解之后，接收方把还原出来的思想或观点编码成信息，再传递给最初的发送方。如果发送方认为反馈与原来的信息相符，代表沟通已成功完成。在人与人之间的沟通中，可以通过积极倾听实现反馈。

  作为沟通过程的一部分，发送方负责信息的传递，确保信息的清晰性和完整性，并确认信息已被正确理解；接收方负责确保完整地接收信息，正确地理解信息，并需要告知已收到或做出适当的回应。在发送方和接收方所处的环境中，都可能存在会干扰有效沟通的各种噪声和其他障碍。

在跨文化沟通中，确保信息理解会面临挑战。沟通风格的差异可源于工作方法、年龄、国籍、专业学科、民族、种族或性别差异。不同文化的人们会以不同的语言（如技术设计文档、不同的风格）沟通，并喜欢采用不同的沟通过程和礼节。

图 10-4 所示的沟通模型展示了发送方的当前情绪、知识、背景、个性、文化和偏见会如何影响信息本身及其传递方式。类似地，接收方的当前情绪、知识、背景、个性、文化和偏见也会影响信息的接收和解读方式，导致沟通中的障碍或噪声。

此沟通模型及其强化版有助于制定人对人或小组对小组的沟通策略和计划，但不可用于制定采用其他沟通工件（如电子邮件、广播信息或社交媒体）的沟通策略和计划。

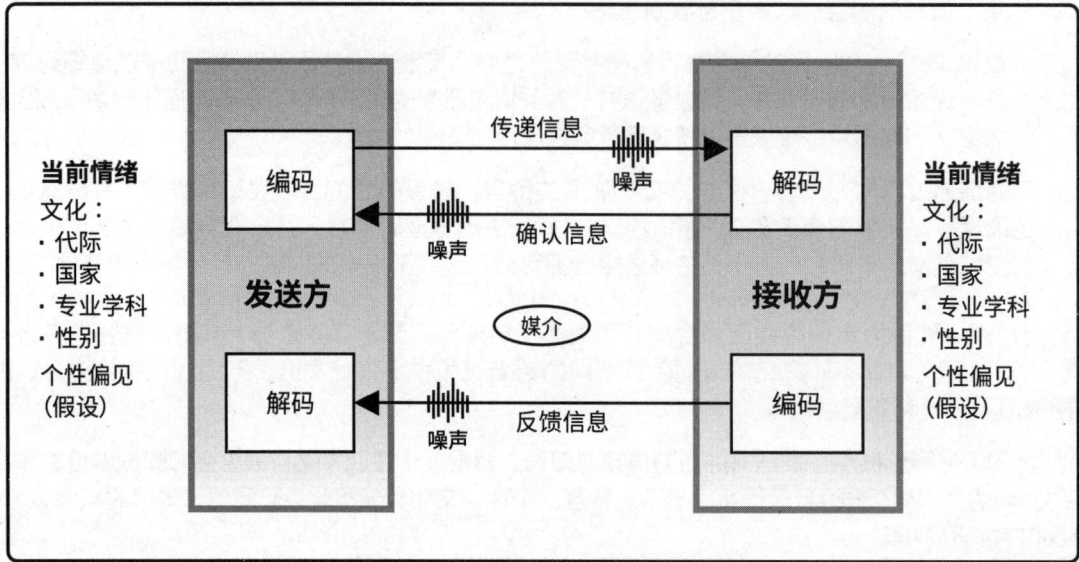

图 10-4 适用于跨文化沟通的沟通模型

沟通需求分析 / Communication requirements analysis。一种分析技术，通过访谈、研讨会或借鉴以往项目经验教训等方式，来确定项目干系人对信息的需求。沟通需求分析决定了项目干系人的信息需求。包括所需信息的类型和格式，以及信息的价值。

常用于识别和确定项目沟通需求的信息包括（但不限于）：

▶ 干系人登记册及干系人参与计划中的相关信息和沟通需求。

▶ 潜在的沟通渠道或路径数量，包括一对一、一对多和多对多沟通。

- ▶ 组织架构图。

- ▶ 项目组织与干系人的职责、关系及相互依赖。

- ▶ 开发方法。

- ▶ 项目所涉及的学科、部门和专业。

- ▶ 有多少人在什么地点参与项目。

- ▶ 内部信息需要（如何时在组织内部沟通）。

- ▶ 外部信息需要（如何时与媒体、公众或承包商沟通）。

- ▶ 法律要求。

沟通风格评估 / Communication styles assessment。规划沟通活动时，用于评估沟通风格并识别偏好的沟通方法、形式和内容的一种技术。常用于不支持项目的干系人。可以先开展干系人参与度评估，再开展沟通风格评估。在干系人参与度评估中，找出干系人参与度的差距。为弥补这种差距，就需要特别裁剪沟通活动和工件。

沟通技术 / Communication technology。用于项目干系人之间传递信息的特定工具、系统或计算机程序等。

用于在项目干系人之间传递信息的方法很多。信息交换和协作的常见方法包括对话、会议、书面文件、数据库、社交媒体和网站。

可能影响沟通技术选择的因素包括：

- ▶ **信息需求的紧迫性。**信息传递的紧迫性、频率和形式可能因项目而异，可能因项目阶段而异。

- ▶ **技术的可用性与可靠性。**用于发布项目沟通工件的技术，应该在整个项目期间都具备兼容性和可得性，且对所有干系人都可用。

- ▶ **易用性。**沟通技术的选择应适合项目参与者，而且应在合适的时候安排适当的培训活动。

- ▶ **项目环境。** 需要考虑的因素有：
  - ▷ 团队是面对面还是在虚拟环境中会面和运作？
  - ▷ 团队位于同一个时区还是多个时区？
  - ▷ 团队是否使用多种语言来沟通？
  - ▷ 是否有其他的项目环境因素可能会限制沟通的效率，如文化的各个方面？
- ▶ **信息的敏感性和保密性。** 需要考虑的一些方面有：
  - ▷ 须传达的信息是否具有敏感性或机密性？如果是，可能需要采取合理的安全措施。
  - ▷ 组织是否为员工制定社交媒体政策，以确保行为适当、信息安全和知识产权保护？

冲突管理 / Conflict management。 在项目环境中，冲突不可避免。冲突的来源包括资源稀缺、进度优先级排序和个人工作风格差异等。采用团队基本规则、团队规范及成熟的项目管理实践（如沟通规划和角色定义），可以减少冲突的数量。

成功的冲突管理可提高生产力，改进工作关系。同时，如果管理得当，意见分歧有利于提高创造力和改进决策。假如意见分歧成为负面因素，应该首先由项目团队成员负责解决；如果冲突升级，项目经理应提供协助，促成满意的解决方案，采用直接和合作的方式，尽早并且通常在私下处理冲突。如果破坏性冲突继续存在，则可使用正式程序，包括采取惩戒措施。

项目经理解决冲突的能力往往决定其管理项目团队的成败。不同的项目经理可能采用不同的解决冲突方法。影响冲突解决方法的因素包括：

- ▶ 冲突的重要性与激烈程度。
- ▶ 解决冲突的紧迫性。
- ▶ 涉及冲突的人员的相对权力。
- ▶ 维持良好关系的重要性。
- ▶ 永久或暂时解决冲突的动机。

过程组：实践指南

有五种常用的冲突解决方法，每种技巧都有各自的作用和用途。

- ▶ **撤退/回避**。从实际或潜在冲突中退出，将问题推迟到准备充分的时候，或者将问题推给其他人员解决。

- ▶ **缓和/包容**。强调一致而非差异；为维持和谐与关系而退让一步，考虑其他方的需要。

- ▶ **妥协/调解**。为了暂时或部分解决冲突，寻找能让各方都在一定程度上满意的方案，但这种方法有时会导致"双输"局面。

- ▶ **强迫/命令**。以牺牲其他方为代价，推行某一方的观点；只提供赢 — 输方案。通常是利用权力来强行解决紧急问题，这种方法通常会导致"赢输"局面。

- ▶ **合作/解决问题**。综合考虑不同的观点和意见，采用合作的态度和开放式对话引导各方达成共识和承诺，这种方法可以带来双赢局面。

系统交互图 / Context diagram。对产品范围的可视化描绘，显示业务系统（过程、设备、计算机系统等）及其与人和其他系统（行动者）之间的交互方式。系统交互图是范围模型的一个例子，系统交互图显示了业务系统的输入、输入提供者、业务系统的输出和输出接收者。

应急应对策略 / Contingent response strategies。针对机会，可以考虑下列五种备选策略：

- ▶ **上报**。如果项目团队或项目发起人认为某机会不在项目范围内，或提议的应对措施超出了项目经理的权限，就应该采取上报策略。被上报的机会将在项目集层面、项目组合层面或组织的其他相关部门加以管理，而不在项目层面。项目经理确定应就机会通知哪些人员，并向该人员或组织部门传达关于该机会的详细信息。对于被上报的机会，组织中的相关人员必须愿意承担应对责任，这一点非常重要。机会通常要上报给其目标会受该机会影响的那个层级。机会一旦上报，就不再由项目团队做进一步监督，虽然仍可出现在风险登记册中供参考。

- ▶ **开拓**。如果组织想确保把握住高优先级的机会，就可以选择开拓策略。此策略将特定机会的出现概率提高到 100%，确保其肯定出现，从而获得与其相关的收益。开拓措施可能包括：把组织中最有能力的资源分配给项目来缩短完工时间，或采用全新技术或技术升级来节约项目成本并缩短项目持续时间。

- ▶ **分享**。分享涉及将应对机会的责任转移给第三方，使其享有机会所带来的部分收益。必须仔细为已分享的机会安排新的风险责任人，让那些最有能力为项目抓住机会的人担任新的风险责任人。采用风险分享策略，通常需要向承担机会应对责任的一方支付风险费用。分享措施包括建立合伙关系、合作团队、特殊公司或合资企业来分享机会。

- ▶ **提高**。提高策略用于提高机会出现的概率和/或影响。提前采取提高措施通常比机会出现后尝试改善收益更加有效。通过关注其原因，可以提高机会出现的概率；如果无法提高概率，也许可以针对决定其潜在收益规模的因素来提高机会发生的影响。机会提高措施包括为早日完成活动而增加资源。

- ▶ **接受**。接受机会是承认机会的存在，但不主动采取措施。此策略可用于低优先级机会，也可用于无法以任何其他方式加以经济有效地应对的机会。接受策略又分为主动或被动方式。最常见的主动接受策略是建立应急储备，包括预留时间、资金或资源，以便在机会出现时加以利用；被动接受策略则不会主动采取行动，而只是定期对机会进行审查，确保其并未发生重大改变。

控制图 / Control charts。 控制图用于确定一个过程是否稳定，或者是否具有可预测的绩效。规格上限和下限是根据要求制定的，反映了可允许的最大值和最小值。上下控制界限不同于规格界限。控制界限根据标准的统计原则，通过标准的统计计算确定，代表一个稳定过程的自然波动范围。项目经理和干系人可基于计算出的控制界限，识别须采取纠正措施的检查点，以预防不在控制界限内的绩效。控制图可用于监测各种类型的输出变量。虽然控制图最常用来跟踪批量生产中的重复性活动，但也可用来监测成本与进度偏差、产量、范围变更频率或其他管理工作结果，以便帮助确定项目管理过程是否受控。

成本汇总 / Cost aggregation。 先把成本估算汇总到工作分解结构 (WBS) 中的工作包。再由工作包汇总至 WBS 的更高层次（如控制账户），最终得出整个项目的总成本。

成本效益分析 / Cost-benefit analysis。 用来比较项目成本与其带来的收益的财务分析工具。成本效益分析用于估算备选方案的优势和劣势，以确定可以创造最佳效益的备选方案。成本效益分析可帮助项目经理确定项目质量活动是否有效利用了成本。成本效益分析比较活动成本与预期效益。

质量成本 / Cost of quality。 与项目有关的质量成本 (COQ) 包含以下一种或多种成本（图 10-5 提供了各组成本的例子）：

▶ **预防成本。** 预防特定项目的产品、可交付物或服务质量低劣所带来的相关成本。

▶ **评估成本。** 评估、测量、审计和测试特定项目的产品、可交付物或服务所带来的相关成本。

▶ **失败成本（内部/外部）。** 因产品、可交付物或服务与干系人需求或期望不一致而导致的相关成本。

最优 COQ 能够在预防成本和评估成本之间找到恰当的投资平衡点，以规避失败成本。有关模型表明，最优项目质量成本，指在投资额外的预防/评估成本时，既无益处又不具备成本效益。

工具与技术

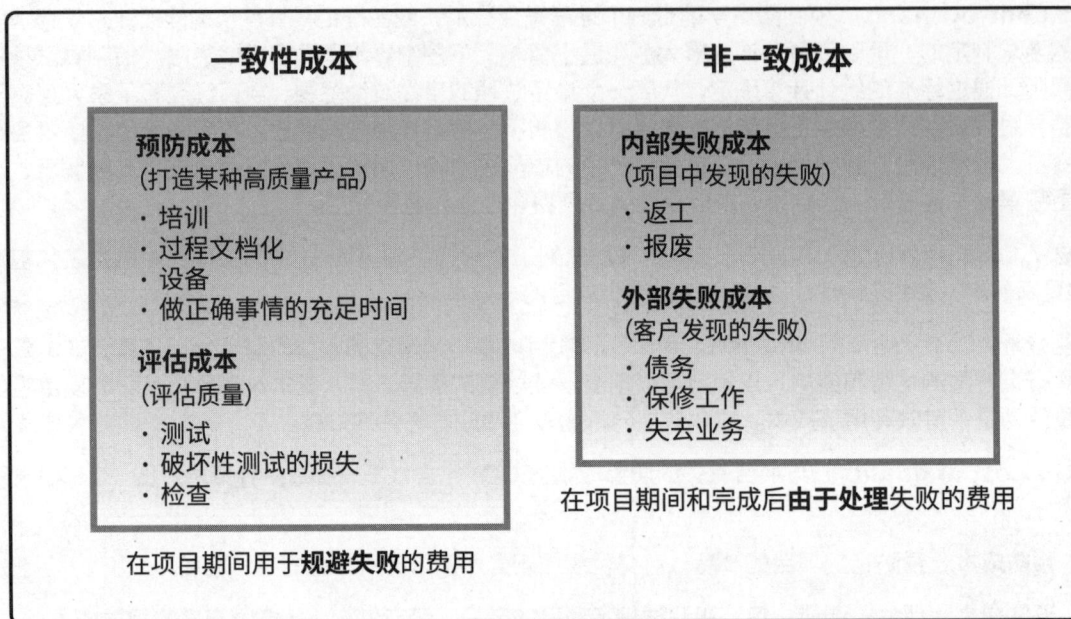

一致性成本	非一致成本

预防成本
（打造某种高质量产品）

· 培训
· 过程文档化
· 设备
· 做正确事情的充足时间

评估成本
（评估质量）

· 测试
· 破坏性测试的损失·
· 检查

在项目期间用于**规避失败**的费用

内部失败成本
（项目中发现的失败）

· 返工
· 报废

外部失败成本
（客户发现的失败）

· 债务
· 保修工作
· 失去业务

在项目期间和完成后**由于处理**失败的费用

图 10-5 质量成本

关键路径法 / Critical path method。关键路径法用于在进度模型中估算项目最短工期，确定逻辑网络路径的进度灵活性大小。这种进度网络分析技术在不考虑任何资源限制的情况下，沿进度网络路径使用顺推与逆推法，计算出所有活动的最早开始、最早完成、最晚开始和最晚完成日期，如图 10-6 所示。在这个例子中，最长的路径包括活动 A、C 和 D，因此，活动序列 A-C-D 就是关键路径。关键路径是项目中时间最长的活动顺序，决定着可能的项目最短工期。最长路径的总浮动时间最少，通常为零。由此得到的最早和最晚的开始和结束日期并不一定就是项目进度计划，而只是把既定的参数（活动持续时间、逻辑关系、提前量、滞后量和其他已知的制约因素）输入进度模型后所得到的一种结果，表明活动可以在该时段内实施。关键路径法用来计算进度模型中的关键路径、总浮动时间和自由浮动时间，或逻辑网络路径的进度灵活性大小。

过程组：实践指南

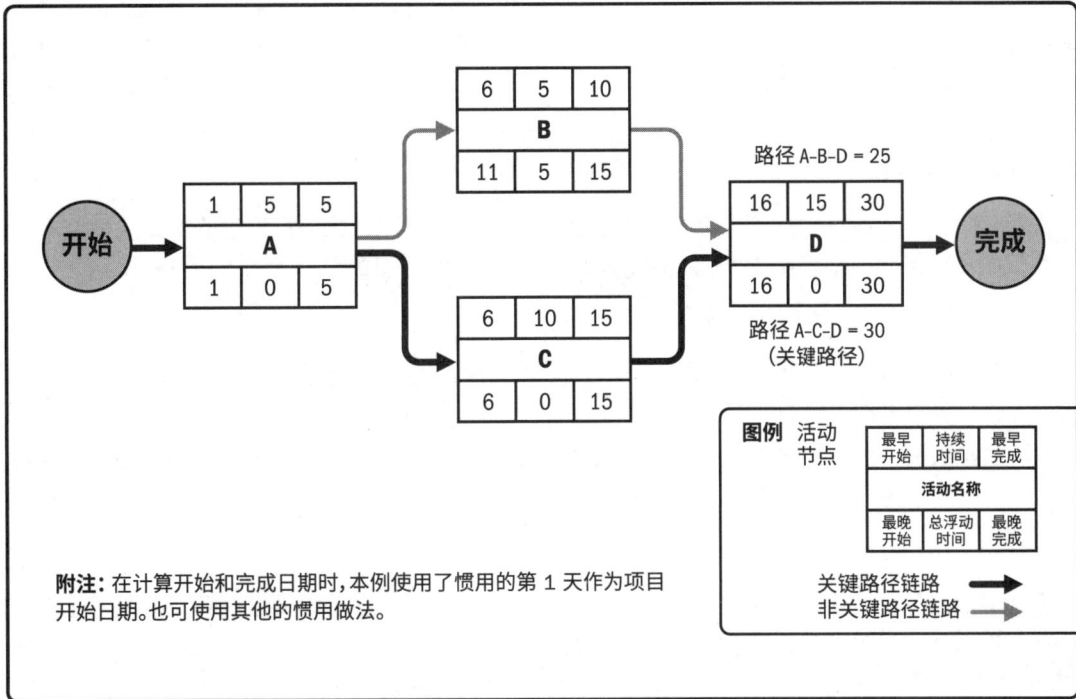

图 10-6 关键路径法示例

在任一网络路径上，进度活动可以从最早开始日期推迟或拖延的时间，而不至于延误项目完成日期或违反进度制约因素，就是总浮动时间或进度灵活性。正常情况下，关键路径的总浮动时间为零。在进行紧前关系绘图法排序的过程中，取决于所用的制约因素，关键路径的总浮动时间可能是正值、零或负值。总浮动时间为正值，是由于逆推计算所使用的进度制约因素要晚于顺推计算所得出的最早完成日期；总浮动时间为负值，是由于持续时间和逻辑关系违反了对最晚日期的制约因素。负值浮动时间分析是一种有助于找到推动延迟的进度回到正轨的方法的技术。进度网络图可能有多条次关键路径。许多软件允许用户自行定义用于确定关键路径的参数。为了使网络路径的总浮动时间为零或正值，可能需要调整活动持续时间（可增加资源或缩减范围时）、逻辑关系（针对选择性依赖关系时）、提前量和滞后量，或其他进度制约因素。一旦计算出总浮动时间，然后就可以计算自由浮动时间，自由浮动时间就是在不延误任何紧后活动最早开始日期或不违反进度制约因素的前提下，某进度活动可以推迟的时间量。例如，图 10-6 中，B 活动的自由浮动时间是 5 天。

工具与技术   265

文化意识 / Cultural awareness。文化意识指理解个人、群体和组织之间的差异，并据此调整项目的沟通策略。具有文化意识并采取后续行动，能够最小化因项目干系人社区内的文化差异而导致的理解错误和沟通错误。文化意识和文化敏感性有助于项目经理依据干系人和团队成员的文化差异和文化需求对沟通进行规划。

决策 / Decision making。决策技术包括（但不限于）：

▶ **投票**。投票是一种为达成某种期望结果，而对多个未来行动方案进行评估的集体决策技术和过程。本技术用于生成、归类和排序产品需求。投票技术的示例包括：

▷ **一致同意**。每个人都同意某个行动方案。

▷ **大多数同意**。获得群体中超过 50% 人员的支持，就能做出决策。把参与决策的小组人数定为奇数，可防止因平局而无法达成决策。

▷ **相对多数同意**。根据群体中相对多数人的意见做出决策，即便未能获得大多数人的支持。通常在候选项超过两个时使用。

▶ **独裁型决策**。在这种方法中，由某一个人负责为群体做出决策。

▶ **多标准决策分析**。该技术借助决策矩阵，用系统分析方法建立诸如风险水平、不确定性和价值收益等多种标准，以对众多创意进行评估和排序。

决策树分析 / Decision Tree Analysis。决策树分析是一种图形和计算技术，用来评估与一个决策相关的多个可选方案在不确定情形下的可能后果。用决策树在若干备选行动方案中选择一个最佳方案。在决策树中，用不同的分支代表不同的决策或事件，即项目的备选路径。每个决策或事件都有相关的成本和单个项目风险（包括威胁和机会）。决策树分支的终点表示沿特定路径发展的最后结果，可以是负面或正面的结果。

在决策树分析中，通过计算每条分支的预期货币价值，就可以选出最优的路径。决策树示例，见图 10-7。

决策制定	决策节点	机会节点	路径净值
待制定的决策	**输入:**各项决策成本 **输出:**已制定的决策	**输入:**场景概率,场景发生的回报 **输出:**预期货币价值(EMV)	**计算值:** 收益减去成本 (沿路径)

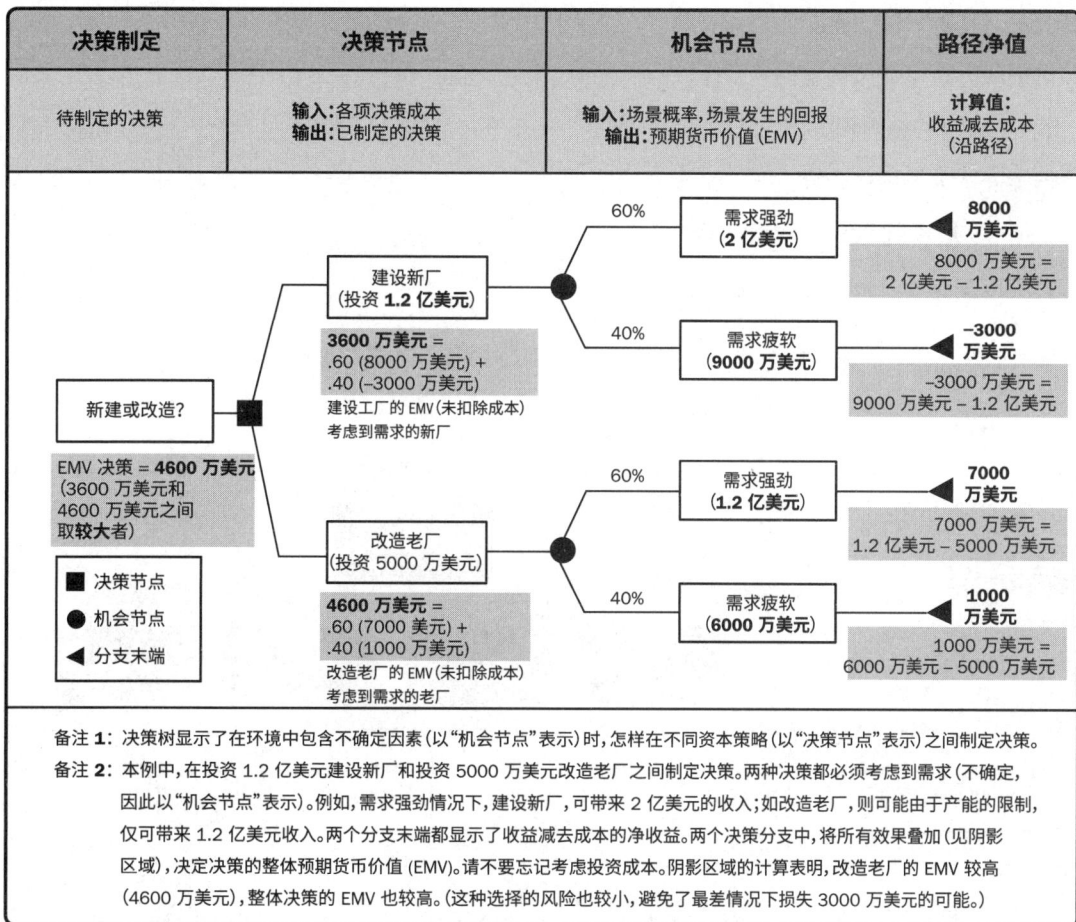

备注 1: 决策树显示了在环境中包含不确定因素(以"机会节点"表示)时,怎样在不同资本策略(以"决策节点"表示)之间制定决策。

备注 2: 本例中,在投资 1.2 亿美元建设新厂和投资 5000 万美元改造老厂之间制定决策。两种决策都必须考虑到需求(不确定,因此以"机会节点"表示)。例如,需求强劲情况下,建设新厂,可带来 2 亿美元的收入;如改造老厂,则可能由于产能的限制,仅可带来 1.2 亿美元收入。两个分支末端都显示了收益减去成本的净收益。两个决策分支中,将所有效果叠加(见阴影区域),决定决策的整体预期货币价值(EMV)。请不要忘记考虑投资成本。阴影区域的计算表明,改造老厂的 EMV 较高(4600 万美元),整体决策的 EMV 也较高。(这种选择的风险也较小,避免了最差情况下损失 3000 万美元的可能。)

图 10-7 决策树示例

工具与技术

分解 / Decomposition。 把项目范围和项目可交付物逐步划分为更小、更便于管理计划的一个组件。工作包是工作分解结构 (WBS) 最低层的工作，可对其成本和持续时间进行估算和管理。分解的程度取决于所需的控制程度，以实现对项目的高效管理；工作包的详细程度则因项目规模和复杂程度而异。要把整个项目工作分解为工作包，通常需要开展以下活动：

▶ 识别和分析可交付物及相关工作；

▶ 确定 WBS 的结构和编排方法；

▶ 自上而下逐层细化分解；

▶ 为 WBS 组件制定和分配标识编码；

▶ 核实可交付物分解的程度是否恰当。

图 10-8 显示了某工作分解结构的一部分，其中若干分支已经向下分解到工作包层次。

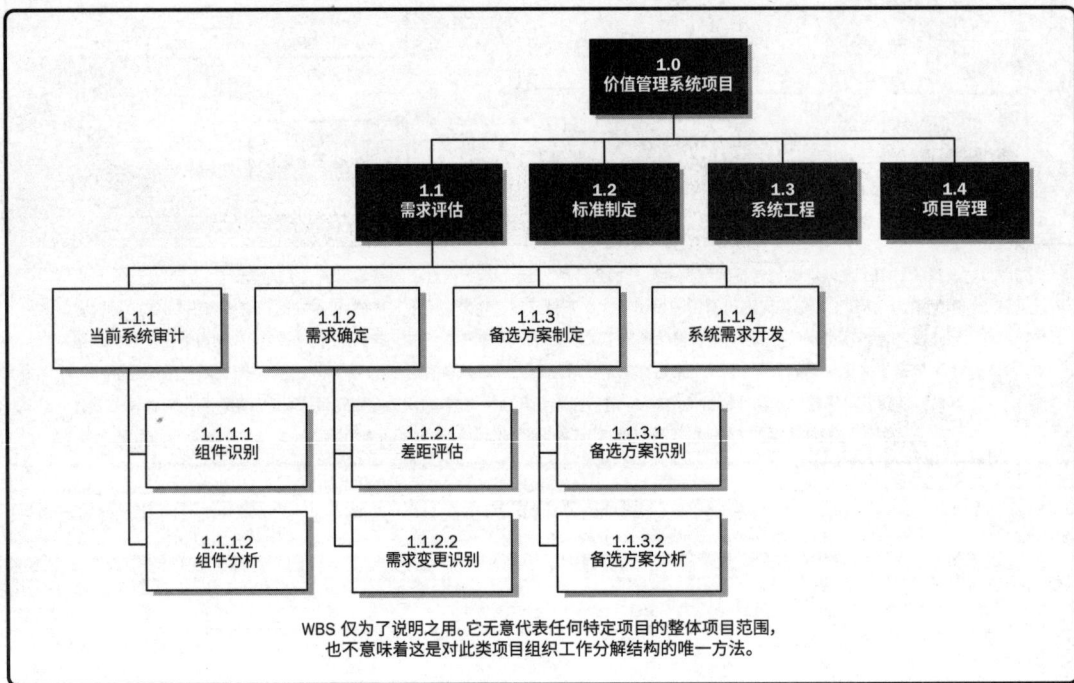

图 10-8 分解到工作包的 WBS 示例

过程组：实践指南

创建 WBS 的方法多种多样，常用的方法包括自上而下的方法、使用组织特定的指南和使用 WBS 模板。自下而上的方法可用于归并较低层次组件。WBS 的结构可以采用不同形式，例如：

▶ 以项目生命周期的各阶段作为分解的第二层，把产品和项目可交付物放在第三层，如图 10-9 所示。

▶ 以主要可交付物作为分解的第二层，如图 10-10 所示。

▶ 纳入由项目团队以外的组织开发的各种较低层次组件（如外包工作）。随后，作为外包工作的一部分，卖方须制定相应的合同 WBS。

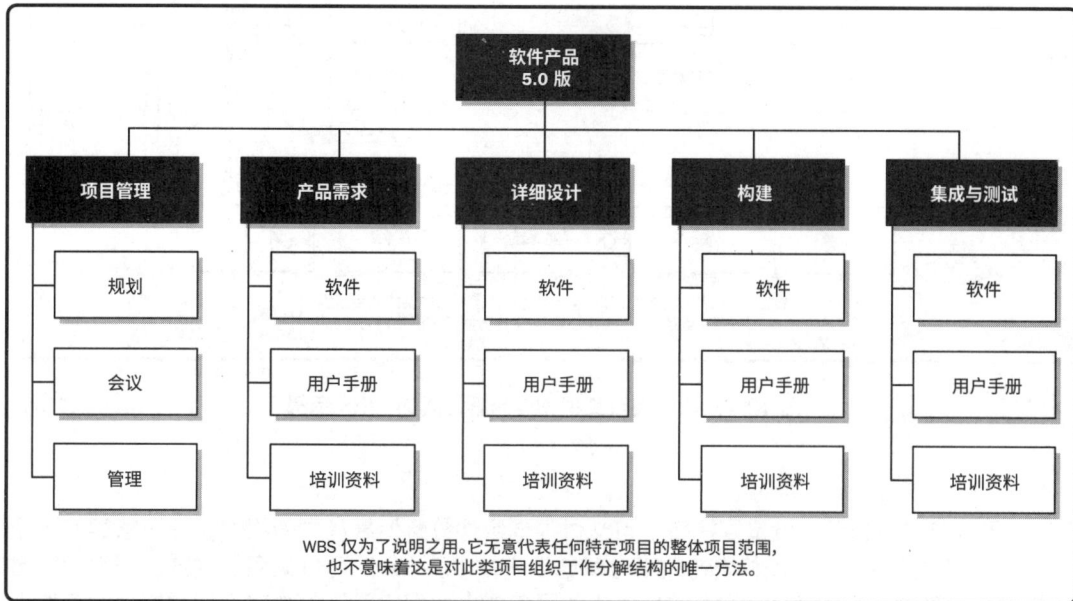

图 10-9 以阶段作为第二层的 WBS 示例

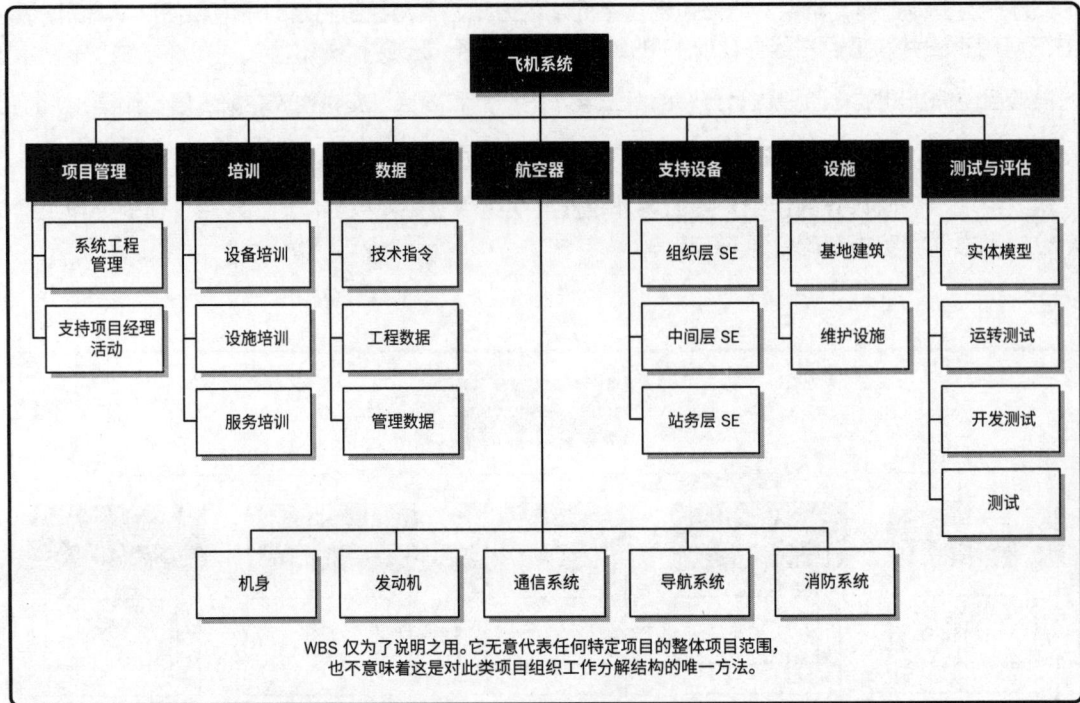

图中文字：

飞机系统

项目管理 | 培训 | 数据 | 航空器 | 支持设备 | 设施 | 测试与评估

项目管理：系统工程管理、支持项目经理活动

培训：设备培训、设施培训、服务培训

数据：技术指令、工程数据、管理数据

航空器：机身、发动机、通信系统、导航系统、消防系统

支持设备：组织层 SE、中间层 SE、站务层 SE

设施：基地建筑、维护设施

测试与评估：实体模型、运转测试、开发测试、测试

WBS 仅为了说明之用。它无意代表任何特定项目的整体项目范围，
也不意味着这是对此类项目组织工作分解结构的唯一方法。

图 10-10 以主要可交付物作为第二层的 WBS 示例

对 WBS 较高层组件进行分解，就是要把每个可交付物或组件分解为最基本的组件，即可核实的产品、服务或结果。如果采用敏捷方法，可以将史诗故事分解成用户故事。WBS 可以采用提纲式、组织架构图或能说明层级结构的其他形式。通过确认 WBS 较低层组件是完成上层相应可交付物的必要且充分的工作，来核实分解的正确性。不同的可交付物可以分解到不同的层次。某些可交付物只需分解到下一层，即可到达工作包的层次，而另一些则须分解更多层。工作分解得越细致，对工作的规划、管理和控制就越有力。但是，过细的分解会造成管理努力的无效耗费、资源使用效率低下、工作实施效率降低，同时造成 WBS 各层级的数据汇总困难。

要在未来远期才完成的可交付物或组件，当前可能无法分解。项目管理团队因而通常需要等待对该可交付物或组件达成一致意见，才能够制定出 WBS 中的相应细节。这种技术有时称作滚动式规划。

WBS 包含了全部的产品和项目工作，包括项目管理工作。通过把 WBS 底层的所有工作逐层向上汇总，来确保既没有遗漏的工作，也没有多余的工作。这有时被称为 100% 规则。

关于WBS的详细信息，可参考《工作分解结构实践标准》（第2版）[10]。该标准列举了一些具体行业的WBS模板，可以在裁剪后应用于特定领域的具体项目。

确定和整合依赖关系 / Dependency determination and integration。 如下所述，依赖关系可能是强制性或选择性的，内部或外部的。这四种依赖关系可以组合成强制性外部依赖关系、强制性内部依赖关系、选择性外部依赖关系或选择性内部依赖关系。

▶ **强制性依赖关系。** 强制性依赖关系是法律或合同要求的或工作的内在性质决定的依赖关系，强制性依赖关系往往与客观限制有关。例如，在建筑项目中，只有在地基建成后，才能建立地面结构；在电子项目中，必须先把原型制造出来，然后才能对其进行测试。强制性依赖关系又称硬逻辑关系或硬依赖关系，技术依赖关系可能不是强制性的。在活动排序过程中，项目团队应明确哪些关系是强制性依赖关系，不应把强制性依赖关系和进度计划编制工具中的进度制约因素相混淆。

▶ **选择性依赖关系。** 选择性依赖关系有时又称首选逻辑关系、优先逻辑关系或软逻辑关系。即便还有其他依赖关系可用，选择性依赖关系应基于具体应用领域的最佳实践或项目的某些特殊性质对活动顺序的要求来创建。例如，根据普遍公认的最佳实践，在建造期间，应先完成卫生管道工程，才能开始电气工程。这个顺序并不是强制性要求，两个工程可以同时（并行）开展工作；但如按先后顺序进行可以降低整体项目风险。应该对选择性依赖关系进行全面记录，因为它们会影响总浮动时间，并限制后续的进度安排。如果打算进行快速跟进，则应当审查相应的选择性依赖关系，并考虑是否需要调整或去除。在排列活动顺序过程中，项目团队应明确哪些依赖关系属于选择性依赖关系。

工具与技术

▶ **外部依赖关系。**外部依赖关系是项目活动与非项目活动之间的依赖关系，这些依赖关系往往不在项目团队的控制范围内。例如，软件项目的测试活动取决于外部硬件的到货；建筑项目的现场准备，可能要在政府的环境听证会之后才能开始。在排列活动顺序过程中，项目管理团队应明确哪些依赖关系属于外部依赖关系。

▶ **内部依赖关系。**内部依赖关系是项目活动之间的紧前关系，通常在项目团队的控制之中。例如，只有机器组装完毕，团队才能对其测试，这是一个内部的强制性依赖关系。在排列活动顺序过程中，项目管理团队应明确哪些依赖关系属于内部依赖关系

面向 X 的设计 / Design for X。面向 X 的设计 (DfX) 是产品设计期间可采用的一系列技术指南，旨在优化设计的特定方面，可以控制或提高产品最终特性。DfX 中的"X"可以是产品开发的不同方面，例如可靠性、调配、装配、制造、成本、服务、可用性、安全性和质量。使用 DfX 可以降低成本、改进质量、提高绩效和客户满意度。

文件分析 / Document analysis。文件分析包括审查和评估任何相关的文件化信息。可以分析的文件范围很广。可供分析的文件包括（但不限于）：

▶ 协议和合同。

▶ 商业计划、流程或接口文档。

▶ 业务规则库。

▶ 现行流程。

▶ 市场文献。

▶ 计划、假设条件、制约因素、历史文件和技术文档。

过程组：实践指南

▶ 问题日志。

▶ 政策和程序。

▶ 质量报告、测试报告、绩效报告和偏差分析。

▶ 法规文件，如法律、准则、法令等。

▶ 建议邀请书。

▶ 用例。

挣值分析 / Earned value analysis。挣值分析将实际进度和成本绩效与绩效测量基准进行比较。EVM把范围基准、成本基准和进度基准整合起来，形成绩效测量基准。它针对每个工作包和控制账户，计算并监测以下三个关键指标：

▶ **计划价值。**计划价值（PV）是为计划工作分配的经批准的预算，它是为完成某活动或工作分解结构 (WBS) 组件而准备的一份经批准的预算，不包括管理储备。应该把该预算分配至项目生命周期的各个阶段；在某个给定的时间点，PV 代表着应该已经完成的工作。PV 的总和有时被称为绩效测量基准（PMB），项目的总 PV 又被称为完工预算 (BAC)。

▶ **挣值。**挣值（EV）是对已完成工作的测量值，用该工作的批准预算来表示，是已完成工作的经批准的预算。EV 的计算应该与 PMB 相对应，且所得的 EV 值不得大于相应组件的 PV 总预算。EV 常用于计算项目的完成百分比，应该为每个 WBS 组件规定进展测量准则，用于考核正在实施的工作。项目经理既要监测 EV 的增量，以判断当前的状态，又要监测 EV 的累计值，以判断长期的绩效趋势。

▶ **实际成本。**实际成本（AC）是在给定时段内，执行某活动而实际发生的成本，是为完成与 EV 相对应的工作而发生的总成本。AC 的计算方法必须与 PV 和 EV 的计算方法保持一致（例如，都只计算直接小时数，都只计算直接成本，或都计算包含间接成本在内的全部成本）。AC 没有上限，为实现 EV 所花费的任何成本都要计算进去。

情商 (EI) / Emotional intelligence (EI)。识别、评估和管理个人情绪、他人情绪及群体情绪的能力。项目团队能用情商来了解、评估及控制项目团队成员的情绪，预测团队成员的行为，确认团队成员的关注点及跟踪团队成员的问题，来达到减轻压力、加强合作的目的。

项目经理应提升内在（如自我管理和自我意识）和外在（如关系管理）能力，从而提高个人情商。研究表明，提高项目团队的情商或情绪能力可提高团队效率，还可以降低团队成员离职率。

专家判断 / Expert judgment。基于某应用领域、学科和行业等的专业知识而做出的，关于当前活动的合理判断。这些专业知识可来自具有专业学历、知识、技能、经验或培训经历的任何小组或个人。

引导 / Facilitation。引导是有效引导团队活动成功以达成决定、解决方案或结论的能力。引导者须确保：

- ▶ 参与者有效参与。
- ▶ 参与者互相理解。
- ▶ 考虑所有意见。
- ▶ 按项目既定决策流程全力支持得到的结论或结果。
- ▶ 所达成的行动和协议在之后得到合理执行。

反馈 / Feedback。反馈是关于对沟通、可交付物或情况的反应的信息。反馈用于支持项目经理和项目团队及所有其他项目干系人之间的互动沟通，例如，指导、辅导和磋商。

融资 / Financing。融资涉及为项目筹集资金。长期的基础设施、工业和公共服务项目通常会寻求外部融资。如果项目使用外部资金，出资实体可能会提出一些需要满足的要求。

流程图 / Flowcharts。流程图，也称过程图，用来显示在一个或多个输入转化成一个或多个输出的过程中，所需要的步骤顺序和可能分支。它通过映射水平价值链的过程细节来显示活动、决策点、分支循环、并行路径及整体处理顺序。图 10-11 展示了其中一个版本的价值链，即 SIPOC（供应商、输入、过程、输出和客户）模型。流程图可能有助于了解和估算一个过程的质量成本。通过工作流的逻辑分支及其相对频率来估算质量成本。这些逻辑分支细分为完成符合要求的输出而需要开展的一致性工作和非一致性工作。用于展示过程步骤时，流程图有时又被称为"过程流程"或"过程流程图"，可帮助改进过程并识别可能出现质量缺陷或可以纳入质量检查的地方。

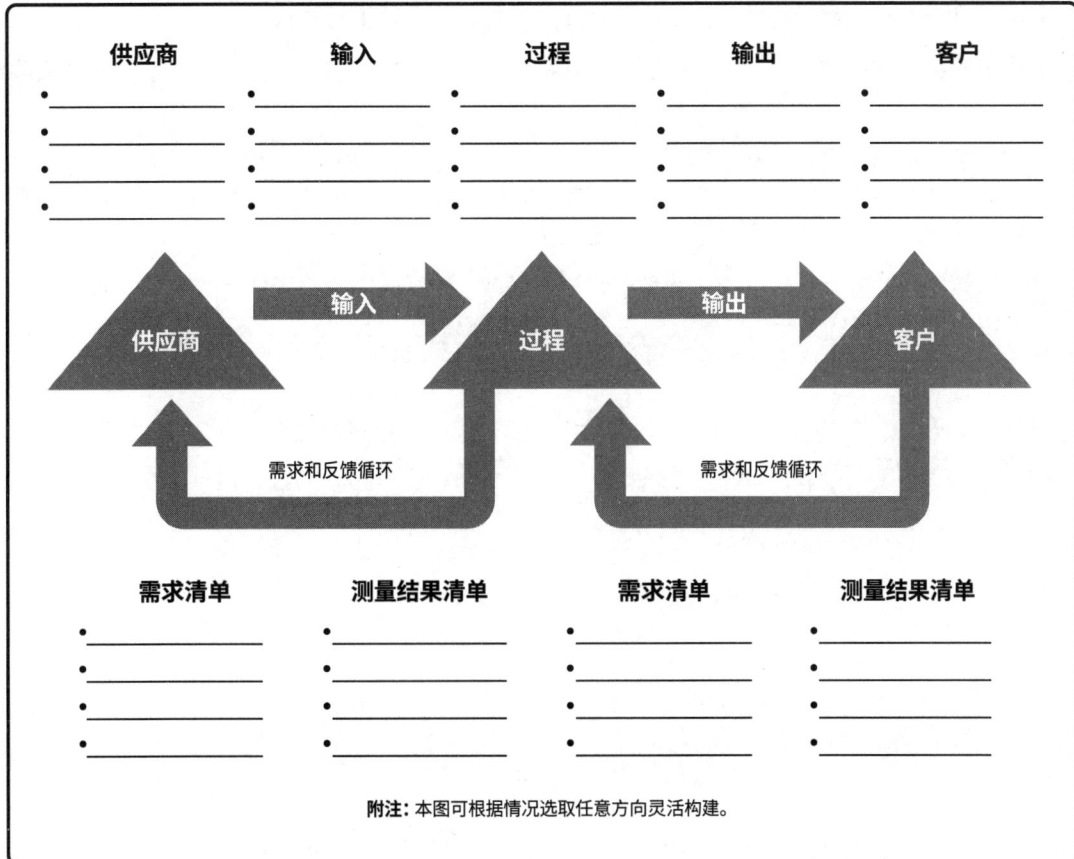

图 10-11 SIPOC 模型

焦点小组 / Focus groups。 召集预定的干系人和主题专家，了解他们对所讨论的产品、服务或结果的期望和态度的一种启发式技术。由一位受过训练的主持人引导大家进行互动式讨论。焦点小组往往比"一对一"的访谈更热烈。

资金限制平衡 / Funding limit reconciliation。 根据对项目资金的任何限制来平衡资金支出的过程。如果发现资金限制与计划支出之间的差异，则可能需要调整工作的进度计划，以平衡资金支出水平。这可以通过在项目进度计划中添加强制日期来实现。

基本规则 / Ground rules。 基本规则在团队章程中进行定义，来明确项目团队成员和其他干系人预期应采取什么行为去引导干系人参与。

层级图。 可以采用传统的组织结构图，自上而下地显示各种职位及其相互关系。

- ▶ **工作分解结构 (WBS)。** WBS 用来显示如何把项目可交付物分解为工作包，有助于明确高层级的职责。

- ▶ **组织分解结构 (OBS)。** WBS 显示项目可交付物的分解，而 OBS 则按照组织现有的部门、单元或团队排列，并在每个部门下列出项目活动或工作包。运营部门（如信息技术部或采购部）只需要找到其所在的 OBS 位置，就能看到自己的全部项目职责。

- ▶ **资源分解结构。** 资源分解结构是按类别和资源类型，团队和实物资源的层级列表，来规划、管理和控制项目工作。每向下一个（更低）层次都代表对资源的更详细描述，直到信息细到可以与 WBS 相结合，用来规划和监控项目工作。

直方图 / Histograms。 直方图是一种展示数字数据的条形图，可以展示每个可交付物的缺陷数量、缺陷成因的排列、各个过程的不合规次数，或项目或产品缺陷的其他表现形式。

历史信息审核 / Historical information review。 审核历史信息可以帮助制定参数估算或类比估算。历史信息可以包括项目特征（参数），以建立预测项目总成本的数学模型。这些数学模型可以是简单的（例如，建造住房的总成本取决于单位面积建造成本），也可以是复杂的（例如，软件开发项目的成本模型中有多个变量，且每个变量又受许多因素的影响）。

类比和参数模型的成本及准确性可能差别很大。在以下情况下，它们将最为可靠：

- ▶ 用来建立模型的历史信息准确；
- ▶ 模型中的参数易于量化；
- ▶ 模型可以调整，以便对大项目、小项目和各项目阶段都适用。

个人和团队评估 / Individual and team assessments。 个人和团队评估工具能让项目经理和项目团队洞察成员的优势和劣势。这些工具可帮助项目经理评估团队成员的偏好和愿望、团队成员如何处理和整理信息、如何制定决策，以及团队成员如何与他人打交道。有各种可用的工具，如态度调查、专项评估、结构化访谈、能力测试及焦点小组。这些工具有利于增进团队成员间的理解、信任、承诺和沟通，在整个项目期间不断提高团队成效。

影响图 / Influence diagrams。 影响图是不确定条件下决策制定的图形辅助工具。它将一个项目或项目中的一种情境表现为一系列实体、结果和影响，以及它们之间的关系和相互影响。如果因为存在单个项目风险或其他不确定性来源而使影响图中的某些要素不确定，就在影响图中以区间或概率分布的形式表示这些要素；然后，借助模拟技术（如蒙特卡洛分析）来分析哪些要素对重要结果具有最大的影响。影响图分析，可以得出类似于其他定量风险分析的结果，如 S 曲线图和龙卷风图。

工具与技术

影响力 / Influencing。在矩阵环境中，项目经理对团队成员通常没有或仅有很小的命令职权，所以他们适时影响干系人的能力，对保证项目成功非常关键。影响力主要体现在如下各方面：

- ▶ 说服能力；
- ▶ 清晰表达观点和立场；
- ▶ 积极且有效地倾听；
- ▶ 了解并综合考虑各种观点；
- ▶ 收集相关信息，在维护相互信任的关系下，解决问题并达成一致意见。

信息管理 / Information management。信息管理工具和技术用于创建人们与知识之间的联系，可以有效促进简单、明确的显性知识的分享，包括（但不限于）：

- ▶ 编撰显性知识的方法，例如，如何确定经验教训登记册的条目；
- ▶ 经验教训登记册；
- ▶ 图书馆服务；
- ▶ 信息收集，例如搜索网络和阅读已发表的文章；
- ▶ 项目管理信息系统 (PMIS)，项目管理信息系统通常包括文档管理系统。

通过增加互动要素，如"与我联系"的功能，使用户能够与经验教训发帖者联系，并向其寻求与特定项目和情境有关的建议。这样一来，就能够强化信息管理工具和技术的使用。

知识和信息管理工具与技术应与项目过程和过程责任人相对应。例如，实践社区和主题专家 (SME) 可以提供见解，帮助改善控制流程。设置内部发起人可以确保改善措施得到执行。可以分析经验教训登记册的条目来识别通过项目程序变更能够解决的常见问题。

检查 / Inspection。 检查是检验工作产品，以确定是否符合书面标准。检查的结果通常包括相关的测量数据，可在任何层面上进行。可以检查单个活动的结果，也可以检查项目的最终产品。检查也可称为审查、同行审查、审计或巡检等，而在某些应用领域，这些术语的含义比较狭窄和具体。检查也可用于确认缺陷补救。

访谈 / Interviews。 通过与干系人直接交谈，来获取信息的正式或非正式方法。访谈的典型做法是向被访者提出预设和即兴的问题，并记录他们的回答。访谈经常是一个访谈者和一个被访者之间的"一对一"谈话，但也可以包括多个访谈者和/或多个被访者。访谈有经验的项目参与者、发起人和其他高管，以及主题专家，有助于识别和定义所需产品可交付物的特征和功能。访谈也可用于获取机密信息。

迭代燃尽图 / Iteration burndown chart。 这类图用于追踪迭代未完项中尚待完成的工作。它基于迭代规划中确定的工作，分析与理想燃尽图的偏差。可使用预测趋势线来预测迭代结束时可能出现的偏差，以及在迭代期间应该采取的合理行动。在燃尽图中，先用对角线表示理想的燃尽情况，再每天画出实际剩余工作，最后基于剩余工作计算出趋势线以预测完成情况。图 10-12 是迭代燃尽图的一个例子。

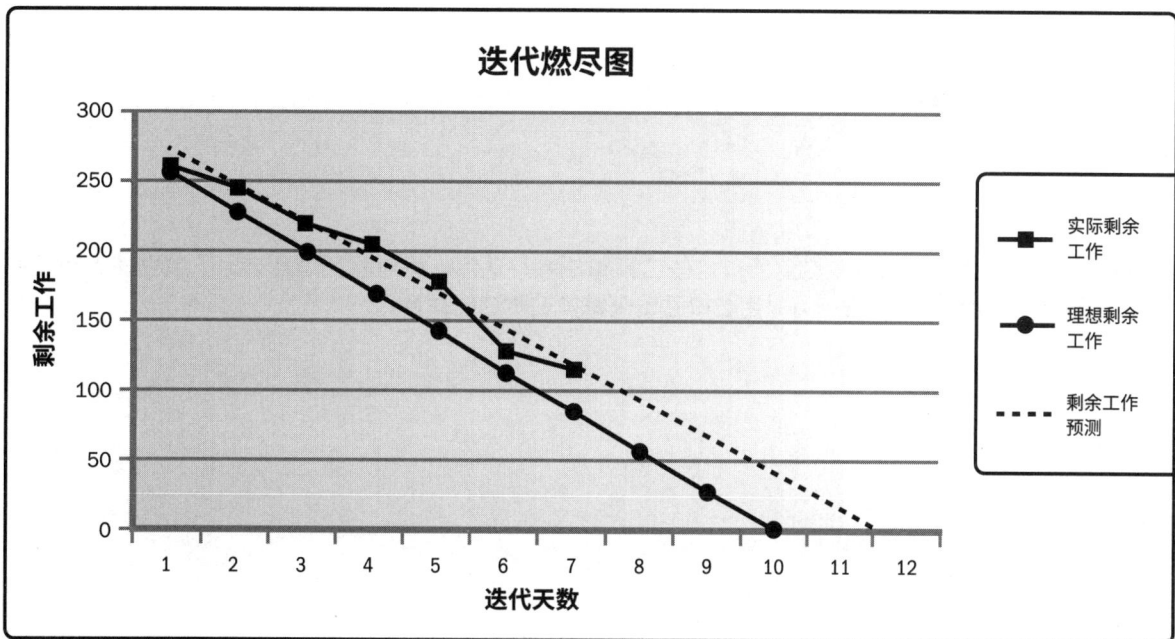

图 10-12 迭代燃尽图

工具与技术

知识管理 / Knowledge management。知识管理工具和技术将员工联系起来，使他们能够合作生成新知识、分享隐性知识，以及集成不同团队成员所拥有的知识。适用于项目的工具和技术取决于项目的性质，尤其是创新程度、项目复杂性，以及团队的多元化（包括学科背景多元化）程度。

工具和技术包括（但不限于）：

▶ 人际交往，包括非正式的社交和在线社交。可以进行开放式提问（如"谁知道……？"）的在线论坛有助于与专家进行知识分享对话。

▶ 实践社区（有时称为"兴趣社区"或"社区"）和特别兴趣小组。

▶ 会议，包括使用通信技术进行互动的虚拟会议。

▶ 工作跟随和跟随指导。

▶ 讨论论坛，如焦点小组。

▶ 知识分享活动，如专题讲座和会议。

▶ 研讨会，包括问题解决会议和经验教训总结会议。

▶ 讲故事。

▶ 创造力和创意管理技术。

▶ 知识展会。

▶ 交互式培训。

可以通过面对面和/或虚拟方式来应用所有这些工具和技术。通常，面对面互动最有利于建立知识管理所需的信任关系。一旦信任关系建立，可以用虚拟互动来维护这种信任关系。

领导力 / Leadership。指导、激励和带领团队所需的知识、技能和行为，可帮助组织达成业务目标。这些技能可能包括协商、抗压、沟通、解决问题、批判性思考和人际关系技能等基本能力。随着越来越多的公司通过项目执行战略，项目变得越来越复杂。项目管理不仅仅涉及数字、模板、图表、图形和计算机系统方面的工作。人是所有项目中的共同点。人可以计数，但不仅仅是数字。

提前量和滞后量 / Leads and lags。提前量是相对于紧前活动，紧后活动可以提前的时间量。例如，在新办公大楼建设项目中，绿化施工可以在尾工清单编制完成前 2 周开始，这就是带 2 周提前量的完成到开始的关系，如图 10-13 所示。在进度计划软件中，提前量往往表示为负滞后量。

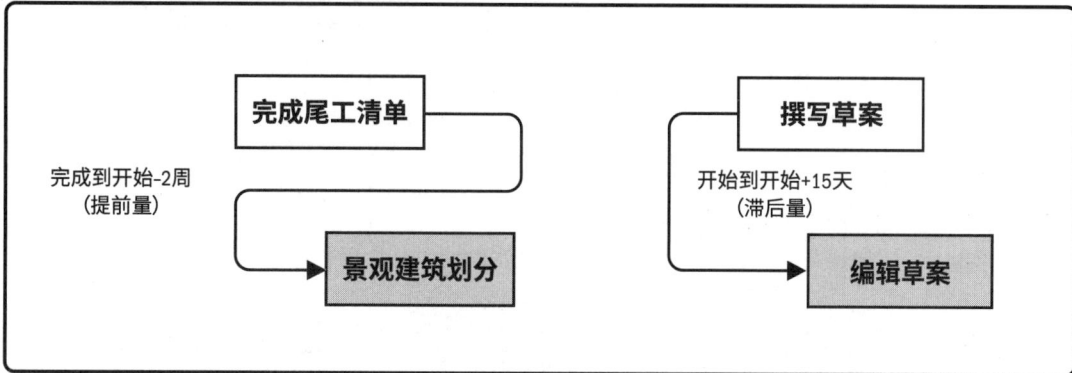

图 10-13 提前量和滞后量示例

滞后量是相对于紧前活动，紧后活动需要推迟的时间量。例如，对于一个大型技术文档，编写小组可以在编写工作开始后 15 天，开始编辑文档草案，这就是带 15 天滞后量的开始到开始关系，如图 10-13 所示。在图 10-14 的项目进度网络图中，H 活动和 I 活动之间就有滞后量，表示为 SS+10（带 10 天滞后量的开始到开始关系），虽然图中并没有用精确的时间刻度来表示滞后的量值。

工具与技术

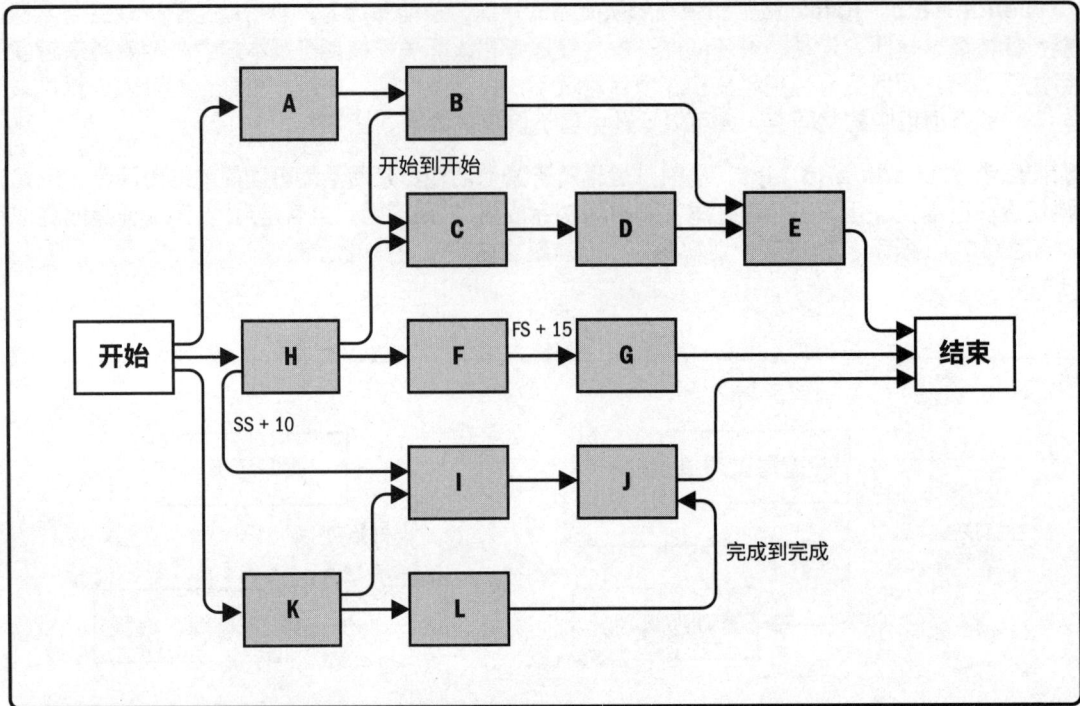

图 10-14 项目进度网络图

项目管理团队应该明确哪些依赖关系中需要加入提前量或滞后量，以便准确地表示活动之间的逻辑关系。提前量和滞后量的使用不能替代进度逻辑关系，而且持续时间估算中不包括任何提前量或滞后量，同时还应该记录各种活动及与之相关的假设条件。

逻辑数据模型 / Logical data model。逻辑数据模型把组织数据可视化，以商业语言加以描述，不依赖任何特定技术。逻辑数据模型可用于识别会出现数据完整性或其他质量问题的地方。

自制或外购分析 / Make-or-buy analysis。自制或外购分析用于确定某项工作或可交付物最好由项目团队自行完成，还是应该从外部采购。制定自制或外购决策时应考虑的因素包括：组织当前的资源配置及其技能和能力，对专业技术的需求，不愿承担永久雇用的义务，以及对独特技术专长的需求；还要评估与每个自制或外购决策相关的风险。

过程组：实践指南

在自制或外购分析中，可以使用回收期、投资回报率 (ROI)、内部收益率 (IRR)、现金流贴现、净现值 (NPV)、收益成本 (BCA) 或其他分析技术，来确定某种货物或服务是应该在项目内部自制，还是从外部购买。

市场调研 / Market research。市场调研是一种数据收集技术，包括考察行业情况和具体卖方的能力。采购团队可运用从会议、在线评论和各种其他渠道得到的信息，来了解市场情况。采购团队也可以调整具体的采购目标，以便在平衡与有能力提供所需材料或服务的卖方的范围有关的风险的同时，利用成熟技术。

矩阵图 / Matrix diagrams。矩阵图在行列交叉的位置找到不同因素、原因和目标之间的关系强弱。根据可用来比较因素的数量，项目经理可使用不同形状的矩阵图，如 L 型、T 型、Y 型、X 型、C 型和屋顶型矩阵。矩阵图有助于识别对项目成功至关重要的关键质量度量指标。

会议管理 / Meeting management。一种人际交往和团队合作技巧，用于确保会议有效率且有效果地达到预期目标。规划会议时应采取以下步骤：

- ▶ 准备并发布会议议程（其中包含会议目标）；
- ▶ 确保会议在规定的时间开始和结束；
- ▶ 确保适当的参与者受邀并出席；
- ▶ 紧扣话题；
- ▶ 管理会议中的期望、问题和冲突；
- ▶ 与负责完成该行动的个人合作记录所有要完成的行动。

会议 / Meetings。项目会议可包括虚拟（网络）或面对面会议，且可用文档协同技术进行辅助，包括电子邮件信息和项目网站。会议示例包括（但不限于）以下类型：

- ▶ 决策；
- ▶ 问题解决；
- ▶ 经验教训和回顾总结；
- ▶ 项目开工；
- ▶ 迭代规划；
- ▶ 状态更新。

思维导图 / Mind mapping。把从头脑风暴中获得的创意整合成一张图，用以反映创意之间的共性与差异，激发新创意。思维导图是一种用于可视化地组织信息的绘图法。

激励 / Motivation。激励是为某人的行动提供理由。通过提高团队参与决策的能力并鼓励他们独立工作来激励团队。

多标准决策分析 / Multicriteria decision analysis。该技术借助决策矩阵，用系统分析方法建立诸如风险水平、不确定性和价值收益等多种标准，从而对众多方案进行评估和排序。多标准决策分析工具（如优先矩阵）可用于识别关键事项和合适的备选方案，并通过一系列决策排列出备选方案的优先顺序。先对标准优先排序和加权，再应用于所有备选方案，计算出各个备选方案的分数，然后根据得分对备选方案排序。

谈判 / Negotiation。谈判是旨在达成协议的讨论。谈判用于获得支持或达成关于支持项目工作或成果的协议，并解决团队内部或团队与其他干系人之间的冲突。团队成员之间的谈判旨在就项目需求达成共识。谈判有助于在团队成员之间建立融洽的相互信任的关系。

采购谈判是指在合同签署之前，对合同的结构、各方的权利和义务，以及其他条款加以澄清，以便双方达成共识。最终的文件措辞应该反映双方达成的全部一致意见。谈判以签署买方和卖方均可执行的合同文件或其他正式协议而结束。

谈判应由采购团队中拥有合同签署职权的成员主导。项目经理和项目管理团队的其他成员可以参加谈判并提供必要的协助。

人际交往 / Networking。与来自同一组织或其他组织的其他人建立联系和关系，以交换信息和发展联系。人际交往有利于项目经理及其团队通过非正式组织解决问题，影响干系人的行动，以及提高干系人对项目工作和成果的支持，从而改善绩效。

非口头技能 / Nonverbal。例如，通过示意、语调和面部表情等适当的肢体语言来表达意思。镜像模仿和眼神交流也是重要的技能。团队成员应该知道如何通过说什么和不说什么来表达自己的想法。

名义小组技术 / Nominal group technique。 用于促进头脑风暴的一种技术，通过投票排列最有用的创意，以便进一步开展头脑风暴或优先排序。名义小组技术是一种结构化的头脑风暴形式，包括四个步骤：

▶ **第1步，** 向小组提出一个疑问或难题。每个人在安静地思考后写下自己的想法。

▶ **第2步，** 主持人在活动挂图上记录所有的想法。

▶ **第3步，** 集体讨论所有的想法，直到所有的小组成员都有清晰理解。

▶ **第4步，** 个人私下投票对这些想法优先排序，通常采用5分制，1 为最低，5 为最高。为了减少并聚焦想法，可进行多轮投票。每一轮投票后，主持人统计选票，并选出得分最高的想法。

观察/交谈 / Observation/conversation。 观察/交谈是指直接察看个人在各自的环境中的表现，以了解其如何执行工作（或任务）和实施流程。当产品使用者难以或不愿清晰说明他们的需求时，就特别需要通过观察来了解他们的工作细节。观察，也称为"工作跟随"，通常由旁站观察者观察业务专家如何执行工作，但也可以由"参与观察者"来观察，通过执行一个流程或程序，来体验该流程或程序是如何实施的，以便挖掘隐藏的需求。

组织理论 / Organizational theory。 组织理论阐述个人、团队和组织部门的行为方式。有效利用组织理论中的常用技术，可以节约规划资源管理过程的时间、成本及人力投入，提高规划工作的效率。此外，可以根据相关的组织理论灵活使用领导力风格，以适应项目生命周期中团队成熟度的变化。重要的是要认识到，组织的结构和文化影响项目组织结构。

参数估算 / Parametric estimating。 参数估算是一种基于历史数据和项目参数，使用某种算法来计算成本或持续时间的估算技术。它是指利用历史数据之间的统计关系和其他变量（如建筑施工中的平方英尺），来估算诸如成本、预算和持续时间等活动参数。

把需要实施的工作量乘以完成单位工作量所需的工时，即可计算出持续时间。例如，对于设计项目，将图纸的张数乘以每张图纸所需的工时；或者对于电缆铺设项目，将电缆的长度乘以铺设每米电缆所需的工时。如果所用的资源每小时能够铺设 25 米电缆，那么铺设 1000 米电缆的持续时间是 40 小时（1000 米除以 25 米/小时）。

参数估算的准确性取决于参数模型的成熟度和基础数据的可靠性。且参数进度估算可以针对整个项目或项目中的某个部分，并可以与其他估算方法联合使用。

绩效审查 / Performance reviews。绩效审查是根据进度基准，测量、对比和分析进行中的项目工作的实际绩效，如实际开始和完成日期、已完成百分比，以及进展中工作的剩余持续时间。

政治意识 / Political awareness。政治意识有助于项目经理根据项目环境和组织的政治环境来规划沟通。政治意识是指对正式和非正式权力关系的认知，以及在这些结构中工作的意愿。政治意识的方面包括：

- ▶ 理解组织战略。

- ▶ 知道谁在这个领域拥有权力和影响力。

- ▶ 发展与干系人沟通的能力。

紧前关系绘图法 (PDM) / Precedence diagramming method (PDM)。创建进度模型的一种技术，用节点表示活动，用一种或多种逻辑关系连接活动，以显示活动的实施顺序。

PDM 包括四种依赖关系或逻辑关系。紧前活动是在进度计划的逻辑路径中，排在非开始活动前面的活动。紧后活动是在进度计划的逻辑路径中，排在某个活动后面的活动。这些关系的定义如下，并如图 10-15 所示：

- ▶ **完成到开始（FS）**。只有紧前活动完成，紧后活动才能开始的逻辑关系。例如，只有完成装配　PC硬件（紧前活动），才能开始在 PC 上安装操作系统（紧后活动）。

▶ **完成到完成（FF）**。只有紧前活动完成，紧后活动才能完成的逻辑关系。例如，只有完成文件的编写（紧前活动），才能完成文件的编辑（紧后活动）。

▶ **开始到开始（SS）**。只有紧前活动开始，紧后活动才能开始的逻辑关系。例如，开始地基浇灌（紧前活动）之后，才能开始混凝土的找平（紧后活动）。

▶ **开始到完成（SF）**。只有紧后活动开始，紧前活动才能完成的逻辑关系。例如，只有启动新的应付账款系统（紧前活动），才能关闭旧的应付账款系统（紧后活动）。

在 PDM 图中，FS 是最常用的逻辑关系类型；SF 关系则很少使用，为了保持 PDM 四种逻辑关系类型的完整性，这里也将 SF 列出。

虽然两个活动之间可能同时存在两种逻辑关系（例如 SS 和 FF），但不建议相同的活动之间存在多种关系。因此必须做出决定以选择影响最大的逻辑关系。此外也不建议采用闭环的逻辑关系。

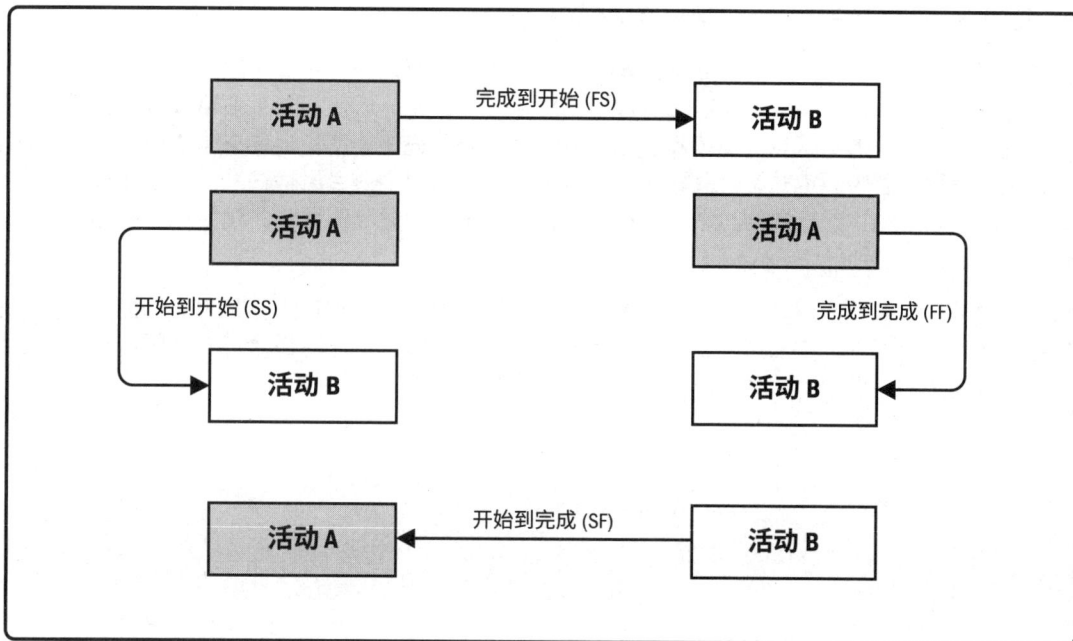

图 10-15 紧前关系绘图法（PDM）的活动关系类型

演示 / Presentations。演示是信息和/或文档的正式交付。向有关干系人清晰有效地提交项目信息，可以包括（但不限于）：

- ▶ 向干系人报告项目进度和信息更新；
- ▶ 提供背景信息以支持决策制定；
- ▶ 提供关于项目及其目标的通用信息，以提升项目工作和项目团队的形象；
- ▶ 提供具体信息，以提升对项目工作和目标的理解和支持力度。

为获得演示成功，应该从内容和形式上考虑以下因素：

- ▶ 受众的期望和需要；
- ▶ 项目和项目团队的需要及目标。

优先级排序/分级 / Prioritization/ranking。应该对干系人需求以及干系人本身进行优先级排序或分级。具有最大利益和最高影响的干系人，通常应该排在优先级清单的最前面。

概率和影响矩阵 / Probability and impact matrix。概率和影响矩阵是把每个风险发生的概率和一旦发生对项目目标的影响映射起来的表格。此矩阵对概率和影响进行组合，以便把单个项目风险划分成不同的优先级组别（见图 10-16）。基于风险的概率和影响，对风险进行优先级排序，以便未来进一步分析并制定应对措施。采用风险管理计划中规定的风险概率和影响定义，逐一对单个项目风险的发生概率及其对一个或多个项目目标的影响（若发生）进行评估。然后，基于所得到的概率和影响的组合，使用概率和影响矩阵，来为单个项目风险分配优先级别。

组织可针对每个项目目标（如成本、时间和范围）制定单独的概率和影响矩阵，并用它们分别评估对应目标的风险。组织还可以用不同的方法为每个风险确定一个总体优先级别。即可综合针对不同目标的评估结果，也可采用最高优先级别（无论针对哪个目标），作为风险的总体优先级别。

过程组：实践指南

概率	威胁					机会					概率
很高 0.90	0.05	0.09	0.18	0.36	0.72	0.72	0.36	0.18	0.09	0.05	很高 0.90
高 0.70	0.04	0.07	0.14	0.28	0.56	0.56	0.28	0.14	0.07	0.04	高 0.70
中 0.50	0.03	0.05	0.10	0.20	0.40	0.40	0.20	0.10	0.05	0.03	中 0.50
低 0.30	0.02	0.03	0.06	0.12	0.24	0.24	0.12	0.06	0.03	0.02	低 0.30
很低 0.10	0.01	0.01	0.02	0.04	0.08	0.08	0.04	0.02	0.01	0.01	很低 0.10
	很低 0.05	低 0.10	中 0.20	高 0.40	很高 0.80	很高 0.80	高 0.40	中 0.20	低 0.10	很低 0.05	
	消极影响					积极影响					

图 10-16 有评分方法的概率和影响矩阵示例

问题解决 / Problem solving。问题解决涉及为问题或挑战找到解决方案，包括收集额外信息；批判性思维；以及创造性、定量性和/或逻辑性方法。有效的和系统化的问题解决是质量保证和质量改进的基本要素。问题可能在控制质量过程或质量审计中发现，也可能与过程或可交付物有关。使用结构化的问题解决方法有助于消除问题和制定长久的解决方案。问题解决方法通常包括以下行动：

- 定义问题；
- 识别根本原因；
- 生成可能的解决方案；
- 选择最佳解决方案；
- 执行解决方案；
- 验证解决方案的有效性。

过程分析 / Process analysis。过程分析可以识别过程改进机会，同时检查在过程期间遇到的问题、制约因素，以及非增值活动。

产品分析 / Product analysis。产品分析可用于定义产品和服务。包括针对产品或服务提问并回答，以描述要生产或交付的产品的用途、特征及其他有关方面。

每个应用领域都有一种或几种普遍公认的方法，用以把高层级的产品或服务描述转变为有意义的可交付物。首先获取高层级的需求，然后将其分解到最终产品设计所需的详细程度。产品分析技术包括（但不限于）：

- ▶ 产品分解；
- ▶ 需求分析；
- ▶ 系统分析；
- ▶ 系统工程；
- ▶ 价值分析；
- ▶ 价值工程。

项目管理信息系统 (PMIS) / Project management information system (PMIS)。由收集、整合和传播项目管理过程输出的工具和技术所组成的信息系统。PMIS 提供对信息技术软件工具的访问，例如进度计划软件工具、工作授权系统、配置管理系统、信息收集与发布系统，以及进入其他在线自动化系统（如组织的知识库）的界面。自动收集和报告关键绩效指标 (KPI) 可以是本系统的一项功能。

项目报告发布 / Project reporting。项目报告发布是收集和发布项目信息的行为。项目信息应发布给众多干系人群体。应针对每种干系人来调整项目信息发布的适当层次、形式和细节。从简单的沟通到详尽的定制报告和演示，报告的形式各不相同。可以定期准备信息或基于例外情况准备。虽然工作绩效报告是监控项目工作过程的输出，但是管理沟通过程会编制临时报告、项目演示、博客，以及项目沟通的其他类型信息。

提示清单 / Prompt lists。提示清单是关于可能引发单个项目风险以及可作为整体项目风险来源的风险类别的预设清单。在采用风险识别技术时，提示清单可作为框架用于协助项目团队形成想法。可以用风险分解结构底层的风险类别作为提示清单，来识别单个项目风险。某些常见的战略框架更适用于识别整体项目风险的来源，如 PESTLE（政治、经济、社会、技术、法律、环境）、TECOP（技术、环境、商业、运营、政治），或 VUCA（易变性、不确定性、复杂性、模糊性）。

建议书评估 / Proposal evaluation。对建议书进行评估，确定它们是否对招标文件包中的招标文件、采购工作说明书、供方选择标准和其他文件，都做出了完整且充分的响应。

原型法 / Prototypes。在制造预期产品之前，先造出其工作模型，并据此获得对需求的早期反馈的一种方法。原型包括微缩产品、计算机生成的二维和三维模型、实体模型或模拟。原型使得干系人可以体验最终产品的模型，而不是仅限于讨论抽象的需求描述。原型法支持渐进明细的理念，需要经历从实体模型创建、用户体验、反馈收集到原型修改的迭代循环过程。在经过足够的反馈循环之后，就可以通过原型获得足够完整的需求，从而进入设计或制造阶段。

故事板是一种原型技术，通过一系列的图像或图示来展示顺序或导航路径。故事板用于各种行业的各种项目中，如电影、广告、教学设计，以及敏捷和其他软件开发项目。在软件开发中，故事板使用实体模型来展示网页、屏幕或其他用户界面的导航路径。

质量改进方法 / Quality improvement methods。问卷和调查是指设计一系列书面问题，向众多受访者快速收集信息。问卷和调查方法非常适用于以下情况：受众多样化，需要快速完成调查，受访者地理位置分散，并且适合开展统计分析。

认可与奖励 / Recognition and rewards。 在建设项目团队过程中，需要对成员的优良行为给予认可与奖励。最初的奖励计划是在规划资源管理过程中编制的，只有能满足被奖励者的某个重要需求的奖励，才是有效的奖励。在管理项目团队过程中，可以正式或非正式的方式做出奖励决定，但在决定认可与奖励时，应考虑文化差异。

如果人们感受到自己在组织中的价值，并且可以通过获得奖励来体现这种价值，他们就会受到激励。通常，金钱是奖励制度中的有形奖励，然而也存在各种同样有效，甚至更加有效的无形奖励。大多数项目团队成员会因得到成长机会、获得成就感、得到赞赏以及用专业技能迎接新挑战，而受到激励。项目经理应该在整个项目生命周期中尽可能地给予表彰，而不是等到项目完成时。

回归分析 / Regression analysis。 回归分析是指通过考察一系列输入变量及其对应的输出结果，建立数学或统计关系的一种分析技术。该技术分析作用于项目结果的不同项目变量之间的相互关系，以提高未来项目的绩效。

不确定性表现方式 / Representations of uncertainty。 要开展定量风险分析，就需要建立能反映单个项目风险和其他不确定性来源的定量风险分析模型，并为之提供输入。

如果活动的持续时间、成本或资源需求是不确定的，就可以在模型中用概率分布来表示其数值的可能区间。最常用的形式有三角分布、正态分布、对数正态分布、贝塔分布、均匀分布或离散分布。应该谨慎选择用于表示活动数值的可能区间的概率分布形式。

单个项目风险可以用概率分布图表示，也可以作为概率分支包括在定量分析模型中。在后一种情况下，应在概率分支上添加风险发生的时间和/或成本影响，以及在特定模拟中风险发生的概率情况。如果风险的发生与任何计划活动都没有关系，就最适合将其作为概率分支。如果风险之间存在相关性，例如有某个共同原因或逻辑依赖关系，那么应该在模型中考虑这种相关性。

其他不确定性来源可用概率分支来表示，以描述贯穿项目的其他路径。

储备分析 / Reserve analysis。 储备分析是一种分析技术，用来明确项目管理计划各个组件的基本特征及其相互关系，从而为项目的工期、预算、成本估算或资金需求设定储备。

为应对成本的不确定性，成本估算中可以包括应急储备（有时称为"应急费用"）。应急储备是包含在成本基准内的一部分预算，用来应对已识别的风险；应急储备还通常是预算的一部分，用来应对那些会影响项目的"已知 — 未知"风险。例如，可以预知有些项目的可交付物需要返工，却不知道返工的工作量是多少。可以预留应急储备来应对这些未知数量的返工工作。小至某个具体活动，大到整个项目，任何层级都可有其应急储备。应急储备可取成本估算值的某一百分比、某个固定值，或者通过定量分析来确定。

而随着项目信息越来越明确，可以动用、减少或取消应急储备。应该在成本文件中清楚地列出应急储备。应急储备是成本基准的一部分，也是项目整体资金需求的一部分。

资源优化 / Resource optimization。 资源优化用于调整活动的开始和完成日期，以调整计划使用的资源，使其等于或少于可用的资源。资源优化技术是根据资源供需情况，来调整进度模型的技术，包括（但不限于）：

▶ **资源平衡。** 为了在资源需求与资源供给之间取得平衡，根据资源制约因素对开始日期和完成日期进行调整的一种技术。如果共享资源或关键资源只在特定时间可用，数量有限，或被过度分配，如一个资源在同一时段内被分配至两个或多个活动（见图 10-17），就需要进行资源平衡。也可以为保持资源使用量处于均衡水平而进行资源平衡。资源平衡往往导致关键路径改变。可以用浮动时间平衡资源。因此，在项目进度计划期间，关键路径可能发生变化。

▶ **资源平滑。** 对进度模型中的活动进行调整，从而使项目资源需求不超过预定的资源限制的一种技术。相对于资源平衡而言，资源平滑不会改变项目关键路径，完工日期也不会延迟。也就是说，活动只在其自由和总浮动时间内延迟，但资源平滑技术可能无法实现所有资源的优化。

工具与技术

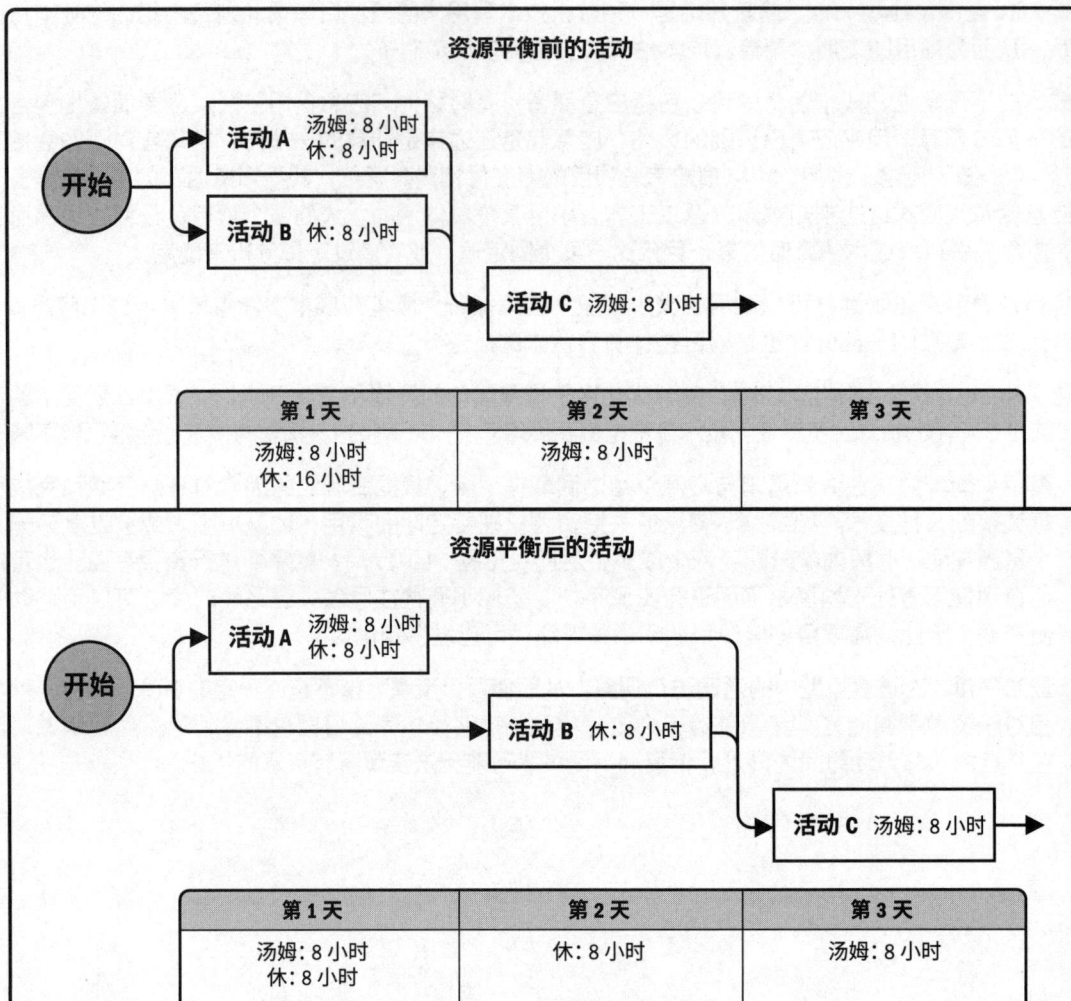

资源平衡前的活动

开始 → 活动A 汤姆：8 小时 / 休：8 小时
开始 → 活动B 休：8 小时
活动A、活动B → 活动C 汤姆：8 小时 →

第1天	第2天	第3天
汤姆：8 小时 休：16 小时	汤姆：8 小时	

资源平衡后的活动

开始 → 活动A 汤姆：8 小时 / 休：8 小时
开始 → 活动B 休：8 小时
活动A、活动B → 活动C 汤姆：8 小时 →

第1天	第2天	第3天
汤姆：8 小时 休：8 小时	休：8 小时	汤姆：8 小时

图 10-17 资源平衡

责任分配矩阵 (RAM) / Responsibility assignment matrix (RAM)。一种展示项目资源在各个工作包中的任务分配的表格。RAM展示项目资源在各个工作包中的任务分配。用于说明工作包或活动与项目团队成员之间的关系。在大型项目中，可以制定多个层次的 RAM。例如，高层次的 RAM 可定义项目团队、小组或部门负责 WBS 中的哪部分工作，而低层次的 RAM 则可在各小组内为具体活动分配角色、职责和职权。该矩阵图能反映与每个人相关的所有活动，以及与每项活动相关的所有人员，它也可确保任何一项任务都只有一个人担责，从而避免职权不清。RAM 的一个例子是 RACI（执行、担责、咨询和知情）表，如图 10-18 所示。图中最左边的一列表示有待完成的工作（活动）。分配给每项工作的资源可以是个人或小组，项目经理也可根据项目需要，选择"领导"或"资源"等适用词汇，来分配项目责任。如果团队是由内部和外部人员组成的，RACI 矩阵对明确划分角色和职责特别有用。

RACI 矩阵	人员				
活动	安	本	卡洛斯	迪娜	艾德
创建章程	A	R	I	I	I
收集需求	I	A	R	C	C
提交变更请求	I	A	R	R	C
制订测试计划	A	C	I	I	R
R = 执行　A = 担责　C = 咨询　I = 知情					

图 10-18 RACI 矩阵示例

工具与技术

风险分类 / Risk categorization。项目风险可依据风险来源（如采用风险分解结构）、受影响的项目领域（如采用工作分解结构），以及其他实用类别（如项目阶段、项目预算、角色和职责）来分类，确定哪些项目领域最容易被不确定性影响；风险还可以根据共同的根本原因进行分类。应该在风险管理计划中规定可用于项目的风险分类方法。

对风险进行分类，有助于把注意力和精力集中到风险敞口最大的领域，或针对一组相关的风险制定通用的风险应对措施，从而有利于更有效地开展风险应对。

风险数据质量评估 / Risk data quality assessment。风险数据是开展定性风险分析的基础。风险数据质量评估旨在评价关于单个项目风险的数据的准确性和可靠性。使用低质量的风险数据，可能导致定性风险分析对项目来说基本没用。如果数据质量不可接受，就可能需要收集更好的数据。可以开展问卷调查，了解项目干系人对数据质量各方面的评价，包括数据的完整性、客观性、相关性和及时性，进而对风险数据的质量进行综合评估。可以计算这些方面的加权平均数，将其作为数据质量的总体分数。

风险概率和影响评估 / Risk probability and impact assessment。风险概率评估考虑的是特定风险发生的可能性，而风险影响评估考虑的是风险对一个或多个项目目标的潜在影响，如进度、成本、质量或绩效。威胁将产生负面的影响，机会将产生正面的影响。要对每个已识别的单个项目风险进行概率和影响评估。风险评估可以采用访谈或会议的形式，参加者将依照他们对风险登记册中所记录的风险类型的熟悉程度而定。项目团队成员和项目外部资深人员应该参加访谈或会议。在访谈或会议期间，评估每个风险的概率水平及其对每个目标的影响级别。如果干系人对概率水平和影响级别的感知存在差异，则应对差异进行探讨。此外，还应记录相应的说明性细节，例如，确定概率水平或影响级别所依据的假设条件。应该采用风险管理计划中的概率和影响定义，来评估风险的概率和影响。低概率和影响的风险将被列入风险登记册中的观察清单，以供未来监控。请参阅表 9-2，了解概率和影响定义的示例。

滚动式规划 / Rolling wave planning。滚动式规划是一种迭代式的规划技术，即详细规划近期要完成的工作，同时在较高层级上粗略规划远期工作。它是一种渐进明细的规划方式，适用于工作包、规划包以及在使用敏捷或瀑布型方法时的发布规划。因此，在项目生命周期的不同阶段，工作的详细程度会有所不同。在早期的战略规划阶段，信息尚不够明确，工作包只能分解到已知的详细水平；而后，随着了解到更多的信息，近期即将实施的工作包就可以分解到具体的活动。

根本原因分析 / Root cause analysis。根本原因分析是确定引起偏差、缺陷或风险的根本原因的一种分析技术。一项根本原因可能引起多项偏差、缺陷或风险。根本原因分析还可以作为一项技术，用于识别问题的根本原因并解决问题。消除所有根本原因可以杜绝问题再次发生。

散点图 / Scatter diagrams。散点图是一种展示两个变量之间的关系的图形，它能够展示两支轴的关系，一支轴表示过程、环境或活动的任何要素，另一支轴表示质量缺陷。

进度压缩 / Schedule compression。进度压缩技术是指在不缩减项目范围的前提下，缩短或加快进度工期，以满足进度制约因素、强制日期或其他进度目标。负浮动时间分析是一种有用的技术。关键路径是浮动时间最少的。在违反制约因素或强制日期时，总浮动时间可能变成负值。图 10-19 比较了多个进度压缩技术，包括：

▶ **赶工。**通过增加资源，以最小的成本代价来压缩进度工期的一种技术。赶工的例子包括：对关键路径上的活动批准加班、增加额外资源或支付加速交付的费用。赶工只适用于那些通过增加资源就能缩短持续时间的，且位于关键路径上的活动。赶工并非总是切实可行的，它可能导致风险和/或成本的增加。

▶ **快速跟进。**一种进度压缩技术，将正常情况下按顺序进行的活动或阶段改为至少是部分并行开展。例如，在大楼的建筑图纸尚未全部完成前就开始建地基。快速跟进可能造成返工和风险增加。它只适用于能够通过并行活动来缩短关键路径上的项目工期的情况。在使用提前量加快进度的情况下，通常增加相关活动之间的协调工作，并增加质量风险。快速跟进还有可能增加项目成本。

工具与技术

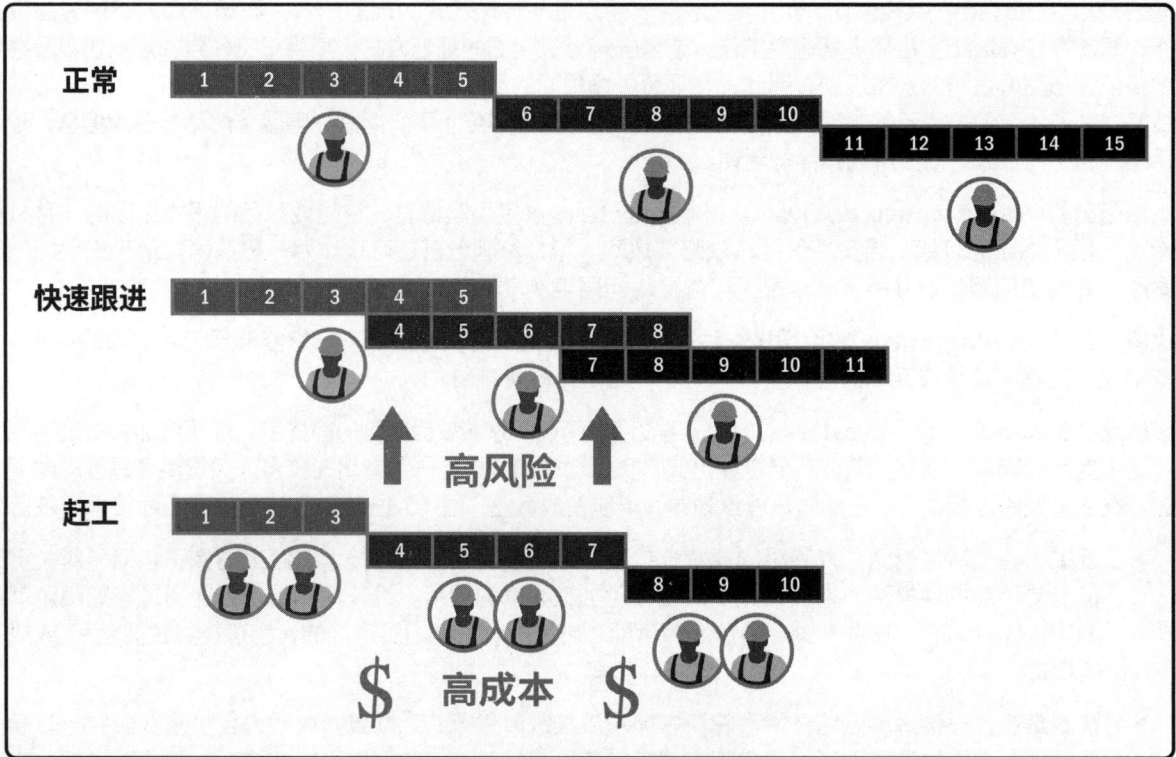

图 10-19 进度压缩技术的比较

进度网络分析 / Schedule network analysis。进度网络分析是识别项目活动未完部分的最早和最晚开始日期，以及最早和最晚完成日期的一种技术。进度网络分析是创建项目进度模型的一种综合技术，它采用了其他几种技术，例如关键路径法、资源优化技术和建模技术。额外的分析包括（但不限于）：

▶ 当多个路径在同一时间点汇聚或分叉时，评估汇总进度储备的必要性，以减少出现进度落后的可能性。

▶ 审查网络，看看关键路径是否存在高风险活动或具有较多提前量的活动，是否需要使用进度储备或执行风险应对计划来降低关键路径的风险。

进度网络分析是一个迭代过程，一直持续到创建出可行的进度模型。

过程组：实践指南

敏感性分析 / Sensitivity analysis。一种定量风险分析技术，将项目成果的变化与定量风险分析模型中输入的变化建立关联，从而确定对项目成果产生最大潜在影响的单个项目风险或其他不确定性来源。

敏感性分析有助于确定哪些单个项目风险或其他不确定性来源对项目成果具有最大的潜在影响。它在项目成果变异与定量风险分析模型中要素的变异之间建立联系。

敏感性分析的结果通常用龙卷风图来表示。在该图中，标出定量风险分析模型中的每项要素与其能影响的项目成果之间的关联系数。这些要素可包括单个项目风险、易变的项目活动，或具体的模糊性来源。每个要素按关联强度降序排列，形成典型的龙卷风形状。龙卷风图示例，见图10-20。

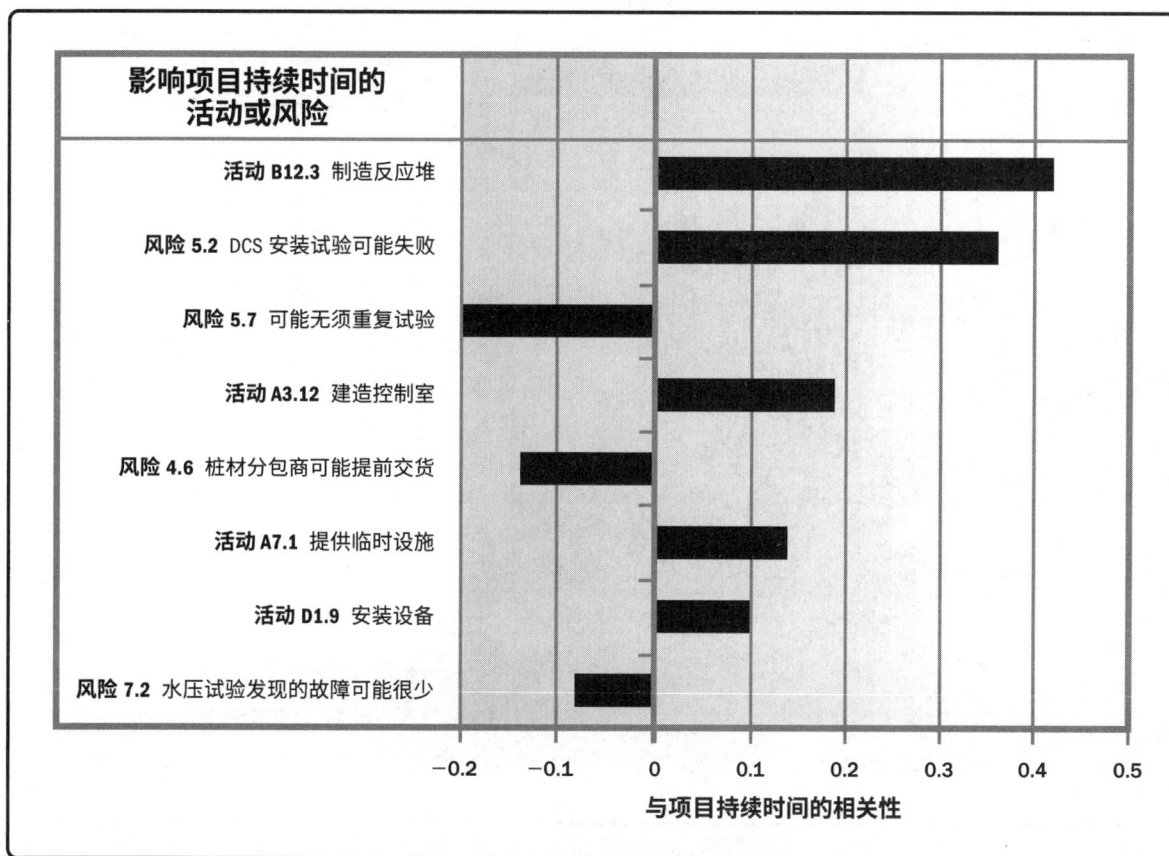

图 10-20 龙卷风图示例

工具与技术

模拟 / Simulation。 模拟是把单个项目风险和不确定性的其他来源模型化的方法，以评估它们对项目目标的潜在影响。最常用的模拟技术是蒙特卡洛分析，它使用风险和不确定性的其他来源，用于计算整个项目的可能的进度成果。模拟包括基于多种不同的活动假设、制约因素、风险、问题或情景，使用概率分布和不确定性的其他表现形式，来计算出多种可能的工作包持续时间。图 10-21 显示了一个项目的概率分布，表明实现特定目标日期（即项目完成日期）的可能性。在这个例子中，项目按时或在目标日期，即 2022 年 5 月 13 日之前完成的概率是 10%，而在 2022 年 5 月 28 日之前完成的概率是 90%。

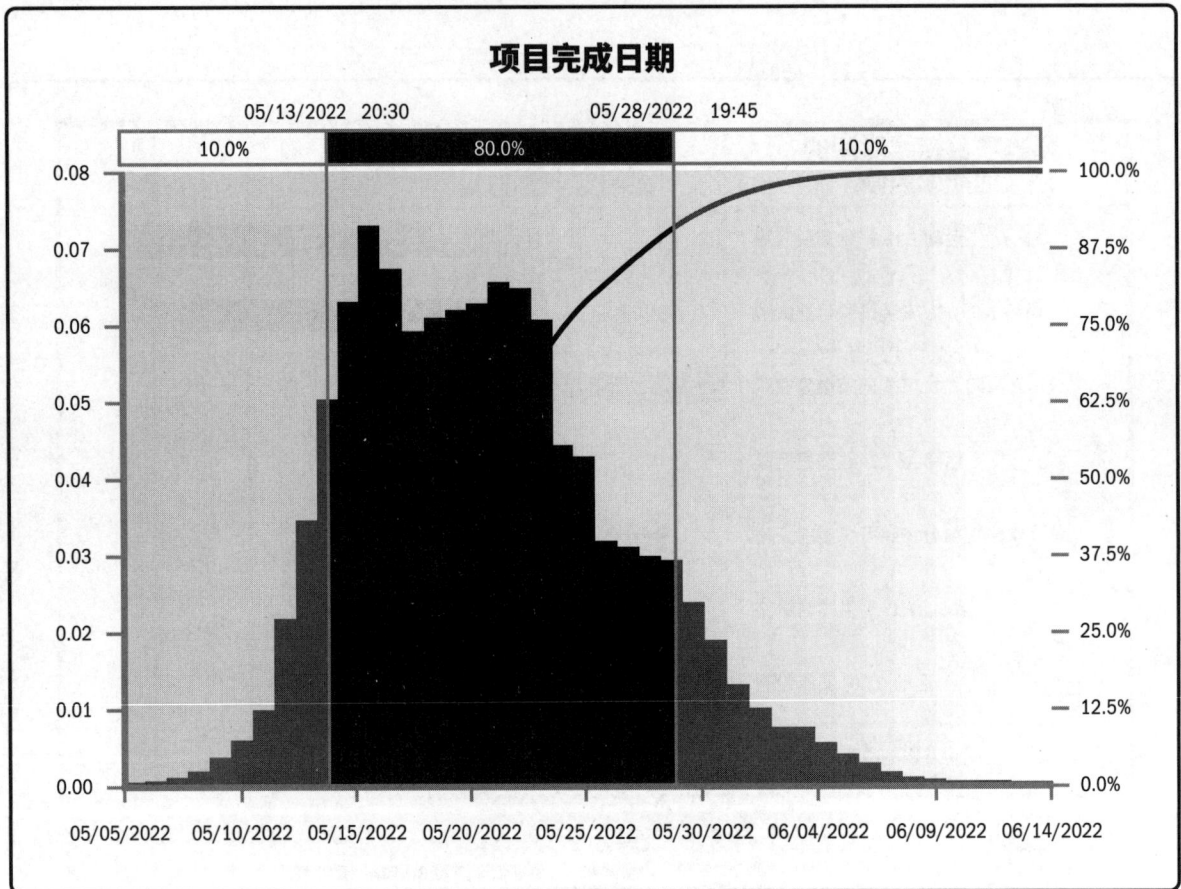

图 10-21 目标里程碑的概率分布示例

有关蒙特卡洛模拟如何用于进度模型的更多信息，请参见《**进度计划实践标准**》[8]。

供方选择分析 / Source selection analysis。 在确定选择方法前，有必要审查项目竞争性需求的优先级。由于竞争性选择方法可能要求卖方在事前投入大量时间和资源，因此，应该在招标文件中写明评估方法，让投标人了解将会被如何评估。常用的选择方法包括：

▶ **最低成本。** 最低成本法适用于标准化或常规采购。此类采购有成熟的实践与标准，有具体明确的预期成果，可以用不同的成本来取得。

▶ **仅凭资质。** 仅凭资质的选择方法适用于采购价值相对较小，不值得花时间和成本开展完整选择过程的情况。买方会确定短名单，然后根据可信度、相关资质、经验、专业知识、专长领域和参考资料选择最佳的投标人。

▶ **基于技术方案的质量或最高得分。** 邀请一些公司提交建议书，同时列明技术和成本详情；如果技术建议书可以接受，再邀请它们进行合同谈判。采用此方法，会先对技术建议书进行评估，考察技术方案的质量。如果经过谈判，证明它们的财务建议书是可接受的，那么就会选择技术建议书得分最高的卖方。

▶ **基于质量和成本。** 在基于质量和成本的方法中，成本也是用于选择卖方的一个考虑因素。一般而言，如果项目的风险和/或不确定性较高，相对于成本而言，质量就应该是一个关键因素。

▶ **单一来源采购。** 买方要求特定卖方准备技术和财务建议书，然后针对建议书开展谈判。由于没有竞争，因此仅在有适当理由时才可采用此方法，而且应将其视为特殊情况。

▶ **固定预算。** 固定预算法要求在建议邀请书 (RFP) 中向受邀的卖方披露可用预算，然后在此预算内选择技术建议书得分最高的卖方。因为有成本限制，所以卖方会在建议书中调整工作的范围和质量，以适应该预算。买方应该确保固定预算与工作说明书 (SOW) 相符，且卖方能够在该预算内完成相关任务。此方法仅适用于工作说明书定义精确、预期不会发生变更，而且预算固定且不得超出的情况。

工具与技术

干系人分析 / Stakeholder analysis. 干系人分析会产生干系人清单和关于干系人的各种信息，例如，在组织内的位置、在项目中的角色、与项目的利害关系、期望、态度（对项目的支持程度），以及对项目信息的兴趣。干系人的利害关系可包括（但不限于）以下各条的组合：

> ▶ **利益。** 个人或群体会受与项目有关的决策或成果的影响。

> ▶ **权利（法律或道德权利）。** 合法权利可能已在国家的法律框架内有了规定，如职业健康和安全。道德权利可能涉及保护历史遗迹或环境的可持续性。

> ▶ **所有权。** 人员或群体对资产或财产拥有的法定所有权。

> ▶ **知识。** 专业知识有助于更有效地达成项目的目标和组织的成果，或有助于了解组织的权力结构，从而有益于项目。

> ▶ **贡献。** 提供资金或其他资源，包括人力资源，或者以无形方式为项目提供支持，例如，宣传项目目标，或在项目与组织权力结构及政治之间扮演缓冲角色。

干系人参与度评估矩阵 / Stakeholder engagement assessment matrix. 干系人参与度评估矩阵用于将干系人当前参与水平与期望参与水平进行比较。对干系人参与水平进行分类的方式之一，如图 10-22 所示。干系人参与水平可分为如下：

> ▶ **不了解。** 不知道项目及其潜在影响。

> ▶ **抵制。** 知道项目及其潜在影响，但抵制项目工作或成果可能引发的任何变更。此类干系人不会支持项目工作或项目成果。

> ▶ **中立。** 了解项目，但既不支持，也不反对。

> ▶ **支持。** 了解项目及其潜在影响，并且会支持项目工作及其成果。

> ▶ **领导。** 了解项目及其潜在影响，而且积极参与以确保项目取得成功。

在图 10-22 中，C 代表每个干系人的当前参与水平，而 D 是项目团队评估出来的、为确保项目成功所必不可少的参与水平（期望的）。应根据每个干系人的当前与期望参与水平的差距，开展必要的沟通，有效引导干系人参与项目。弥合当前与期望参与水平的差距是监督干系人参与中的一项基本工作。

干系人	不知晓	抵制	中立	支持	领导
干系人 1	C			D	
干系人 2			C	D	
干系人 3				D C	

图 10-22 干系人参与度评估矩阵

干系人映射/表现方式 / Stakeholder mapping/representation。 干系人映射和表现方式是一种使用各种方法对干系人进行分类的方法。对干系人进行分类有助于团队与已识别的项目干系人建立关系。常见的分类方法包括：

▶ **权力利益方格、权力影响方格，或作用影响方格。** 基于干系人的职权级别（权力）、对项目成果的关心程度（利益）、对项目成果的影响能力（影响），或改变项目计划或执行的能力，每一种方格都可用于对干系人进行分类。对于小型项目、干系人与项目的关系很简单的项目，或干系人之间的关系很简单的项目，这些分类模型非常实用。

▶ **干系人立方体。** 这是上述方格模型的改良形式。本立方体把上述方格中的要素组合成三维模型，项目经理和团队可据此分析干系人并引导干系人参与项目。作为一个多维模型，它将干系人视为一个多维实体，更好地加以分析，从而有助于沟通策略的制定。

工具与技术

▶ **凸显模型**。凸显模型通过评估干系人的权力（职权级别或对项目成果的影响能力）、紧迫性（因时间约束或干系人对项目成果有重大利益诉求而导致需立即加以关注）和合法性（参与的适当性），对干系人进行分类。在凸显模型中，也可以用邻近性取代合法性，以便考察干系人参与项目工作的程度。凸显模型适用于大型复杂的干系人社区，或在干系人社区内部存在复杂的关系网络。凸显模型可用于确定已识别干系人的相对重要性。

▶ **影响方向**。该技术可以根据干系人对项目工作或项目团队本身的影响方向，对干系人进行分类。可以把干系人分类为：

  ▷ **向上**（执行组织或客户组织的高级管理层、发起人和指导委员会）。

  ▷ **向下**（临时提供知识或技能的团队或专家）。

  ▷ **向外**（项目团队之外的干系人团体及其代表，如供应商、政府部门、公众、最终用户和监管机构）。

  ▷ **横向**（项目经理的同级人员，如其他项目经理或中层经理，他们与项目经理竞争稀缺的项目资源或者与项目经理合作共享资源或信息）。

▶ **优先级排序**。如果项目有大量干系人、干系人社区的成员频繁变化，干系人和项目团队之间或干系人社区内部的关系复杂，可能有必要对干系人进行优先级排序。

统计抽样 / Statistical sampling. 统计抽样是指从目标总体中选取部分样本用于检查（如从 75 张工程图纸中随机抽取 10 张）。样本用于测量控制和验证质量。抽样的频率和规模应在规划质量管理过程中确定。

整体项目风险应对策略 / Strategies for overall project risk。 风险应对措施的规划和实施不应只针对单个项目风险，还应针对整体项目风险。用于应对单个项目风险的策略也适用于整体项目风险：

▶ **规避。** 如果整体项目风险有严重的负面影响，并已超出商定的项目风险临界值，就可以采用规避策略。此策略涉及采取集中行动，弱化不确定性对项目整体的负面影响，并将项目拉回到临界值以内。例如，取消项目范围中的高风险工作，就是一种整个项目层面的规避措施。如果无法将项目拉回到临界值以内，则可能取消项目。这是最极端的风险规避措施，仅适用于威胁的整体级别在当前和未来都不可接受。

▶ **开拓。** 如果整体项目风险有显著的正面影响，并已超出商定的项目风险临界值，就可以采用开拓策略。此策略涉及采取集中行动，去获得不确定性对整体项目的正面影响。例如，在项目范围中增加高收益的工作，以提高项目对干系人的价值或收益；也可以与关键干系人协商修改项目的风险临界值，以便将机会包含在内。

▶ **转移或分享。** 如果整体项目风险的级别很高，组织无法有效加以应对，就可能需要让第三方代表组织对风险进行管理。若整体项目风险是负面的，就需要采取转移策略，这可能涉及支付风险费用；如果整体项目风险高度正面，则由多方分享，以获得相关收益。整体项目风险的转移和分享策略包括（但不限于）：建立买方和卖方分享整体项目风险的协作式业务结构、成立合资企业或特殊目的公司，或对项目的关键工作进行分包。

▶ **减轻或提高。** 本策略涉及变更整体项目风险的级别，以优化实现项目目标的可能性。减轻策略适用于负面的整体项目风险，而提高策略则适用于正面的整体项目风险。减轻或提高策略包括重新规划项目、改变项目范围和边界、调整项目优先级、改变资源配置、调整交付时间等。

工具与技术

▶ **接受**。即使整体项目风险已超出商定的临界值，如果无法针对整体项目风险采取主动的应对策略，组织可能选择继续按当前的定义推动项目进展。接受策略又分为主动或被动方式。最常见的主动接受策略是为项目建立整体应急储备，包括预留时间、资金或资源，以便在项目风险超出临界值时使用；被动接受策略则不会主动采取行动，而只是定期对整体项目风险的级别进行审查，确保其未发生重大改变。

威胁应对策略 / Strategies for threats。针对威胁，可以考虑下列五种备选策略：

▶ **上报**。如果项目团队或项目发起人认为某威胁不在项目范围内，或提议的应对措施超出了项目经理的权限，就应该采用上报策略。被上报的风险将在项目集层面、项目组合层面或组织的其他相关部门加以管理，而不在项目层面。项目经理确定应就威胁通知哪些人员，并与该人员或组织部门沟通关于该威胁的详细信息。对于被上报的威胁，组织中的相关人员必须愿意承担应对责任，这一点非常重要。威胁通常要上报给其目标会受该威胁影响的那个层级。威胁一旦上报，就不再由项目团队做进一步监督，虽然仍可记录在风险登记册中供参考。

▶ **规避**。风险规避是指项目团队采取行动来消除威胁，或保护项目免受威胁的影响。规避可能适用于发生概率较高，且具有严重负面影响的高优先级威胁。规避策略可能涉及变更项目管理计划的某些方面，或改变会受负面影响的目标，以便彻底消除威胁，将它的发生概率降低到零。风险责任人也可以采取措施，来分离项目目标与风险万一发生的影响。规避措施可能包括消除威胁的原因、延长进度计划、改变项目策略，或缩小范围。有些风险可以通过澄清需求、获取信息、改善沟通或取得专有技能来加以规避。

过程组：实践指南

▶ **转移。**转移涉及将应对威胁的责任转移给第三方，让第三方管理风险并承担威胁发生的影响。采用转移策略，通常需要向承担威胁的一方支付风险转移费用。风险转移可能需要通过一系列行动才得以实现，包括（但不限于）购买保险、使用履约保函、使用担保书、使用保证书等。也可以通过签订协议，把具体风险的归属和责任转移给第三方。

▶ **减轻。**风险减轻是指采取措施来降低威胁发生的概率和/或影响。提前采取减轻措施通常比威胁出现后尝试进行弥补更加有效。减轻措施包括采用较简单的流程，进行更多次测试，或者选用更可靠的卖方。还可能涉及原型开发，以降低从实验室模型放大到实际工艺或产品中的风险。如果无法降低概率，也许可以从决定风险严重性的因素入手，来减轻风险发生的影响。例如，在一个系统中加入冗余部件，可以减轻原始部件故障所造成的影响。

▶ **接受。**风险接受是指承认威胁的存在，但不主动采取措施。此策略可用于低优先级威胁，也可用于无法以任何其他方式加以经济有效地应对的威胁。接受策略又分为主动或被动方式。最常见的主动接受策略是建立应急储备，包括预留时间、资金或资源以应对出现的威胁；被动接受策略则不会主动采取行动，而只是定期对威胁进行审查，确保其并未发生重大改变。

机会应对策略 / Strategies for opportunities。针对机会，可以考虑下列五种备选策略：

▶ **上报。**如果项目团队或项目发起人认为某机会不在项目范围内，或提议的应对措施超出了项目经理的权限，就应该取用上报策略。被上报的机会将在项目集层面、项目组合层面或组织的其他相关部门加以管理，而不在项目层面。项目经理确定应就机会通知哪些人员，并与该人员或组织部门沟通关于该机会的详细信息。对于被上报的机会，组织中的相关人员必须愿意承担应对责任，这一点非常重要。机会通常要上报给其目标会受该机会影响的那个层级。机会一旦上报，就不再由项目团队做进一步监督，虽然仍可记录在风险登记册中供参考。

工具与技术 307

▶ **开拓。** 如果组织想确保把握住高优先级的机会，就可以选择开拓策略。此策略将特定机会的出现概率提高到 100%，确保其肯定出现，从而获得与其相关的收益。开拓措施可能包括：把组织中最有能力的资源分配给项目来缩短完工时间，或采用全新技术或技术升级来节约项目成本并缩短项目持续时间。

▶ **分享。** 分享涉及将应对机会的责任转移给第三方，使其享有机会所带来的部分收益。必须仔细为已分享的机会安排新的风险责任人，让那些最有能力为项目抓住机会的人担任新的风险责任人。采用风险分享策略，通常需要向承担机会应对责任的一方支付风险费用。分享措施包括建立合伙关系、合作团队、特殊公司或合资企业来分享机会。

▶ **提高。** 提高策略用于提高机会出现的概率和/或影响。提前采取提高措施通常比机会出现后尝试改善收益更加有效。通过关注其原因，可以提高机会出现的概率；如果无法提高概率，也许可以针对决定其潜在收益规模的因素来提高机会发生的影响。机会提高措施包括为早日完成活动而增加资源。

▶ **接受。** 接受机会是指承认机会的存在，但不主动采取措施。此策略可用于低优先级机会，也可用于无法以任何其他方式加以经济有效地应对的机会。接受策略又分为主动或被动方式。最常见的主动接受策略是建立应急储备，包括预留时间、资金或资源，以便在机会出现时加以利用；被动接受策略则不会主动采取行动，而只是定期对机会进行审查，确保其并未发生重大改变。

SWOT 分析 / SWOT analysis。对一个组织、项目或备选方案的优势、劣势、机会和威胁的分析。这是对项目的优势、劣势、机会和威胁 (SWOT) 进行逐个检查。在识别风险时，它会将内部产生的风险包含在内，从而拓宽识别风险的范围。首先，关注项目、组织或一般业务领域，识别出组织的优势和劣势；然后，找出组织优势可能为项目带来的机会，组织劣势可能造成的威胁。还可以分析组织优势能在多大程度上克服威胁，组织劣势是否会妨碍机会的产生。

团队建设 / Team building。团队建设是指开展活动，以加强团队的社交关系，建立一个有协作性和合作性的工作环境。团队建设活动既可以是状态审查会上的五分钟议程，也可以是为改善人际关系而设计的、在非工作场所专门举办的专业地引导活动。团队建设活动旨在帮助各团队成员更加有效地协同工作。如果团队成员的工作地点相隔甚远，无法进行面对面接触，就特别需要有效的团队建设策略。非正式的沟通和活动有助于建立信任和良好的工作关系。团队建设在项目前期必不可少，但它更是个持续的过程。项目环境的变化不可避免，要有效应对这些变化，就需要持续不断地开展团队建设。项目经理应该持续地监督团队机能和绩效，确定是否需要采取措施来预防或纠正各种团队问题。

技术绩效分析 / Technical performance analysis。开展技术绩效分析，把项目执行期间所取得的技术成果与取得相关技术成果的计划进行比较。它要求定义关于技术绩效的客观的、量化的测量指标，以便据此比较实际结果与目标。技术绩效测量指标可能包括：重量、处理时间、缺陷数量、储存容量等。实际结果偏离计划的程度可以代表威胁或机会的潜在影响。

测试与检查的规划 / Test and inspection planning。在规划阶段，项目经理和项目团队决定如何测试或检查产品、可交付物或服务，以满足干系人的需要和期望，以及如何满足产品的绩效和可靠性目标。不同行业有不同的测试与检查，可能包括软件项目的 α 测试和 β 测试、建筑项目的强度测试、制造和实地测试的检查，以及工程的无损伤测试。

测试/产品评估 / Testing/product evaluations。测试是一种有组织的、结构化的调查，旨在根据项目需求提供有关被测产品或服务质量的客观信息。测试的目的是找出产品或服务中存在的错误、缺陷、漏洞或其他不合规问题。用于评估各项需求的测试的类型、数量和程度是项目质量计划的一部分，具体取决于项目的性质、时间、预算或其他制约因素。测试可以贯穿整个项目，可以随着项目的不同组件变得可用时进行，也可以在项目结束（即交付最终可交付物）时进行。早期测试有助于识别不合规问题，减少修补不合规组件的成本。

不同应用领域需要不同测试。例如，软件测试可能包括单元测试、集成测试、黑盒测试、白盒测试、接口测试、回归测试、α 测试等；在建筑项目中，测试可能包括水泥强度测试、混凝土和易性测试、在建筑工地进行的旨在测试硬化混凝土结构的质量的无损伤测试，以及土壤试验。在硬件开发中，测试可能包括环境应力筛选、老化测试、系统测试等。

文本型 / Text-oriented formats。如果需要详细描述团队成员的职责，就可以采用文本型。文本型文件通常以概述的形式，提供诸如职责、职权、能力和资格等方面的信息。这种文件有多种名称，如职位描述、角色 — 职责 — 职权表。该文件可作为未来项目的模板，特别是在根据当前项目的经验教训对其内容进行更新之后。

三点估算 / Three-point estimating。通过考虑估算中的不确定性和风险，可以提高持续时间估算的准确性。使用三点估算有助于界定活动持续时间的近似区间：

> ▸ **最可能时间 (t_M)。**基于最可能获得的资源、最可能取得的资源生产率、对资源可用时间的现实预计、资源对其他参与者的可能依赖关系及可能发生的各种干扰等，所估算的活动持续时间。

> ▸ **最乐观时间 (t_O)。**基于活动的最好情况所估算的活动持续时间。

> ▸ **最悲观时间 (t_P)。**基于活动的最差情况所估算的持续时间。

基于持续时间在三种估算值区间内的假定分布情况来计算期望持续时间 t_E。一个常用的公式是三角分布：

$t_E = (t_O + t_M + t_P) / 3$。

历史数据不充分或使用判断数据时，使用三角分布，基于三点的假定分布估算出期望持续时间，并说明期望持续时间的不确定区间。

完工尚需绩效指数 (TCPI) / To-complete performance index (TCPI)。完工尚需绩效指数（TCPI）是一种为了实现特定的管理目标，剩余资源的使用必须达到的成本绩效指标，是完成剩余工作所需的成本与剩余预算之比。TCPI 是指为了实现具体的管理目标［如完工预算 (BAC) 或完工估算 (EAC)］，剩余工作的实施必须达到的成本绩效指标。如果 BAC 已明显不再可行，则项目经理应考虑使用预测的 EAC。经过批准后，就用 EAC 替代 BAC。TCPI 的公式为：(BAC − EV) / (BAC − AC)，其中：BAC = 完工预算，EV = 挣值，AC = 实际成本。

TCPI 的概念可用图 10-23 表示。其计算公式在图的左下角，用剩余工作（BAC 减去 EV）除以剩余资金（可以是 BAC 减去 AC，或 EAC 减去 AC）。

如果累计 CPI 低于基准（见图 10-23），那么项目的全部剩余工作都应立即按 TCPI（BAC）（图 10-23 中最高的那条线）执行，才能确保实际总成本不超过批准的 BAC。至于所要求的这种绩效水平是否可行，就需要综合考虑多个因素（包括风险、项目剩余时间和技术绩效）后才能判断。如果不可行，就需要把项目未来所需的绩效水平调整为如 TCPI（EAC）线所示。基于 EAC 的 TCPI 公式：(BAC − EV) / (EAC − AC)。表 10-1 列出了 EVM 的计算公式。

工具与技术

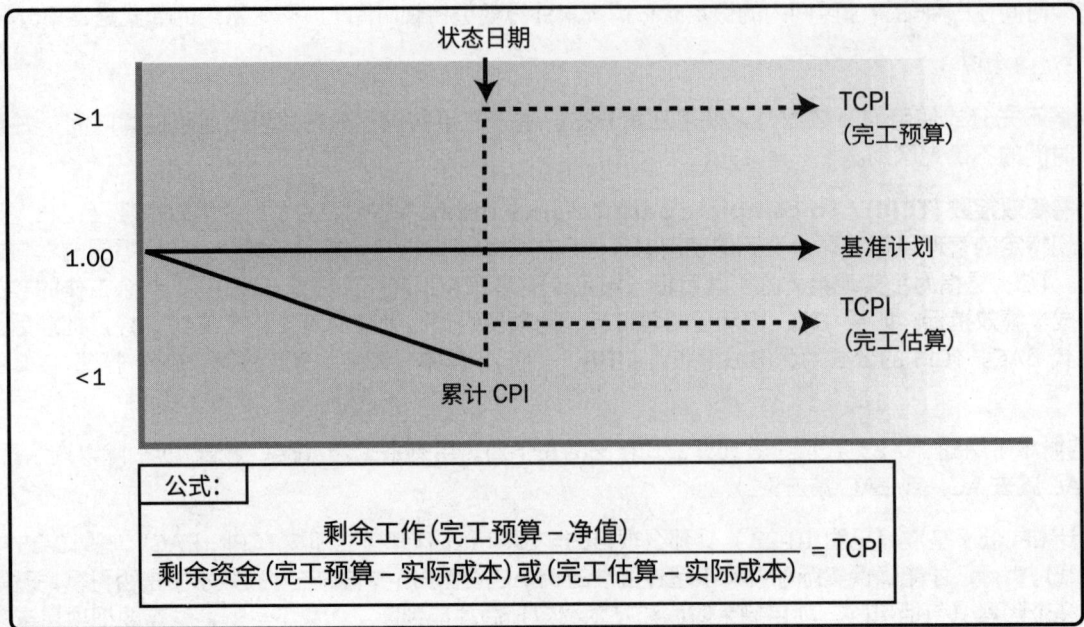

图 10-23 完工尚需绩效指数（TCPI）

表 10-1 挣值计算汇总表

<table>
<tr><th colspan="6">挣值分析</th></tr>
<tr><th>缩写</th><th>名称</th><th>词汇定义</th><th>使用方法</th><th>公式</th><th>结果说明</th></tr>
<tr>
<td>PV</td>
<td>计划价值</td>
<td>为计划工作分配的经批准的预算</td>
<td>某时间点(通常为数据日期或项目完成日期)计划完成的工作的价值。</td>
<td></td>
<td></td>
</tr>
<tr>
<td>EV</td>
<td>挣值</td>
<td>对已完成工作的测量,用该工作的批准预算来表示。</td>
<td>某时间点(通常为数据日期)所有已完成工作的计划价值(挣值),与实际成本无关。</td>
<td>EV = 已完成工作的计划价值之和</td>
<td></td>
</tr>
<tr>
<td>AC</td>
<td>实际成本</td>
<td>在给定时间段内,因执行项目活动而实际发生的成本。</td>
<td>某时间点(通常为数据日期)所有已完成工作的实际成本。</td>
<td></td>
<td></td>
</tr>
<tr>
<td>BAC</td>
<td>完工预算</td>
<td>为将要执行的工作所建立的全部预算的总和。</td>
<td>总计划工作的价值,项目成本基准。</td>
<td></td>
<td></td>
</tr>
<tr>
<td>CV</td>
<td>成本偏差</td>
<td>在某个给定时间点,预算亏空或盈余量,表示为挣值与实际成本之差。</td>
<td>某时间点(通常为数据日期)已完成工作的价值与同一时间点的实际成本之差。</td>
<td>CV = EV – AC</td>
<td>正值 = 低于计划成本
0 = 按计划成本
负值 = 超出计划成本</td>
</tr>
<tr>
<td>SV</td>
<td>进度偏差</td>
<td>在某个给定时间点,项目与计划交付日期相比的亏空或盈余量,表示为挣值与计划价值之差。</td>
<td>某时间点(通常为数据日期)已完成的工作与同一时间点计划完成的工作之差。</td>
<td>SV = EV – PV</td>
<td>正值 = 比进度计划提前
0 = 按进度计划进行
负值 = 比进度计划滞后</td>
</tr>
<tr>
<td>VAC</td>
<td>完工偏差</td>
<td>对预算亏空量或盈余量的一种预测,是完工预算与完工估算之差。</td>
<td>项目完成时的成本估算差距。</td>
<td>VAC = BAC – EAC</td>
<td>正值 = 低于计划成本
0 = 按计划成本
负值 = 超出计划成本</td>
</tr>
<tr>
<td>CPI</td>
<td>成本绩效指数</td>
<td>测量预算资源的成本效率的一种指标,表示为挣值与实际成本之比。</td>
<td>成本绩效指数 (CPI) 为 1.0 意味着项目完全按照预算进行,目前实际完成的工作与成本完全相同。其他值表示已完成工作的成本超出或低于预算的比例。</td>
<td>CPI = EV/AC</td>
<td>大于 1.0 = 低于计划成本
等于 1.0 = 按计划成本进行
小于 1.0 = 超出计划成本</td>
</tr>
<tr>
<td>SPI</td>
<td>进度绩效指数</td>
<td>测量进度效率的一种指标,表示为挣值与计划价值之比。</td>
<td>进度绩效指数 (SPI) 为 1.0 意味着项目完全按进度计划进行,目前实际完成的工作与计划完成的工作完全相同。其他值表示计划的工作超出或低于预算成本的比例。</td>
<td>SPI = EV/PV</td>
<td>大于 1.0 = 比进度计划提前
等于 1.0 = 按进度计划进行
小于 1.0 = 比进度计划滞后</td>
</tr>
<tr>
<td>EAC</td>
<td>完工估算</td>
<td>完成所有工作所需的预期总成本,等于截至目前的实际成本加上完工尚需估算。</td>
<td>如果预期项目剩余部分的 CPI 不变,完工估算 (EAC) 可利用以下方法进行:

如果未来工作将按计划速度完成,则使用:

如果最初计划不再有效,则使用:

如果 CPI 和 SPI 都会影响剩余工作,则使用:</td>
<td>EAC = BAC/CPI

EAC = AC +（BAC – EV）

EAC = AC + 自下而上的 ETC

EAC = AC + [(BAC – EV)/(CPI x SPI)]</td>
<td></td>
</tr>
<tr>
<td>ETC</td>
<td>完工尚需估算</td>
<td>完成所有剩余项目工作的预计成本。</td>
<td>假设工作继续按计划进行,完成批准的剩余工作的成本可利用以下方法计算:

重新自下而上估算剩余工作。</td>
<td>ETC = EAC – AC

ETC = 重新估算</td>
<td></td>
</tr>
<tr>
<td>TCPI</td>
<td>完工尚需绩效指数</td>
<td>为了实现特定的管理目标,剩余资源的使用必须达到的成本绩效指标,是完成剩余工作所需成本与可用预算之比。</td>
<td>为完成计划必须保持的效率。

为完成当前完工估算必须保持的效率。</td>
<td>TCPI = (BAC – EV)/(BAC – AC)

TCPI = (BAC – EV)/(EAC – AC)</td>
<td>大于 1.0 = 难以完成
等于 1.0 = 正好完成
小于 1.0 = 轻易完成

大于 1.0 = 难以完成
等于 1.0 = 正好完成
小于 1.0 = 轻易完成</td>
</tr>
</table>

工具与技术

培训 / Training。培训包括旨在提高项目团队成员能力的全部活动，可以是正式或非正式的，方式包括课堂培训、在线培训、计算机辅助培训、在岗培训（由其他项目团队成员提供）、辅导及训练。如果项目团队成员缺乏必要的管理或技术技能，可以把对这种技能的培养作为项目工作的一部分。

项目经理应该按资源管理计划中的安排来实施预定的培训，也应该根据管理项目团队过程中的观察、交谈和项目绩效评估的结果，来开展必要的计划外培训，培训成本通常应该包括在项目预算中，或者如果增加的技能有利于未来的项目，则由执行组织承担。培训可以由内部或外部培训师来执行。

趋势分析 / Trend analysis。根据历史数据并利用数学模型，预测未来结果的一种分析技术。它可以预测项目的进度延误，提前让项目经理意识到，按照既定趋势发展，后期进度可能出现的问题。应该在足够早的项目时间进行趋势分析，使项目团队有时间分析和纠正任何异常。可以根据趋势分析的结果，提出必要的预防措施建议。

偏差分析 / Variance analysis。确定实际绩效与基准的差异程度及原因的一种技术。偏差分析审查计划绩效与实际绩效之间的差异（或偏差）。可涉及持续时间估算、成本估算、资源使用、资源费率、技术绩效和其他度量指标。

偏差分析对成本、时间、技术和资源偏差进行综合审查，以了解项目的总体偏差情况。这样就便于采取合适的预防或纠正措施。

投票 / Voting。投票是一种为达成某种期望结果，而对多个未来行动方案进行评估的集体决策技术和过程。本技术用于生成、归类和优先排序产品需求。投票技术的示例包括：

- ▶ **一致同意。**每个人都同意某个行动方案。

- ▶ **大多数同意。**获得群体中超过 50% 人员的支持，就能做出决策。把参与决策的小组人数定为奇数，可防止因平局而无法达成决策。

- ▶ **相对多数同意。**根据群体中相对多数人的意见做出决策，即便未能获得大多数人的支持。通常在候选项超过两个时使用。

假设情景分析 / What-if scenario analysis。假设情景分析是对各种情景进行评估，预测它们对项目目标的影响（积极或消极的）。假设情景分析就是对"如果情景 X 出现，情况会怎样？"这样的问题进行分析，即基于已有的进度计划，考虑各种各样的情景。例如，推迟某主要部件的交货日期，延长某设计工作的时间，或加入外部因素（如罢工或许可证申请流程变化等）。可以根据假设情景分析的结果，评估项目进度计划在不同条件下的可行性，以及为应对意外情况的影响而编制进度储备和应对计划。

工具与技术

工具与技术索引

该索引交叉参照了工具与技术的中文和英文名称。中文条目可以在如下所示的页面中找到。

S

SWOT 分析 / SWOT analysis, 309

备

备选方案分析 / Alternatives analysis, 248

变

变更控制工具 / Change control tools, 252

标

标杆对照 / Benchmarking, 251

不

不确定性表现方式 / Representations of uncertainty, 292

参

参数估算 / Parametric estimating, 285

测

测试/产品评估 / Testing/product evaluations, 310

测试与检查的规划 / Test and inspection planning, 309

产

产品分析 / Product analysis, 290

成

成本汇总 / Cost aggregation, 263

成本效益分析 / Cost-benefit analysis, 263

冲

冲突管理 / Conflict management, 260

储

储备分析 / Reserve analysis, 293

迭

迭代燃尽图 / Iteration burndown chart, 279

独

独裁型决策一人拍板型决策 / Autocratic decision making, 251

多

多标准决策分析 / Multicriteria decision analysis, 284

反

反馈 / Feedback, 274

访

访谈 / Interviews, 279

非

非口头技能 / Nonverbal, 284

分

分解 / Decomposition, 268

风

风险分类 / Risk categorization, 296

风险概率和影响评估 / Risk probability and impact assessment, 296

风险数据质量评估 / Risk data quality assessment, 296

过程组：实践指南

过程组：实践指南

参考文献

[1] Project Management Institute. 2021. *A Guide to the Project Management Body of Knowledge (PMBOK® Guide)* – Seventh Edition. Newtown Square, PA: Author.

[2] Project Management Institute. 2017. *The Standard for Organizational Project Management.* Newtown Square, PA: Author.

[3] Project Management Institute. 2015. *Business Analysis for Practitioners: A Practice Guide.* Newtown Square, PA: Author.

[4] Project Management Institute. 2017. *The Standard for Program Management* – Fourth Edition. Newtown Square, PA: Author.

[5] Project Management Institute. 2017. *The Standard for Portfolio Management* – Fourth Edition. Newtown Square, PA: Author.

[6] Project Management Institute. 2017. *Project Manager Competency Development Framework* – Third Edition. Newtown Square, PA: Author.

[7] Project Management Institute. 2014. *Navigating Complexity: A Practice Guide.* Newtown Square, PA: Author.

[8] Project Management Institute. 2019. *Practice Standard for Scheduling* – Third Edition. Newtown Square, PA: Author.

[9] Project Management Institute. 2019. *The Standard for Earned Value Management.* Newtown Square, PA: Author.

[10] Project Management Institute. 2019. *Practice Standard for Work Breakdown Structures* – Second Edition.

附录 X1
《过程组：实践指南》的贡献者和评审者

项目管理协会对所有贡献者的支持表示感谢，并认可他们对项目管理行业的杰出贡献。

X1.1 评审者

以下是参与评审本实践指南内容的贡献者名单。名单中包含的个人姓名并不代表他或她对最终内容的所有部分的认可或背书。

Panos Chatzipanos, PhD, Dr Eur Ing

Christopher Edwards, PMI-PBA, PMI-RPM, PMP

Mike Griffiths, PMI-ACP, PMP

Hagit Landman, MBA, PMI-SP, PMP

Maricarmen Suarez, MBA, PMI-ACP, PMP, PgMP

Vivian Taslakian, BSEE, MS, MBA, PMP

X1.2 PMI 人员

特别提及以下 PMI 员工：

Fleur Connors，产品协调员，文学硕士

Mike Griffiths，敏捷思维负责人

Leah Huf，产品经理，标准

Christie McDevitt，产品专家，APR

Joshua Parrott，产品专家，MBI

Danielle Ritter，产品经理，MLIS，CSPO

Kim Shinners，产品专家 II

Roberta Storer，产品专家

Barbara Walsh，产品经理，出版物，CSPO

X1.3 翻译审校志愿者小组

贺光成, PMP, PMI-ACP

刘应瑾, PMP, PgMP, PfMP, PMI-ACP, PMI-PBA, PMI-RMP, PMI-SP, CAPM; PRINCE2-Practitioner, MSP-Practitioner, MOP-Practitioner, P3O-Practitioner, MoR-Practitioner, MoV-Practitioner, NPDP, Six Sigma GB

吴江, PMP, PMI-ACP, Six Sigma GB

X1.4 翻译审校委员会

Barbara Walsh, 产品经理, 出版物, CSPO

Kim Shinners, 产品专家 II

Vivian Isaak, 总裁 Magnum Group, Inc., 翻译公司

Brian Middleton, 战略方案经理 Magnum Group, Inc., 翻译公司

术语表

1. 术语取舍

本术语表包含以下术语：

▶ 项目管理专用或几乎专用的术语（如项目范围说明书、工作包、工作分解结构、关键路径法）；

▶ 虽非项目管理专用，但与一般日常用法相比，具有不同用法或较狭隘含义的术语（如最早开始日期）。

本术语表一般不包括：

▶ 应用领域专用的术语；

▶ 在项目管理中与日常使用中无本质区别的术语（如日历日期、延误）；

▶ 可以从各单个词汇的组合方式清楚地看出其整体含义的复合术语；

▶ 可以从源术语含义中清楚地看出其含义的派生术语；

▶ 只出现一次，对于句子要点的理解并不关键的术语。这包括术语表中并未定义的术语示例清单。

2. 常用缩写

AC	实际成本
BA	商业分析师
BAC	完工预算
CCB	变更控制委员会
COQ	质量成本
CPAF	成本加奖励费用
CPFF	成本加固定费用
CPI	成本绩效指数
CPIF	成本加激励费用
CPM	关键路径法
CV	成本偏差
EAC	完工估算
EF	最早完成日期
ES	最早开始日期
ETC	完工尚需估算
EV	挣值
EVM	挣值管理
FF	完成到完成
FFP	固定总价
FPEPA	总价加经济价格调整
FPIF	总价加激励费用
FS	完成到开始
IFB	投标邀请书
LF	最晚完成日期
LOE	支持型活动
LS	最晚开始日期
OBS	组织分解结构
PDM	紧前关系绘图法
PV	计划价值
QFD	质量功能展开
RACI	执行、担责、咨询和知情
RAM	责任分配矩阵
RBS	风险分解结构

RFI	信息邀请书
RFP	建议邀请书
RFQ	报价邀请书
SF	开始到完成
SOW	工作说明书
SPI	进度绩效指数
SS	开始到开始
SV	进度偏差
SWOT	优势、劣势、机会与威胁
T&M	工料合同
WBS	工作分解结构

3. 定义（英文排序）

在此处被定义为术语的许多单词，在有些情况下具有更广泛的、不同的词典定义。在有些情况下，单个术语会由多个词构成（例如，根本原因分析）。

Acceptance Criteria. 验收标准 可交付物通过验收前必须满足的一系列条件。

Accepted Deliverables. 验收的可交付物 项目产出的，且被项目客户或发起人确认为满足既定验收标准的产品、结果或能力。

Accuracy. 准确 在质量管理体系中，"准确"是指对正确程度的评估。

Acquire Resources. 获取资源 获取项目所需的团队成员、设施、设备、材料、用品和其他资源的过程。

Acquisition. 募集 获取执行项目活动所必需的人力资源和物质资源。募集将产生资源成本，但不一定是财务成本。

Activity. 活动 在项目过程中实施的不同种类并排定日程的工作组成部分。

Activity Attributes. 活动属性 与每个进度活动有关的多种属性，可以包含在活动清单中。活动属性包括活动编码、紧前活动、紧后活动、逻辑关系、提前量和滞后量、资源要求、强制日期、制约因素和假设条件。

Activity Duration. 活动持续时间 用日历单位表示的，进度活动从开始到完成的时间长度。参见"持续时间"。

Activity Duration Estimates. 活动持续时间估算 对完成一项活动可能需要的时间的定量评估。

Activity List. 活动清单 一份记录进度活动的表格，包含活动描述、活动标识及足够详细的工作范围描述，以便项目团队成员了解所需执行的工作。

Activity-on-Node (AON). 活动节点法（AON） 见"紧前关系绘图法（PDM）"。

Actual Cost (AC). 实际成本（AC） 在给定时间段内，因执行项目活动而实际发生的成本。

Actual Duration. 实际持续时间 进度活动的实际开始日期与数据日期（如果该进度活动尚未完成）或实际完成日期（如果该进度活动已经完成）之间的日历时间。

Adaptive Life Cycle. 适应型生命周期 迭代型或增量型项目生命周期。

Affinity Diagrams. 亲和图 一种用来对大量创意进行分组，以便进一步审查和分析的技术。

Agile Life Cycle. 敏捷生命周期 见"适应型生命周期"。

Agreements. 协议 用于明确项目初步意向的任何文件或沟通。形式有合同、谅解备忘录 (MOU)、协议书、口头协议和电子邮件等。

Alternative Analysis. 备选方案分析 一种对已识别的可选方案进行评估的技术，用来决定选择哪种方案或使用何种方法来执行项目工作。

Analogous Estimating. 类比估算 使用相似活动或项目的历史数据，来估算当前活动或项目的持续时间或成本的技术。

Assumption. 假设条件 在规划过程中没有证据或证明就被认为是正确、真实或确定的因素。

Assumption Log. 假设日志 在整个项目生命周期中用来记录所有假设条件和制约因素的项目文件。

Authority. 职权 使用项目资源、花费资金、做出决策或给予批准的权力。

Backlog. 待办事项列表 以用户为中心的需求的有序列表，此列表由团队为产品进行维护。

Backward Pass. 逆推法 关键路径法中的一种技术。在进度模型中，从项目完工日期出发，反向推导，计算最晚开始和最晚结束日期。

Bar Chart. 横道图 展示进度相关信息的一种图表方式。在典型的横道图中，进度活动或工作分解结构组件竖列于图的左侧，日期横排在图的顶端，而活动持续时间则以按日期定位的水平条形表示。

Baseline. 基准 经批准的工作产品版本，只有通过正式的变更控制程序才能进行变更，并且用作与实际结果进行比较的依据。

Basis of Estimates. 估算依据 概述项目估算所用依据的支持性文件，如假设条件、制约因素、详细级别、估算区间和置信水平。

Benchmarking. 标杆对照 将实际或计划的产品、流程和做法，与其他可比组织的做法进行比较，以便识别最佳实践，形成改进意见，并为绩效考核提供依据。

Benefits Management Plan. 收益管理计划 对创造、提高和保持项目或项目集收益的过程进行定义的书面文件。

Bid Documents. 招标文件 用于从潜在卖方征集信息、报价或建议书的所有文件。

Bidder Conference. 投标人会议 在准备投标书或建议书之前，与潜在卖方举行的会议，以便保证所有潜在卖方对本次采购都有清楚且一致的理解。又称承包商会议、供应商会议或投标前会议。

Bottom-Up Estimating. 自下而上估算 估算项目持续时间或成本的一种方法，通过从下到上逐层汇总WBS组件的估算而得到项目估算。

Budget. 预算 对整个项目、任一工作分解结构组件或任一进度活动所做的经批准的估算。

Budget at Completion (BAC). 完工预算（BAC） 为将要执行的工作所建立的全部预算的总和。

Buffer. 缓冲 见"储备"。

Business Analysis. 商业分析 一系列支持解决方案交付而实施的活动，这个解决方案与商业目标一致并为组织提供持续价值。

Business Analyst (BA). 商业分析师（BA） 任何从事商业分析工作的资源。

Business Case. 商业论证 文档化的经济可行性研究报告，用来对尚缺乏充分定义的所选方案的收益进行有效性论证，是启动后续项目管理活动的依据。

Business Value. 商业价值 从商业活动中获得的可量化净收益。收益可能是有形的，也可能是无形的，或两者皆有。

Cause and Effect Diagram. 因果图 一种分解技术，有助于追溯造成非预期结果的根本原因。

Change. 变更 对任何正式受控的可交付物、项目管理计划组件或项目文件的修改。

Change Control. 变更控制 一个流程，用来识别、记录、批准或否决对项目文件、可交付物或基准的修改。

Change Control Board (CCB). 变更控制委员会（CCB） 一个正式组成的团体，负责审议、评价、批准、推迟或否决项目变更，以及记录和传达变更处理决定。

Change Control System. 变更控制系统 一套程序，描述了如何管理和控制针对项目可交付物和文档的修改。

Change Control Tools. 变更控制工具 辅助变更管理和（或）配置管理的手动或自动的工具。这套工具至少能够支持变更控制委员会的活动。

Change Log. 变更日志 项目过程中所做变更及其当前状态的综合清单。

Change Management Plan. 变更管理计划 项目管理计划的一个组件，用以建立变更控制委员会，记录其具体权限，并描述如何实施变更控制系统。

Change Request. 变更请求 关于修改文档、可交付物或基准的正式提议。

Charter. 章程 见"项目章程"。

Check Sheet. 核查表 在收集数据时用作核对单的计数表格

Checklist Analysis. 核对单分析 使用清单来系统审核材料的准确性及完整性的一种技术。

Claim. 索赔 根据具有法律约束力的合同条款，卖方向买方（或买方向卖方）提出的关于报酬、补偿或款项的请求、要求或主张，如针对某个有争议的变更。

Claims Administration. 索赔管理 对合同索赔进行处理、裁决和沟通的过程。

Close Project or Phase. 结束项目或阶段 终结项目、阶段或合同的所有活动的过程。

Closing Process Group. 收尾过程组 正式完成或结束项目、阶段或合同所执行的过程（组）。

Code of Accounts. 账户编码 用于唯一地识别工作分解结构（WBS）每个组件的编号系统。

Collect Requirements. 收集需求 为实现项目目标而确定、记录并管理干系人的需要和要求的过程。

Colocation. 集中办公 为改善沟通和工作关系，提高工作效率，而让项目团队成员的工作地点彼此靠近的一种组织布局策略。

Communication Methods. 沟通方法 在项目干系人之间传递信息的系统化的程序、技术或过程。

Communication Models. 沟通模型 说明在项目中将如何开展沟通过程的描述、比喻或图形。

Communication Requirements Analysis. 沟通需求分析 一种分析技术，通过访谈、研讨会或借鉴以往项目经验教训等方式，来确定项目干系人对信息的需求。

Communication Styles Assessment. 沟通风格评估 规划沟通活动时，用于识别与干系人开展沟通的优选沟通方法、形式和内容的一种技术。

Communication Technology. 沟通技术 用于项目干系人之间传递信息的特定工具、系统或计算机程序等。

Communications Management Plan. 沟通管理计划 项目、项目集或项目组合管理计划的一个组件，描述了项目信息将如何、何时、由谁来进行管理和传播。

Conduct Procurements. 实施采购 获取卖方应答、选择卖方并授予合同的过程。

Configuration Management Plan. 配置管理计划 项目管理计划的一个组件，用以说明如何在配置控制之下识别和解释项目工件，以及如何记录和报告项目工件的变更。

Configuration Management System. 配置管理系统 用于跟踪项目工件和监控这些工件变更的程序的集合。

Conformance. 一致性 质量管理体系中的一个通用概念，表示所交付的结果处于某质量要求的可接受偏差界限之内。

Constraint. 制约因素 对项目、项目集、项目组合或过程的执行有影响的限制性因素。

Context Diagrams. 系统交互图 对产品范围的可视化描绘，显示业务系统（过程、设备、计算机系统等）及其与人和其他系统（行动者）之间的交互方式。

Contingency. 紧急情况 可能对项目执行产生影响的一个事件或情形，可用储备去应对。

Contingency Reserve. 应急储备 在进度或成本基准内，为主动应对，已知风险而分配的时间或资金。

Contingent Response Strategies. 应急应对策略 事先制定的，在某个特定触发条件发生时，可以启动的应对措施。

Contract. 合同 合同是指对双方都有约束力的协议，强制卖方提供规定的产品、服务或结果，以及强制买方支付相应的费用。

Control. 控制 对比实际绩效与计划绩效，分析偏差，评估趋势以改进过程，评价可能的备选方案，并提出必要的纠正措施建议。

Control Account. 控制账户 一种管理控制点。在该控制点上，把范围、预算、实际成本和进度加以整合，并与挣值比较，以测量绩效。

Control Chart. 控制图 按时间顺序展示过程数据，并将这些数据与既定的控制界限相比较的一种图形。控制图有一条中心线，有助于观察图中的数据点向两边控制界限偏移的趋势。

Control Costs. 控制成本 监督项目状态，以更新项目成本和管理成本基准变更的过程。

Control Limits. 控制界限 在控制图中，中心线或均值两侧三个标准差（基于数据的正态分布）以内的区域，它反映了数据的预期变动范围。参见"规格界限"。

Control Procurements. 控制采购 管理采购关系，监督合同绩效，实施必要的变更和纠偏，以及关闭合同的过程。

Control Quality. 控制质量 为了评估绩效，确保项目输出完整、正确，并满足客户期望，而监督和记录质量管理活动执行结果的过程。

Control Resources. 控制资源 确保按计划为项目分配实物资源，以及根据资源使用计划监督资源实际使用情况，并采取必要纠正措施的过程。

Control Schedule. 控制进度 监督项目状态，以更新项目进度和管理进度基准变更的过程。

Control Scope. 控制范围 监督项目和产品的范围状态，管理范围基准变更的过程。

Corrective Action. 纠正措施 为使项目工作绩效重新与项目管理计划一致，而进行的有目的的活动。

Cost Aggregation. 成本汇总 在项目工作分解结构的给定层次或给定成本控制账户上，对与各工作包相关的较低层次的成本估算进行汇总。

Cost Baseline. 成本基准 经过批准的、按时间段分配的项目预算，不包括任何管理储备，只有通过正式的变更控制程序才能进行变更，用作与实际结果进行比较的依据。

Cost Management Plan. 成本管理计划 项目或项目集管理计划的一个组件，描述如何规划、安排和控制成本。

Cost of Quality (COQ). 质量成本（COQ） 在整个产品生命周期所产生的所有成本，即为预防产品或服务不符合要求而进行的投资，为评估产品或服务是否符合要求而产生的成本，以及因产品或服务未达到要求而带来的损失。

Cost Performance Index (CPI). 成本绩效指数（CPI） 测量预算资源的成本效率的一种指标，表示为挣值与实际成本之比。

Cost Plus Award Fee Contract (CPAF). 成本加奖励费用合同（CPAF） 合同的一种类型，向卖方支付已完工作的全部合法实际成本，再加上一笔奖励费用作为卖方的利润。

Cost Plus Fixed Fee Contract (CPFF). 成本加固定费用合同（CPFF） 成本补偿合同的一种类型，买方为卖方报销可列支成本（可列支成本由合同确定），再加上一笔固定数额的利润（费用）。

Cost Plus Incentive Fee Contract (CPIF). 成本加激励费用合同（CPIF） 成本补偿合同的一种类型，买方为卖方报销可列支成本（可列支成本由合同确定），并且卖方在达到规定绩效标准时赚取利润。

Cost Variance (CV). 成本偏差（CV） 在某个给定时间点，预算亏空或盈余量，表示为挣值与实际成本之差。

Cost-Benefit Analysis. 成本效益分析 用来比较项目成本与其带来的收益的财务分析工具。

Cost-Reimbursable Contract. 成本补偿合同 合同类型的一种，向卖方支付实际成本加费用（通常代表卖方的利润）。

Crashing. 赶工 通过增加资源，以最小的成本代价来压缩进度工期的一种技术。

Create WBS. 创建 WBS 将项目可交付物和项目工作分解为较小的、更易于管理的组件的过程。

Criteria. 准则/标准 各种标准、规则或测试，可据此做出判断或决定，或者据此评价产品、服务、结果或过程。

Critical Path. 关键路径 代表项目中最长路径的活动序列，决定了项目最短的可能持续时间。

Critical Path Activity. 关键路径活动 项目进度计划中，位于关键路径上的任何活动。

Critical Path Method (CPM). 关键路径法（CPM） 在项目进度模型中，估算项目最短工期，确定逻辑网络路径的进度灵活性大小的一种方法。

Data. 数据 离散的、无序的、未处理的测量结果或原始观察结果。

Data Analysis Techniques. 数据分析技术 用来组织、评估和评价数据与信息的技术。

Data Date. 数据日期 记录项目状态的时间点。

Data Gathering Techniques. 数据收集技术 从各种渠道收集数据与信息的技术。

Data Representation Techniques. 数据表现技术 用于传递数据和信息的图形方式或其他方法。

Decision Tree Analysis. 决策树分析 一种图形和计算技术，用来评估与一个决策相关的多个可选方案在不确定情形下的可能后果。

Decision-Making Techniques. 决策技术 从不同备选方案选择行动方案的技术。

Decomposition. 分解 把项目范围和项目可交付物逐步划分为更小、更便于管理计划的一个组件。

Defect. 缺陷 项目组件中不能满足要求或规范，需要修补或更换的瑕疵或缺点。

Defect Repair. 缺陷补救 为了修正不一致产品或产品组件的有目的的活动。

Define Activities. 定义活动 识别和记录为完成项目可交付物而须采取的具体行动的过程。

Define Scope. 定义范围 制定项目和产品详细描述的过程。

Deliverable. 可交付物 为完成某一过程、阶段或项目而必须产出的任何独特并可核实的产品、结果或服务能力。

Dependency. 依赖关系 见"逻辑关系"。

Determine Budget. 制定预算 汇总所有单个活动或工作包的估算成本，建立一个经批准的成本基准的过程。

Develop Project Charter. 制定项目章程 编写一份正式批准项目并授权项目经理在项目活动中使用组织资源的文件的过程。

Develop Project Management Plan. 制订项目管理计划 定义、准备和协调项目计划的所有组件，并把它们整合为一份综合项目管理计划的过程。

Develop Schedule. 制订进度计划 分析活动顺序、持续时间、资源需求和进度制约因素，为项目执行和监控创建项目进度模型的过程。

Develop Team. 建设团队 提高工作能力，促进团队成员互动，改善团队整体氛围，以提高项目绩效的过程。

Development Approach. 开发方法 在项目生命周期内用于创建并改进产品、服务或结果的方法，例如预测、迭代、增量、敏捷或混合型方法。

Direct and Manage Project Work. 指导与管理项目工作 为实现项目目标而领导和执行项目管理计划中所确定的工作，并实施已批准变更的过程。

Duration. 持续时间 完成一个活动或工作分解结构组件所需要的工作时段总数，以小时、天或周表示。比较"人力投入"。

Early Finish Date (EF). 最早完成日期（EF） 在关键路径法中，基于进度网络逻辑、数据日期和进度制约因素，某进度活动未完部分可能完成的最早时点。

Early Start Date (ES). 最早开始日期（ES） 在关键路径法中，基于进度网络逻辑、数据日期和进度制约因素，某进度活动未完部分可能开始的最早时点。

Earned Value (EV). 挣值（EV） 对已完成工作的测量，用该工作的批准预算来表示。

Earned Value Management. 挣值管理 将范围、进度和资源测量值综合起来，以评估项目绩效和进展的方法。

Effort. 人力投入 完成一个进度活动或工作分解结构组件所需要的人工单位数，通常以小时、天和周来表示。比较"持续时间"。

Emotional Intelligence. 情商 识别、评估和管理个人情绪、他人情绪及团组群体情绪的能力。

Enterprise Environmental Factors. 事业环境因素 团队不能直接控制的，将对项目、项目集或项目组合产生影响、限制或指导作用的各种条件。

Estimate. 估算 对某一变量的可能数值或结果的定量评估，如项目成本、资源、人力投入或持续时间。

Estimate Activity Durations. 估算活动持续时间 根据资源估算的结果，估算完成单项活动所需工作时段数的过程。

Estimate Activity Resources. 估算活动资源 估算执行项目所需的团队资源，以及材料、设备和用品的类型和数量的过程。

Estimate at Completion (EAC). 完工估算（EAC） 完成所有工作所需的预期总成本，等于截至目前的实际成本加上完工尚需估算。

Estimate Costs. 估算成本 对完成项目活动所需资源成本进行近似估算的过程。

Estimate to Complete (ETC). 完工尚需估算（ETC） 完成所有剩余项目工作的预计成本。

Execute. 执行 指导、管理、实施和完成项目工作，产出可交付物和工作绩效数据。

Executing Process Group. 执行过程组 完成项目管理计划中确定的工作，以满足项目要求的一组过程。

Expert Judgment. 专家判断 基于某应用领域、知识领域、学科和行业等的专业知识而做出的，关于当前活动的合理判断。这些专业知识可来自具有专业学历、知识、技能、经验或培训经历的任何小组或个人。

Explicit Knowledge. 显性知识 可以使用文字、数字、图片等符号进行编辑的知识。

Fallback Plan. 弹回计划 一组备用的行动和任务，以便在主计划因问题、风险或其他原因而需要被废弃时采用。

Fast Tracking. 快速跟进 一种进度压缩技术，将正常情况下按顺序进行的活动或阶段改为至少是部分并行开展。

Fee. 费用 卖方所得补偿的一部分，代表利润。

Finish Date. 完成日期 与进度活动的完成相关联的时间点。通常带下列修饰词：实际、计划、估计、预计、最早、最晚、基准、目标或当前。

Finish-to-Finish (FF). 完成到完成（FF） 只有紧前活动完成，紧后活动才能完成的逻辑关系。

Finish-to-Start (FS). 完成到开始（FS） 只有紧前活动完成，紧后活动才能开始的逻辑关系。

Firm Fixed Price Contract (FFP). 固定总价合同（FFP） 总价合同的一种类型。不考虑卖方成本，由买方向卖方支付事先确定的金额（由合同规定）。

Fishbone Diagram. 鱼骨图 见"因果图"。

Fixed Price Incentive Fee Contract (FPIF). 总价加激励费用合同（FPIF） 总价合同的一种类型。买方向卖方支付事先确定的金额（由合同规定），如果卖方满足了既定的绩效标准，则还可挣到额外的金额。

Fixed Price with Economic Price Adjustment Contract (FPEPA). 总价加经济价格调整合同（FPEPA） 总价合同的一种类型，但合同中包含了特殊条款，允许根据条件变化，如通货膨胀、某些特殊商品的成本增加（或降低），以事先确定的方式对合同价格进行最终调整。

Fixed-Price Contract. 总价合同 规定了为确定的工作范围所需支付的费用的协议，与完成工作的实际成本或人力投入无关。

Float. 浮动时间 也叫"时差"。参见"总浮动时间"和"自由浮动时间"。

Flowchart. 流程图 对某系统内的一个或多个过程的输入、过程行为和输出的图形描述。

Focus Groups. 焦点小组 召集预定的干系人和主题专家，了解他们对所讨论的产品、服务或结果的期望和态度的一种启发式技术。

Forecast. 预测 根据已有的信息和知识，对项目未来的情况和事件进行的估算或预计。

Forward Pass. 顺推法 关键路径法中的一种技术。在进度模型中，从项目开始日期或某给定时点出发，正向推导，计算最早开始和最早结束日期。

Free Float. 自由浮动时间 在不延误任何紧后活动最早开始日期或违反进度制约因素的前提下，某进度活动可以推迟的时间量。

Funding Limit Reconciliation. 资金限制平衡 把项目资金支出计划与项目资金到位承诺进行对比，从而识别资金限制与计划支出之间的差异的过程。

Grade. 等级 用以区分功能相同但质量要求不同的对象的类别或级别。

Ground Rules. 基本规则 对项目团队成员的可接受行为的预期。

Histogram. 直方图 一种展示数字数据的条形图。

Historical Information. 历史信息 以往项目的文件和数据，包括项目档案、记录、函件、完结的合同和结束的项目。

Identify Risks. 识别风险 识别单个风险，以及整体风险的来源，并记录风险特点的过程。

Identify Stakeholders. 识别干系人 定期识别项目干系人，分析和记录他们的利益、参与度、相互依赖性、影响力和对项目成功的潜在影响的过程。

Implement Risk Responses. 实施风险应对 执行商定的风险应对计划的过程。

Imposed Date. 强制日期 强加于进度活动或进度里程碑的固定日期，一般采取"不早于何时开始"和"不晚于何时结束"的形式。

Incentive Fee. 激励费用 与卖方的成本、进度或技术绩效相关联的财务激励。

Increment. 增量 功能性、经过测试、经过验收的可交付物，是整个项目成果的一个子集。

Incremental Life Cycle. 增量型生命周期 一种适应型项目生命周期，它是通过在预定的时间区间内渐进增加产品功能的一系列迭代来产出可交付物。只有在最后一次迭代之后，可交付物具有了必要和足够的能力，才能被视为完整的。

Independent Estimates. 独立估算 使用第三方来获取和分析信息，以支持对成本、进度或其他事项的预测的过程。

Influence Diagram. 影响图 对变量与结果之间的因果关系、事件时间顺序及其他关系的图形表示。

Information. 信息 被组织或结构化的数据，并进一步为特定目的加以处理，使之在特定环境中具有意义和价值并且能够发挥作用。

Initiating Process Group. 启动过程组 定义一个新项目或现有项目的一个新阶段，授权开始该项目或阶段的一组过程。

Input. 输入 开始一个过程所必需的、来自项目内外的任何东西。可以是前一过程的输出。

Inspection. 检查 检查工作产品，以确定它是否符合书面标准。

Interpersonal and Team Skills. 人际关系与团队技能 用于有效地领导团队成员和其他干系人并与之进行互动的技能。

Interpersonal Skills. 人际关系技能 与他人建立并保持关系的技能。

Interviews. 访谈 通过与干系人直接交谈，来获取信息的正式或非正式方法。

Invitation for Bid (IFB). 投标邀请书（IFB） 通常，本术语等同于建议邀请书。不过，在某些应用领域，其含义可能更狭窄或更具体。

Issue. 问题 可能对项目目标产生影响的当前条件或情形。

Issue Log. 问题日志 记录和监督问题信息的项目文件。

Iteration. 迭代 有时间限制的产品或可交付物的开发周期，在这个周期中，交付价值所需的所有工作都得以执行。

Iterative Life Cycle. 迭代型生命周期 一种项目生命周期，项目范围通常于项目生命周期的早期确定，但时间及成本估算将随着项目团队对产品理解的不断深入而定期修改。迭代方法是通过一系列循环来开发产品，而增量方法是渐进地增加产品的功能。

术语表

Knowledge. 知识 为了发挥新的经历和信息的作用，而使用的经验、价值观和信念、情景信息、直觉和洞察力的组合。

Lag. 滞后量 相对于紧前活动，紧后活动需要推迟的时间量。

Late Finish Date (LF). 最晚完成日期（LF） 在关键路径法中，基于进度网络、项目完成日期和进度制约因素，进度活动未完成部分可能的最晚完成时点。

Late Start Date (LS). 最晚开始日期（LS） 在关键路径法中，基于进度网络逻辑、项目完成日期和进度制约因素，进度活动未完成部分可能的最晚开始时点。

Lead. 提前量 相对于紧前活动，紧后活动可以提前的时间量。

Lessons Learned. 经验教训 项目过程中获得的知识，说明曾怎样处理某个项目事件或今后应如何处理，以改进未来绩效。

Lessons Learned Register. 经验教训登记册 用于记录在项目中所获知识的项目文件，它用于当前项目，并列入经验教训知识库。

Lessons Learned Repository. 经验教训知识库 存储从项目中获得的以往经验教训的信息库。

Level of Effort (LOE). 支持型活动（LOE） 一种不产生明确的最终产品，而是按时间流逝来测量的活动。

Life Cycle. 生命周期 见"项目生命周期"。

Log. 日志 对过程或活动实施期间的某些特定事项进行记录、描述或说明的文件。前面常加修饰词，如问题、变更或假设等。

Logical Relationship. 逻辑关系 两个活动之间，或者一个活动与一个里程碑之间的依赖关系。

Make-or-Buy Analysis. 自制或外购分析 收集和整理有关产品需求的数据，对包括采购产品或内部制造产品在内的多个可选方案进行分析的过程。

Make-or-Buy Decisions. 自制或外购决策 关于从外部采购或由内部制造某产品的决策。

Manage Communications. 管理沟通 管理沟通是确保及时且恰当地收集、生成、发布、存储、检索、管理、监督和最终处置项目信息的过程。

Manage Project Knowledge. 管理项目知识 使用现有知识并生成新知识，以实现项目目标，并且帮助组织学习的过程。

Manage Quality. 管理质量 把组织的质量政策用于项目，并将质量管理计划转化为可执行的质量活动的过程。

Manage Stakeholder Engagement. 管理干系人参与 为了满足干系人需求与期望，解决问题，并促进其合理参与项目活动，与干系人进行沟通和协作的过程。

Manage Team. 管理团队 跟踪团队成员工作表现，提供反馈，解决问题并管理团队变更，以优化项目绩效的过程。

Management Reserve. 管理储备 在绩效测量基准（PMB）之外，留作管理控制之用的一部分项目预算或项目时间，专为项目范围内不可预见的工作而预留。

Mandatory Dependency. 强制性依赖关系 合同要求的或工作的内在性质决定的依赖关系。

Matrix Diagrams. 矩阵图 一种质量管理和控制工具，使用矩阵结构对数据进行分析。在行列交叉的位置展示因素、原因和目标之间的关系强弱。

Methodology. 方法论 由专门的从业人员所采用的实践、技术、程序和规则所组成的体系。

Milestone. 里程碑 项目、项目集或项目组合中的重要时点或事件。

Mind Mapping. 思维导图 把从头脑风暴中获得的创意整合成一张图的技术，用以反映创意之间的共性与差异，激发新创意。

Monitor. 监督 收集项目绩效数据，计算绩效指标，并报告和发布绩效信息。

Monitor and Control Project Work. 监控项目工作 跟踪、审查和报告整体项目进展，以实现项目管理计划中确定的绩效目标的过程。

Monitor Communications. 监督沟通 确保满足项目及其干系人的信息需求的过程。

Monitor Risks. 监督风险 在整个项目期间，监督商定的风险应对计划的实施、跟踪已识别风险、识别和分析新风险，以及评估风险管理有效性的过程。

Monitor Stakeholder Engagement. 监督干系人参与 监督项目干系人关系，并通过修订参与策略和计划来引导干系人合理参与项目的过程。

Monitoring and Controlling Process Group. 监控过程组 跟踪、审查和调整项目进展与绩效，识别必要的对计划的变更并启动相应变更的一组过程。

Monte Carlo Simulation. 蒙特卡洛模拟 一种计算机模型分析技术，基于概率分布和概率分支进行许多次迭代，每次迭代都随机抽取输入数据。最终输出的是可能的项目结果的概率分布区间。

Multicriteria Decision Analysis. 多标准决策分析 该技术借助决策矩阵，用系统分析方法建立诸如风险水平、不确定性和价值收益等多种标准，从而对众多方案进行评估和排序。

Network. 网络 见"项目进度网络图"。

Network Logic. 网络逻辑 项目进度网络图中的所有活动依赖关系。

Network Path. 网络路径 在项目进度网络图中，通过逻辑关系连接起来的一系列进度活动的序列。

Networking. 人际交往 与同一组织和不同组织中的人员建立联系和关系。

Node. 节点 在进度网络图上连接依赖关系线的一个点。

Nominal Group Technique. 名义小组技术 用于促进头脑风暴的一种技术，通过投票排列最有用的创意，以便进一步开展头脑风暴或优先排序。

Objective. 目标 工作所指向的事物，要达到的战略地位，要达到的目的，要取得的结果，要生产的产品，或者准备提供的服务。

Opportunity. 机会 对项目的一个或多个目标产生正面影响的风险。

Organizational Breakdown Structure (OBS). 组织分解结构（OBS） 对项目组织的一种层级描述，展示了项目活动与执行这些活动的组织单元之间的关系。

Organizational Learning. 组织学习法 关于个人、群体和组织如何发展知识的方法。

Organizational Process Assets. 组织过程资产 执行组织所特有的并被其使用的计划、流程、文件和知识库。

Output. 输出 某个过程所产生的产品、结果或服务。可能成为后续过程的输入。

Overall Project Risk. 整体项目风险 不确定性对项目整体的影响，它代表干系人面临的项目结果可能的正面和负面变异。这些影响源于包括单个风险在内的所有不确定性。

Parametric Estimating. 参数估算　基于历史数据和项目参数，使用某种算法来计算成本或持续时间的一种估算技术。

Path Convergence. 路径汇聚　表示一个进度活动拥有一个以上的紧前活动的一种关系。

Path Divergence. 路径分支　表示一个进度活动拥有一个以上的紧后活动的一种关系。

Percent Complete. 完成百分比　对某活动或工作分解结构组件的已完成工作量的百分比估算。

Perform Integrated Change Control. 实施整体变更控制　审查所有变更请求，批准变更，管理对可交付物、组织过程资产、项目文件和项目管理计划的变更，并对变更处理结果进行沟通的过程。

Perform Qualitative Risk Analysis. 实施定性风险分析　通过评估单个项目风险发生的概率和影响以及其他特征，对风险进行优先排序，从而为后续分析或行动提供基础的过程。

Perform Quantitative Risk Analysis. 实施定量风险分析　就已识别的单个项目风险和不确定性的其他来源对项目整体目标的影响进行定量分析的过程。

Performance Measurement Baseline (PMB). 绩效测量基准（PMB）　整合在一起的范围、进度和成本基准，用来与项目执行情况相比较，以管理、测量和控制项目绩效。

Performance Reviews. 绩效审查　对照基准，对项目正在开展的工作的实际绩效进行测量、比较和分析的一种技术。

Phase. 阶段　见"项目阶段"。

Phase Gate. 阶段关口　为做出进入下个阶段、进行整改或结束项目或项目集的决定，而开展的阶段末审查。

Plan Communications Management. 规划沟通管理　基于每个干系人或小组的信息需求、可用的组织资产和项目需求，为项目沟通活动制定恰当的方法和计划的过程。

Plan Cost Management. 规划成本管理　确定如何估算、预算、管理、监督和控制项目成本的过程。

Plan Procurement Management. 规划采购管理　记录项目采购决策，明确采购方法，识别潜在卖方的过程。

Plan Quality Management. 规划质量管理　识别项目及其可交付物的质量要求和/或标准，并书面描述项目将如何证明符合质量要求的过程。

Plan Resource Management. 规划资源管理　定义如何估算、获取、管理和利用实物以及团队资源的过程。

Plan Risk Management. 规划风险管理　定义如何实施项目风险管理活动的过程。

Plan Risk Responses. 规划风险应对　为处理整体项目风险敞口，以及应对单个项目风险，而制定可选方案、选择应对策略并商定应对行动的过程。

Plan Schedule Management. 规划进度管理　为规划、编制、管理、执行和控制项目进度而制定政策、程序和文档的过程。

Plan Scope Management. 规划范围管理　为记录如何定义、确认和控制项目范围及产品范围，而创建范围管理计划的过程。

Plan Stakeholder Engagement. 规划干系人参与　根据干系人的需求、期望、利益和对项目的潜在影响，制定项目干系人参与项目的方法的过程。

Planned Value (PV). 计划价值（PV）　为计划工作分配的经批准的预算。

Planning Package. 规划包　工作内容已知但详细进度活动未知的，低于控制账户的工作分解结构组件。另请参见"控制账户"。

Planning Process Group. 规划过程组 明确项目范围，优化目标，为实现目标制定行动方案的一组过程。

Plurality. 相对多数同意 根据群体中相对多数人的意见做出决定，即便未能获得大多数人的同意。

Policy. 政策 组织所采用的一套结构化的行动模式，组织政策可以解释为一套治理组织行为的基本原则。

Portfolio. 项目组合 为实现战略目标而组合在一起管理的项目、项目集、子项目组合和运营工作。

Portfolio Management. 项目组合管理 为了实现战略目标而对一个或多个项目组合进行的集中管理。

Practice. 实践 有助于过程执行的某种特定类型的专业或管理活动，可能需要运用一种或多种技术及工具。

Precedence Diagramming Method (PDM). 紧前关系绘图法（PDM） 创建进度模型的一种技术，用节点表示活动，用一种或多种逻辑关系连接活动，以显示活动的实施顺序。

Precedence Relationship. 紧前关系 用于紧前关系绘图法中的逻辑依赖关系。

Predecessor Activity. 紧前活动 在进度计划的逻辑路径中，排在非开始活动前面的活动。

Predictive Life Cycle. 预测型生命周期 项目生命周期的一种类型，在生命周期的早期阶段确定项目范围以及所需时间和成本。

Preventive Action. 预防措施 为确保项目工作的未来绩效符合项目管理计划，而进行的有目的的活动。

Probability and Impact Matrix. 概率和影响矩阵 把每个风险发生的概率和一旦发生对项目目标的影响映射起来的一种表格。

Procedure. 程序 用于达成稳定绩效或结果的某种既定方法，通常表现为执行某个过程的一系列特定步骤。

Process. 过程 旨在创造最终结果的系统化的系列活动，以便对一个或多个输入进行加工，生成一个或多个输出。

Procurement Audits. 采购审计 对合同和采购过程的完整性、正确性和有效性进行的审查。

Procurement Documentation. 采购文档 在签署、执行及结束一份协议时所用到的所有文件。采购文档中可能包括项目启动之前的文件。

Procurement Management Plan. 采购管理计划 项目或项目集管理计划的一个组件，说明项目团队将如何从执行组织外部获取货物和服务。

Procurement Statement of Work. 采购工作说明书 对拟采购项的详细描述，以便潜在卖方确定他们是否有能力提供这些产品、服务或结果。

Procurement Strategy. 采购策略 为了获得期望的结果，买方用来确定项目交付方式，以及具有法律约束力的协议的类型的方法。

Product. 产品 可以计量的人工制品，既可以是最终制品，也可以是组件制品。也可以用"材料"和"货物"代指产品。另请参见"可交付物"。

Product Analysis. 产品分析 在以产品为可交付物的项目上，用来定义范围的一种工具。通常，针对产品提问并回答，形成对将要生产的产品的用途、特征和其他方面的描述。

Product Life Cycle. 产品生命周期 代表一个产品从概念、交付、成长、成熟到衰退的整个演变过程的一系列阶段。

Product Scope. 产品范围 某项产品、服务或结果所具有的特征和功能。

Product Scope Description. 产品范围描述 对产品范围的书面叙述性描述。

Program. **项目集** 相互关联且被协调管理的项目、子项目集和项目集活动，以便获得分别管理所无法获得的利益。

Program Management. 项目集管理 在项目集中应用知识、技能与原则来实现项目集的目标，获得分别管理项目集组件所无法实现的利益和控制。

Progressive Elaboration. 渐进明细 随着信息越来越多、估算越来越准确，而不断提高项目管理计划的详细程度的迭代过程。

Project. 项目 为创造独特的产品、服务或结果而进行的临时性工作。

Project Calendar. 项目日历 表明进度活动的可用工作日和工作班次的日历。

Project Charter. 项目章程 由项目启动者或发起人发布的，正式批准项目成立，并授权项目经理使用组织资源开展项目活动的文件。

Project Funding Requirements. 项目资金需求 根据成本基准计算出的待付成本预测，可以是总量或阶段资金需求，包括预计支出加预计债务。

Project Governance. 项目治理 用于指导项目管理活动的框架、功能和过程，从而创造独特的产品、服务或结果以满足组织、战略和运营目标。

Project Initiation. 项目启动 发起一个用来正式授权新项目的过程。

Project Life Cycle. 项目生命周期 项目从开始到结束所经历的一系列阶段。

Project Management. 项目管理 将知识、技能、工具与技术应用于项目活动，以满足项目的要求。

Project Management Information System. 项目管理信息系统 由收集、整合和传播项目管理过程成果的工具与技术所组成的信息系统。

Project Management Office (PMO). 项目管理办公室（PMO） 对与项目相关的治理过程进行标准化，并促进资源、方法论、工具与技术共享的一种管理架构。

Project Management Plan. 项目管理计划 描述如何执行、监督、控制和结束项目的文件。

Project Management Process Group. 项目管理过程组 项目管理输入、工具与技术以及输出的逻辑组合。项目管理过程组包括启动过程组、规划过程组、执行过程组、监控过程组和收尾过程组。项目管理过程组不同于项目阶段。

Project Management Team. 项目管理团队 直接参与项目管理活动的项目团队成员。另请参见"项目团队"。

Project Manager. 项目经理 由执行组织委派，领导团队实现项目目标的个人。

Project Organization Chart. 项目组织图 以图形方式描述一个具体项目中项目团队成员及其相互关系的文件。

Project Phase. 项目阶段 一组具有逻辑关系的项目活动的集合，通常以一个或多个可交付物的完成为结束。

Project Schedule. 项目进度计划 进度模型的输出，为各个相互关联的活动标注了计划日期、持续时间、里程碑和资源等信息。

Project Schedule Network Diagram. 项目进度网络图 表示项目进度活动之间逻辑关系的图形。

Project Scope. 项目范围 为交付具有规定特性与功能的产品、服务或结果而必须完成的工作。

Project Scope Statement. 项目范围说明书 对项目范围、主要可交付物、假设条件和除外情况的描述。

Project Team. 项目团队 支持项目经理执行项目工作，以实现项目目标的一组人员。另请参见"项目管理团队"。

Project Team Directory. 项目团队名录 列明项目团队成员及其项目角色和相关沟通信息的书面清单。

Prototypes. 原型法 在实际制造预期产品之前，先造出其实用模型，并据此征求对需求的早期反馈的一种方法。

Quality. 质量 一系列内在特性满足要求的程度。

Quality Audits. 质量审计 质量审计是用于确定项目活动是否遵循了组织和项目的政策、过程与程序的一种结构化且独立的过程。

Quality Control Measurements. 质量控制测量结果 对质量控制活动的结果的书面记录。

Quality Management Plan. 质量管理计划 项目或项目集管理计划的一个组件，描述如何实施适用的政策、程序和指南以实现质量目标。

Quality Management System. 质量管理体系 为质量管理计划的实施提供政策、过程、程序和资源的组织架构。典型的项目质量管理计划应该与组织的质量管理体系相兼容。

Quality Metrics. 质量测量指标 对项目或产品属性及其测量方式的描述。

Quality Policy. 质量政策 项目质量管理知识领域中的专有政策，是组织在实施质量管理体系时必须遵守的基本原则。

Quality Report. 质量报告 用于报告质量管理问题、纠正措施建议以及在质量控制活动中所发现的其他情况的一种项目文件，其中也可以包括对过程、项目和产品改进的建议。

Quality Requirement. 质量要求 必须达到的条件或具备的能力，借此验证结果属性的可接受性和评估结果的质量一致性。

Questionnaires. 问卷调查 设计一系列书面问题，向众多受访者快速收集信息。

RACI Chart. RACI 矩阵 责任分配矩阵的一种常见类型，使用执行、担责、咨询和知情等词语来定义干系人在项目活动中的参与状态。

Regression Analysis. 回归分析 通过考察一系列输入变量及其对应的输出结果，建立数学或统计关系的一种分析技术。

Regulations. 法规 政府机构所规定的要求。这些要求可以确立产品、过程或服务的特征，包括政府强制遵守的相关管理规定。

Request for Information (RFI). 信息邀请书（RFI） 采购文件的一种，买方借此邀请潜在卖方就某种产品、服务或卖方能力提供相关信息。

Request for Proposal (RFP). 建议邀请书（RFP） 采购文件的一种，用来向潜在卖方征求对产品或服务的建议书。在某些应用领域，其含义可能更狭窄或更具体。

Request for Quotation (RFQ). 报价邀请书（RFQ） 采购文件的一种，用来向潜在卖方征求对通用或标准产品或服务的报价。有时可用来代替建议邀请书。在某些应用领域，其含义可能更狭窄或更具体。

Requirement. 需求 为满足业务需求，某个产品、服务或结果必须达到的条件或具备的能力。

Requirements Documentation. 需求文件 关于各种单一需求将如何满足项目商业需求的描述。

Requirements Management Plan. 需求管理计划 项目或项目集管理计划的组件，描述将如何分析、记录和管理需求。

Requirements Traceability Matrix. 需求跟踪矩阵 把产品需求从其来源连接到能满足需求的可交付物的一种表格。

Reserve. 储备 为减轻成本和/或进度风险，而在项目管理计划中所设的一种准备。使用时常加修饰词（如管理储备、应急储备），以进一步说明其用于减轻何种风险。

Reserve Analysis. 储备分析 一种分析技术，用来明确项目管理计划各组件的基本特征及其相互关系，从而为项目的工期、预算、成本估算或资金需求设定储备。

Resource. 资源 完成项目所需的团队成员或任何实物。

Resource Breakdown Structure. 资源分解结构 资源依类别和类型的层级展现。

Resource Calendar. 资源日历 表明每种具体资源的可用工作日或工作班次的日历。

Resource Histogram. 资源直方图 按一系列时间段显示某种资源的计划工作时间的条形图。

Resource Leveling. 资源平衡 一种资源优化技术，对项目进度计划进行调整以优化资源分配，并可能会影响关键路径。另请参见"资源优化技术"和"资源平滑"。

Resource Management Plan. 资源管理计划 项目管理计划的一个组件，描述如何获取、分配、监督和控制项目资源。

Resource Manager. 资源经理 具有管理一项或多项资源权限的个人。

Resource Optimization Technique. 资源优化技术 根据资源的供求情况来调整活动开始和完成日期的一种技术。另请参见"资源平衡"和"资源平滑"。

Resource Requirements. 资源需求 工作包中的每个活动所需的资源类型和数量。

Resource Smoothing. 资源平滑 一种资源优化技术，在不影响关键路径的情况下使用自由浮动时间和总浮动时间。另请参见"资源平衡"和"资源优化技术"。

Responsibility. 职责 可在项目管理计划中进行委派的任务，接受委派的资源负有按要求完成任务的义务。

Responsibility Assignment Matrix (RAM). 责任分配矩阵（RAM） 一种展示项目资源在各个工作包中的任务分配的表格。

Result. 结果 实施项目管理过程和活动所产生的输出。结果包括成果（如整合的系统、修订后的过程、重组后的组织、完成的测试、经培训的人员等）和文件（如政策、计划、研究报告、程序、规范、报告等）。另请参见"可交付物"。

Rework. 返工 为了使有缺陷或非一致的部件达到要求或符合规范而采取的行动。

Risk. 风险 一旦发生，会对一个或多个项目目标产生积极或消极影响的不确定事件或条件。

Risk Acceptance. 风险接受 一种风险应对策略，项目团队决定接受风险的存在，而不采取任何措施，除非风险真的发生。

Risk Appetite. 风险偏好 为了预期的回报，组织或个人愿意承担不确定性的程度。

Risk Audit. 风险审计 一种用于评价风险管理过程有效性的审计。

Risk Avoidance. 风险规避 一种风险应对策略，项目团队采取行动来消除威胁，或保护项目免受风险影响。

Risk Breakdown Structure (RBS). 风险分解结构（RBS） 对潜在风险来源的一种层级图示。

Risk Categorization. 风险分类 按照风险来源（如使用风险分解结构）、受影响的项目区域（如使用工作分解结构），或其他有用的分类标准（如项目阶段），对项目风险进行分类，以明确受不确定性影响最大的项目区域。

Risk Category. 风险类别 对潜在风险成因的归组。

Risk Data Quality Assessment. 风险数据质量评估 评估风险数据对风险管理的有用程度的一种技术。

Risk Enhancement. 风险提高 一种风险应对策略，项目团队采取行动提升机会出现的概率或扩大机会造成的影响。

Risk Escalation. 风险上报 一种风险应对策略，即团队认为风险超出了自身可影响的范围，并将风险责任转移到组织中能更有效管理风险的更高层。

Risk Exploiting. 风险开拓 一种风险应对策略，项目团队采取行动以确保机会出现。

Risk Exposure. 风险敞口 在某个项目、项目集或项目组合中，针对任一特定对象，而适时做出的对所有风险的潜在影响的综合评估。

Risk Management Plan. 风险管理计划 项目、项目集或项目组合管理计划的一个组件，说明将如何安排与实施风险管理活动。

Risk Mitigation. 风险减轻 一种风险应对策略，项目团队采取行动以降低威胁发生的概率或削弱威胁造成的影响。

Risk Owner. 风险责任人 负责监测风险，选择并实施恰当的风险应对策略的个人。

Risk Register. 风险登记册 记录风险管理过程输出的文件。

Risk Report. 风险报告 在整个项目风险管理过程中不断更新的项目文件，用以概述单个项目风险的情况和整体项目风险的程度。

Risk Review. 风险审查 检查和记录应对整体项目风险和已识别单个项目风险的有效性的会议。

Risk Sharing. 风险分享 一种风险应对策略，项目团队将应对机会的责任分配给最能为项目获得利益的第三方。

Risk Threshold. 风险临界值 围绕一个目标的可接受偏差的措施，反映组织和干系人的风险偏好。另请参见"风险偏好"。

Risk Transference. 风险转移 一种风险应对策略，项目团队把威胁造成的影响连同应对责任一起转移给第三方。

Role. 角色 项目团队成员必须履行的、已明确定义的职责，如测试、归档、检查、编码等。

Rolling Wave Planning. 滚动式规划 一种迭代式的规划技术，对近期要完成的工作进行详细规划，对远期工作只做粗略规划。

Root Cause Analysis. 根本原因分析 确定引起偏差、缺陷或风险的根本原因的一种分析技术。一项根本原因可能引起多项偏差、缺陷或风险。

Schedule. 进度 参见"项目进度计划"和"进度模型"。

Schedule Baseline. 进度基准 经过批准的进度模型，只能够通过正式的变更控制程序进行变更，并被用作与实际结果进行比较的依据。

Schedule Compression. 进度压缩 在不缩小项目范围的前提下缩短进度工期的技术。

Schedule Data. 进度数据 用以描述和控制进度计划的信息集合。

Schedule Forecasts. 进度预测 根据测算进度时已有的信息和知识，对项目未来的情况和事件所进行的估算或预计。

Schedule Management Plan. 进度管理计划 项目或项目集管理计划的一个组件，为编制、监督和控制项目进度建立准则并确定活动。

Schedule Model. 进度模型 项目活动执行计划的一种表现形式，其中包含持续时间、依赖关系和其他规划信息，用以生成项目进度计划及其他进度资料。

Schedule Network Analysis. 进度网络分析 识别项目活动未完部分的最早和最晚开始日期，以及最早和最晚完成日期的一种技术。

Schedule Performance Index (SPI). 进度绩效指数（SPI） 测量进度效率的一种指标，表示为挣值与计划价值之比。

Schedule Variance (SV). 进度偏差（SV） 测量进度绩效的一种指标，表示为挣值与计划价值之差。

Scheduling Tool. 进度计划编制工具 配合进度计划编制方法使用的工具，可提供进度计划组件的名称、定义、结构关系和格式。

Scope. 范围 项目所提供的产品、服务和结果的总和。另请参见"项目范围"和"产品范围"。

Scope Baseline. 范围基准 经过批准的范围说明书、工作分解结构（WBS）和相应的 WBS 词典，能够通过正式的变更控制程序进行变更，并被用作与实际结果进行比较的依据。

Scope Creep. 范围蔓延 未对时间、成本和资源做相应调整，未经控制的产品或项目范围的扩大。

Scope Management Plan. 范围管理计划 项目或项目集管理计划的一个组件，描述将如何定义、制定、监督、控制和确认项目范围。

Secondary Risk. 次生风险 由于实施风险应对措施而直接产生的风险。

Seller. 卖方 向某个组织提供产品、服务或结果的供应商。

Seller Proposals. 卖方建议书 卖方对建议邀请书或其他采购文件的正式应答，规定了价格、商务销售条款，以及技术规范或卖方将为买方建成的能力，一旦被接受，将形成有约束力的协议。

Sensitivity Analysis. 敏感性分析 一种定量风险分析技术，将项目结果的变化与定量风险分析模型中输入的变化建立关联，从而确定对项目结果产生最大潜在影响的单个项目风险或其他不确定性来源。

Sequence Activities. 排列活动顺序 识别和记录项目活动之间的关系的过程。

Simulation. 模拟 一种分析技术，通过建立模型，来综合分析各种不确定性因素，评估这些因素对目标的潜在影响。

Source Selection Criteria. 供方选择标准 买方提出的一套标准，卖方只有满足或超过这些标准，才有可能被授予合同。

Specification. 规范（规格） 对需要满足的需求和所需基本特征的准确表述。

Specification Limits. 规格界限 控制图中心线或均值两侧的数据区域，该区域内的数据都满足客户对产品或服务的要求。该区域可能大于或小于控制界限所界定的范围。另请参见"控制界限"。

Sponsor. 发起人 为项目、项目集或项目组合提供资源和支持，并负责为成功创造条件的个人或团体。

Sponsoring Organization. 发起组织 负责提供项目发起人并为项目输送资金或其他资源的实体。

Stakeholder. 干系人 能影响项目、项目集或项目组合的决策、活动或结果的个人、小组或组织，以及会受或自认为会受它们的决策、活动或结果影响的个人、小组或组织。（注：本术语有时也可称为利益相关者、利害关系者、利益相关方或相关方等）

Stakeholder Analysis. 干系人分析 通过系统收集和分析各种定量与定性信息，来确定在整个项目中应该考虑哪些人的利益的一种技术。

Stakeholder Engagement Assessment Matrix. 干系人参与度评估矩阵 将当前与期望的干系人参与程度进行比较的一种矩阵。

Stakeholder Engagement Plan. 干系人参与计划 项目管理计划的一个组件，为促进干系人有效参与项目或项目集决策和执行而规定所需的策略和行动。

Stakeholder Register. 干系人登记册 记录项目干系人识别、评估和分类结果的项目文件。

Standard. 标准 基于职权、惯例或共识而建立并用作模型或范例的文件。

Start Date. 开始日期 与进度活动的开始相关联的时间点。通常带下列修饰词：实际、计划、估计、预计、最早、最晚、目标、基准或当前。

Start-to-Finish (SF). 开始到完成（SF） 只有紧后活动开始，紧前活动才能完成的逻辑关系。

Start-to-Start (SS). 开始到开始（SS） 只有紧前活动开始，紧后活动才能开始的逻辑关系。

Statement of Work (SOW). 工作说明书（SOW） 对项目需交付的产品、服务或结果的叙述性说明。

Statistical Sampling. 统计抽样 从目标总体中选取部分样本用于检查。

Successor Activity. 紧后活动 在进度计划的逻辑路径中，排在某个活动后面的活动。

SWOT Analysis. SWOT 分析 对一个组织、项目或备选方案的优势、劣势、机会和威胁的分析。

Tacit Knowledge. 隐性知识 难以明确表达和分享的个人知识，如信念、经验和洞察力。

Tailoring. 裁剪 确定过程、输入、工具、技术、输出和生命周期阶段的恰当组合以管理项目。

Team Charter. 团队章程 记录团队价值观、共识和工作指南的文件，并对项目团队成员的可接受行为做出明确规定。

Team Management Plan. 团队管理计划 资源管理计划的一个组件，说明将在何时、以何种方式获得项目团队成员，以及他们需要在项目中工作多久。

Technique. 技术 人们在执行活动以生产产品、取得结果或提供服务的过程中所使用的经过定义的系统化程序，其中可能用到一种或多种工具。

Templates. 模板 一种固定格式的、已部分完成的文件，为收集、组织和呈现信息与数据提供明确的结构。

Test and Evaluation Documents. 测试与评估文件 描述用于确定产品是否达到质量管理计划中规定的质量目标的各种活动的项目文件。

Threat. 威胁 对项目的一个或多个目标产生负面影响的风险。

Three-Point Estimating. 三点估算 一种估算技术。当单个活动的成本或持续时间估算不易确定时，取其乐观估算、悲观估算和最可能估算的平均值或加权平均值。

Threshold. 临界值 针对可测量的项目变量而预先确定的一个限值，一旦达到此限值就需要采取相应行动。

Time and Material Contract (T&M). 工料合同（T&M） 兼具成本补偿和总价合同特征的一种混合的合同类型。

To-Complete Performance Index (TCPI). 完工尚需绩效指数（TCPI） 为了实现特定的管理目标，剩余资源的使用必须达到的成本绩效指标，是完成剩余工作所需成本与剩余预算之比。

Tolerance. 公差 对质量要求可接受的变动范围的定量描述。

Tool. 工具 在创造产品或结果的活动中所使用的某种有形的东西，如模板或软件。

Tornado Diagram. 龙卷风图 在敏感性分析中用来比较不同变量的相对重要性的一种特殊形式的条形图。

Total Float. 总浮动时间 在不延误项目完成日期或违反进度制约因素的前提下，进度活动可以从其最早开始日期推迟或拖延的时间量。

Trend Analysis. 趋势分析 根据历史数据并利用数学模型，预测未来结果的一种分析技术。

Trigger Condition. 触发条件 表明风险即将发生的事件或情形。

Unanimity. 一致同意 对某个行动方案，小组中的每个人都表示同意。

Update. 更新 无须正式变更控制的，对任何可交付物、项目管理计划组件或项目文件所做的修改。

Validate Scope. 确认范围 正式验收已完成的项目可交付物的过程。

Validation. 确认 对产品、服务或结果能够满足客户和其他已识别干系人需求的保证。比较"核实"。

Variance. 偏差 对已知基准或预期值的偏离量。

Variance Analysis. 偏差分析 确定实际绩效与基准的差异程度及原因的一种技术。

Variation. 差异 与基准计划中的预期条件不同的实际情况。

Verification. 核实 对产品、服务或结果是否符合法规、要求、规范或规定条件的评价。比较"确认"。

Verified Deliverables. 核实的可交付物 经过控制质量过程的检查，被证实为正确的已完成的可交付物。

Virtual Teams. 虚拟团队 拥有共同目标的，在很少或不能见面的情况下，完成相应任务的一组人。

WBS Dictionary. WBS 词典 针对工作分解结构中的每个组件，详细描述可交付物、活动和进度信息的文件。

What-If Scenario Analysis. 假设情景分析 为了预测其对项目目标的影响而对各种假设情景进行评估的过程。

Work Breakdown Structure (WBS). 工作分解结构（WBS） 对项目团队为实现项目目标、创建所需可交付物而需要实施的全部工作范围的层级分解。

Work Breakdown Structure Component. 工作分解结构组件 工作分解结构中的一个条目，可适用于任何层级。

Work Package. 工作包 工作分解结构最低层的工作，针对这些工作来估算并管理成本和持续时间。

Work Performance Data. 工作绩效数据 在执行项目工作的过程中，从每个正在执行的活动中收集到的原始观察结果和测量值。

Work Performance Information. 工作绩效信息 从控制过程中收集的绩效数据，与项目管理计划组件、项目文件和其他工作绩效信息进行对比分析。

Work Performance Reports. 工作绩效报告 为制定决策、采取行动或引起关注，而汇编工作绩效信息所形成的实物或电子项目文件。

4．定义（中文排序）

术语表中的许多单词，在词典中都有更广泛甚至不同的含义。在某些情况下，一个术语由多个词组成（例如，根本原因分析）。

RACI 矩阵 RACI Chart: 责任分配矩阵的一种常见类型，使用执行、担责、咨询和知情等词语来定义干系人在项目活动中的参与状态。

SWOT 分析 SWOT Analysis: 对一个组织、项目或备选方案的优势、劣势、机会和威胁的分析。

WBS 词典 WBS Dictionary: 针对工作分解结构中的每个组件，详细描述可交付物、活动和进度信息的文件。

报价邀请书（RFQ）Request for Quotation (RFQ): 采购文件的一种，用来向潜在卖方征求对通用或标准产品或服务的报价。有时可用来代替建议邀请书。在某些应用领域，其含义可能更狭窄或更具体。

备选方案分析 Alternative Analysis: 一种对已识别的可选方案进行评估的技术，用来决定选择哪种方案或使用何种方法来执行项目工作。

变更 Change: 对任何正式受控的可交付物、项目管理计划组件或项目文件的修改。

变更管理计划 Change Management Plan: 项目管理计划的一个组件，用以建立变更控制委员会，记录其具体权限，并描述如何实施变更控制系统。

变更控制 Change Control: 一个流程，用来识别、记录、批准或否决对项目文件、可交付物或基准的修改。

变更控制工具 Change Control Tools: 辅助变更管理和（或）配置管理的手动或自动的工具。这套工具至少能够支持变更控制委员会的活动。

变更控制委员会（CCB）Change Control Board (CCB): 一个正式组成的团体，负责审议、评价、批准、推迟或否决项目变更，以及记录和传达变更处理决定。

变更控制系统 Change Control System: 一套程序，描述了如何管理和控制针对项目可交付物和文档的修改。

变更请求 Change Request: 关于修改文档、可交付物或基准的正式提议。

变更日志 Change Log: 项目过程中所做变更及其当前状态的综合清单。

标杆对照 Benchmarking: 将实际或计划的产品、流程和做法，与其他可比组织的做法进行比较，以便识别最佳实践，形成改进意见，并为绩效考核提供依据。

标准 Standard: 基于职权、惯例或共识而建立并用作模型或范例的文件。

裁剪 Tailoring: 确定过程、输入、工具、技术、输出和生命周期阶段的恰当组合以管理项目。

采购策略 Procurement Strategy: 为了获得期望的结果，买方用来确定项目交付方式，以及具有法律约束力的协议的类型的方法。

采购工作说明书 Procurement Statement of Work: 对拟采购项的详细描述，以便潜在卖方确定他们是否有能力提供这些产品、服务或结果。

采购管理计划 Procurement Management Plan: 项目或项目集管理计划的一个组件，说明项目团队将如何从执行组织外部获取货物和服务。

采购审计 Procurement Audits: 对合同和采购过程的完整性、正确性和有效性进行的审查。

采购文档 Procurement Documentation: 在签署、执行及结束一份协议时所用到的所有文件。采购文档中可能包括项目启动之前的文件。

参数估算 Parametric Estimating: 基于历史数据和项目参数，使用某种算法来计算成本或持续时间的一种估算技术。

测试与评估文件 Test and Evaluation Documents: 描述用于确定产品是否达到质量管理计划中规定的质量目标的各种活动的项目文件。

差异 Variation: 与基准计划中的预期条件不同的实际情况。

产品 Product: 可以计量的人工制品，既可以是最终制品，也可以是组件制品。也可以用"材料"和"货物"代指产品。另请参见"可交付物"。

产品范围 Product Scope: 某项产品、服务或结果所具有的特征和功能。

产品范围描述 Product Scope Description: 对产品范围的书面叙述性描述。

产品分析 Product Analysis: 在以产品为可交付物的项目上，用来定义范围的一种工具。通常，针对产品提问并回答，形成对将要生产的产品的用途、特征和其他方面的描述。

产品生命周期 Product Life Cycle: 代表一个产品从概念、交付、成长、成熟到衰退的整个演变过程的一系列阶段。

成本补偿合同 Cost-Reimbursable Contract: 合同类型的一种，向卖方支付实际成本加费用（通常代表卖方的利润）。

成本管理计划 Cost Management Plan: 项目或项目集管理计划的一个组件，描述如何规划、安排和控制成本。

成本汇总 Cost Aggregation: 在项目工作分解结构的给定层次或给定成本控制账户上，对与各工作包相关的较低层次的成本估算进行汇总。

成本基准 Cost Baseline: 经过批准的、按时间段分配的项目预算，不包括任何管理储备，只有通过正式的变更控制程序才能进行变更，用作与实际结果进行比较的依据。

成本绩效指数（CPI）Cost Performance Index (CPI): 测量预算资源的成本效率的一种指标，表示为挣值与实际成本之比。

成本加固定费用合同（CPFF）Cost Plus Fixed Fee Contract (CPFF): 成本补偿合同的一种类型，买方为卖方报销可列支成本（可列支成本由合同确定），再加上一笔固定数额的利润（费用）。

成本加激励费用合同（CPIF）Cost Plus Incentive Fee Contract (CPIF): 成本补偿合同的一种类型，买方为卖方报销可列支成本（可列支成本由合同确定），并且卖方在达到规定绩效标准时赚取利润。

成本加奖励费用合同（CPAF）Cost Plus Award Fee Contract (CPAF): 合同的一种类型，向卖方支付已完工作的全部合法实际成本，再加上一笔奖励费用作为卖方的利润。

成本偏差（CV）Cost Variance (CV): 在某个给定时间点，预算亏空或盈余量，表示为挣值与实际成本之差。

成本效益分析 Cost-Benefit Analysis: 用来比较项目成本与其带来的收益的财务分析工具。

结果 Result: 实施项目管理过程和活动所产生的输出。结果包括成果（如整合的系统、修订后的过程、重组后的组织、完成的测试、经培训的人员等）和文件（如政策、计划、研究报告、程序、规范、报告等）。另请参见"可交付物"。

程序 Procedure: 用于达成稳定绩效或结果的某种既定方法，通常表现为执行某个过程的一系列特定步骤。

过程组：实践指南

持续时间 Duration: 完成一个活动或工作分解结构组件所需要的工作时段总数，以小时、天或周表示。比较"人力投入"。

储备 Reserve: 为减轻成本和/或进度风险，而在项目管理计划中所设的一种准备。使用时常加修饰词（如管理储备、应急储备），以进一步说明其用于减轻何种风险。

储备分析 Reserve Analysis: 一种分析技术，用来明确项目管理计划各组件的基本特征及其相互关系，从而为项目的工期、预算、成本估算或资金需求设定储备。

触发条件 Trigger Condition: 表明风险即将发生的事件或情形。

次生风险 Secondary Risk: 由于实施风险应对措施而直接产生的风险。

创建 Create WBS: 将项目可交付物和项目工作分解为较小的、更易于管理的组件的过程。

弹回计划 Fallback Plan: 一组备用的行动和任务，以便在主计划因问题、风险或其他原因而需要被废弃时采用。

等级 Grade: 用以区分功能相同但质量要求不同的对象的类别或级别。

迭代 Iteration: 有时间限制的产品或可交付物的开发周期，在这个周期中，交付价值所需的所有工作都得以执行。

迭代型生命周期 Iterative Life Cycle: 一种项目生命周期，项目范围通常于项目生命周期的早期确定，但时间及成本估算将随着项目团队对产品理解的不断深入而定期修改。迭代方法是通过一系列循环来开发产品，而增量方法是渐进地增加产品的功能。

定义范围 Define Scope: 制定项目和产品详细描述的过程。

定义活动 Define Activities: 识别和记录为完成项目可交付物而须采取的具体行动的过程。

独立估算 Independent Estimates: 使用第三方来获取和分析信息，以支持对成本、进度或其他事项的预测的过程。

多标准决策分析 Multicriteria Decision Analysis: 该技术借助决策矩阵，用系统分析方法建立诸如风险水平、不确定性和价值收益等多种标准，从而对众多方案进行评估和排序。

发起人 Sponsor: 为项目、项目集或项目组合提供资源和支持，并负责为成功创造条件的个人或团体。

发起组织 Sponsoring Organization: 负责提供项目发起人并为项目输送资金或其他资源的实体。

法规 Regulations: 政府机构所规定的要求。这些要求可以确立产品、过程或服务的特征，包括政府强制遵守的相关管理规定。

返工 Rework: 为了使有缺陷或非一致的部件达到要求或符合规范而采取的行动。

范围 Scope: 项目所提供的产品、服务和结果的总和。另请参见"项目范围"和"产品范围"。

范围管理计划 Scope Management Plan: 项目或项目集管理计划的一个组件，描述将如何定义、制定、监督、控制和确认项目范围。

范围基准 Scope Baseline: 经过批准的范围说明书、工作分解结构（WBS）和相应的 WBS 词典，能够通过正式的变更控制程序进行变更，并被用作与实际结果进行比较的依据。

范围蔓延 Scope Creep: 未对时间、成本和资源做相应调整，未经控制的产品或项目范围的扩大。

方法论 Methodology: 由专门的从业人员所采用的实践、技术、程序和规则所组成的体系。

访谈 Interviews: 通过与干系人直接交谈，来获取信息的正式或非正式方法。

费用 Fee: 卖方所得补偿的一部分，代表利润。

分解 Decomposition: 把项目范围和项目可交付物逐步划分为更小、更便于管理计划的一个组件。

风险 Risk: 一旦发生，会对一个或多个项目目标产生积极或消极影响的不确定事件或条件。

风险报告 Risk Report: 在整个项目风险管理过程中不断更新的项目文件，用以概述单个项目风险的情况和整体项目风险的程度。

风险敞口 Risk Exposure: 在某个项目、项目集或项目组合中，针对任一特定对象，而适时做出的对所有风险的潜在影响的综合评估。

风险登记册 Risk Register: 记录风险管理过程输出的文件。

风险分解结构（RBS）Risk Breakdown Structure (RBS): 对潜在风险来源的一种层级图示。

风险分类 Risk Categorization: 按照风险来源（如使用风险分解结构）、受影响的项目区域（如使用工作分解结构），或其他有用的分类标准（如项目阶段），对项目风险进行分类，以明确受不确定性影响最大的项目区域。

风险分享 Risk Sharing: 一种风险应对策略，项目团队将应对机会的责任分配给最能为项目获得利益的第三方。

风险管理计划 Risk Management Plan: 项目、项目集或项目组合管理计划的一个组件，说明将如何安排与实施风险管理活动。

风险规避 Risk Avoidance: 一种风险应对策略，项目团队采取行动来消除威胁，或保护项目免受风险影响。

风险减轻 Risk Mitigation: 一种风险应对策略，项目团队采取行动以降低威胁发生的概率或削弱威胁造成的影响。

风险接受 Risk Acceptance: 一种风险应对策略，项目团队决定接受风险的存在，而不采取任何措施，除非风险真的发生。

风险开拓 Risk Exploiting: 一种风险应对策略，项目团队采取行动以确保机会出现。

风险类别 Risk Category: 对潜在风险成因的归组。

风险临界值 Risk Threshold: 围绕一个目标的可接受偏差的措施，反映组织和干系人的风险偏好。另请参见"风险偏好"。

风险偏好 Risk Appetite: 为了预期的回报，组织或个人愿意承担不确定性的程度。

风险上报 Risk Escalation: 一种风险应对策略，即团队认为风险超出了自身可影响的范围，并将风险责任转移到组织中能更有效管理风险的更高层。

风险审查 Risk Review: 检查和记录应对整体项目风险和已识别单个项目风险的有效性的会议。

风险审计 Risk Audit: 一种用于评价风险管理过程有效性的审计。

风险数据质量评估 Risk Data Quality Assessment: 评估风险数据对风险管理的有用程度的一种技术。

风险提高 Risk Enhancement: 一种风险应对策略，项目团队采取行动提升机会出现的概率或扩大机会造成的影响。

风险责任人 Risk Owner: 负责监测风险，选择并实施恰当的风险应对策略的个人。

风险转移 Risk Transference: 一种风险应对策略，项目团队把威胁造成的影响连同应对责任一起转移给第三方。

浮动时间 Float: 也叫"时差"。参见"总浮动时间"和"自由浮动时间"。

概率和影响矩阵 Probability and Impact Matrix: 把每个风险发生的概率和一旦发生对项目目标的影响映射起来的一种表格。

赶工 Crashing: 通过增加资源，以最小的成本代价来压缩进度工期的一种技术。

干系人 Stakeholder: 能影响项目、项目集或项目组合的决策、活动或结果的个人、小组或组织，以及会受或自认为会受它们的决策、活动或结果影响的个人、小组或组织。（注：本术语有时也可称为利益相关者、利害关系者、利益相关方或相关方等）

干系人参与度评估矩阵 Stakeholder Engagement Assessment Matrix: 将当前与期望的干系人参与程度进行比较的一种矩阵。

干系人参与计划 Stakeholder Engagement Plan: 项目管理计划的一个组件，为促进干系人有效参与项目或项目集决策和执行而规定所需的策略和行动。

干系人登记册 Stakeholder Register: 记录项目干系人识别、评估和分类结果的项目文件。

干系人分析 Stakeholder Analysis: 通过系统收集和分析各种定量与定性信息，来确定在整个项目中应该考虑哪些人的利益的一种技术。

根本原因分析 Root Cause Analysis: 确定引起偏差、缺陷或风险的根本原因的一种分析技术。一项根本原因可能引起多项偏差、缺陷或风险。

更新 Update: 无须正式变更控制的，对任何可交付物、项目管理计划组件或项目文件所做的修改。

工具 Tool: 在创造产品或结果的活动中所使用的某种有形的东西，如模板或软件。

工料合同（T&M）Time and Material Contract (T&M): 兼具成本补偿和总价合同特征的一种混合的合同类型。

工作包 Work Package: 工作分解结构最低层的工作，针对这些工作来估算并管理成本和持续时间。

工作分解结构（WBS）Work Breakdown Structure (WBS): 对项目团队为实现项目目标、创建所需可交付物而需要实施的全部工作范围的层级分解。

工作分解结构组件 Work Breakdown Structure Component: 工作分解结构中的一个条目，可适用于任何层级。

工作绩效报告 Work Performance Reports: 为制定决策、采取行动或引起关注，而汇编工作绩效信息所形成的实物或电子项目文件。

工作绩效数据 Work Performance Data: 在执行项目工作的过程中，从每个正在执行的活动中收集到的原始观察结果和测量值。

工作绩效信息 Work Performance Information: 从控制过程中收集的绩效数据，与项目管理计划组件、项目文件和其他工作绩效信息进行对比分析。

工作说明书（SOW）Statement of Work (SOW): 对项目需交付的产品、服务或结果的叙述性说明。

公差 Tolerance: 对质量要求可接受的变动范围的定量描述。

供方选择标准 Source Selection Criteria: 买方提出的一套标准，卖方只有满足或超过这些标准，才有可能被授予合同。

沟通方法 Communication Methods: 在项目干系人之间传递信息的系统化的程序、技术或过程。

沟通风格评估 Communication Styles Assessment: 规划沟通活动时，用于识别与干系人开展沟通的优选沟通方法、形式和内容的一种技术。

沟通管理计划 Communications Management Plan: 项目、项目集或项目组合管理计划的一个组件，描述了项目信息将如何、何时、由谁来进行管理和传播。

沟通技术 Communication Technology: 用于项目干系人之间传递信息的特定工具、系统或计算机程序等。

沟通模型 Communication Models: 说明在项目中将如何开展沟通过程的描述、比喻或图形。

沟通需求分析 Communication Requirements Analysis: 一种分析技术，通过访谈、研讨会或借鉴以往项目经验教训等方式，来确定项目干系人对信息的需求。

估算 Estimate: 对某一变量的可能数值或结果的定量评估，如项目成本、资源、人力投入或持续时间。

估算成本 Estimate Costs: 对完成项目活动所需资源成本进行近似估算的过程。

估算活动持续时间 Estimate Activity Durations: 根据资源估算的结果，估算完成单项活动所需工作时段数的过程。

估算活动资源 Estimate Activity Resources: 估算执行项目所需的团队资源，以及材料、设备和用品的类型和数量的过程。

估算依据 Basis of Estimates: 概述项目估算所用依据的支持性文件，如假设条件、制约因素、详细级别、估算区间和置信水平。

固定总价合同（FFP）Firm Fixed Price Contract (FFP): 总价合同的一种类型。不考虑卖方成本，由买方向卖方支付事先确定的金额（由合同规定）。

关键路径 Critical Path: 代表项目中最长路径的活动序列，决定了项目最短的可能持续时间。

关键路径法（CPM）Critical Path Method (CPM): 在项目进度模型中，估算项目最短工期，确定逻辑网络路径的进度灵活性大小的一种方法。

关键路径活动 Critical Path Activity: 项目进度计划中，位于关键路径上的任何活动。

管理储备 Management Reserve: 在绩效测量基准（PMB）之外，留作管理控制之用的一部分项目预算或项目时间，专为项目范围内不可预见的工作而预留。

管理干系人参与 Manage Stakeholder Engagement: 为了满足干系人需求与期望，解决问题，并促进其合理参与项目活动，与干系人进行沟通和协作的过程。

管理沟通 Manage Communications: 管理沟通是确保及时且恰当地收集、生成、发布、存储、检索、管理、监督和最终处置项目信息的过程。

管理团队 Manage Team: 跟踪团队成员工作表现，提供反馈，解决问题并管理团队变更，以优化项目绩效的过程。

管理项目知识 Manage Project Knowledge: 使用现有知识并生成新知识，以实现项目目标，并且帮助组织学习的过程。

管理质量 Manage Quality: 把组织的质量政策用于项目，并将质量管理计划转化为可执行的质量活动的过程。

规范（规格）Specification: 对需要满足的需求和所需基本特征的准确表述。

规格界限 Specification Limits: 控制图中心线或均值两侧的数据区域，该区域内的数据都满足客户对产品或服务的要求。该区域可能大于或小于控制界限所界定的范围。另请参见"控制界限"。

规划包 Planning Package: 工作内容已知但详细进度活动未知的，低于控制账户的工作分解结构组件。另请参见"控制账户"。

规划采购管理 Plan Procurement Management: 记录项目采购决策，明确采购方法，识别潜在卖方的过程。

规划成本管理 Plan Cost Management: 确定如何估算、预算、管理、监督和控制项目成本的过程。

规划范围管理 Plan Scope Management: 为记录如何定义、确认和控制项目范围及产品范围，而创建范围管理计划的过程。

规划风险管理 Plan Risk Management: 定义如何实施项目风险管理活动的过程。

规划风险应对 Plan Risk Responses: 为处理整体项目风险敞口，以及应对单个项目风险，而制定可选方案、选择应对策略并商定应对行动的过程。

规划干系人参与 Plan Stakeholder Engagement: 根据干系人的需求、期望、利益和对项目的潜在影响，制定项目干系人参与项目的方法的过程。

规划沟通管理 Plan Communications Management: 基于每个干系人或小组的信息需求、可用的组织资产和项目需求，为项目沟通活动制定恰当的方法和计划的过程。

规划过程组 Planning Process Group: 明确项目范围，优化目标，为实现目标制定行动方案的一组过程。

规划进度管理 Plan Schedule Management: 为规划、编制、管理、执行和控制项目进度而制定政策、程序和文档的过程。

规划质量管理 Plan Quality Management: 识别项目及其可交付物的质量要求和/或标准，并书面描述项目将如何证明符合质量要求的过程。

规划资源管理 Plan Resource Management: 定义如何估算、获取、管理和利用实物以及团队资源的过程。

滚动式规划 Rolling Wave Planning: 一种迭代式的规划技术，对近期要完成的工作进行详细规划，对远期工作只做粗略规划。

过程 Process: 旨在创造最终结果的系统化的系列活动，以便对一个或多个输入进行加工，生成一个或多个输出。

合同 Contract: 合同是指对双方都有约束力的协议，强制卖方提供规定的产品、服务或结果，以及强制买方支付相应的费用。

核查表 Check Sheet: 在收集数据时用作核对单的计数表格

核对单分析 Checklist Analysis: 使用清单来系统审核材料的准确性及完整性的一种技术。

核实 Verification: 对产品、服务或结果是否符合法规、要求、规范或规定条件的评价。比较"确认"。

核实的可交付物 Verified Deliverables: 经过控制质量过程的检查，被证实为正确的已完成的可交付物。

横道图 Bar Chart: 展示进度相关信息的一种图表方式。在典型的横道图中，进度活动或工作分解结构组件竖列于图的左侧，日期横排在图的顶端，而活动持续时间则以按日期定位的水平条形表示。

缓冲 Buffer: 见"储备"。

回归分析 Regression Analysis: 通过考察一系列输入变量及其对应的输出结果，建立数学或统计关系的一种分析技术。

活动 Activity: 在项目过程中实施的不同种类并排定日程的工作组成部分。

活动持续时间 Activity Duration: 用日历单位表示的，进度活动从开始到完成的时间长度。参见"持续时间"。

活动持续时间估算 Activity Duration Estimates: 对完成一项活动可能需要的时间的定量评估。

活动节点法（AON）Activity-on-Node (AON): 见"紧前关系绘图法（PDM）"。

活动清单 Activity List: 一份记录进度活动的表格，包含活动描述、活动标识及足够详细的工作范围描述，以便项目团队成员了解所需执行的工作。

活动属性 Activity Attributes: 与每个进度活动有关的多种属性，可以包含在活动清单中。活动属性包括活动编码、紧前活动、紧后活动、逻辑关系、提前量和滞后量、资源要求、强制日期、制约因素和假设条件。

获取资源 Acquire Resources: 获取项目所需的团队成员、设施、设备、材料、用品和其他资源的过程。

机会 Opportunity: 对项目的一个或多个目标产生正面影响的风险。

基本规则 Ground Rules: 对项目团队成员的可接受行为的预期。

基准 Baseline: 经批准的工作产品版本，只有通过正式的变更控制程序才能进行变更，并且用作与实际结果进行比较的依据。

激励费用 Incentive Fee: 与卖方的成本、进度或技术绩效相关联的财务激励。

集中办公 Colocation: 为改善沟通和工作关系，提高工作效率，而让项目团队成员的工作地点彼此靠近的一种组织布局策略。

计划价值（PV）Planned Value (PV): 为计划工作分配的经批准的预算。

技术 Technique: 人们在执行活动以生产产品、取得结果或提供服务的过程中所使用的经过定义的系统化程序，其中可能用到一种或多种工具。

绩效测量基准（PMB）Performance Measurement Baseline (PMB): 整合在一起的范围、进度和成本基准，用来与项目执行情况相比较，以管理、测量和控制项目绩效。

绩效审查 Performance Reviews: 对照基准，对项目正在开展的工作的实际绩效进行测量、比较和分析的一种技术。

假设条件 Assumption: 在规划过程中没有证据或证明就被认为正确、真实或确定的因素。

假设情景分析 What-If Scenario Analysis: 为了预测其对项目目标的影响而对各种假设情景进行评估的过程。

假设日志 Assumption Log: 在整个项目生命周期中用来记录所有假设条件和制约因素的项目文件。

监督 Monitor: 收集项目绩效数据，计算绩效指标，并报告和发布绩效信息。

监督风险 Monitor Risks: 在整个项目期间，监督商定的风险应对计划的实施、跟踪已识别风险、识别和分析新风险，以及评估风险管理有效性的过程。

监督干系人参与 Monitor Stakeholder Engagement: 监督项目干系人关系，并通过修订参与策略和计划来引导干系人合理参与项目的过程。

监督沟通 Monitor Communications: 确保满足项目及其干系人的信息需求的过程。

监对控过的程组 Monitoring and Controlling Process Group: 跟踪、审查和调整项目进展与绩效，识别必要的对计划的变更并启动相应变更的一组过程。

监控项目工作 Monitor and Control Project Work: 跟踪、审查和报告整体项目进展，以实现项目管理计划中确定的绩效目标的过程。

检查 Inspection: 检查工作产品，以确定它是否符合书面标准。

建设团队 Develop Team: 提高工作能力，促进团队成员互动，改善团队整体氛围，以提高项目绩效的过程。

建议邀请书（RFP）Request for Proposal (RFP): 采购文件的一种，用来向潜在卖方征求对产品或服务的建议书。在某些应用领域，其含义可能更狭窄或更具体。

渐进明细 Progressive Elaboration: 随着信息越来越多、估算越来越准确，而不断提高项目管理计划的详细程度的迭代过程。

焦点小组 Focus Groups: 召集预定的干系人和主题专家，了解他们对所讨论的产品、服务或结果的期望和态度的一种启发式技术。

阶段 Phase: 见"项目阶段"。

阶段关口 Phase Gate: 为做出进入下个阶段、进行整改或结束项目或项目集的决定，而开展的阶段末审查。

节点 Node: 在进度网络图上连接依赖关系线的一个点。

结束项目或阶段 Close Project or Phase: 终结项目、阶段或合同的所有活动的过程。

紧后活动 Successor Activity: 在进度计划的逻辑路径中，排在某个活动后面的活动。

紧急情况 Contingency: 可能对项目执行产生影响的一个事件或情形，可用储备去应对。

紧前关系 Precedence Relationship: 用于紧前关系绘图法中的逻辑依赖关系。

紧前关系绘图法（PDM）Precedence Diagramming Method (PDM): 创建进度模型的一种技术，用节点表示活动，用一种或多种逻辑关系连接活动，以显示活动的实施顺序。

紧前活动 Predecessor Activity: 在进度计划的逻辑路径中，排在非开始活动前面的活动。

进度 Schedule: 参见"项目进度计划"和"进度模型"。

进度管理计划 Schedule Management Plan: 项目或项目集管理计划的一个组件，为编制、监督和控制项目进度建立准则并确定活动。

进度基准 Schedule Baseline: 经过批准的进度模型，只能够通过正式的变更控制程序进行变更，并被用作与实际结果进行比较的依据。

进度计划编制工具 Scheduling Tool: 配合进度计划编制方法使用的工具，可提供进度计划组件的名称、定义、结构关系和格式。

进度绩效指数（SPI）Schedule Performance Index (SPI): 测量进度效率的一种指标，表示为挣值与计划价值之比。

进度模型 Schedule Model: 项目活动执行计划的一种表现形式，其中包含持续时间、依赖关系和其他规划信息，用以生成项目进度计划及其他进度资料。

进度偏差（SV）Schedule Variance (SV): 测量进度绩效的一种指标，表示为挣值与计划价值之差。

进度数据 Schedule Data: 用以描述和控制进度计划的信息集合。

进度网络分析 Schedule Network Analysis: 识别项目活动未完部分的最早和最晚开始日期，以及最早和最晚完成日期的一种技术。

术语表

进度压缩 Schedule Compression: 在不缩小项目范围的前提下缩短进度工期的技术。

进度预测 Schedule Forecasts: 根据测算进度时已有的信息和知识，对项目未来的情况和事件所进行的估算或预计。

经验教训 Lessons Learned: 项目过程中获得的知识，说明曾怎样处理某个项目事件或今后应如何处理，以改进未来绩效。

经验教训登记册 Lessons Learned Register: 用于记录在项目中所获知识的项目文件，它用于当前项目，并列入经验教训知识库。

经验教训知识库 Lessons Learned Repository: 存储从项目中获得的以往经验教训的信息库。

纠正措施 Corrective Action: 为使项目工作绩效重新与项目管理计划一致，而进行的有目的的活动。

矩阵图 Matrix Diagrams: 一种质量管理和控制工具，使用矩阵结构对数据进行分析。在行列交叉的位置展示因素、原因和目标之间的关系强弱。

决策技术 Decision-Making Techniques: 从不同备选方案选择行动方案的技术。

决策树分析 Decision Tree Analysis: 一种图形和计算技术，用来评估与一个决策相关的多个可选方案在不确定情形下的可能后果。

角色 Role: 项目团队成员必须履行的、已明确定义的职责，如测试、归档、检查、编码等。

开发方法 Development Approach: 在项目生命周期内用于创建并改进产品、服务或结果的方法，例如预测、迭代、增量、敏捷或混合型方法。

开始到开始（SS）Start-to-Start (SS): 只有紧前活动开始，紧后活动才能开始的逻辑关系。

开始到完成（SF）Start-to-Finish (SF): 只有紧后活动开始，紧前活动才能完成的逻辑关系。

开始日期 Start Date: 与进度活动的开始相关联的时间点。通常带下列修饰词：实际、计划、估计、预计、最早、最晚、目标、基准或当前。

可交付物 Deliverable: 为完成某一过程、阶段或项目而必须产出的任何独特并可核实的产品、结果或服务能力。

控制 Control: 对比实际绩效与计划绩效，分析偏差，评估趋势以改进过程，评价可能的备选方案，并提出必要的纠正措施建议。

控制采购 Control Procurements: 管理采购关系，监督合同绩效，实施必要的变更和纠偏，以及关闭合同的过程。

控制成本 Control Costs: 监督项目状态，以更新项目成本和管理成本基准变更的过程。

控制范围 Control Scope: 监督项目和产品的范围状态，管理范围基准变更的过程。

控制界限 Control Limits: 在控制图中，中心线或均值两侧三个标准差（基于数据的正态分布）以内的区域，它反映了数据的预期变动范围。参见"规格界限"。

控制进度 Control Schedule: 监督项目状态，以更新项目进度和管理进度基准变更的过程。

控制图 Control Chart: 按时间顺序展示过程数据，并将这些数据与既定的控制界限相比较的一种图形。控制图有一条中心线，有助于观察图中的数据点向两边控制界限偏移的趋势。

控制账户 Control Account: 一种管理控制点。在该控制点上，把范围、预算、实际成本和进度加以整合，并与挣值比较，以测量绩效。

控制质量 Control Quality: 为了评估绩效，确保项目输出完整、正确，并满足客户期望，而监督和记录质量管理活动执行结果的过程。

控制资源 Control Resources: 确保按计划为项目分配实物资源，以及根据资源使用计划监督资源实际使用情况，并采取必要纠正措施的过程。

快速跟进 Fast Tracking: 一种进度压缩技术，将正常情况下按顺序进行的活动或阶段改为至少是部分并行开展。

类比估算 Analogous Estimating: 使用相似活动或项目的历史数据，来估算当前活动或项目的持续时间或成本的技术。

里程碑 Milestone: 项目、项目集或项目组合中的重要时点或事件。

历史信息 Historical Information: 以往项目的文件和数据，包括项目档案、记录、函件、完结的合同和结束的项目。

临界值 Threshold: 针对可测量的项目变量而预先确定的一个限值，一旦达到此限值就需要采取相应行动。

流程图 Flowchart: 对某系统内的一个或多个过程的输入、过程行为和输出的图形描述。

龙卷风图 Tornado Diagram: 在敏感性分析中用来比较不同变量的相对重要性的一种特殊形式的条形图。

路径分支 Path Divergence: 表示一个进度活动拥有一个以上的紧后活动的一种关系。

路径汇聚 Path Convergence: 表示一个进度活动拥有一个以上的紧前活动的一种关系。

逻辑关系 Logical Relationship: 两个活动之间，或者一个活动与一个里程碑之间的依赖关系。

卖方 Seller: 向某个组织提供产品、服务或结果的供应商。

卖方建议书 Seller Proposals: 卖方对建议邀请书或其他采购文件的正式应答，规定了价格、商务销售条款，以及技术规范或卖方将为买方建成的能力，一旦被接受，将形成有约束力的协议。

蒙特卡洛模拟 Monte Carlo Simulation: 一种计算机模型分析技术，基于概率分布和概率分支进行许多次迭代，每次迭代都随机抽取输入数据。最终输出的是可能的项目结果的概率分布区间。

敏感性分析 Sensitivity Analysis: 一种定量风险分析技术，将项目结果的变化与定量风险分析模型中输入的变化建立关联，从而确定对项目结果产生最大潜在影响的单个项目风险或其他不确定性来源。

名义小组技术 Nominal Group Technique: 用于促进头脑风暴的一种技术，通过投票排列最有用的创意，以便进一步开展头脑风暴或优先排序。

模板 Templates: 一种固定格式的、已部分完成的文件，为收集、组织和呈现信息与数据提供明确的结构。

模拟 Simulation: 一种分析技术，通过建立模型，来综合分析各种不确定性因素，评估这些因素对目标的潜在影响。

目标 Objective: 工作所指向的事物，要达到的战略地位，要达到的目的，要取得的结果，要生产的产品，或者准备提供的服务。

募集 Acquisition: 获取执行项目活动所必需的人力资源和物质资源。募集将产生资源成本，但不一定是财务成本。

逆推法 Backward Pass: 关键路径法中的一种技术。在进度模型中，从项目完工日期出发，反向推导，计算最晚开始和最晚结束日期。

排列活动顺序 Sequence Activities: 识别和记录项目活动之间的关系的过程。

配置管理计划 Configuration Management Plan: 项目管理计划的一个组件，用以说明如何在配置控制之下识别和解释项目工件，以及如何记录和报告项目工件的变更。

配置管理系统 Configuration Management System: 用于跟踪项目工件和监控这些工件变更的程序的集合。

偏差 Variance: 对已知基准或预期值的偏离量。

偏差分析 Variance Analysis: 确定实际绩效与基准的差异程度及原因的一种技术。

启动过程组 Initiating Process Group: 定义一个新项目或现有项目的一个新阶段，授权开始该项目或阶段的一组过程。

强制日期 Imposed Date: 强加于进度活动或进度里程碑的固定日期，一般采取"不早于何时开始"和"不晚于何时结束"的形式。

强制性依赖关系 Mandatory Dependency: 合同要求的或工作的内在性质决定的依赖关系。

亲和图 Affinity Diagrams: 一种用来对大量创意进行分组，以便进一步审查和分析的技术。

情商 Emotional Intelligence: 识别、评估和管理个人情绪、他人情绪及团组群体情绪的能力。

趋势分析 Trend Analysis: 根据历史数据并利用数学模型，预测未来结果的一种分析技术。

缺陷 Defect: 项目组件中不能满足要求或规范，需要修补或更换的瑕疵或缺点。

缺陷补救 Defect Repair: 为了修正不一致产品或产品组件的有目的的活动。

确认 Validation: 对产品、服务或结果能够满足客户和其他已识别干系人需求的保证。比较"核实"。

确认范围 Validate Scope: 正式验收已完成的项目可交付物的过程。

人际关系技能 Interpersonal Skills: 与他人建立并保持关系的技能。

人际关系与团队技能 Interpersonal and Team Skills: 用于有效地领导团队成员和其他干系人并与之进行互动的技能。

人际交往 Networking: 与同一组织和不同组织中的人员建立联系和关系。

人力投入 Effort: 完成一个进度活动或工作分解结构组件所需要的人工单位数，通常以小时、天和周来表示。比较"持续时间"。

日志 Log: 对过程或活动实施期间的某些特定事项进行记录、描述或说明的文件。前面常加修饰词，如问题、变更或假设等。

三点估算 Three-Point Estimating: 一种估算技术。当单个活动的成本或持续时间估算不易确定时，取其乐观估算、悲观估算和最可能估算的平均值或加权平均值。

商业分析 Business Analysis: 一系列支持解决方案交付而实施的活动，这个解决方案与商业目标一致并为组织提供持续价值。

商业分析师（BA）Business Analyst (BA): 任何从事商业分析工作的资源。

商业价值 Business Value: 从商业活动中获得的可量化净收益。收益可能是有形的，也可能是的，或两者皆有。

商业论证 Business Case: 文档化的经济可行性研究报告，用来对尚缺乏充分定义的所选方案的收益进行有效性论证，是启动后续项目管理活动的依据。

生命周期 Life Cycle: 见"项目生命周期"。

过程组：实践指南

识别风险 Identify Risks: 识别单个风险，以及整体风险的来源，并记录风险特点的过程。

识别干系人 Identify Stakeholders: 定期识别项目干系人，分析和记录他们的利益、参与度、相互依赖性、影响力和对项目成功的潜在影响的过程。

实际成本（AC）Actual Cost (AC): 在给定时间段内，因执行项目活动而实际发生的成本。

实际持续时间 Actual Duration: 进度活动的实际开始日期与数据日期（如果该进度活动尚未完成）或实际完成日期（如果该进度活动已经完成）之间的日历时间。

实践 Practice: 有助于过程执行的某种特定类型的专业或管理活动，可能需要运用一种或多种技术及工具。

实施采购 Conduct Procurements: 获取卖方应答、选择卖方并授予合同的过程。

实施定量风险分析 Perform Quantitative Risk Analysis: 就已识别的单个项目风险和不确定性的其他来源对项目整体目标的影响进行定量分析的过程。

实施定性风险分析 Perform Qualitative Risk Analysis: 通过评估单个项目风险发生的概率和影响以及其他特征，对风险进行优先排序，从而为后续分析或行动提供基础的过程。

实施风险应对 Implement Risk Responses: 执行商定的风险应对计划的过程。

实施整体变更控制 Perform Integrated Change Control: 审查所有变更请求，批准变更，管理对可交付物、组织过程资产、项目文件和项目管理计划的变更，并对变更处理结果进行沟通的过程。

事业环境因素 Enterprise Environmental Factors: 团队不能直接控制的，将对项目、项目集或项目组合产生影响、限制或指导作用的各种条件。

适应型生命周期 Adaptive Life Cycle: 迭代型或增量型项目生命周期。

敏捷生命周期 Agile Life Cycle: 见"适应型生命周期"。

收集需求 Collect Requirements: 为实现项目目标而确定、记录并管理干系人的需要和要求的过程。

收尾过程组 Closing Process Group: 正式完成或结束项目、阶段或合同所执行的过程（组）。

输出 Output: 某个过程所产生的产品、结果或服务。可能成为后续过程的输入。

输入 Input: 开始一个过程所必需的、来自项目内外的任何东西。可以是前一过程的输出。

数据 Data: 离散的、无序的、未处理的测量结果或原始观察结果。

数据表现技术 Data Representation Techniques: 用于传递数据和信息的图形方式或其他方法。

数据分析技术 Data Analysis Techniques: 用来组织、评估和评价数据与信息的技术。

数据日期 Data Date: 记录项目状态的时间点。

数据收集技术 Data Gathering Techniques: 从各种渠道收集数据与信息的技术。

顺推法 Forward Pass: 关键路径法中的一种技术。在进度模型中，从项目开始日期或某给定时点出发，正向推导，计算最早开始和最早结束日期。

思维导图 Mind Mapping: 把从头脑风暴中获得的创意整合成一张图的技术，用以反映创意之间的共性与差异，激发新创意。

索赔 Claim: 根据具有法律约束力的合同条款，卖方向买方（或买方向卖方）提出的关于报酬、补偿或款项的请求、要求或主张，如针对某个有争议的变更。

索赔管理 Claims Administration: 对合同索赔进行处理、裁决和沟通的过程。

提前量 Lead: 相对于紧前活动，紧后活动可以提前的时间量。

统计抽样 Statistical Sampling: 从目标总体中选取部分样本用于检查。

投标人会议 Bidder Conference: 在准备投标书或建议书之前，与潜在卖方举行的会议，以便保证所有潜在卖方对本次采购都有清楚且一致的理解。又称承包商会议、供应商会议或投标前会议。

投标邀请书（IFB）Invitation for Bid (IFB): 通常，本术语等同于建议邀请书。不过，在某些应用领域，其含义可能更狭窄或更具体。

团队管理计划 Team Management Plan: 资源管理计划的一个组件，说明将在何时、以何种方式获得项目团队成员，以及他们需要在项目中工作多久。

团队章程 Team Charter: 记录团队价值观、共识和工作指南的文件，并对项目团队成员的可接受行为做出明确规定。

完成百分比 Percent Complete: 对某活动或工作分解结构组件的已完成工作量的百分比估算。

完成到开始（FS）Finish-to-Start (FS): 只有紧前活动完成，紧后活动才能开始的逻辑关系。

完成到完成（FF）Finish-to-Finish (FF): 只有紧前活动完成，紧后活动才能完成的逻辑关系。

完成日期 Finish Date: 与进度活动的完成相关联的时间点。通常带下列修饰词：实际、计划、估计、预计、最早、最晚、基准、目标或当前。

完工估算（EAC）Estimate at Completion (EAC): 完成所有工作所需的预期总成本，等于截至目前的实际成本加上完工尚需估算。

完工尚需估算（ETC）Estimate to Complete (ETC): 完成所有剩余项目工作的预计成本。

完工尚需绩效指数（TCPI）To-Complete Performance Index (TCPI): 为了实现特定的管理目标，剩余资源的使用必须达到的成本绩效指标，是完成剩余工作所需成本与剩余预算之比。

完工预算（BAC）Budget at Completion (BAC): 为将要执行的工作所建立的全部预算的总和。

网络 Network: 见"项目进度网络图"。

网络路径 Network Path: 在项目进度网络图中，通过逻辑关系连接起来的一系列进度活动的序列。

网络逻辑 Network Logic: 项目进度网络图中的所有活动依赖关系。

威胁 Threat: 对项目的一个或多个目标产生负面影响的风险。

待办事项列表 Backlog: 以用户为中心的需求的有序列表，此列表由团队为产品进行维护。

问卷调查 Questionnaires: 设计一系列书面问题，向众多受访者快速收集信息。

问题 Issue: 可能对项目目标产生影响的当前条件或情形。

问题日志 Issue Log: 记录和监督问题信息的项目文件。

系统交互图 Context Diagrams: 对产品范围的可视化描绘，显示业务系统（过程、设备、计算机系统等）及其与人和其他系统（行动者）之间的交互方式。

显性知识 Explicit Knowledge: 可以使用文字、数字、图片等符号进行编辑的知识。

相对多数同意 Plurality: 根据群体中相对多数人的意见做出决定，即便未能获得大多数人的同意。

项目 Project: 为创造独特的产品、服务或结果而进行的临时性工作。

项目范围 Project Scope: 为交付具有规定特性与功能的产品、服务或结果而必须完成的工作。

项目范围说明书 Project Scope Statement: 对项目范围、主要可交付物、假设条件和除外情况的描述。

项目管理 Project Management: 将知识、技能、工具与技术应用于项目活动，以满足项目的要求。

项目管理办公室（PMO）Project Management Office (PMO): 对与项目相关的治理过程进行标准化，并促进资源、方法论、工具与技术共享的一种管理架构。

项目管理过程组 Project Management Process Group: 项目管理输入、工具与技术以及输出的逻辑组合。项目管理过程组包括启动过程组、规划过程组、执行过程组、监控过程组和收尾过程组。项目管理过程组不同于项目阶段。

项目管理计划 Project Management Plan: 描述如何执行、监督、控制和结束项目的文件。

项目管理团队 Project Management Team: 直接参与项目管理活动的项目团队成员。另请参见"项目团队"。

项目管理信息系统 Project Management Information System: 由收集、整合和传播项目管理过程结果的工具与技术所组成的信息系统。

项目集 Program: 相互关联且被协调管理的项目、子项目集和项目集活动，以便获得分别管理所无法获得的利益。

项目集管理 Program Management: 在项目集中应用知识、技能与原则来实现项目集的目标，获得分别管理项目集组件所无法实现的利益和控制。

项目阶段 Project Phase: 一组具有逻辑关系的项目活动的集合，通常以一个或多个可交付物的完成为结束。

项目进度计划 Project Schedule: 进度模型的输出，为各个相互关联的活动标注了计划日期、持续时间、里程碑和资源等信息。

项目进度网络图 Project Schedule Network Diagram: 表示项目进度活动之间逻辑关系的图形。

项目经理 Project Manager: 由执行组织委派，领导团队实现项目目标的个人。

项目启动 Project Initiation: 发起一个用来正式授权新项目的过程。

项目日历 Project Calendar: 表明进度活动的可用工作日和工作班次的日历。

项目生命周期 Project Life Cycle: 项目从开始到结束所经历的一系列阶段。

项目团队 Project Team: 支持项目经理执行项目工作，以实现项目目标的一组人员。另请参见"项目管理团队"。

项目团队名录 Project Team Directory: 列明项目团队成员及其项目角色和相关沟通信息的书面清单。

项目章程 Project Charter: 由项目启动者或发起人发布的，正式批准项目成立，并授权项目经理使用组织资源开展项目活动的文件。

项目治理 Project Governance: 用于指导项目管理活动的框架、功能和过程，从而创造独特的产品、服务或结果以满足组织、战略和运营目标。

项目资金需求 Project Funding Requirements: 根据成本基准计算出的待付成本预测，可以是总量或阶段资金需求，包括预计支出加预计债务。

项目组合 Portfolio: 为实现战略目标而组合在一起管理的项目、项目集、子项目组合和运营工作。

项目组合管理 Portfolio Management: 为了实现战略目标而对一个或多个项目组合进行的集中管理。

项目组织图 Project Organization Chart: 以图形方式描述一个具体项目中项目团队成员及其相互关系的文件。

收益管理计划 Benefits Management Plan: 对创造、提高和保持项目或项目集收益的过程进行定义的书面文件。

协议 Agreements: 用于明确项目初步意向的任何文件或沟通。形式有合同、谅解备忘录（MOU）、协议书、口头协议和电子邮件等。

信息 Information: 被组织或结构化的数据，并进一步为特定目的加以处理，使之在特定环境中具有意义和价值并且能够发挥作用。

信息邀请书（RFI）Request for Information (RFI): 采购文件的一种，买方借此邀请潜在卖方就某种产品、服务或卖方能力提供相关信息。

虚拟团队 Virtual Teams: 拥有共同目标的，在很少或不能见面的情况下，完成相应任务的一组人。

需求 Requirement: 为满足业务需求，某个产品、服务或结果必须达到的条件或具备的能力。

需求跟踪矩阵 Requirements Traceability Matrix: 把产品需求从其来源连接到能满足需求的可交付物的一种表格。

需求管理计划 Requirements Management Plan: 项目或项目集管理计划的组件，描述将如何分析、记录和管理需求。

需求文件 Requirements Documentation: 关于各种单一需求将如何满足项目商业需求的描述。

验收标准 Acceptance Criteria: 可交付物通过验收前必须满足的一系列条件。

验收的可交付物 Accepted Deliverables: 项目产出的，且被项目客户或发起人确认为满足既定验收标准的产品、结果或能力。

一致同意 Unanimity: 对某个行动方案，小组中的每个人都表示同意。

一致性 Conformance: 质量管理体系中的一个通用概念，表示所交付的结果处于某质量要求的可接受偏差界限之内。

依赖关系 Dependency: 见"逻辑关系"。

因果图 Cause and Effect Diagram: 一种分解技术，有助于追溯造成非预期结果的根本原因。

隐性知识 Tacit Knowledge: 难以明确表达和分享的个人知识，如信念、经验和洞察力。

应急储备 Contingency Reserve: 在进度或成本基准内，为主动应对，已知风险而分配的时间或资金。

应急应对策略 Contingent Response Strategies: 事先制定的，在某个特定触发条件发生时，可以启动的应对措施。

影响图 Influence Diagram: 对变量与结果之间的因果关系、事件时间顺序及其他关系的图形表示。

鱼骨图 Fishbone Diagram: 见"因果图"。

预测 Forecast: 根据已有的信息和知识，对项目未来的情况和事件进行的估算或预计。

预测型生命周期 Predictive Life Cycle: 项目生命周期的一种类型，在生命周期的早期阶段确定项目范围以及所需时间和成本。

预防措施 Preventive Action: 为确保项目工作的未来绩效符合项目管理计划，而进行的有目的的活动。

预算 Budget: 对整个项目、任一工作分解结构组件或任一进度活动所做的经批准的估算。

原型法 Prototypes: 在实际制造预期产品之前，先造出其实用模型，并据此征求对需求的早期反馈的一种方法。

责任分配矩阵（RAM）Responsibility Assignment Matrix (RAM): 一种展示项目资源在各个工作包中的任务分配的表格。

增量 Increment: 功能性、经过测试、经过验收的可交付物，是整个项目成果的一个子集。

增量型生命周期 Incremental Life Cycle: 一种适应型项目生命周期，它是通过在预定的时间区间内渐进增加产品功能的一系列迭代来产出可交付物。只有在最后一次迭代之后，可交付物具有了必要和足够的能力，才能被视为完整的。

章程 Charter: 见"项目章程"。

账户编码 Code of Accounts: 用于唯一地识别工作分解结构（WBS）每个组件的编号系统。

招标文件 Bid Documents: 用于从潜在卖方征集信息、报价或建议书的所有文件。

挣值（EV）Earned Value (EV): 对已完成工作的测量，用该工作的批准预算来表示。

挣值管理 Earned Value Management: 将范围、进度和资源测量值综合起来，以评估项目绩效和进展的方法。

整体项目风险 Overall Project Risk: 不确定性对项目整体的影响，它代表干系人面临的项目结果可能的正面和负面变异。这些影响源于包括单个风险在内的所有不确定性。

政策 Policy: 组织所采用的一套结构化的行动模式，组织政策可以解释为一套治理组织行为的基本原则。

支持型活动（LOE）Level of Effort (LOE): 一种不产生明确的最终产品，而是按时间流逝来测量的活动。

知识 Knowledge: 为了发挥新的经历和信息的作用，而使用的经验、价值观和信念、情景信息、直觉和洞察力的组合。

执行 Execute: 指导、管理、实施和完成项目工作，产出可交付物和工作绩效数据。

执行过程组 Executing Process Group: 完成项目管理计划中确定的工作，以满足项目要求的一组过程。

直方图 Histogram: 一种展示数字数据的条形图。

职权 Authority: 使用项目资源、花费资金、做出决策或给予批准的权力。

职责 Responsibility: 可在项目管理计划中进行委派的任务，接受委派的资源负有按要求完成任务的义务。

指导与管理项目工作 Direct and Manage Project Work: 为实现项目目标而领导和执行项目管理计划中所确定的工作，并实施已批准变更的过程。

制订进度计划 Develop Schedule: 分析活动顺序、持续时间、资源需求和进度制约因素，为项目执行和监控创建项目进度模型的过程。

制订项目管理计划 Develop Project Management Plan: 定义、准备和协调项目计划的所有组件，并把它们整合为一份综合项目管理计划的过程。

制定项目章程 Develop Project Charter: 编写一份正式批准项目并授权项目经理在项目活动中使用组织资源的文件的过程。

制定预算 Determine Budget: 汇总所有单个活动或工作包的估算成本，建立一个经批准的成本基准的过程。

制约因素 Constraint: 对项目、项目集、项目组合或过程的执行有影响的限制性因素。

质量 Quality: 一系列内在特性满足要求的程度。

质量报告 Quality Report: 用于报告质量管理问题、纠正措施建议以及在质量控制活动中所发现的其他情况的一种项目文件，其中也可以包括对过程、项目和产品改进的建议。

质量测量指标 Quality Metrics: 对项目或产品属性及其测量方式的描述。

质量成本（COQ）Cost of Quality (COQ): 在整个产品生命周期所产生的所有成本，即为预防产品或服务不符合要求而进行的投资，为评估产品或服务是否符合要求而产生的成本，以及因产品或服务未达到要求而带来的损失。

质量管理计划 Quality Management Plan: 项目或项目集管理计划的一个组件，描述如何实施适用的政策、程序和指南以实现质量目标。

质量管理体系 Quality Management System: 为质量管理计划的实施提供政策、过程、程序和资源的组织架构。典型的项目质量管理计划应该与组织的质量管理体系相兼容。

质量控制测量结果 Quality Control Measurements: 对质量控制活动的结果的书面记录。

质量审计 Quality Audits: 质量审计是用于确定项目活动是否遵循了组织和项目的政策、过程与程序的一种结构化且独立的过程。

质量要求 Quality Requirement: 必须达到的条件或具备的能力，借此验证结果属性的可接受性和评估结果的质量一致性。

质量政策 Quality Policy: 项目质量管理知识领域中的专有政策，是组织在实施质量管理体系时必须遵守的基本原则。

滞后量 Lag: 相对于紧前活动，紧后活动需要推迟的时间量。

专家判断 Expert Judgment: 基于某应用领域、知识领域、学科和行业等的专业知识而做出的，关于当前活动的合理判断。这些专业知识可来自具有专业学历、知识、技能、经验或培训经历的任何小组或个人。

准确 Accuracy: 在质量管理体系中，"准确"是指对正确程度的评估。

准则/标准 Criteria: 各种标准、规则或测试，可据此做出判断或决定，或者据此评价产品、服务、结果或过程。

资金限制平衡 Funding Limit Reconciliation: 把项目资金支出计划与项目资金到位承诺进行对比，从而识别资金限制与计划支出之间的差异的过程。

资源 Resource: 完成项目所需的团队成员或任何实物。

资源分解结构 Resource Breakdown Structure: 资源依类别和类型的层级展现。

资源管理计划 Resource Management Plan: 项目管理计划的一个组件，描述如何获取、分配、监督和控制项目资源。

资源经理 Resource Manager: 具有管理一项或多项资源权限的个人。

资源平衡 Resource Leveling: 一种资源优化技术，对项目进度计划进行调整以优化资源分配，并可能会影响关键路径。另请参见"资源优化技术"和"资源平滑"。

资源平滑 Resource Smoothing: 一种资源优化技术，在不影响关键路径的情况下使用自由浮动时间和总浮动时间。另请参见"资源平衡"和"资源优化技术"。

资源日历 Resource Calendar: 表明每种具体资源的可用工作日或工作班次的日历。

资源需求 Resource Requirements: 工作包中的每个活动所需的资源类型和数量。

资源优化技术 Resource Optimization Technique: 根据资源的供求情况来调整活动开始和完成日期的一种技术。另请参见"资源平衡"和"资源平滑"。

资源直方图 Resource Histogram: 按一系列时间段显示某种资源的计划工作时间的条形图。

自下而上估算 Bottom-Up Estimating: 估算项目持续时间或成本的一种方法，通过从下到上逐层汇总WBS组件的估算而得到项目估算。

自由浮动时间 Free Float: 在不延误任何紧后活动最早开始日期或违反进度制约因素的前提下，某进度活动可以推迟的时间量。

自制或外购分析 Make-or-Buy Analysis: 收集和整理有关产品需求的数据，对包括采购产品或内部制造产品在内的多个可选方案进行分析的过程。

自制或外购决策 Make-or-Buy Decisions: 关于从外部采购或由内部制造某产品的决策。

总浮动时间 Total Float: 在不延误项目完成日期或违反进度制约因素的前提下，进度活动可以从其最早开始日期推迟或拖延的时间量。

总价合同 Fixed-Price Contract: 规定了为确定的工作范围所需支付的费用的协议，与完成工作的实际成本或人力投入无关。

总价加激励费用合同（FPIF）Fixed Price Incentive Fee Contract (FPIF): 总价合同的一种类型。买方向卖方支付事先确定的金额（由合同规定），如果卖方满足了既定的绩效标准，则还可挣到额外的金额。

总价加经济价格调整合同（FPEPA）Fixed Price with Economic Price Adjustment Contract (FPEPA): 总价合同的一种类型，但合同中包含了特殊条款，允许根据条件变化，如通货膨胀、某些特殊商品的成本增加（或降低），以事先确定的方式对合同价格进行最终调整。

组织分解结构（OBS）Organizational Breakdown Structure (OBS): 对项目组织的一种层级描述，展示了项目活动与执行这些活动的组织单元之间的关系。

组织过程资产 Organizational Process Assets: 执行组织所特有的并被其使用的计划、流程、文件和知识库。

组织学习法 Organizational Learning: 关于个人、群体和组织如何发展知识的方法。

最晚开始日期（LS）Late Start Date (LS): 在关键路径法中，基于进度网络逻辑、项目完成日期和进度制约因素，进度活动未完成部分可能的最晚开始时点。

最晚完成日期（LF）Late Finish Date (LF): 在关键路径法中，基于进度网络、项目完成日期和进度制约因素，进度活动未完成部分可能的最晚完成时点。

最早开始日期（ES）Early Start Date (ES): 在关键路径法中，基于进度网络逻辑、数据日期和进度制约因素，某进度活动未完部分可能开始的最早时点。

最早完成日期（EF）Early Finish Date (EF): 在关键路径法中，基于进度网络逻辑、数据日期和进度制约因素，某进度活动未完部分可能完成的最早时点。

索引

过程组：实践指南

索引

过程组：实践指南

过程组：实践指南

过程组：实践指南

过程组：实践指南